铁路科技图书出版基金资助

沿海铁路桥梁设计与实践

王德志　薛照钧　著

中国铁道出版社

2012年·北　京

内容简介

甬台温、温福铁路是我国沿海最早开工建设的时速250 km高标准铁路，针对海相沉积的软土地基、复杂桥梁结构、深水基础、耐久性和施工等关键技术，作了深入研究和探索，在工程设计与实践方面取得了丰硕的成果。该书针对特殊工点的工程实例，从对环境适应性到技术标准与设计原则制定；从桥梁结构形式的选择，到梁部截面、墩台、基础的比选及拟定；从科研课题研究的原则与内容，到桥梁试验与检测成果的应用；从大临设施设计，到钻孔桩施工与基坑维护措施；从施工过程的监测、监控，到运营中的动态检测成果；从过程中的经验与教训，到建设成功之举等均给以全面的介绍。

本书的九章，均图文并茂，内容丰富，设计与实践并举，可供在校学生和一般桥梁工程技术人员参考。

图书在版编目（CIP）数据

沿海铁路桥梁设计与实践/王德志，薛照钧著. —北京：中国铁道出版社，2012.9
ISBN 978-7-113-14797-6

Ⅰ.①沿… Ⅱ.①王…②薛… Ⅲ.①沿海-铁路桥-桥梁设计 Ⅳ.①U448.132.5

中国版本图书馆CIP数据核字（2012）第113819号

书　　名：沿海铁路桥梁设计与实践
作　　者：王德志　薛照钧

策划编辑：曹艳芳
责任编辑：曹艳芳　江新照　　**电话：**010-51873017
封面设计：郑春鹏
责任校对：张玉华
责任印制：郭向伟

出版发行：中国铁道出版社（100054，北京市西城区右安门西街8号）
网　　址：http://www.tdpress.com
印　　刷：北京铭成印刷有限公司
版　　次：2012年9月第1版　2012年9月第1次印刷
开　　本：787 mm×1 092 mm　1/16　**印张：**19.5　**插页：**2　**字数：**490千
书　　号：ISBN 978-7-113-14797-6
定　　价：95.00元

跨海桥梁

雁荡山大桥

昆阳特大桥

白马河特大桥

64 m 梁施工

水上基础施工

飞云江特大桥

田螺大桥

瓯江特大桥

灵江特大桥

杨梅特大桥

大荻特大桥

前　言

宁波至温州至福州(甬台温、温福)铁路是我国第一条沿海铁路线,自 1998 年启动工程预可行性研究到 2003 年批准工程可行性研究报告历时 5 年,项目在 2004 年至 2005 年相继完成初步设计和施工图,铁路于 2005 年 10 月开工建设,2009 年 9 月建成并正式开通运营至今,效益显著。

我国东部沿海是我国经济最为活跃和发达的地区,就土建工程来讲,地形、地貌、气象、水文、地质等自然条件恶劣,环境复杂,由于海相沉积的软土、海水、盐雾、台风等环境不同于内陆,从而使得铁路设计和建设面临诸多新的课题与挑战,如何解决好这些难题将会对工程实施乃至正式开通运营的经济性、安全性起到至关重要的影响。

甬台温、温福铁路作为中国沿海铁路建设的先行者进行了许多开创性的工作和有益的尝试,并取得一定的成效,特别是针对海相沉积的软土地基和滩涂地带的复杂桥梁结构、深水基础、耐久性设计与施工等关键技术的研究、探索和实践方面取得了丰硕的成果,填补了多项设计、施工等空白,为我国沿海铁路桥梁建设积累了丰富的宝贵经验。

全书共分为九章。

第一章综述了沿海铁路工程概况、自然条件和建设需要的专项研究工作。

第二章桥梁总体设计,介绍了主要技术标准、设计原则与技术、常规桥梁墩台、基础与通用图、参考图的适用条件、建筑尺寸和工程量。

第三章桥梁结构设计与研究,对具有开拓创新的大跨度预应力混凝土梁、钢筋混凝土提篮拱、钢箱系杆叠合拱及组合结构桥梁的设计研究内容,以及工程实践进行了重点阐述。

第四章软土地基桥梁墩台和基础设计,在总结我国软土地区工程设计经验的基础上,全面分析了软土地基桥台桩侧附加水平力和位移控制措施,并针对工程实例对海相沉积的软土地基基坑防护与大临设施的建设作了论述。

第五章桥梁耐久性设计,结合区域工程分析了提高混凝土结构耐久性的措施,讲述了桥梁防腐和耐久性设计与实施方案。

第六章桥梁施工技术,根据建设过程介绍了深水基础、钢箱系杆叠合拱、大跨度提篮拱桥等复杂结构的施工组织与设计。

第七章桥梁检测与试验,总结了桥梁桩基静载、预应力混凝土梁孔道摩阻试验,以及施工监测、监控和动态测试原则及成果。

第八章桥梁科研,提供了该铁路项目立项的混凝土结构耐久性、特殊桥梁结构技术研究等科研课题的研究过程与结论。

第九章警示了在沿海铁路建设过程中的经验和教训。

本书的编著得到了铁道部工程鉴定中心、中国铁道科学研究院、中铁第四勘察设计研究院集团有限公司、沿海铁路浙江有限公司、东南沿海铁路福建有限责任公司、中南大学、北京交通大学、中铁大桥局集团有限公司、中铁四局集团有限公司、中铁十二局集团有限公司等单位领导和专家的大力支持和帮助，并对在编著过程中给予具体指导的张红旭、牛斌、罗世东、姚汉文、陈顺平、刘经权、黄纳新、瞿国钊、寇延春、李运根、宗德明、张晔芝、雷俊卿、周祖干、伍军、李健康等专家表示感谢！在此也对参与沿海铁路一线的建设者们所付出的艰辛劳动表示诚挚的敬意，感谢他们为我国铁路建设积淀了深厚的技术底蕴。

由于编者水平和能力所限，叙述挂一漏万，难免有欠妥和谬误之处，敬请读者见谅和批评指正。

作　者

2012 年 6 月

目　录

第一章

综　述

第一节　工 程 概 况

一、线路位置

沿海铁路宁波—温州—福州，简称甬台温铁路和温福铁路，地理位置如图 1-1-1 所示。

甬台温铁路北起浙江省宁波市，南至温州市，途经奉化、宁海、台州市、临海、温岭、乐清、永嘉，线路长 282 km，其中包括宁波、温州地区配套工程。

温福铁路自温州南区段站（不含），经瑞安市、平阳县及苍南县，翻越分水关进入福鼎市、霞浦县、福安市、宁德市、罗源县、连江县，南端接入外福铁路樟林区段站，新建线路 287 km。樟林至福州段利用既有外福线并增建二线和三线，改建线路长度约 12 km。温福铁路全线长 298 km，其中温州境内线路长度 69 km。

图 1-1-1　沿海铁路地理位置图

二、主要技术标准

1. 铁路等级：Ⅰ级铁路，正线采用 60 kg/m 重型轨道；
2. 正线数目：双线，线间距 4.6～5.0 m；
3. 旅客列车设计行车速度 200 km/h，预留提速 250 km/h 条件；货车速度不大于 120 km/h；
4. 限制坡度：6‰；
5. 最小曲线半径：4 500 m；
6. 牵引种类：电力；
7. 机车类型：客车采用动车组，货车采用六轴电力机车；
8. 道发线有效长度：850 km；
9. 建筑限界：满足开行双层集装箱列车要求，净高 7.96 m。

三、桥梁分布情况

全线桥梁长度 166.7 km，占线路长度 28.7%，共有特大、大中桥 203 座，其中特大桥 65 座，大中桥 138 座，小桥 129 座，涵洞 542 座，见表 1-1-1。

表 1-1-1　全线桥涵分布表

项　目		甬台温	温福	
			浙江段	福建段
线路长度	km	282.4	69.2	229.0
特大桥	座-延长米	37-77 553.7	7-31 755.9	21-34 846.2
大中桥	座-延长米	84-12 884.4	22-2 687.5	32-6 932.5
小桥	座-顶面平方米	91-27 338.1	16-4 386.2	22-8 933.4
涵洞	座-横延米	335-9 085.7	36-987.6	171-5 298.6
小桥涵分布密度	座/km	4.1	3.95	4.3
桥梁占线路总长	%	32.5	50.2	18.2

第二节　沿线自然特征

一、地形地貌

宁波—温州铁路位于浙江省东部沿海地带，沿线经过宁波、台州、温州等发达市县。地貌形态总的趋势西高东低，主要表现为低山丘陵、堆积平原。堆积平原大多分布在山前、河流两岸及滨海、沿海港湾内潮汐带。

温州—福州铁路位于浙闽东南沿海地区，沿线地形地貌变化幅度较大。其中，温州境内 69 km 范围，主要以海积平原地貌为主，省界地段为低山丘陵地貌，大江河流有飞云江和鳌江；福建省境内 229 km 范围，地貌特征以低山丘陵为主，局部地段为滨海滩涂，大江大河有白马河、鳌江等。

低山丘陵海拔一般在 100～600 m 之间，少数山峰在 800 m 以上，自然山坡坡度 15°～50°。受基岩岩性特征和抗风化能力的影响，火山岩出露区为陡峻的低山地貌，而岩性相对较软弱的白垩系陆相沉积岩地区则为垅岗状丘陵。

平原地区一般为黄海高程 2～5 m，水系发育，自成流域，较大的河流主要有奉化江、灵江、楠溪江、瓯江等；水力资源丰富，较大的海湾有定头港、清江等。

平原区地形平坦开阔，辟为农田、耕地，城镇主要分布在平原区，沿线工业生产活跃，甬台温高速公路贯穿南北，国道、省道及村级公路纵横交错，路网发达。

二、水　　文

1. 甬台温铁路(图 1-2-1)

图 1-2-1　甬台温铁路线路图

甬台温铁路线路从宁波南站引出跨过甬江流域奉化江，穿越鄞奉平原内涝区，跨宁海县境内杨梅岭水库、大溪、白溪河流进入台州市。线路在三门县境内穿旗门港、海游港，五跨亭旁溪，然后跨过椒江流域灵江、永宁江，穿越温黄平原内涝区，在乐清湾定头港进入温州市。线路跨过清江进入乐成平原内涝区，在黄田附近跨过楠溪江，在双屿附近跨过瓯江进入温瑞平原与温福线接轨。鄞奉平原、温黄平原、乐成平原及温瑞平原内涝水位多发生在 7 月～9 月，由台风暴雨遇高潮水位顶托造成。奉化江、旗门港、海游港、灵江、永宁江、定头港、清江、楠溪江、瓯江等大河桥址位置属感潮河段，水位受径流与潮流双重影响，大洪水主要由台风暴雨造成。大溪、白溪、亭旁溪、东溪、琅坑溪属于典型的山区河流，源短流急，暴雨强度大，汇流时间短，相应洪峰大。雁荡山附近沿海堤防标准较低，水位受高潮位影响，洪涝灾害由台风遇高潮水位造成。

主要水系有奉化江、椒江、瓯江。

(1)奉化江由主流剡江和其东侧的县江、东江北面的鄞江 3 条支流组成，汇合于横涨下王渡三江口，以下称奉化江，向东北曲折流 26.4 km 至宁波三江口与姚江汇合，流域面积 2 223 km^2。主流剡江自河源至三江口河长 66.7 km。上游建有亭下水库，控制集水面积 176 km^2。支流县江发源于董李乡大公岙，河源至方桥三江口河长 65.5 km。上游建有横山水库，控制集水面积 150.8 km^2。东江河源至方桥三江口河长 40.9 km，尚桥头以上流域面积 116 km^2。鄞江河长 69.4 km，潮水可上溯至它山堰下，它山堰以上集水面积 348 km^2；上游建有皎口水库，控制集水面积为 259 km^2。

(2)椒江是台州市最大的河流，浙江省第三大水系，主流发源于仙居县与缙云县交界的天堂尖，曲折东流，经仙居县、临海市至三江口与永宁江汇流后称椒江，出牛头颈，入台州湾，主流全长 209.0 km。自临海市西郊三江村至黄岩三江口为灵江主流段，长 46.0 km，区间面积 1 054.4 km^2。三江村以上分南北两大支流，南干流永安溪发源于天堂尖，河长 144.0 km，流域面积 2 704 km^2；北支流始丰溪发源于大盘山主峰东麓，河长 134.0 km，流域面积 1 615.6 km^2。永宁江是椒江一条主要支流。椒江自三江口至牛头颈下游出海口长 19.0 km，属河口段，区间面积 339.2 km^2。

(3)瓯江主流发源于龙泉与庆元交界的山祖西北麓锅冒尖，自西南向东北流，至丽水折向东南流，贯穿整个浙南山区，经温州注入东海，干流长 384 km，流域面积 18217 km^2，为浙江省第二大河流。丽水市大港头镇以上河段称龙泉溪，即干流上游段，河宽 100～200 m。龙泉溪会松阴溪后，自大港头至青田县湖边村河段称大溪，即干流中游段，河宽 250～400 m，其中碧湖至丽水城关河段宽 400～800 m。大溪、小溪汇合后，自湖边村至河口称瓯江，即干流下游段，河宽 400～800 m，其中龙湾河段宽达 2400 m。在下游河段中，自青田温溪镇以下为感潮河段，长 78 km。自上而下，汇集的主要支流有松阴溪、宣平溪、小安溪、好溪、小溪、楠溪江等。

2. 温福铁路(图 1-2-2)

图 1-2-2　温福铁路线路图

温福铁路自温州南区段站(不含)，跨越数个独流入海水系，其中温州境内主要有飞云江、鳌江水系，福建省内主要有桐山溪、百步溪及白马河水系等。沿线主要水系情况如下：

(1)飞云江流域主流发源于泰顺、景宁两县交界的白云尖的北麓，干流全长 203 km，总落差 1 265 m，平均坡降 6.2‰，流域面积 3 777.5 km^2，主要支流有里光溪、洪口溪、莒江溪、峃作口溪、泗溪、玉泉溪、高楼溪、金潮港，干流以百丈口和滩脚为界，分为上、中、下游三河段，上、中游为山溪性河道，坡陡流急；下游为感潮河道，河口潮差大，潮流强，属强潮河口，下游两岸为滨海平原水网区，河口北岸为温瑞平原，主干河为温瑞塘河，南岸为瑞平平原，水网主干河为瑞平塘河。

飞云江特大桥位于飞云江下游，此段为感潮河段，桥址处上游集雨面积 3 410.4 km^2，占全流域的 90.3%。

(2)鳌江(浙江)流域主流发源于文成县桂山乡狮子岩附近的吴地山麓，干流全长 90 km，其中感潮河段 48 km(鳌江河口至水头镇)，河流总落差 850 m。上游段源头至顺溪 18 km，平均坡降 47‰，流域面积为 1 530.7 km^2；中游段顺溪至水头 24 km，平均坡降 3.1‰；下游段水头至鳌江河口 48 km，为强感潮河段，潮差大，潮流强。

鳌江特大桥位于鳌江下游，此段为感潮河段，桥址处上游集雨面积 1 193.6 km^2，占全流域的 78%。

(3)桐山溪水系由会甲溪、溪里溪、坡里溪、南溪、库口溪、透埕溪等6条河流组成。它是福鼎市境内最大的河流,发源于浙江省泰顺县雅阳,流经本市库口、何坑、透埕、高滩、城关等地,注入沙埕港,总面积425 km^2,主河长50.4 km。桐山溪大桥位于流域中上游,受山洪影响较大。

(4)白马河流域,主流发源于洞宫山和鹫峰山脉,从源头浙江泰顺、庆元和福建省寿宁,流经福安市独立入海。流域面积5 638 km^2,河长173 km。流域内建有黄兰溪中型水库一座(库容1 560万 m^3),小型水库26座。

赛江上游属山溪性河流,坡陡流急,洪水暴涨暴落,白马河特大桥位于赛江下白石镇与六屿之间,下游感潮河道特征较为明显。

(5)鳌江(福建)水系,该河发源于古田县东北部的鹫峰山脉,自北向南流经罗源县霍口乡,连江县小沧乡、潘渡乡、连江县城关镇、江南乡、浦口镇,于晓沃乡百胜村处入东海。流域面积2 655 km^2,河长137 km。鳌江特大桥位于中下游,此段为感潮河段,受洪水影响较大。

三、气　　象

浙江省内:

沿线属亚热带季风气候区,温暖湿润,雨量充沛,日照适宜,四季分明。冬季受冬季风控制,多晴朗寒冷天气,遇有北方强冷空气南下时,会引起剧烈的降温。春季,南北气流交替加剧,低气压及锋面活动频繁,天气晴阴不定,常有沥涟春雨。初夏,由于北方冷空气与南来的暖湿气流相遇交馁,形成“梅雨”天气,造成较大洪水。盛夏,在副热带高压控制下,天气晴热少雨,降雨以雷阵雨为主,但经常遭受台风和热带风暴登陆侵袭,最大风速34.3~36.8 m/s,形成狂风暴雨,造成大洪水及沿海高潮位。

多年平均气温为16.1 ℃~16.5 ℃,极端最高气温41.7 ℃,极端最低气温−11.1 ℃。多年平均降雨量为1 100~2 300 mm,平均相对湿度约81%。平均无霜期为240天左右。

福建省内:

福建段地处中亚热带海洋季风气候区,雨量充沛,日照充足,夏长冬短,四季分明。春季受冷热气团交绥影响,气温变化大,常出现连续性降水;夏季前期受暖湿气团影响,出现梅雨天气,后期受单一副热带高压控制,晴热少雨,常受台风影响。年平均气温在16.7 ℃~19.4 ℃,极端最高气温可达40 ℃~41 ℃或更高,极端最低气温−6 ℃。历年平均无霜期为302天。全年风向以季风频率最多,占27%;东风频率次之,占11%。台风极端最大风速40 m/s,台风造成影响最早为5月19日(1961年),最迟为11月18日(1967年)。境内大陆地区降水量在1 000~1 740 mm之间。雨量分布受地域影响差异明显,自山区向沿海递减。全年雨季、旱季分明。

四、地　　质

1. 工程地质

宁波至温州堆积平原区、低山丘陵区相间分布。堆积平原区包括:海积平原(含冲海积、湖积)、河流冲积阶地、山前冲洪积平原。低山丘陵区包括:山间、丘间谷地,低山丘陵。

海积平原(含冲海积,湖积)地形平坦开阔,地面高程在2~5 m之间,主要分布在宁波、台州、温州等地以及沿海一带。表层为第四系全新统淤泥质黏土,软塑,厚0.5~2 m,下为淤泥、淤泥质黏土,局部为泥炭,夹较多的腐烂植物,流塑,一般厚15~45 m,最大厚度超过60 m。

底部多为粉质黏土、黏土，夹碎石，软～硬塑，厚 8～20 m，下伏卵石土或基岩。

不同成因类型淤泥和淤泥质黏土主要物理力学指标见表 1-2-1。

表 1-2-1　主要物理力学指标一览表

项目 统计	天然含水率（%）	天然密度（g/cm³）	天然孔隙比	液性指数	直剪				固结系数（10^{-3} cm²/s）		压缩模量（MPa）
					快剪		固快		C_v	C_h	
					内摩擦角（°）	黏聚力（kPa）	内摩擦角（°）	黏聚力（kPa）	P:100～200		
溺谷相淤泥（Q_4^{al+m} 或 Q_4^m）	71.7	1.65	1.95	1.42	5.27	11.1	14.73	13.8	1.61	0.65	0.53
溺谷相淤泥质黏土（Q_4^{al+m} 或 Q_4^m）	51	1.79	1.36	1.05	4.8	19.23	13.02	24.6	2.83	0.64	0.68
滨海相淤泥（Q_4^{al+m} 或 Q_4^m）	67.7	1.61	1.88	1.31	4.45	7.74	15.26	9.8	0.93	1.13	1.47
滨海相淤泥质黏土（Q_4^{al+m} 或 Q_4^m）	44.5	1.82	1.19	1.05	5.81	13.41	14.25	14.6	1.04	0.62	2.72
滨海相淤泥质黏土（Q_3^m）	41.1	1.86	1.09	0.98	6.23	23.51	12.55	24.2	3.53	0.68	3.53

河流冲积阶地地形较为平坦，地面高程约 5～25 m，主要分布在山区河流两岸，构成Ⅰ级阶地地貌。表层为第四系全新统褐黄色粉质黏土，软～硬塑，厚 0～5 m，其下为卵石土、圆砾土，稍密～中密，厚 4～28 m，局部地段夹淤泥质粉质黏土透镜体，流塑，厚 0～4 m。

山前冲洪积平原地形较为平缓，局部稍有起伏，地面高程一般在 13～45 m 之间，主要分布在山前及河岸两侧，构成坡（冲）洪积裙（扇）及高阶地地貌。表层主要为第四系更新统粉质黏土夹碎石、砾石，硬塑，厚 4～15 m，局部具网纹状构造，下为圆砾土或碎石土，中密。

山间、丘间谷地呈狭长枝杈形分布于低山丘陵之间，纵坡平缓，大部分辟为农田。表层为第四系全新统粉质黏土夹碎石，硬塑，厚 1～5 m，下伏基岩，局部地段夹有淤泥质黏土，流塑，厚 0～3 m。

低山丘陵地区丘陵起伏，山峦叠嶂，自然坡度在 25°～60°之间，相对高差 50～400 m。除局部基岩裸露外，其余地段植被较为发育。沿线地层除表层分布有 0～5 m 厚的残坡积粉质黏土夹碎石外，下伏中生代火山岩及火山碎屑岩和少量沉积岩，主要为侏罗系流纹质晶屑玻屑凝灰岩、熔结凝灰岩、角砾凝灰岩等及白垩系泥质砂岩、粉砂岩、砂砾岩等，局部地段为燕山晚期第一至第四次侵入的二长花岗岩、花岗岩、钾长花岗岩、花岗斑岩等。

2. 水文地质

沿线个别地段地下水、地表水对混凝土具有不同类型和程度的侵蚀性，受海水影响的混凝土结构存在腐蚀问题。

海积平原地下水主要为孔隙潜水，埋深 0.5～2.0 m，水量贫乏。化学类型主要为 HCO_3^-、SO_4^{2-}、Na^+ 型。河流冲积阶地地下水多为潜水，埋深较浅，水量丰富，水质较好，可作供水水源。山前冲洪积平原地下水主要为孔隙潜水发育，水量较丰富，水位随季节变，一般埋深 1～3 m。山间、丘间谷地地下水主要为孔隙潜水，水量较小，水位随季节变化，一般埋深 2.0 m 左右。低山丘陵地下水主要为基岩裂隙水，水量极贫乏，但花岗岩风化带网状裂隙水发育，一般对混凝土无侵蚀性。断裂破碎带地下水发育。

沿线部分地下水对混凝土结构具弱硫酸盐侵蚀、中等硫酸型酸性侵蚀及中等溶出型侵蚀，地表水(海潮水)对混凝土结构具弱硫酸盐侵蚀、弱硫酸型酸性侵蚀及中等溶出型侵蚀。

3. 地震基本烈度

根据《中国地震动参数区划图》(GB 18306)，沿线地震动峰值加速度为 0.05g(相当于地震基本烈度 6 度)。

第三节　防洪、通航、公路、海事安全专项研究

一、防洪评估

根据《中华人民共和国防洪法》、《河道管理范围内建设项目管理的有关规定》(水政〔1992〕7 号)的要求，铁路建设项目都必须进行防洪评估工作，根据水利部《河道管理范围内建设项目防洪评价报告编制导则》(试行)(办建管〔2004〕109 号)做好河道管理范围内建设项目防洪评估工作。按照抓住重点、兼顾一般的原则，围绕着铁路工程对洪水及防洪的影响，进行了有针对性的分析，不仅对全线进行了综合评估，同时也对重点桥梁防洪评价进行了专题研究，合理评价拟建桥梁对河道的行洪影响及补救措施。

1. 灵江特大桥

桥址位于灵江干流长甸附近，距三江口 12 km。桥址附近河道顺直，滩槽明显，江面宽约 650 m，最大水深 9 m 左右，铁路与河流斜交 27°。灵江水(潮)位受潮水位和径流洪水的双重影响，桥位处径流洪水流量大于涨潮和落潮的潮流量，设计流量由径流洪水流量控制，桥址断面 300 年一遇设计洪峰流量为 22 179 m^3/s，设计水位为 8.67 m。百年一遇设计洪峰流量为 17 602 m^3/s，设计水位为 6.82 m。

孔跨布置：主跨采用(70＋3-120＋70)m 连续梁，两端采用 32 m 简支梁跨越河道。

主要评价结论和建议如下：

(1)工程布置总体上是合理的。

(2)建桥后，大桥上游 10 年一遇、20 年一遇、50 年一遇洪水位最大壅高值分别为 0.09 m、0.12 m、0.20 m。

(3)建桥后，大桥遇 10 年一遇、20 年一遇、50 年一遇洪水桥墩阻水面积为 17.67%～18.18%，同时建桥后流速加大，减少过流量占建桥前过流量的比例为 1.54%～2.98%之间。将桥墩同水流方向顺直布置后，大桥遇 10 年一遇、20 年一遇、50 年一遇洪水桥墩阻水面积降低到 8.54%～9.8%，效果显著。

(4)大桥建成后，桥位处流速加大，流态复杂，建议设计部门考虑冲刷对桥梁基础的影响，确保桥梁安全，今后运行中应加强对河岸及河底桥墩处的冲刷观测。

(5)桥梁底高程控制在 24.5 m 以上，高程满足桥梁设计、通航，以及当地的堤防管理等要求，并留有一定的余地。

2. 瓯江特大桥

温州海域瓯江口为强潮河口，属正规半日潮，受径流影响呈往复流形态，涨潮偏西，落潮偏东，落潮历时大于涨潮历时，落潮流速大于涨潮流速，表层流速大于底层流速。桥址江面宽约 1 300 m，最大水深达 20 m 左右。设计洪峰流量 $Q_{1/100}$＝29 996 m^3/s，设计水位 $H_{1/100}$＝5.93 m，设计流速 $v_{1/100}$＝2.4 m/s。

孔跨布置：主跨采用(70＋3-120＋70)m 连续梁，两端采用 32 m 简支梁跨越河道。

主要评价结论和建议如下：

(1)工程布置总体上是合理的。

(2)瓯江特大桥建成后，桥址处 20 年一遇、50 年一遇、100 年一遇洪水位分别抬高 0.10 m、0.15 m、0.19 m，壅水长度分别为 2 790 m、3 090 m、3 370 m。

(3)大桥桥墩轴线基本与水流方向顺直，但由于桥址弯道出口处，江道水流变化较大、流态复杂，在继续维持“南冲北淤”格局下，可能造成局部河床和右岸岸坡局部冲刷影响，建议设计部门考虑冲刷对桥梁及基础的影响，确保桥梁安全，并在今后运行中应加强对河岸及河底桥墩处的冲刷观测。

(4)桥梁底设计最低高程控制在 25.98～25.74 m，满足高于防洪堤设计高程(7.55～7.88 m)以及防汛净空大于等于 4.5 m 的最低梁底高程(12.05～12.38 m)要求。

(5)73 号、104 号桥孔布置在堤身上，建议取消该孔采用更大跨径桥孔。为便于今后堤防管理安全，建议在近岸坡上采用大跨径桥孔，按防洪堤规划线位和保护带要求，避免桥墩落在堤线线位上和防洪堤堤身范围内。

3. 飞云江特大桥

该桥位于飞云江下游，桥左岸位于莲潭山，右岸位于飞云镇宝香山，桥梁下游约 2 km、7 km、14.5 km 处分别有飞云江二桥、飞云江大桥、飞云江三桥，桥址处河道位于飞云江“M”形大弯末端，现状河面宽约 680 m，河段最深处水深为 16 m。

孔跨布置：主跨采用(48＋7-80＋48)m 连续梁，两端采用 32 m 简支梁跨越河道。

主要评价结论和建议如下：

(1)工程布置总体上是合理的。

(2)建桥后，大桥上游 20 年一遇、50 年一遇、100 年一遇洪水位最大壅高值分别为 0.022 m、0.033 m、0.068 m，壅水长度分别为 880 m、1 056 m、1 810 m。

(3)大桥建成后，可能最大冲刷深度为 9.4 m，建议设计部门考虑冲刷对桥梁基础的影响，确保桥梁安全，今后运行中应加强对河岸及河底桥墩处的冲刷观测。

(4)桥墩轴线左岸与中部均与水流一致，右岸 9 号、10 号、11 号、12 号桥墩与水流夹角为 2.5°，导致部分水流偏向右侧河床，建议对桥址下游附近右侧河道进行观测或适当保护。

(5)桥顶高程均满足防洪要求及堤防管理要求。

(6)大桥的 32 号、64 号、65 号、66 号墩均位于瑞平水系的河网中，建议 32 号、64 号、66 号墩移至河道外或计列河道改线工程量。

4. 鳌江特大桥

鳌江特大桥位于鳌江下游，桥梁左岸为钱仓镇梅溪同鳌江汇合口，右岸位于肖江塘河与鳌江镇汇合口下游 1.7 km 处，桥址处河道位于湖前镇鳌江大弯道最上游端，现状河面宽 156 m，河段最深处底高程为－5.7 m。

孔跨布置：主跨采用(64＋108＋64)m 曲线连续梁，引桥采用 32 m 简支箱梁跨越河道。

主要评价结论和建议如下：

(1)工程布置总体上是合理的。

(2)建桥后，大桥上游 20 年一遇、50 年一遇、100 年一遇洪水位最大壅高值为 0.155～0.304 m，20 年～100 年一遇洪水壅水长度为 639～1 120 m。

(3)大桥建成后，最大冲刷坑深度为 18.9 m，但考虑到 100 年一遇流量仅为瞬间最大流量，因此实际冲刷值可能比该值小，建议设计部门考虑冲刷对桥梁基础的影响，确保桥梁安全。

(4)考虑到桥址上下游水流的复杂性，建议对大桥上下游 100 m 范围内采取防护措施。

(5)水中墩轴线与水流方向夹角为 17°，导致主流偏向右侧河床，建议对桥址下游附近右侧河道进行观测或适当保护。

(6)桥顶高程均满足防洪要求及堤防管理要求。

5. 白马河特大桥

桥址位于宁德下白石镇与六屿之间，桥位附近河道较为顺直。受地形控制，其水下地形滩槽分布特点为：桥上河道颈束处，在弯道凹岸水流作用下，深槽靠东岸，水流出弯道后，在惯性力的作用下，水流向西岸过渡至英岐使深槽靠西岸，随着河道的展宽，在六屿岛下游东岸缓流区内泥沙落淤，形成东岸边滩。同时随着河道的收缩，涨潮流在矶头的束导作用下深槽靠东上溯，5 m 线深槽可上溯至下白石高速公路大桥上约 1.6 km 处。以上河道地形与滩槽分布特征有利于河道主槽的稳定。

孔跨布置：主跨结构采用(80＋3-145＋80)m 连续刚构，水中边跨采用 15-64 m 简支箱梁。有 19 座桥墩落在河中，铁路桥中心线与水流方向基本垂直，全桥长度为 L＝3 126.96 m。

结论：拟建白马河特大桥位于白马河下白石镇与六屿之间，桥位附近河道较为顺直，桥梁方向基本与水流方向垂直，建桥后流速变化不大，对航运基本没有影响。计算结果表明，大桥建成以后，20 年一遇洪水壅高 0.023 m，10 年一遇洪水壅高 0.016 m，对上游防洪影响较小。

二、通航论证

根据交通部《跨越国家航道的桥梁通航净空尺度和技术要求的审批办法》(交基发〔1994〕906 号文)编制通航论证报告。通过对桥区航道、桥区水流、河床演变、桥区港口、港口发展规划，以及有关部门的要求等分析，确定代表船型的吨级和主要尺度，并对桥梁通航净空尺度，通航孔数、桥梁墩位布置、孔跨大小、净空和承台位置等进行了全面的论证，同时提出明确要求，对桥区通航的安全保障措施，包括桥墩防撞设施和桥区水上导助航设施等提出方案。

沿海铁路涉航河道主要有奉化江、灵江、定头港、清江、楠溪江、瓯江、飞云江、鳌江、白马河、田螺海湾及福建鳌江等。对于航道等级低、航道位置稳定及净空尺寸明确的航道，设计拟定跨河桥梁方案，按地方航道主管部门审批程序办理。复杂航道有灵江、瓯江、飞云江、白马河等，根据行业主管部门要求，业主委托有资质的部门对重点通航桥梁进行了专题论证，并报航道主管部门进行了审批。

根据航道主管部门对跨航道桥梁审批意见，全线通航河流桥梁主要参数见表 1-3-1。

表 1-3-1 通航河流桥梁主要参数表

序号	河名	桥名	通航要求			
			等级	净宽(m)	净高(m)	通航水位(m)
1	奉化江	奉化江大桥	内河 100 t	25	5	3.7
2	灵江	灵江特大桥	1 000 t 海轮	112	21.5	6.82
3	定头港	定头港特大桥	500 t 海轮	50	13.5	5.44
4	楠溪江	楠溪江特大桥	内河Ⅴ级	45	5.4	4.92

续上表

序号	河名	桥名	通航要求			
			等级	净宽(m)	净高(m)	通航水位(m)
5	瓯江	瓯江特大桥	1 000 t 海轮	112	21.5	4.0
6	飞云江	飞云江特大桥	300 t 海轮	53	12.5	4.34
7	鳌江	鳌江特大桥	300 t 海轮	53	12.5	3.4
8	白马河	白马河特大桥	1 000 t 海轮	120	29.0	5.75
9	田螺	田螺大桥	1 000 t 海轮	120	24.0	5.67
10	鳌江	鳌江特大桥	200 t 海轮	30	6.0	5.82

三、公路安全评估

根据《中华人民共和国公路法》要求，需对跨越、穿越公路修建桥梁进行道路安全评估。

沿海铁路与沿线公路交叉频繁，道路交通主管部门要求铁路跨越公路的桥梁必须预留公路发展条件，并做好铁路桥梁施工过程的安全防护。为办理行政许可和确保建设期间公路行车安全，建设单位委托有资质的部门对铁路跨越高速公路、国道、省道等重要交叉工点编制了公路安全评价报告。具体工点安全措施见表 1-3-2。

表 1-3-2 主要跨路桥梁安全防护措施表

序号	桥名	公路名称	公路等级	主要工程措施
1	木周岭特大桥	甬台温高速	高速	防落棚架、基坑防护、交通标志及安全配合费等
2	雁荡山特大桥	甬台温高速	高速	
3	瓯江特大桥	104 国道	国道	
4	瓯江特大桥	金丽温高速	高速	
5	昆阳特大桥	沈海高速	高速	
6	鳌江特大桥	104 国道	国道	防落棚架、基坑防护、预留公路拓宽工程、交通标志及安全配合费等
7	鳌江特大桥	世纪大道	省道	
8	鳌江特大桥	104 国道	国道	
9	鳌江特大桥	高速公路出口	高速	
10	对务山特大桥	沈海高速	高速	防落棚架、基坑防护、交通标志及安全配合费等
11	湾坞特大桥	沈海高速互通	高速	
12	货场大桥	沈海高速互通	高速	
13	宁德特大桥	沈海高速	高速	
14	五里河特大桥	104 国道	国道	
15	财桥特大桥	至透堡公路	省道	

通过地方公路行政主管部门的审查，在公路上方设置防护棚架、路侧基坑防护、道路拓宽和交通标志及安全配合工程等条件下，对铁路建设提出了补强的安全措施，如局部范围增加交通安全标志、减速带以及地方交通主管部门安全维护配合等。

本线涉及公路的铁路桥梁建设中，严格执行公路安全评估提出的工程措施，保证了施工过程的顺利安全实施。

下面以昆阳特大桥工点为例，介绍公路安全措施的落实情况并对其效果进行评估。

昆阳特大桥主跨(64＋136＋64)m 的连续梁拱结构上跨同三高速公路，夹角 28°，公路为双向四车道，路面宽 28 m，车流量大。主桥上部施工为先梁后拱，连续梁采用挂篮施工。公路防护方案为在道路上方满铺防护棚架，挂篮设置全封闭密网围护，防止任何物件坠落。如图 1-3-1 所示。在各段挂篮前移和中跨挂篮拆除时，与公路管理部门进行协调并征得地方同意，将公路相应的半幅车道进行临时性封闭，以保障施工作业及桥下道路行车安全。

(a)

(b)

图 1-3-1　昆阳特大桥防护棚架布置图

1. 防护范围

昆阳特大桥桥面宽度为 14 m，其 48 号～49 号墩处的同三高速公路路面宽 28 m(含中间隔离带 2.5 m)，两侧路肩至坡脚宽度约为 5 m，防护棚架的防护范围：以昆阳桥桥面投影至同三高速公路路面为基准，其横向跨度较征地两边线各增加 3 m，达到了 27 m，即在 14 m 桥面宽度外每边超出了 6.5 m，沿道路纵向防护长度 82.5 m。防护棚架结构底距公路路面 5.5 m，满足了汽车通行的最小净空要求。

2. 棚架设计荷载

防护棚架的设计荷载考虑结构的自重、12 级台风、桥梁上部结构施工时不大于 300 kg 的小型构件的坠落以及人员和小型机具在棚架上进行安装操作的临时荷载等。

3. 防护棚架的布置形式

因昆阳特大桥与道路交角 28°，投影到路面上的长度为 112.5 m。为了在施工防护工程时不封闭双向车道，减小工程难度和费用，防护棚架建设采用与公路垂直的方案，在公路的中间隔离带两侧设立中间支柱，分左右两幅错开布置，每幅棚架的布置长度为 82.5 m，单幅防护棚架的跨度采用 18 m，两端各错开距离为 30 m。

防护棚架采用门式刚架结构，截面为双工字钢组合截面。

4. 主要防护工程数量(表 1-3-3)

表 1-3-3　主要防护工程数量表

序号	材料名称	说　　明	昆阳特大桥跨沈海高速	鳌江特大桥跨 104 国道	鳌江特大桥跨世纪大道	鳌江特大桥跨高速公路出口
1	横梁安拆	工字钢(t)	282.4	163.9	123.9	60.8
2	支墩及支座横梁安拆	工字钢(t)	223.3	140.9	81.2	25.7
3	柱间支撑安拆	工字钢(t)	45.2	35.3	20.4	7.5
4	槽钢安拆	顶棚支架(t)	85.2	55.8	41.3	19.8
5	钢板安拆	顶板铺装(t)	70.2	45.6	33.9	16.2

续上表

序号	材料名称	说　明	昆阳特大桥跨沈海高速	鳌江特大桥跨104国道	鳌江特大桥跨世纪大道	鳌江特大桥跨高速公路出口
6	木板	厚度 3cm(m^2)	2 999	1 936	1 440	690
7	C15 混凝土	边墩基础(m^3)	555.0	377.6	335	152
8	其他钢料	钢栏杆(t)	21.6	37.8	19.1	9.2
9	主要技术指标	钢料(t/m^2)	0.23	0.23	0.21	0.19

四、海事安全评估

根据《中华人民共和国海事局通航安全评估管理办法》(海通航〔2007〕629号)要求，对通航安全有重大影响的水上水下施工作业开展通航安全技术评估工作。

评估内容包括：符合通航参数和安全系数的要求，符合远期船型航行要求，不存在隐患性影响，具备安全监管设施，具备系统性的安全保障条件，船舶操作技术和通航环境符合安全要求等。重点是影响通航秩序情况、施工期间的安全保障措施、现场维护需求、交通组织模式等，如警示标志和助航标志设置、临时防撞设置等。永久性的防撞设施和助航航志在通航论证中都有明确要求，也可根据相关规范办理。

根据国家相关法规和地方航道主管部门要求，建设单位委托有资质的单位对奉化江、灵江和瓯江特大桥的设计方案进行海事安全评价，形成了海事安全评估报告，经过行政主管部门的审查认为，三座桥的设计方案均满足海事安全要求。

第二章

桥梁总体设计

第一节 客运专线桥梁设计技术

一、国内外客运专线

国外铁路客运专线(或高速铁路)以日本和欧洲德、法等国的情况具有代表性。日本于1964年开始修建高速铁路新干线,设计速度210～260 km/h,到20世纪90年代末修建总长近2 000 km。在早期的新干线中,桥梁结构是钢结构与混凝土结构并存,后期的工程吸取前期建设的经验,除高架桥和特殊工点外,逐渐趋向于更多地采用混凝土梁桥,跨度在15～45 m的双线混凝土简支T梁,主梁3～8片不等。此外,以桥代路的高架桥占有很大的比重,其结构形式主要是跨度8～12 m的钢筋混凝土柱式刚架桥。

20世纪七八十年代,德国、法国、意大利、西班牙等欧洲国家也先后修建了高速铁路。以德国汉诺威—维尔茨堡和曼海姆—斯图加特两条新干线为代表,其桥梁几乎全部是预应力混凝土简支梁和连续梁,设计标准跨度平原区高架桥为25 m,山谷桥为44 m和58 m,梁体形式均为单箱单室预应力混凝土箱形梁桥,采用架桥机或膺架法施工。

在法国更多地采用钢-混凝土结合梁组成的长联连续梁或预应力混凝土连续箱梁的形式,施工方法一般采用顶拉法或吊装拼接施工。

进入20世纪90年代以后,韩国和我国台湾地区都开始修建高速铁路,其桥梁结构形式和施工方法,基本上是借鉴欧洲高速铁路的建设经验,多采用预应力混凝土简支箱梁和连续箱梁,施工方法以大型架桥机架设为主。

我国自20世纪90年代开始进行高速铁路前期工作,随着武广、郑西、石太、京津、合宁、合武、温福、福厦、甬温、京沪等客运专线项目的建设和开通,铁路建设已进入客运专线时代。我国客运专线铁路与国外相比,具有建设标准高、规模大、技术难度高的特点。

二、客运专线对桥梁的特殊要求

1. 动力性能

由于列车高速运行,桥梁结构承受较大的动力作用,冲击和振动强烈,有可能引发车桥共振,造成灾害。因此,桥梁结构除满足一般的强度要求外,还应有足够的刚度,也必须严格控制结构变形。桥梁设计除进行一般的静力分析外,还必须进行车桥耦合相互作用的动力仿真分析,保证桥梁结构具备良好的动力性能。

2. 轨道平顺性

为了保证桥上高速列车的安全性、平稳性和旅客乘坐的舒适性,桥梁上轨道平顺性的优劣显得更为重要。所以对预应力混凝土梁部结构的徐变、梁端转角以及桥梁墩台基础的沉降,提出了更加严格的要求。

3. 结构耐久性

高速铁路建设标准高，投资大，必须要有一个较长的投资回收过程，桥梁结构在长期的运营过程中，尤其对主体结构进行少维护、免维修是非常重要的一个指标。所以对主要结构物的设计提出了耐久性要求，其中桥梁主体结构应满足 100 年使用要求。

4. 桥梁施工

铁路客运专线桥梁结构型式与一般铁路干线的桥梁相比，由于技术标准的提高，不仅是设计理念的创新，同时由于建筑材料的选择、桥梁墩台及梁部截面尺寸形式的改变等引起了施工机具设备的革命，对施工组织和工艺都提出了全新的理念。

5. 养护维修

铁路客运专线行车密度大，运营时间长，所留检查、维修时间有限，任何中断行车都会造成很大的经济损失和社会影响。为此，不仅要求桥梁设计在构造上应注意使结构便于检查、养护及更换部件，尽可能达到少维修、易维修、免维修的条件，同时也要求维修机具设备的创新，使其能够在夜晚较短的天窗时间内完成尽可能多的检修工作。

三、桥梁主要技术条件

1. 变形

过大的桥梁变形引起轨道的不平顺并造成较大的振动，会导致养护工作量的增加，降低乘客的舒适度及列车运行的安全性，设计必须控制结构的变形。

（1）桥面扭曲

在 ZK 静活载作用下，由于梁体扭转引起轨面的不平顺限值为：以一段 3 m 长的线路为基准，一线两根钢轨的竖向相对变形量不大于 1.5 mm；实际运营列车作用下，一线两根钢轨的竖向相对变形量不大于 1.2 mm。

（2）梁端转角

规定梁端转角限值目的在于避免轨道上拔力过大，以免引起断轨或轨道变形不可控，在 ZK 活载静力作用下，有砟轨道梁竖向转角不应大于 2‰。

（3）桥面横向变形

在列车横向摇摆力、离心力、风力和温度的作用下，梁体的水平挠度应小于或等于梁体计算跨度的 1/4 000。

（4）桥面竖向挠度

在 ZK 活载静力作用下，梁体竖向挠度限值见表 2-1-1。

表 2-1-1　梁体的竖向挠度限值

跨度（m）	$L \leqslant 40$	$40 < L \leqslant 80$	$L > 80$
3 跨及以上双线简支梁	$L/1\ 400$	$L/1\ 400$	$L/1\ 000$
2 跨及以下双线简支梁	$L/1\ 000$	$L/1\ 000$	$L/715$

（5）残余徐变变形（上拱或下挠）

有砟轨道铺设后桥面梁的徐变上拱值不宜大于 20 mm。跨度大于 50 m 时，轨道安装之后出现的徐变和收缩所造成的竖向变形不得超过 $L/5\ 000$，且不大于 20 mm。

（6）相临梁端桥面间的水平偏移

两相临桥面的伸缩缝处的横桥向最大允许相对水平位移不得超过 1 mm。

(7)梁体的动力特性

常用跨度简支梁竖向自振频率 n_0 不应低于下列限值：

$L_\varphi \leqslant 20$ m 时，$n_0 = 80/L_\varphi$；20 m$<L_\varphi\leqslant 96$ m 时，$n_0 = 23.58L_\varphi^{-0.592}$；$L_\varphi$ 为简支梁跨度。

2. 墩台横向水平刚度

在 ZK 活载、横向摇摆力、离心力、风力和温度力的作用下，墩顶横向水平位移引起的桥面处梁端水平折角应不大于 1.0‰。

3. 墩台基础的工后沉降

墩台均匀沉降量：对于静定结构，有砟桥面不得超过 30 mm，相邻墩台均匀沉降量之差不得超过 15 mm；对于超静定结构相邻墩台沉降量之差，除满足上述要求外，还应根据沉降对结构产生的附加应力的影响确定。

4. 车桥耦合动力响应分析

按实际运营列车通过桥梁的情况进行车桥耦合动力响应分析，分析得出的列车运行安全性、平稳性和旅客乘坐舒适性指标应满足下列规定的要求。

脱轨系数：$Q/p\leqslant 0.8$；

轮重减载率：$\Delta p/p\leqslant 0.6$；

轮对横向水平力：$H\leqslant 10+P_0/3$（P_0 为静轴重，单位 kN）；

车体竖向振动加速度：$a_z\leqslant 0.13g$（半峰值）；

车体横向振动加速度：$a_y\leqslant 0.10g$（半峰值）；

斯佩林舒适度指标 W：$W\leqslant 2.5$（优），$2.5<W\leqslant 2.75$（良），$2.75<W\leqslant 3.0$（合格）；

桥梁响应评判指标：有砟桥面桥梁的最大竖向振动加速度 $a_{max}\leqslant 0.35g$。

5. 桥面构造

桥面构造综合考虑了环评、通信、信号、电力、接触网等专业的要求，在挡砟墙外侧分别设置信号槽、通信槽、电力电缆槽以及接触网支柱基础、漏缆立柱基础、声屏障遮板、综合接地装置等。

四、桥梁上部结构

(一)结构类型

鉴于我国人多地少的国情，在客运专线上，桥梁所占比重大，但从桥梁孔跨大小来看，除一些特殊需要的工点外，桥梁常用跨度绝大部分都是中小跨度，下面就简略地介绍一下我国铁路客运专线常用跨度桥梁结构体系的情况。

1. 简支梁桥

简支梁桥是我国既有普通铁路桥梁的主要形式，特别是 16～32 m 混凝土简支 T 梁，采用工厂预制，架桥机架设，是普通铁路桥梁中使用最多的梁型，已经形成一套完整的体系。我国目前 200 km/h 及以下线路，采用分片式 T 梁，自重轻，架设方便。但用于铁路客运专线则刚度偏小，横向联系太弱，需要加大体量并在架设梁片后施加横向预应力，增加了施工难度，制约了架设工期。

混凝土箱梁是国外高速铁路中最常用的形式，其形式简洁，外形美观，整体性好，刚度大，受力明确，但自重大，制架施工难度大，需大型运架设备。我国铁路客运专线的桥梁，为适应高速行车的需要，采用箱形梁为主，通过对跨度 24 m、32 m 的混凝土简支箱梁的静、动力分析，并经高速运行列车的检验，表明这种梁型具有良好的动力性能。目前已形成不同时速简支箱梁体系。

双线桥梁结构可采用双线桥整体式即整孔箱梁结构，也可采用两单线箱梁并置即双线并置箱梁。双箱并置式，由于结构尺寸较小，质量较轻，便于运输、架梁，特别对于运输限界受到限制时，优势明显，对施工设备能力要求较低。

沿海铁路混凝土梁部结构是以双线整孔箱梁作为主要的梁型，其典型横断面如图 2-1-1 所示。

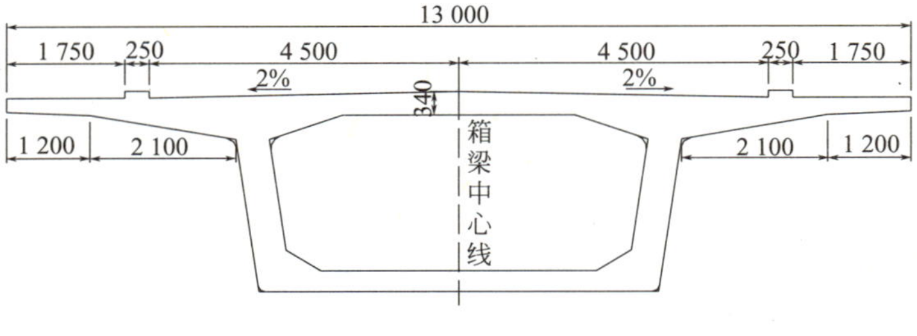

图 2-1-1 整孔箱梁横断面(单位：cm)

2. 连续梁桥

连续梁与简支梁相比，整体性强，具有较大的刚度，且梁缝少，梁端变形折角小，轨面平顺度高，有利于高速行车。但要注意客运专线为一次性铺设跨区间无缝线路，连续梁的温度跨应控制在 200 m 以内，若联长超过 200 m 要设置钢轨伸缩调节器，或采用小阻尼扣件等措施。另外，要关注地基不均匀沉降的问题。

3. 刚架桥

小跨度钢筋混凝土刚架桥结构，具有较好的刚度和整体性。

4. 组合结构桥

钢筋混凝土刚构连续梁是目前小跨度结构采用较为普遍的一种桥式结构，其中间桥墩与梁部固结形成刚构，边墩及次边墩采用活动支座。这种结构主墩与梁部固结提高了结构的整体性，其梁部、桥墩、桥台均可斜做，桥跨结构能够与桥下斜交道路、斜交沟渠协调适应，并降低了梁部结构高度，特别适用于高度受限制的斜交立交桥。

对于大跨度组合结构桥，除预应力混凝土刚构连续梁外，还有钢-混凝土结合梁、连续梁拱等结构型式组合不同的结构体系，比如沿海铁路白马河特大桥主桥采用了(80＋3-145＋85)m 刚构连续梁，昆阳特大桥采用了(64＋136＋64)m 梁拱组合结构等。

(二)施工方法

1. 预制架设法

预制架设法是铁路最基本的梁部施工方法，通常根据全线工点情况在工地预制梁场集中制造。梁体预制完成后，用大吨位运梁车和大吨位架桥机运架就位。其优点是周期性作业，既成桥面提供运梁通道，施工速度快，梁体工程质量有保证，对沿线环境影响较小。但一次性投入的大型机械设备、资金和临时占地较多，方法单一，不灵活。

简支梁预制及运梁安装如图 2-1-2 所示。

2. 桥位膺架现浇法

梁体采用满堂支架或军便梁门架支撑，桥位现浇混凝土施工梁体，这种方法用于地基条件较好、桥墩高度较低的混凝土梁。其优点是施工调度灵活，可根据需要多开作业面，但使用膺架材料较多，膺架变形较难控制，梁体工程质量控制难度较大。

3. 移动模架法

利用桥墩(台)支撑的移动支架、模板及配套钢束张拉系统组成的成套设备(造桥机)，在

(a) 预制

(b) 运梁

(c) 架设

(d) 安装

图 2-1-2　预制梁

桥位拼装、浇筑混凝土梁体的一种施工方法。其优点是不需设置地面支撑，施工设备能重复使用，但一次性投入的费用较高。移动模架根据承载类型可分为上承式和下承式，现场移动模架制梁如图 2-1-3 所示。

(a) 上承式移动模架

(b) 下承式移动模架

图 2-1-3　移动模架制梁

由于沿海铁路的地形、地貌、地质、环境的特殊性，根据桥梁分布的密度，仅在奉化和宁德设置了两处制梁场集中预制、架设，全线其他简支梁基本上采用移动模架施工，是我国客运专线首次大规模采用移动模架制梁的先行者。

五、桥梁下部结构

1. 下部结构刚度

客运专线一次铺设无缝线路，在研究桥上无缝线路时，结合国外的先进理念，在国内提出了桥墩线刚度概念，包括纵向刚度和横向刚度。对纵向刚度控制的主要目的是满足无缝线路轨道的受力要求，增加桥梁抵抗长钢轨力的能力，增强无缝线路的稳定性。对横向刚度控制的主要目的是保证桥上列车运行的安全性和舒适性，保证桥上轨道结构的稳定性，保证结构不出现过大的附加外力和振动，减少桥上轨道的养护维修。

对于常用跨度简支梁桥墩线刚度，《新建铁路桥上无缝线路设计暂行规定》和《高速铁路设计规范(试行)》都有很明确的规定，这些规定对于墩高较小的简支桥梁是比较容易满足的。但对于软土地基、桩基自由长度较大或墩高较大的桩基础，其纵向刚度往往难以满足要求，设计需对桩基的数量和布置形式进行全面研究以求最经济。

2. 影响下部结构刚度的主要因素

桥梁下部结构刚度主要受墩身的弹性变形、基础的转动、基础的水平位移、支座变形制约，因此，影响桥梁下部结构刚度的主要因素有墩高、墩形和基础刚度，支座的变形可不考虑。对于桩基础来说，常用跨度简支梁在桥墩结构已定的情况下，墩高一定时，影响桥梁下部结构刚度的主要因素就只有基础刚度了。下面重点讨论桩基的受力类型(柱桩、摩擦桩)、桩的排列方式、桩间距、地质参数等因素对下部结构刚度的影响。

计算参数：梁型(32＋32)m 简支箱梁、墩高 9.0 m，圆端形实体墩，采用 8 根 ϕ1.25 m 桩，纵、横向桩间距 3.60 m、3.00 m；承台尺寸 6.00 m×11.40 m×2.50 m，桩身混凝土强度等级 C30，摩擦桩和柱桩桩长皆为 30 m；桩侧土地基系数的比例系数 m＝1 000 kPa/m^2，摩擦桩桩底土地基系数的比例系数 m_0＝10 000 kPa/m^2，柱桩桩底岩石极限抗压强度 R＝8 000 kPa，岩石地基竖向地基系数 C_0＝4 587 500 kPa/m^2。研究成果如下。

(1)桩的受力类型

摩擦桩和柱桩基础，同等条件下墩顶作用 100 kN 纵向水平力的位移和刚度计算比较见表 2-1-2。

表 2-1-2　位移和刚度计算比较

项　　目	摩擦桩	柱桩
墩身弹性变形引起墩顶水平位移(cm)	0.008 387	0.008 387
承台底水平位移(cm)	0.056 33	0.058 21
承台转角引起的墩顶水平位移(cm)	0.059 131 5	0.066 68
承台转角(rad)	0.000 049 9	0.000 056 27
墩顶水平总位移(cm)	0.123 848	0.013 130 8
纵向刚度(kN/cm)	807	762

由表 2-1-2 可知：承台底水平位移、承台转角及由此引起的墩顶水平位移摩擦桩比柱桩小，采用摩擦桩基础比采用柱桩基础的纵向刚度大。

(2)桩间距

在桩的根数不变的条件下，对桩的纵向间距进行调整，表 2-1-3 反映了加大纵向桩间距与纵横向刚度的关系，纵向桩间距对纵向刚度的影响较大，但对横向刚度则基本没有变化。

表 2-1-3　桩间距与桥墩基础刚度关系

桩距(m)	3.3	3.4	3.5	3.6	3.7	3.8	3.9	4.0
纵向刚度(kN/cm)	721	750	718	807	836	864	892	921
横向刚度(kN/cm)	1 509	1 509	1 509	1 509	1 509	1 509	1 509	1 509

(3)地质土参数

图 2-1-4 反映了桩侧土地基系数的比例系数 m 值对摩擦桩纵横向刚度的影响。从图中可

以看出，当 $m<5\ 000\ \text{kPa/m}^2$ 时，随着 m 值的增加，纵横向刚度增长很快，但当 m 超过 $5\ 000\ \text{kPa/m}^2$ 后，纵横向刚度变化平缓。柱桩纵横向刚度随桩侧土地基系数的比例系数 m 值变化的趋势与摩擦桩相似。

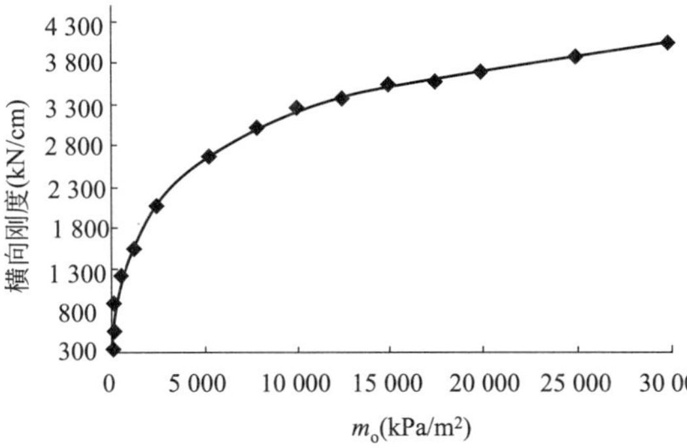

图 2-1-4　m 值对桩基刚度的影响

沿海铁路沿线地质表层广泛分布淤泥或淤泥质黏土，地质条件相对较差，m 值取值较小，一般为 $500\sim3\ 000\ \text{kPa/m}^2$，对桥墩纵向刚度影响敏感，是基础设计主要控制因素。

(4)桩的排列方式

客运专线桥梁下部结构的横向刚度总是希望尽可能大，因为较大的横向刚度是列车运行平稳性和旅客舒适性的保证，桩基础的平面布置形式应以保证纵向刚度的前提下，尽可能加大下部结构横向刚度为原则。

桩基础的平面布置形式有行列式和梅花式两种形式，图 2-1-5 是 8 根 $\phi1.0$ m 桩的两种布置方式，表 2-1-4 反映了两种布置方式桥墩纵横向刚度。对于桥墩的横向刚度来说，行列式是梅花式的 1.10 倍左右，而承台体积行列式是梅花式的 0.77 倍。因此，在纵向刚度不控制的情况下，桩基础的平面布置应采用行列式布置。但在沿海铁路软土地基条件下，采用梅花式偏多，主要原因是纵向刚度控制。只有在保证纵向刚度的前提下，才可能加大横向刚度。通过大量的动力分析研究得出，合理的横向刚度应为纵向刚度的 2 倍。

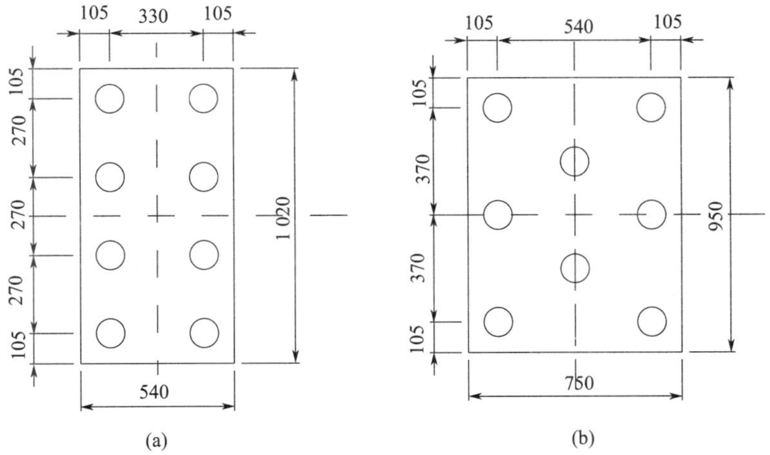

图 2-1-5　桩的排列方式(单位：cm)

表 2-1-4　桥墩纵横向刚度表

排列方式	墩高(m)	桩基	桩型	纵向刚度(kN/cm)	横向刚度(kN/cm)
行列	9	8ϕ1.0	摩擦桩	560	1 011
行列			柱桩	482	926
梅花	9	8ϕ1.0	摩擦桩	809	906
梅花			柱桩	725	858

(5)桩径

对于墩高 20 m 以下的桥墩基础，在一般地质条件下，按 8ϕ1.00 m、10ϕ1.00 m、11ϕ1.00 m、

12ϕ1.00 m、8ϕ1.25 m 和 10ϕ1.25 m 布置等都是经常采用的基础形式，但一般不采用 6 根桩。

表 2-1-5 反映了在相同的地质条件下，桩长计算结果。表 2-1-6 反映了陆上施工 ϕ1.00 m、ϕ1.25 m 钻孔桩的费用比值。一般情况下，小直径钻孔桩的经济性比大直径钻孔桩的经济性好。从受力的角度出发，也应尽可能采用小直径钻孔桩，但大桩径刚度较好。当桩长超过 60 m，考虑单桩的刚度、成孔及灌注混凝土质量等因素，宜采用较大直径的钻孔桩。

表 2-1-5　桩长比较表

项　目	6ϕ1.25/8ϕ1.00	8ϕ1.25/11ϕ1.00	9ϕ1.25/12ϕ1.00
布置形式	行列式	行列式/梅花式	行列式
桩长(m)	41/40	30/29	26/26
纵向刚度(kN/cm)	766/561	807/1 060	1 368/1 033
横向刚度(kN/cm)	1 277/967	1 510/1 315	1 860/1 470

表 2-1-6　工程费用比较表

项　目	6ϕ1.25/8ϕ1.00	8ϕ1.25/11ϕ1.00	9ϕ1.25/12ϕ1.00
混凝土圬工(m^3)	302/251	295/251	287/245
材料费用比	1.08	1.05	1.08

分析可知，桩基布置形式对桥梁下部结构刚度影响较大。对于常用跨度结构的桥梁，一般地质条件下，首选采用小直径钻孔桩，增大纵向桩间距对提高桥墩的刚度作用明显；在满足纵向刚度的条件下，尽可能加大桩的横向间距，设计时应根据影响刚度的因素合理选择基础布置形式，以便取得更好的经济效益。

第二节　桥梁主要技术标准和设计原则

一、主要技术标准

1. 设计洪水频率：桥梁 1/100，涵洞 1/100；

2. 设计荷载：中-活载，并按 ZK 活载检算；

3. 设计速度：客货共线，客车时速 250 km/h；

4. 地震基本烈度：地震动峰值加速度为 0.05g；

5. 桥涵主体结构应按 100 年使用年限设计，尚应符合《铁路混凝土结构耐久性设计规范》的有关规定；

6. 桥涵结构应具备良好的动力特性，满足轨道稳定性、平顺性的要求，满足客运专线列车安全运行和旅客乘座舒适度的要求；

7. 桥梁上部结构应优先采用预应力混凝土结构，应有足够的竖向刚度、横向刚度和抗扭刚度，并保证结构的整体性；

8. 预应力混凝土梁部结构，宜选用双线整孔箱形截面梁；

9. 桥面布置形式及有关技术参数。

(1)桥面布置形式

桥梁采用有砟桥面，枕底道砟厚度不小于 0.35 m，桥上不设护轮轨。桥上设置高挡砟墙或防护墙，其高度与相邻轨道顶面等高。线路中心至挡砟墙内侧的净距不应小于 2.2 m。桥面布置如图 2-2-1 所示。

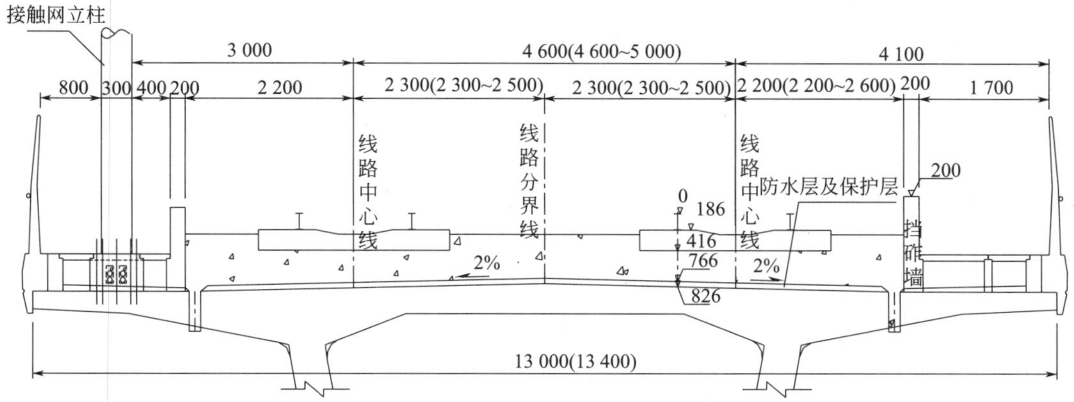

图 2-2-1　桥面布置图(单位:mm)

注:括号内数字为 4.6～5.0 m 变线间距时情况

(2)双线整孔箱梁布置

正线采用线间距为 4.6 m 的双线整孔箱梁，4.6～5.0 m 变线间距地段采用线间距为 5 m 的整孔箱梁。桥梁以左线为基准布置，在变线间距区段，梁中心线与两线中心线不重合，偏移量 0～20 cm。以同一座桥左右偏移量基本相等为原则合理布设。当两台尾线间距差 $\Delta \leqslant 20$ cm 时，可以基本对称布置。当 $\Delta > 20$ cm 时，按上述原则选取恰当的值(左线至左侧梁体边缘的距离)进行曲线计算，最大偏移量 20 cm。

(3)桥面轨道结构高度及二期恒载

梁顶至轨底高 $H=0.7$ m，分布如下：0.055 m(拱高)+0.06 m(防水层)+0.35 m(道砟厚)+0.232 m(枕木)+0.01 m(钢轨垫板)。

轨底～路肩以 0.72 m 计，正线轨道采用 60 kg/m 钢轨，钢轨高 $h=0.176$ m。

双线有砟桥面二期恒载重(包括钢轨、道砟、轨枕、防水层、保护层、人行道遮板、声屏障、挡砟墙、电缆槽竖墙、盖板等)：

线间距 4.6 m：直线 $q=180$ kN/m；曲线 $q=190$ kN/m。

线间距 5.0 m：直线 $q=185$ kN/m；曲线 $q=195$ kN/m。

轨道采用 60 kg/m 钢轨，钢轨高 $h=0.176$ m。

(4)线路纵坡代数差大于 1‰时，以圆曲线型竖曲线连接，250 km/h 区段竖曲线半径采用 25 000 m；160 km/h 区段采用 15 000 m；140 km/h 区段采用 10 000 m。

10. 建筑限界

一般铁路桥梁限界按“桥限-2”办理；跨铁路的跨线建筑物按“建限-1”办理。正线按《200 km/h 客货共线铁路双层集装箱运输建筑限界(暂行)》办理。对拟开行双层集装箱列车的铁路限界净高按接触网规定办理。

跨越城市道路和公路时，按《城市道路设计规范》(CJJ 37—90)、《公路工程技术标准》(JTG B01—2003)规定及有关单位协商意见确定。

跨越航道时，按国家《内河通航标准》(GB 50139—2004)规定及有关单位协商意见确定。

通航海轮的桥梁通航净空按《通航海轮桥梁通航标准》(JTJ 311—97)及有关部门要求执行。

二、主要设计原则

1. 桥式布置及上部结构

(1)区间正线跨度 24 m、32 m 简支梁采用双线整孔箱为主导梁型，采用“通桥(2005)2221”通用图，梁顶至轨底 0.70 m。

(2)简支箱梁支座采用客运专线常用跨度梁配套系列 KTPZ 支座，整孔箱梁每个箱梁设一个固定支座(GD)、一个横向活动支座(HX)、一个纵向活动支座(ZX)、一个多向活动支座(DX)。其中，(GD、HX)布置在梁的一端，(DX、ZX)布置在梁的另一端。固定支座布置位置原则按《铁路桥涵设计基本规范》第 3.3.12 条执行。箱梁及支座高度见表 2-2-1。

表 2-2-1 箱梁及支座高度表

类型		支点梁高(m)	支点轨底～梁底高(m)	支座型号	支座计算高度(cm)	轨底～垫石顶高度(m)
整孔箱梁	20 m	2.4	3.10	KTPZ-Ⅰ-4000	18+3=21	3.31
	24 m 普高	2.4	3.10	KTPZ-Ⅰ-5000	18.5+2.5=21	3.31
	24 m 等高	3.0	3.70	KTPZ-Ⅰ-5000	18.5+3=21.5	3.915
	32 m	3.0	3.70	KTPZ-Ⅰ-6000	20+3=23	3.93

注：支座计算高度是考虑到设计垫石顶高程时支座与垫石顶间需预留 20～30 mm 间隙，以便架梁后安装调整支座时压注无收缩高强度材料。

(3)常用跨度连续梁见表 2-2-2。

表 2-2-2 常用跨度连续梁表

梁型(m)	梁体实际长(m)	单侧梁缝(m)	梁全长(m)
32+48+32	32.55+48+32.55=113.10	0.10	113.30
40+64+40	40.60+64.00+40.60=145.20	0.10	145.40
40+64+64+40	40.60+2-64.00+40.60=209.2	0.10	209.40
40+3-64+40	40.60+3-64.00+40.60=273.2	0.10	273.40
48+80+48	48.65+80.00+48.65=177.30	0.10	177.50
48+80+80+48	48.65+2-80.00+48.65=257.30	0.10	257.50
6-32	32.6+4-32.7+32.6=196.0	0.10	196.2

(4)曲线布置：

①正线等线间距时，双线整孔箱梁曲线布置以左线为基准，采用平分中矢法布置。

②正线变线间距段，采用设计线间距为 5 m 的整孔箱梁，曲线布置以左线为基准，采用平分中矢法布置。

③正线桥台曲线布置时按直线布置。

(5)道岔位于桥上时，桥梁设置按《京沪高速铁路梁上无缝道岔设计原则》执行。

(6)位于车站范围内的多线桥应合理划分桥梁结构，在墩身及基础可分建时，宜设计成几座单线桥或多线桥。

2. 墩台

(1)正线桥台一般采用矩形空心台，位于挖方内扩大基础桥台采用矩形实体台，根据需要截取台身高度。

(2)正线桥墩高度≤15 m 时，一般采用矩形或圆端形实体墩；墩高大于 20 m 时，采用圆端形空心墩；墩高 15～20 m 时，结合全桥墩形情况，实体墩和空心墩都可采用，全桥墩形尽可能一致。跨河桥宜采用圆端形或圆形实体墩。

(3)无缝线路墩台设计须按《新建铁路桥上无缝线路设计暂行规定》考虑无缝线路要求，其线刚度满足限值。

(4)简支梁下部结构纵向水平刚度应满足《高速铁路设计规范(试行)》第 7.3.8 条规定。

(5)桥墩横向刚度，按"由墩台横向水平位移差引起的相邻结构物轴线间的水平折角不得超过 1‰"控制。对于较高桥墩，应据此进行横向刚度检算。为计算方便，一般情况下可先按 δ_{n-1} 和 δ_{n+1} 为 0，$\Delta\delta$ 即为 δ_n 计算值，最大横向位移 32 m 梁为 1.63 cm，24 m 梁为 1.23 cm。计算通不过时，再按实际 δ_{n-1} 和 δ_{n+1} 计算。

(6)连续梁墩台水平力计算：

①制动墩纵向制动力：按(连续梁半联活载＋主跨半跨活载)×0.1 计；

②活动墩支座摩阻力(主力)：最大竖反力×0.05；

③对于连续梁高墩，上述水平力计算方法误差偏大，还需考虑梁体收缩徐变、梁体温度变化的影响。

(7)铁跨公立交桥的墩台有可能受到汽车的撞击时，应设计为实体墩，必须考虑汽车的撞击力。撞击力顺行车方向采用 1 000 kN，横行车方向采用 500 kN，作用在路面以上 1.2 m 的高度处。汽车的撞击力与列车主力组合，按主力＋特殊荷载计算。

(8)Ⅶ级及以上的通航河流，其通航孔桥墩应按《铁路桥涵设计基本规范》(TB 10002.1—2005)第 4.4.6 条计算船只撞击力。

3. 基础设计

(1)桥梁基础类型一般采用扩大基础和桩基础，桩径一般采用 ϕ1.0 m、ϕ1.25 m，特殊结构可采用 ϕ1.5 m、ϕ2.0 m 和 ϕ2.5 m。

(2)桩基承台厚度按刚性角确定，一般不应小于 2.0 m，并不小于 2 倍桩径。当刚性角不满足时可加厚承台或承台加强配筋。

(3)根据桩基混凝土强度及稳定性规定，预留一定安全系数的前提下，结合施工条件，主力情况下最大单桩承载力和桩长建议值见表 2-2-3。

表 2-2-3　主力情况下单桩轴向力建议值

桩径(m)	单桩轴向承载力控制值(kN)	最大桩长
	桩身 C30 混凝土	(m)
1.0	4000	55
1.25	6000	80
1.5	9000	100

沿海铁路桥梁基础在桩身无自由长度情况下，主＋附情况控制值相应乘 1.2。一般情况下除了矮墩，桩基设计主要受墩台线刚度控制，而非单桩承载力控制，软弱地基的嵌岩桩，若桩长大于 50 m 时，单桩承载力也可能控制。

三、桥梁布置

1. 路桥分界高度

路桥分界高度根据路堤地基条件、填料性质及来源、当地土地资源、城镇交通要求及加固工程大小、地基处理深度、路堤工后沉降量等因素，通过技术经济比较综合确定。

(1)路基工后沉降控制

为了保证高速列车的平稳性、安全性及舒适性，客运专线对路基工后沉降控制要求很高。一般路基工后沉降不大于 10 cm，沉降速率小于 3 cm/年，桥路过渡段路基工后沉降不大于5 cm。地基变形的控制，主要影响因素是地基岩土性质。对于地基承载力较高地段，如卵石土、岩石等地基，从其变形角度考虑，理论上填土高度不受控制。对于地基较差、承载力较低地段，路基填土越高，地基上的附加应力越大，地基变形越大，其工后沉降控制难度越大，地基处理费用也越高。

沿海铁路沿线普遍覆盖软土，特别是温州和宁波地区，软土层分布较厚，地层十分软弱，具高压缩性，根据国内外以往施工经验，如路堤过高，其工后沉降较难控制。因此，为了减小地基附加应力以减小地基变形，在严格控制填筑质量和加强地基处理的同时，要对路基填筑高度进行控制，路桥分界高度不宜超过 6 m。

(2)沿线土方来源情况、土地资源及其经济状况

线路走行于沿海沿线经济较发达地区，土地资源极为珍贵，而且土质条件较差，大部分土方须经过改良方可作为路堤填料，属筑路填土等材料缺乏地区，土方运距相对较远，一般都在 10 km 以上，故桥路分界高度宜适当降低，或以桥代路，减少永久占地，特别是在城市地区宜控制在 4～6 m。

2. 桥梁设置原则

常规跨河、沟、渠、公路(道路)及既有铁路设桥(涵)通过外，尚应考虑以下几个方面。

(1)环境及环保要求：跨越城镇区段，考虑土地资源占用、环境保护、景观要求等因素，一般设桥通过。

(2)地质条件要求：一般地质地段根据路桥分界高度并结合工程地质条件确定，特殊地质地段软土分布段较广，土层较厚，采用路基通过时，地基加固处理工程造价大且工后沉降难以满足；与布设桥通过相比，其工程造价不具有优势时，应选择以桥代路。

(3)轨道设置要求：为满足单开道岔或交叉渡线等轨道专业的需要，减少道岔及温度伸缩调节器的养护维修工作，要选取合理的孔跨布置形式和梁部结构，避免梁缝设在道岔区和温度调节器前后。

(4)过渡段长度要求：正线路堤区段两桥台尾之间的距离不宜小于 150 m，两涵之间以及桥台尾与涵洞之间净距离不小于 30 m。当桥台台尾后 30 m 左右需设置涵洞时，采用延长桥孔或改移道路、水沟等至桥下的办法解决，以免影响行车的平顺。

(5)地方交通要求：沿线城市规划和交通发展以及方便沿线人民的生产和生活，并适度预留发展空间，根据现有道路和规划布置桥梁。

(6)防洪评估专项要求：跨越河流或海湾时，桥墩设置尽量远离河(海)堤，减少基础施工对河(海)堤的影响，孔跨的设置满足防洪要求。

第三节　桥梁总体设计

一、工程技术特点

1. 水文条件复杂

沿线桥梁主要跨越奉化江、灵江、定头港、清江、瓯江、飞云江、白马河、宁德云谈门等海域，受台风、潮汐、海水腐蚀等海洋自然条件的影响较大，桥梁设计必须适应沿海气候环境、地形、地质、海湾潮汐水文等复杂自然条件。

2. 长弯大跨度预应力混凝土梁

客运专线铁路设计标准较高，线路的走向影响桥式方案，本线受地形、地貌影响，跨越沿线大江大河及海湾滩涂地区等，为满足线型要求，有许多桥梁布置在曲线上，设计了许多长联、大跨、曲线预应力混凝土连续梁，在温度和收缩徐变作用下，必须关注梁体变形将对轨道产生的影响。

3. 无缝线路及道岔区桥梁设计

本线为一次性铺设无缝线路，桥梁设计中考虑了纵向长轨力、挠曲力、断轨力、桥墩线刚度对桥上无缝线路的影响。研究表明，轨道受桥墩最小纵向线刚度的控制。道岔区桥梁结构设计的关键在于其纵向变形的连续性、刚度均匀性，因此为确保道岔区长期正常运营，对桥式布置和梁部及基础的变形都进行严格控制。

4. 软土桥台

部分桥台位于淤泥和软土层上，软土最深可达 60 多米，物理力学性能极差，基本承载力 $\sigma_0=40\sim50$ kPa。设计中进行深厚软土地基附加水平力和稳定性计算，并结合台后路基加固以控制桥台稳定性确保安全。

5. 超长桩

由于海相沉积地基软土厚，桥梁设计基础普遍为超长桩。如灵江特大最长桩为 101 m（桩径 ϕ2.5 m），霞村特大桥桩径 ϕ1.25 m 钻孔桩最长达 89 m，长细比 71∶1，穿透 60 多米的淤泥层，在目前国内铁路桥梁上较为少见。

6. 海湾桥梁

沿线桥梁跨越海滩、海湾河流区域，受台风、海浪、洪水等自然条件的影响，桥梁跨度、桥式结构、建筑材料必须满足在海洋气候、地形、地质、海湾潮汐水文等复杂自然条件下的运营。

7. 耐久性设计

海洋环境中的桥梁结构极易遭受台风、海水、海水微沫及盐雾等多种自然因素的侵蚀，对桥梁结构的耐久性构成巨大威胁。设计必须要考虑氯盐侵蚀导致混凝土及钢筋锈蚀，采取可靠的抗氯离子渗透措施，施工过程中不仅要确保混凝土质量，同时也要求运营后定期检查和维护，发现问题及时修复，以实现全线桥梁的结构使用寿命。

8. 景观设计

铁路桥梁美学效果已成为客运专线桥梁建设中必须考虑的重要因素之一。目前采用的箱梁截面设计上考虑了结构的流线型，桥墩形式对顶帽和墩身的过渡段进行了流线型外观设计，与上部箱梁较为匹配，桥梁的结构造型与环境相协调。如雁荡山是国家风景名胜区，跨高速公路采用了建筑高度低的全钢叠合箱形拱桥增添了景观效果，跨奉化江航道采用了建筑高度低的混凝土系杆钢管提篮拱桥为宁波再添风景。

二、桥跨布置和梁型选择

（一）桥跨布置

（1）正线桥梁采用双线整孔预应力混凝土箱梁以 32 m 为主，一座桥梁尽量按等跨布置，24 m 跨一般为调跨而布设。

（2）考虑景观因素，24 m 宜采用与 32 m 等高梁，在立交等控制路肩高程地段，采用 24 m 普高梁。

（3）跨越道路、公路和通航河流，则根据净宽要求，选择简支梁或大跨梁跨越。受线路走向控制，与道路、河流斜角较大时，应采用大跨结构，以减少对道路和河道排洪的影响。

(4)对于软土地基，路肩高程较矮时，不能设置标准简支梁桥地段，则优先采用框架桥或钢筋混凝土连续刚构。对于跨道路或跨河桥梁路肩高程受到控制时同样适用。

(5)为满足道岔或交叉渡线等轨道专业的要求，采用连续梁结构，避免梁缝设在道岔区内。为避免道岔设在桥路过渡段上，对于小桥可采用降低主体高程，顶板上填筑路基 1.5 m，类似涵洞结构。必要时应延长孔跨，使其避开过渡段。

(6)跨河或跨路桥梁应尽量正交，跨越河堤时宜一孔跨越，尽量避免在河堤上设置桥墩，并取得防洪部门的许可。

(7)跨越高速公路和通航河流时，应考虑桥梁施工对交通的影响。

(8)各种桥式结构均应进行动力分析，并注意全线桥梁动力响应的协调性。

(9)当铁路小角度跨越一般道路或河流时，可采用小跨度钢筋混凝土连续刚构或刚构连续梁，以降低路肩高程。

(10)特殊工点，应进行桥梁孔跨和桥梁方案比较，做到经济合理、技术可行、环境协调。

(二)常用跨度简支梁

时速 250 km 客运专线常用跨度梁部通用图，主要包括预制和现浇整孔简支箱梁，见表 2-3-1。简支梁及简支梁桥实景如图 2-3-1 所示。

表 2-3-1　标准简支梁汇总表

序号	孔跨	制梁方式	线间距(m)	梁宽(m)	图号
1	24 m 普通高度	预制	4.6	13	通桥(2005)2221-Ⅰ
2			5.0	13.4	通桥(2005)2221-Ⅵ
3		现浇	4.6	13	肆桥设(2006)2221-Ⅸ
4			5.0	13.4	肆桥设(2006)2221-Ⅹ
5	24 m 等高度	预制	4.6	13	通桥(2005)2221-Ⅳ
6		现浇	4.6	13	通桥(2005)2221-Ⅷ
7			5.0	13.4	肆桥设(2006)2221-Ⅸ
8	32 m 普通高度	预制	4.6	13	通桥(2005)2221-Ⅱ
9			5.0	13.4	通桥(2005)2221-Ⅶ
10		现浇	4.6	13	通桥(2005)2221-Ⅴ
11			5.0	13.4	肆桥设(2006)2221-Ⅻ

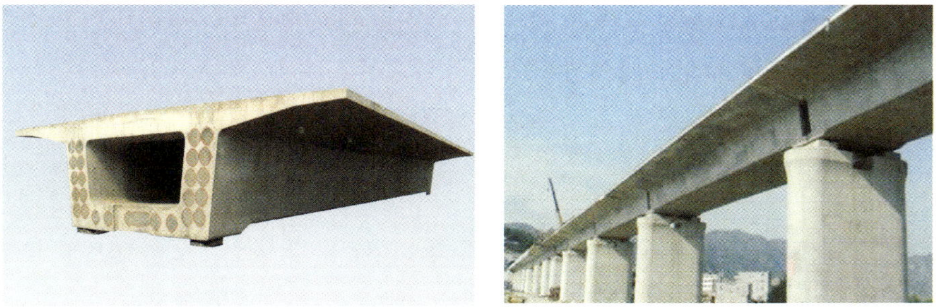

(a) 简支梁　　(b) 简支梁桥实景

图 2-3-1　简支梁及简支梁桥实景

全线采用 24 m、32 m 预应力混凝土简支箱梁梁型多达 11 种，每种梁型均有一定的使用条件和适用范围，其中现浇梁仅用于孔数较少、设立预制梁场困难地段，等高度梁用于考虑美观要求的地段。因此，选用何种梁型应根据桥梁总体设计、桥位处地理环境，同时，还要注意现浇梁、预制梁对下部构造、制梁和架梁工艺的一些特殊要求。

（三）特殊结构

由于本线跨越较多高速公路、大江大河以及海湾深水等，因此在桥梁孔跨布置和桥式方案的选择上，设计了大量的大跨度桥梁，如预应力混凝土连续梁、连续刚构、拱桥以及钢箱或钢混组合结构。

1. 连续梁

预应力混凝土连续梁具有受力明确、动力性能好、形式简洁、外形美观、跨越能力大等优点，被广泛采用。从最小跨度（32＋48＋32）m 至最大跨度（72＋130＋72）m 连续梁多个跨度系列，最长为（48＋7-80＋48）m 九跨一联连续梁。

采用的标准孔跨连续梁汇总见表 2-3-2。

表 2-3-2　标准孔跨连续梁汇总表

序号	梁跨(m)	线间距(m)	梁宽(m)	图号
1	32＋48＋32	4.6	13.0	通桥(2005)2261-Ⅴ
2		5.0	13.4	肆桥设(2005)2012-Ⅴ
3	40＋56＋40	4.6	13.0	通桥(2005)2261-Ⅵ
4		5.0	13.4	肆桥设(2005)2012-Ⅵ
5	40＋64＋40	4.6	13.0	通桥(2005)2261-Ⅶ
6		5.0	13.4	肆桥设(2005)2012-Ⅶ
7	48＋80＋48	4.6	13.0	通桥(2005)2261-Ⅷ
8		5.0	13.4	肆桥设(2005)2012-Ⅷ

施工一般采用悬臂灌注法，小跨（64 m 及以下）连续梁也可采用支架现浇法施工。

2. 连续刚构

预应力混凝土连续刚构，由于不受大吨位支座的限制，梁体和墩身协同受力，因此其跨越能力强。本线最大跨度连续刚构为（88＋160＋88）m。为适应路肩高程和不同斜角角度，设计许多小跨钢筋混凝土连续刚构，如（12＋16＋12）m、（16＋20＋16）m 连续刚构等。

大跨结构采用悬臂灌注施工，小跨钢筋混凝土连续刚构采用支架现浇施工。

3. 下承式拱桥

由于铁路建筑高度和景观要求，本线在宁波市区跨越奉化江采用了 1-128 m 提篮式拱桥，创建了客货共线铁路尼尔森体系提篮式钢管混凝土系杆拱桥最大跨度，它集钢管混凝土、下承式系杆拱桥、尼尔森体系（斜吊杆）、提篮式的美学于一体，用于客货共线铁路，颇富独创性。

在雁荡山风景区设计了 2-90 m 钢箱系杆叠合拱桥。该桥采用三拱叠合桥式，一改拱桥单一形式，通过辅助拱的优美曲线将两跨拱肋柔美结合，产生令人意想不到的美观效果，与雁荡山风景完美融合、互映生辉，开创了我国铁路三拱叠合结构的先河。

4. 组合结构

组合结构利用混凝土和钢的特点，有机地将其结合在一起，发挥各自的性能与特点，有效地解决了大跨度、要求较小建筑高度的需求。

（1）连续梁和连续刚构组合结构

大跨度刚构连续梁桥兼顾连续刚构桥和连续梁桥的优点，在结构受力、使用功能和适应环境等方面更具有优越性。该结构设计主墩采用了墩梁固结，墩梁共同受力，不需设置制动墩承受水平力，减少了昂贵的大吨位支座个数，边墩采用支座改善了多跨连续所引起的结构温度力和收缩徐变影响，使得下部结构可以更好地适应主梁的变形，如(80＋3-145＋80)m 刚构连续梁桥。

(2)连续梁拱组合结构

预应力混凝土连续梁与钢管混凝土柔性拱组合结构，利用预应力混凝土连续梁与钢管混凝土拱的组合，将梁上部分恒载及活载通过吊杆传至拱肋，由拱肋传到墩台处的主梁根部，有效降低了梁部结构的建筑高度，如(64＋136＋64)m 连续梁拱。

三、墩台、基础设计

(一)桥　　墩

本线主要采用圆端形桥墩，部分高架桥采用矩形桥墩，对于少量水中斜交桥墩采用圆形墩，同一座桥梁墩形宜统一。

1. 圆端形桥墩

圆端形桥墩由于其外形美观，刚度大，被广泛应用于客运专线桥梁中。一般情况下陆地高架桥跨河地段、有景观要求地段采用圆端形桥墩。

24 m、32 m 圆端形桥墩结构、现场实景分别如图 2-3-2、图 2-3-3 所示。

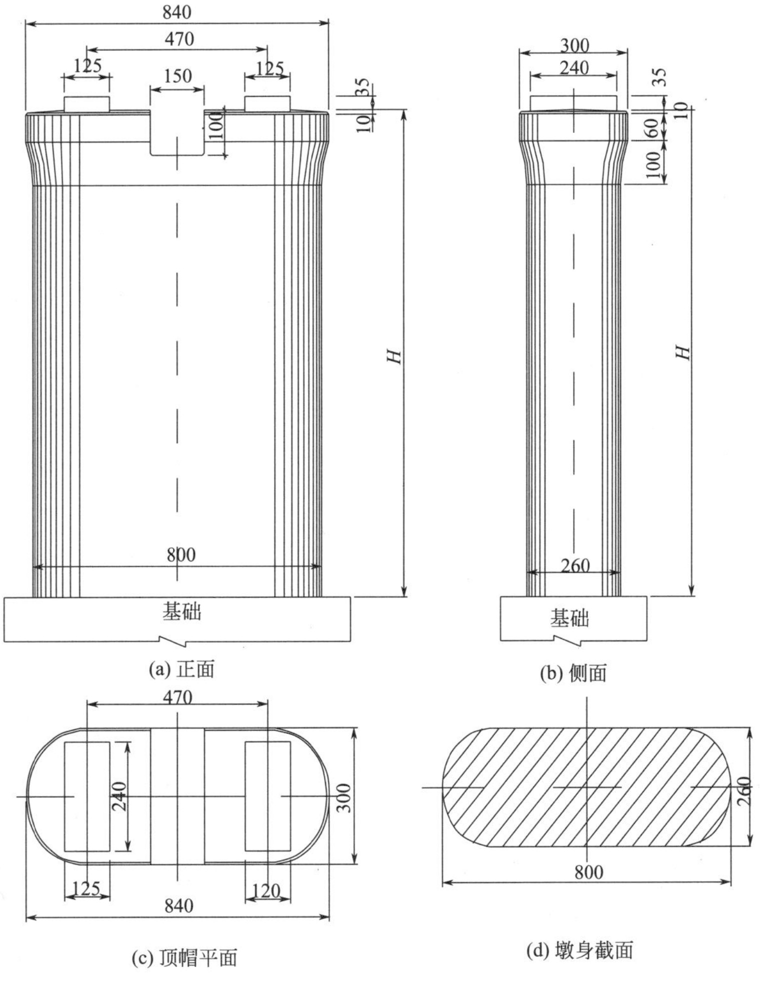

图 2-3-2　圆端形桥墩结构图

图 2-3-3 圆端形桥墩现场实景

2. 矩形桥墩

部分陆地高架桥采用了矩形桥墩，24 m、32 m 矩形桥墩结构图、现场实景分别如图 2-3-4、图 2-3-5 所示。

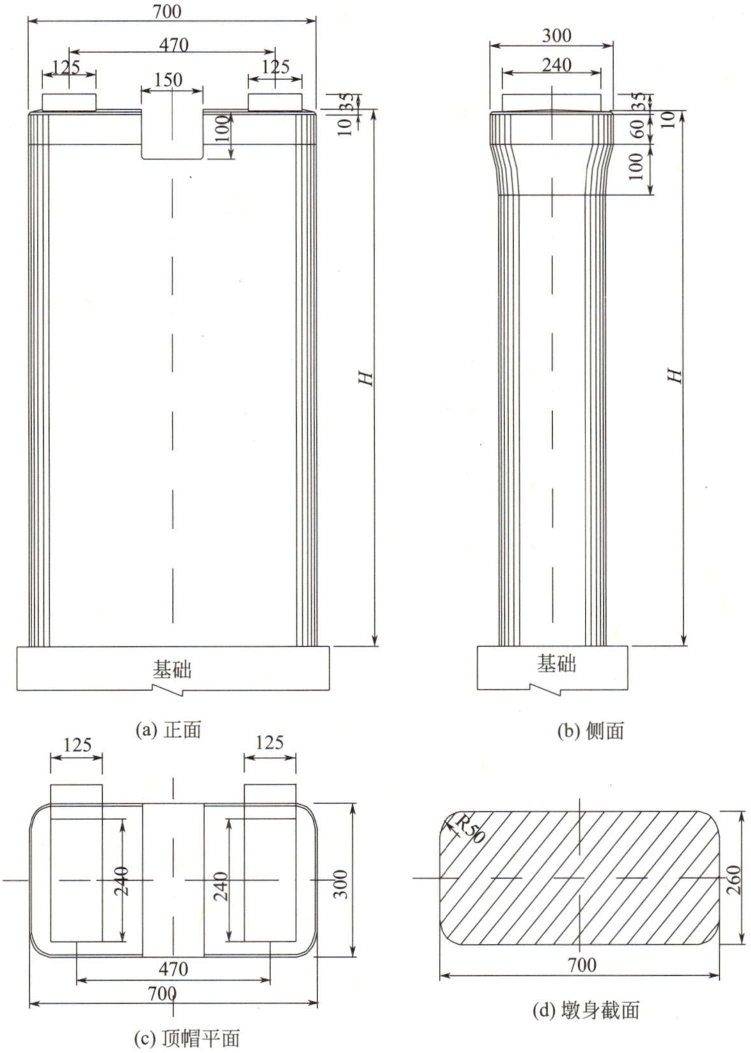

图 2-3-4 矩形桥墩结构图(单位：cm)

图 2-3-5　圆端形桥墩现场实景

3. 圆形桥墩

圆墩主要用于铁路与水流角度较大、阻水严重的水中。24 m、32 m 简支梁圆形桥墩结构如图 2-3-6 所示。

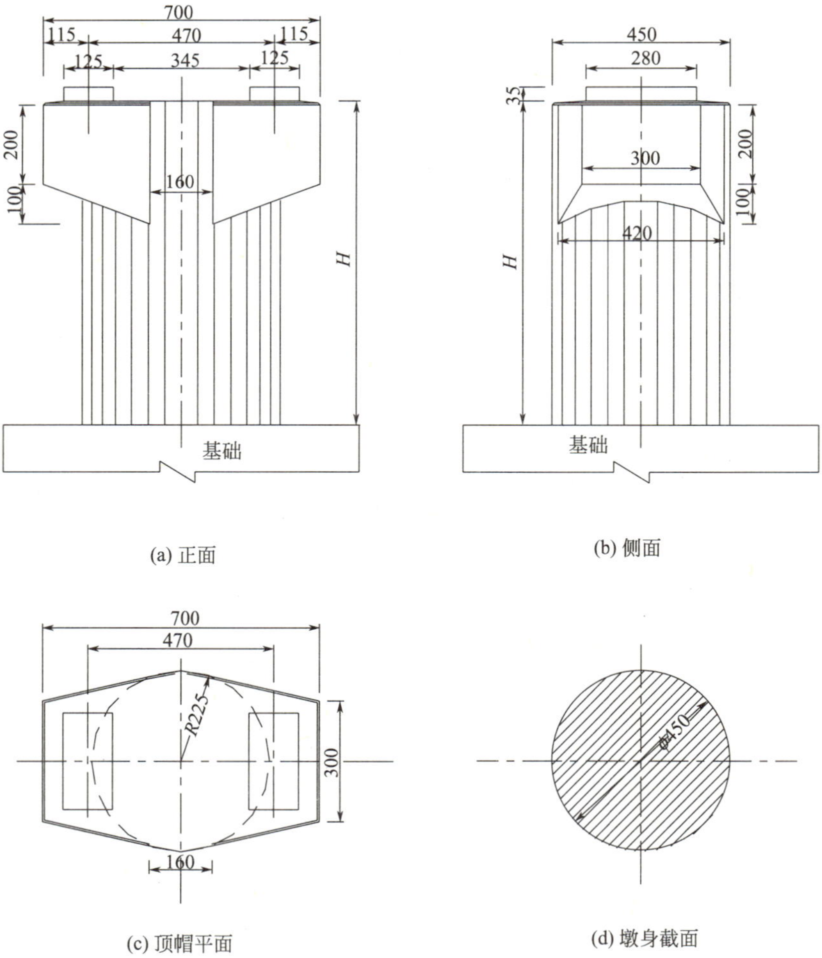

图 2-3-6　圆形桥墩结构图(单位:cm)

（二）桥　　台

全线主要采用矩形空心桥台，立体图如图 2-3-7 所示。矩形空心桥台整体性强，纵、横向及抗扭刚度大，可满足高速列车行车稳定性及舒适性要求，采用薄壁空心结构，圬工量小，钢筋用量省，适用范围广，可满足不同填土高的使用要求。构造简洁，施工方便，一般桥台高度 8 m，困难情况不超过 10 m。

台背设置直坡，有利于台后路基碾压施工，确保台后路基过渡段的施工质量，方便施工。桥台实景如图 2-3-8 所示。

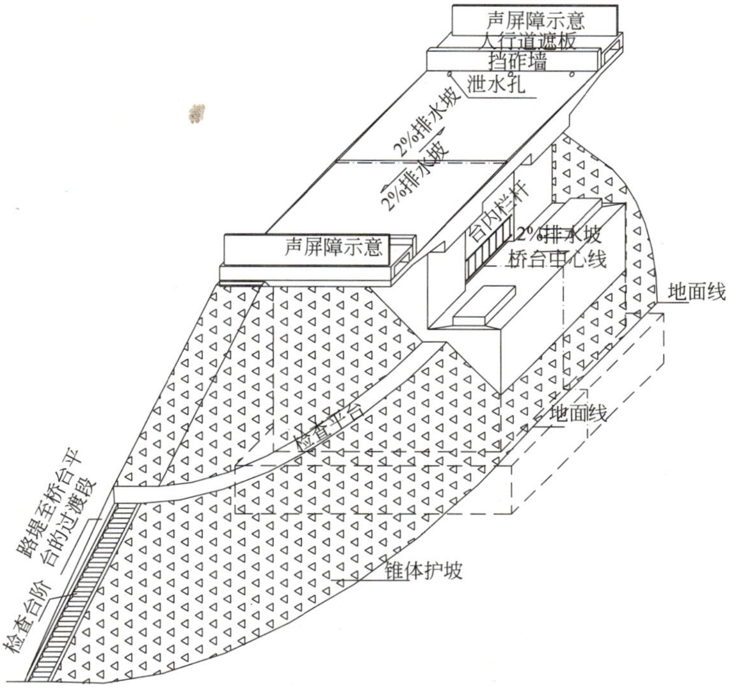

图 2-3-7　矩形空心桥台立体图

(a) 桥台侧面　　(b) 桥台正面

图 2-3-8　桥台实景图

（三）基　　础

由于全线地基条件较差，桥梁一般采用桩基础，常规跨度桩径采用 1.0 m、1.25 m，特殊大跨结构根据受力要求采用了 1.5 m、2.0 m 或 2.5 m。个别地基条件较好处，开挖深度在 5～6 m，且有条件开挖时设计了明挖扩大基础。

第 三 章

桥梁结构设计与研究

第一节　预应力混凝土简支梁

一、标准跨度简支梁

沿海铁路常用标准跨度简支梁主要为 24 m、32 m 两种跨度，选用时速 250 km 客运专线常用跨度梁部通用图“通桥(2005)2221”，包括线间距 4.6 m 和 5.0 m 预制架设和现浇整孔简支箱梁 7 种类型。另外，“肆桥设(2006)2221”又补充 4 种梁型，全部为现浇梁。全线共计 11 种有砟桥面双线整孔后张法预应力混凝土简支箱梁。

(一)设计要点

1. 桥面布置形式

直曲线梁采用相同的桥面布置形式，直曲线上挡砟墙高度均为 1.08 m，线路中心与挡砟墙的内侧距离 2.2 m，桥上不设护轮轨。线间距 4.6 m 时，道砟槽宽度 9.0 m，桥面宽度 13.0 m，线间距 5 m 时，在两侧悬臂各加宽 0.2 m，桥面宽度 13.4 m，箱体其他部位轮廓尺寸不变。

2. 结构构造

(1)梁端构造

预制梁支座中心至梁端距离 0.55 m，以满足支座上座板布置、端部封锚等要求，同时设置了梁端进入孔。现浇梁施工时，为满足预应力锚具的要求，梁端至支座中心距离设计为 0.75 m，并预留 0.43 m 后浇混凝土的张拉空间，使相邻梁端千斤顶操作空间为 0.96 m(含梁缝 0.1 m)。

梁端大样如图 3-1-1 所示。

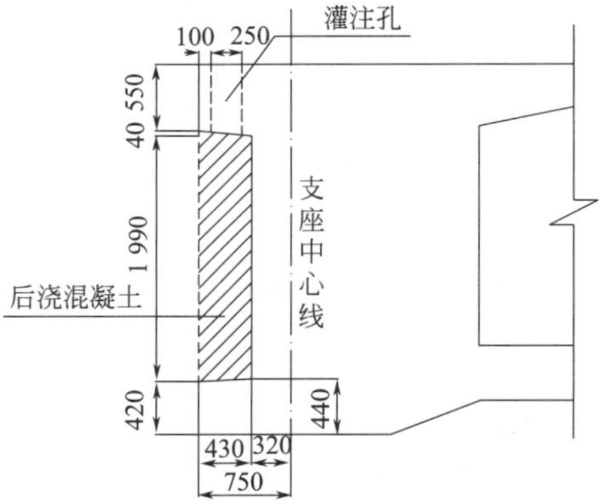

图 3-1-1　梁端大样图(单位：cm)

(2)截面构造

整孔简支箱梁截面形式采用双线单箱单室，32 m 梁高 2.8 m，高跨比 1/11.4，24 m 梁高 2.2 m，高跨比 1/10。考虑不同梁部变跨的协调性，设计增加了与 32 m 等高度的 24 m 梁。

梁体的截面形式在外观上全梁保持一致，在梁体内部为方便施工脱模，梁端隔墙的厚度与腹板和顶底板平顺过渡，梁端隔墙底板在支座处向下加大厚度。

32 m 和 24 m 等高梁典型截面如图 3-1-2 所示。

3. 计算分析

(1)徐变上拱的控制

《新建时速 200～250 公里客运专线铁路设计暂行规定》(上、下)对结构徐变上拱度提

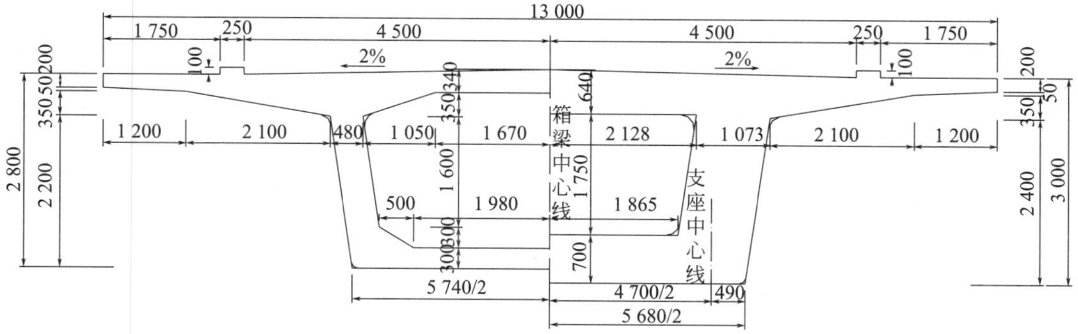

图 3-1-2　32 m 简支箱梁典型截面图(单位:cm)

出了最大 20 mm 的要求,由于实际制梁时徐变变异系数的影响,设计中对残余徐变上拱度按 14 mm 控制。

(2)上下缘应力控制

梁体的上下缘应力水平直接反应梁体的受力和变形情况,特别是跨中上下缘应力差值大小,对梁体残余徐变影响较大。目前恒载状态下简支梁上下缘应力差值控制在 6 MPa 以内,跨中下缘压应力不小于 1.0 MPa,主拉应力不大于 1.0 MPa。

(3)动力性能分析

动力性能分析的最高检算速度按 1.2 倍设计速度进行仿真分析,车辆模型采用德国 ICE3、法国 TGV、日本 500 系高速列车和国产列车以 250～300 km/h 通过桥梁及 XFH 客车和中华之星客车以 160～270 km/h 通过桥梁时,分析表明脱轨系数、轮重减载率和车体振动加速度均满足规范要求,即桥梁具有良好的刚度,可保证列车安全、平稳、舒适运行。

(二)梁部类型及主要结构尺寸

1. 梁部类型及主要结构尺寸

梁部类型及主要结构尺寸见表 3-1-1。

表 3-1-1　梁部类型及主要结构尺寸

梁型		跨度(m)	梁长(m)	梁高(跨中/支点)(m)	顶宽(m)	底宽(支点)(m)	顶板厚(跨中)(m)	腹板厚(跨中)(m)	底板后(跨中)(m)	横桥向支点中心距(m)
预制线间距 4.6 m	24 m	23.5	24.6	2.2/2.4	13.0	5.86	0.34	0.48	0.3	4.9
	24 m(等高)	23.5	24.6	2.8/3.0	13.0	5.68	0.34	0.48	0.3	4.7
	32 m	31.5	32.6	2.8/3.0	13.0	5.68	0.34	0.48	0.3	4.7
预制线间距 5.0 m	24 m	23.5	24.6	2.2/2.4	13.4	5.86	0.34	0.48	0.3	4.9
	24 m(等高)	23.5	24.6	2.8/3.0	13.4	5.68	0.34	0.48	0.3	4.7
	32 m	31.5	32.6	2.8/3.0	13.4	5.68	0.34	0.48	0.3	4.7
现浇线间距 4.6 m	24 m	23.1	24.6	2.2/2.4	13.0	5.86	0.34	0.48	0.3	4.9
	24 m(等高)	23.1	24.6	2.8/3.0	13.0	5.68	0.34	0.48	0.3	4.7
	32 m	31.1	32.6	2.8/3.0	13.0	5.68	0.34	0.48	0.3	4.7
现浇线间距 5.0 m	24 m	23.1	24.6	2.2/2.4	13.4	5.86	0.34	0.48	0.3	4.9
	24 m(等高)	23.1	24.6	2.8/3.0	13.4	5.68	0.34	0.48	0.3	4.7
	32 m	31.1	32.6	2.8/3.0	13.4	5.68	0.34	0.48	0.3	4.7

2. 适用范围

(1)设计时速:客车 250 km/h,货车 120 km/h(C62、C64 为 80 km/h)及以下。

(2)二期恒载:直线 184 kN/h,曲线 198 kN/h。

(3)最小曲线半径:一般为 4 000 m,困难条件下为 3 500 m。

(4)环境类别及作用等级:一般大气条件下无防护措施的地面结构,环境类别为碳化环境,T1、T2。

(5)设计使用年限:正常使用条件下梁体结构设计使用寿命为 100 年。

(6)施工方法:预制和原位现浇施工。

(7)抗震设防烈度:本结构适用于设防烈度 8 度及以下地区($A_g \leqslant 0.3g$)。

(8)配套附属工程通用参考图:通桥(2005)8388。

(三)梁部主要技术指标

梁部主要技术指标见表 3-1-2。

表 3-1-2 梁部主要技术指标表

梁型		竖向刚度	梁端转角(‰)	基频(Hz)	徐变上拱(mm)	混凝土体积(m^3)	预应力钢筋(t)	普通钢筋(t)	梁体重量(t)	支座吨位(kN)
预制 线间距 4.6 m	24 m	1/4896	0.997	5.96	5.70	228.4	6.499	43.227	571.0	5 000
	24 m(等高)	1/8 304	0.553	7.78	3.70	245.0	5.204	45.461	612.5	5 000
	32 m	1/3 942	1.184	4.36	9.00	315.2	11.983	56.756	788.0	6 000
预制 线间距 5.0 m	24 m	1/5 046	0.77	5.94	5.36	230.6	6.499	43.227	571.0	5 000
	32 m	1/3963	0.97	4.36	8.07	318.1	11.983	56.756	788.0	6 000
现浇 线间距 4.6 m	24 m	1/5 099	0.74	6.2	4.70	228.4	6.600	43.412	571.0	5 000
	24 m(等高)	1/8652	0.43	8.04	2.90	245.0	5.204	45.461	612.5	5 000
	32 m	1/4 092	0.93	4.51	7.76	315.2	11.983	56.756	788.0	6 000
现浇 线间距 5.0 m	24 m	1/5 133	0.73	6.2	4.74	230.6	6.547	43.658	576.5	5 000
	24 m(等高)	1/8 684	0.43	8.00	2.53	247.2	5.093	46.669	618.0	5 000
	32 m	1/4 125	0.93	4.49	6.20	318.1	12.077	57.987	795.3	6 000

注:以上数量主体结构为直线梁数量,不包括预埋及附属设施数量。

(四)相关注意事项

1. 预应力的调整

通用参考图中预应力管道全部采用金属波纹管成孔设计,要求施工前做管道摩阻试验,根据试验数据合理调整钢索张拉力和伸长量。现浇梁与连续梁连接处若采用单端张拉方式应对结构进行重新检算,根据设计要求控制预应力分阶段张拉的钢束和张拉力。

2. 梁体线形的控制

为保证线路在运营状态下的平顺性,消除在施工阶段的徐变上拱,设计了梁体预反拱。反拱的设置考虑收缩徐变的影响以及预计二期恒载上桥时间。残余徐变拱度按预加应力后 60 d 铺设二期恒载进行计算,桥上铺设轨道必须在梁体终张拉 60 d、二期恒载完成后方可进行。

3. 施工荷载的检算

通用参考图均按照相应的施工方法对梁体结构进行了荷载检算,如实际施工荷载与图示施工荷载不一致，均重新进行检算。

4. 桥面附属设施的设置

客运专线铁路桥梁桥面附属设施较多，有挡砟墙、电缆槽、接触网立柱、人行道栏杆及声屏障、防水和排水系统、伸缩缝、综合接地、通信信号电缆过轨预留孔等，且涉及到多个不同专业。因此，应做好各专业间设计协调，施工单位应加强对图纸的核对，做好附属设施的预埋和安装。本线针对沿海特殊风载条件，对梁体和接触网立柱及基座相关结构进行了全面设计。

5. 结构耐久性的要求

通用参考图对结构的耐久性给予了高度重视，并明确提出了100年使用寿命的目标。因此，施工过程中应严格执行《铁路混凝土结构耐久性设计规范》、《高速铁路桥涵工程施工技术指南》、《高速铁路桥涵工程施工质量验收标准》和《铁路混凝土工程施工质量验收标准》等有关规范、标准，加强原材料检验，强化过程质量检查，准确施加预应力，控制梁体后期徐变变形，确保梁体有足够的抗裂安全储备。

6. 支座与梁图的配套

由于桥梁类型多，其支座类型也有多种形式，梁体支座预埋板应根据实际对选用的支座型式进行核查和安装。

7. 简支梁施工方案

简支梁在条件具备预制时，优先选择合适地点设置制梁厂，集中预制架设。当不具备设置制梁厂或架设存在问题时，采用移动模架现浇；当一座桥孔跨较少，无法采用预制架设或地基条件较好时，也可采用满堂支架现浇。

二、双线64 m混凝土简支箱梁

（一）工程概况

温福铁路在福安市下白石镇附近跨越白马河，由于水域宽、水位受潮汐影响，最大水深20余米，经技术经济比较，引桥部分孔跨采用双线64 m预应力混凝土简支箱梁。

（二）主要技术参数

1. 梁部C50混凝土。

2. 钢绞线采用低松弛高强预应力钢绞线，抗拉强度标准值 $f_{pk}=1\ 860$ MPa，弹性模量 $E_p=1.95\times10^5$ MPa。纵向预应力采用 $\phi15.2$ mm钢绞线，符合GB/T 5224—2003标准。

支座采用TQZ(NS)系列球形钢支座，边支点8 000 kN，中支点60 000 kN。

3. 施工方法

双线铁路64 m简支梁为并置两单箱单室结构，梁体采用在梁场分段预制，将预制梁段运至桥下，利用固定龙门吊提升到桥面，然后将梁段运至支承于两桥墩之间的MZ3200 t移动造桥机进行节段组拼，梁体纵横向采用混凝土现浇湿接缝联结，两并置简支箱梁横向联结，实施整孔分步张拉，一次形成双线64 m双箱单室预应力混凝土简支梁。

（三）结构静力计算

1. 纵向计算

梁全长66.3 m，共划分为41个节点，40个单元，采用BSAS3.85程序，按平面杆系进行静力计算，仅对各截面各个施工和运营阶段进行混凝土正应力、抗裂性、剪应力、主拉应力、正截面抗弯强度等进行检算。

2. 横向计算

主梁横向采用钢筋混凝土结构，截面按连续带悬臂的闭合框架计算，计算荷载含恒载、活载(单线或双线行车)及温度变化、风力等。

温度计算模式如图 3-1-3 所示。

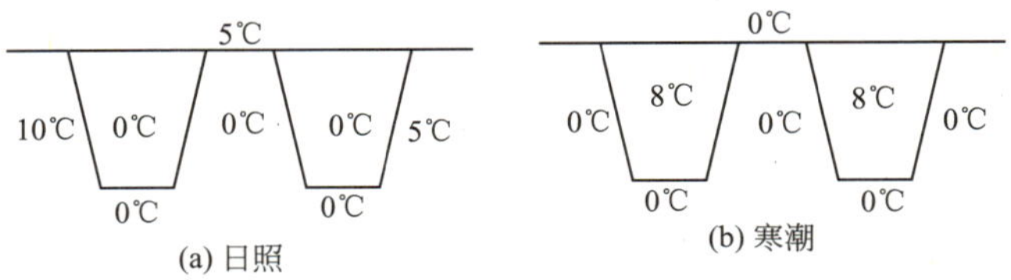

图 3-1-3　温度计算模式

3. 端横梁和中横梁的计算

端横梁按主梁腹板下 4 支承连续深梁结构计算，计算荷载分别将恒载支反力、活载支反力分为 4 个集中力作用于主梁腹板中心。

中横梁按主梁下 4 支承连续深梁结构计算，计算荷载分别将恒载 1/4 支反力、活载 1/4 支反力分为 4 个集中力作用于主梁腹板中心。

(四)结构方案及比较

1. 箱梁构造

截面形式采用等高度双箱单室箱梁，主梁顶板宽度采用 12.7 m，斜腹板单箱底板宽度采用 2.5 m，直腹板单向底板宽采用 3.4 m。顶板厚 30 cm，支点梗胁局部加厚至 55 cm，底板厚跨中 49 cm，支点梗胁局部加厚至 90 cm，腹板厚从跨中 40 cm 变到支点 50 cm，箱梁共设 5 道横隔板，分别设置于两支点，跨中及距跨中两端 14 m 处设横隔板，端横隔板厚 1.35 m，中横隔板厚 0.5 m。

选取梁高 4.5 m 斜腹板和梁高 4.3 m 直腹板两种类型进行比较，方案 A、B 典型横截面如图 3-1-4 所示。

箱梁梁段的划分：梁全长 66.3 m，共分 13 个预制梁段，长度分别为 5.15 m，4.5 m，4.4 m。12 个湿接缝，长度 0.6 m。对称布置，跨中不设湿接缝。由于本梁受施工方法的控制，在梁端预留 0.6 m 的张拉空间。

2. 预应力钢索布置

纵向腹板索均采用 19ϕ15.2 mm 钢绞线，底板索均采用 15ϕ15.2 mm 钢绞线。锚固端尺寸满足 OVM15-15 和 OVM15-19 锚具及其配套千斤顶的工作空间要求。为加强梁体横向整体性，提高梁体横向刚度，满足梁体横向受力要求，在各道横隔板上布设 9ϕ15.2 mm 横向预应力筋。

3. 结构方案

梁体截面参数见表 3-1-3。

表 3-1-3　梁体截面参数表

方案	梁高(m)	腹板形式	腹板厚(cm)	顶板厚(cm)	底板厚(cm)	顶板宽(m)	底板宽(m)
方案 A	4.5	斜腹板	40～50	30	49	12.7	5.0
方案 B	4.3	直腹板	40～50	30	42	12.7	6.8

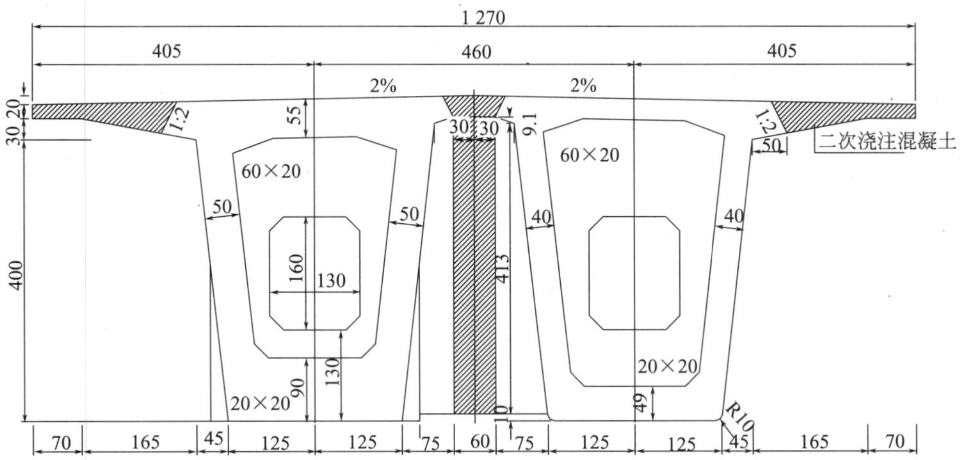

(a) 方案A半支点半跨中截面

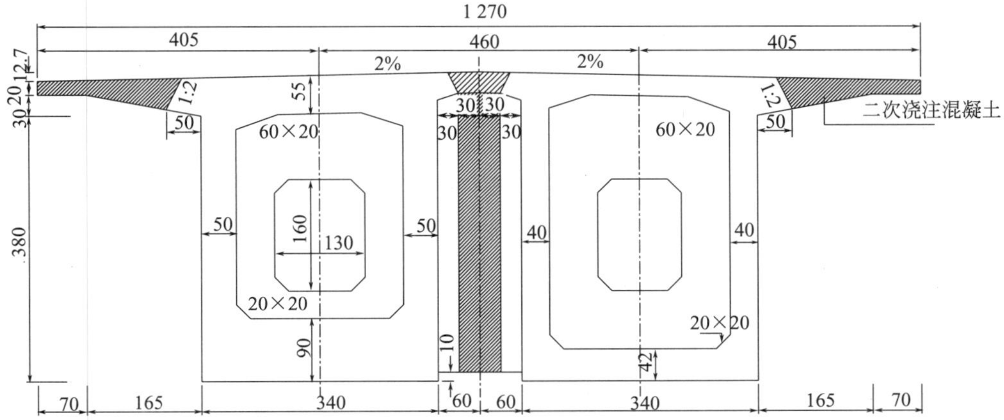

(b) 方案B半支点半跨中截面

图 3-1-4　梁部横截面图(单位:cm)

4. 方案比选

从以下三个方面对方案进行比较,主要计算结果如下。

(1)施工阶段应力,见表 3-1-4。

表 3-1-4　施工阶段应力计算结果比较表

项　目	截面位置	方案 A	方案 B
最大压应力(MPa)	下缘	21.22	17.30
最小压应力(MPa)	上缘	3.44	4.01

(2)运营阶段各项指标,见表 3-1-5。

表 3-1-5　运营阶段各项检算结果

项目	截面位置	方案 A	方案 B
截面正应力(MPa)	上缘最大	15.65	17.67
	上缘最小	4.68	3.88
	下缘最大	12.48	9.84
	下缘最小	3.26	1.64

续上表

项目	截面位置	方案 A	方案 B
最大剪应力(MPa)		2.41	2.33
截面主应力(MPa)	全梁最大主应力	17.02	18.67
	全梁最小主应力	−0.83	−1.60
截面抗裂安全系数最小值	支点截面上缘	1.26	1.23
正截面强度系数最小值	跨中截面下缘	2.24	2.18

(3)位移及经济指标,见表 3-1-6。

表 3-1-6 位移及经济指标比较结果

项目	方案 A	方案 B
竖向静活载挠度(m)	0.029 41	0.031 56
挠跨比	1/2 176	1/2 028
C50 混凝土(m^3)	1 169.3	1 202.3
预应力钢索(t)	65	65
含筋率(kg/m^3)	55.6	54.1

综合以上结果,方案 A 全梁受力状况较好、刚度指标适可、梁高适中,最后采用方案 A 作为设计方案。

(五)主要计算结果

1. 各截面主要内力,见表 3-1-7。

表 3-1-7 各截面主要内力

项目	节点号	21	8	16	3
	截面位置	跨中	1/8 跨度	1/4 跨度	支点
主力	最大弯距(kN・m)	367 881	148 229	315 926	−245
	最小弯距(kN・m)	268 803	106 150	229 671	−798
主力	最大剪力(kN)	1 836	18 678	9 808	24 029
	最小剪力(kN)	−2 086	12 939	5 444	17 091

2. 支点反力,见表 3-1-8。

表 3-1-8 支点反力计算结果

荷载类型	左支点	右支点
恒载(kN)	18 143	18 143
活载(kN)	6 748	6 748

3. 施工阶段检算

(1)张拉阶段下缘最大压应力 21.22 MPa,上缘最小压应力 3.44 MPa。铺设二期恒载阶段下缘最大压应力 14.68 MPa,上缘最小压应力 4.93 MPa。

(2)考虑运梁车架载最大压应力 12.87 MPa,最小压应力 4.97 MPa,无拉应力。

4. 运营阶段

运营阶段最大压应力 15.65 MPa，最小压应力 3.26 MPa；最小主拉应力－0.83 MPa；截面抗裂安全系数最小值 1.26；正截面强度系数最小值 2.24。

跨中截面静活载（中活载）竖向下挠 2.941 cm，挠跨比为(1/2 176)×L≤L/1 000（L 为计算跨度），梁端转角 0.001 626≤2‰满足设计规范要求；跨中截面静活载（ZK 活载）竖向下挠 2.429 cm，挠跨比为(1/2 635)×L≤L/1 000，梁端竖向转角 0.001 322≤2‰，满足设计规范要求。

（六）主要经济技术指标

1. 主要工程数量

主要工程数量见表 3-1-9。

表 3-1-9　主要工程数量见表

序号	项目	说明	数量	技术指标
1	桥梁长度(m)	64 m 简支梁	66.3	—
2	C50 耐久混凝土(m^3)	梁体	1 169.3	17.64 m^3/m
3	19ϕ15.2 mm 钢绞线(t)	纵向预应力筋	33.5	55.6 kg/m^3
4	15ϕ15.2 mm 钢绞线(t)	纵向预应力筋	31.5	
5	9ϕ15.2 mm 钢绞线(t)	横隔板横向预应力筋	2.0	—
6	5ϕ15.2 mm 钢绞线(t)	顶板横向预应力筋	1.8	—
7	预应力螺纹钢筋 PSB830(t)	竖向预应力筋	118.4	—
8	HPB235 钢筋(t)	箱梁普通钢筋	16.2	160.0 kg/m^3
9	HRB335 钢筋(t)	箱梁普通钢筋	170.8	

2. 创新点

根据特殊的地理位置环境及水文地质情况，采用双线 64 m 简支箱梁，减少了深水基础施工，桥型简洁明快，技术经济合理。首次在客运专线上使用 3 200 t 造桥机拼装技术，安装高度达 51 m，是目前造桥机家族中的“巨无霸”。施工表明一般情况下造桥机 18 天可拼装完成一孔梁，给本桥合龙甚至全线贯通节约了时间。

该技术填补了我国铁路双线 64 m 简支梁一次成桥的空白，保证了箱梁质量和线形控制要求。

MZ3200 t 型移动模架造桥机、64 m 简支箱梁拼装施工分别如图 3-1-5、图 3-1-6 所示。

图 3-1-5　MZ3200 t 型移动模架造桥机

图 3-1-6　64 m 简支箱梁拼装施工

第二节 预应力混凝土连续梁

一、(62+2-112+62)m 预应力连续梁

(一)工程概况

主桥(62+2-112+62)m 预应力混凝土连续梁,上跨同三高速公路和 34 省道,铁路线路与同三高速公路夹角 25°,主桥立面布置如图 3-2-1 所示。

(二)主要技术参数

1. 梁部 C60 混凝土。

2. 按全预应力混凝土构件设计。

钢绞线采用低松弛高强预应力钢绞线,抗拉强度标准值 f_{pk}=1 860 MPa,弹性模量 E_p=1.95×10^5 MPa。纵向、横向预应力采用 ϕ15.2 mm 钢绞线,符合 GB/T 5224—2003 标准。

竖向粗钢筋采用 PSB830 预应力混凝土用螺纹钢筋,直径 ϕ32 mm,抗拉强度标准值 f_{pk}=830 MPa,弹性模量 E_p=1.80×10^5 MPa。

徐变影响按老化理论计算,徐变终极值 2.0,徐变增长速率 0.005 5,收缩终极值0.000 16,收缩速度系数 0.006 25。按 3 m、3.5 m、4 m 分节段现浇施工,每个节段的施工工期为 10 天。

3. 支座采用 TQZ(NS)系列球形钢支座,边支点 7 000 kN,中支点 50 000 kN。

4. 施工方案

本桥边跨直线段 5.7 m 采用膺架现浇施工,A0 号节段在墩旁支架上现浇施工,其余阶段采用挂篮对称悬浇施工,先合龙边跨,后合龙中跨。施工步骤如图 3-2-2 所示。全桥共需 6 套挂篮,挂篮重量(含机具模板)取最大梁段重(1 745 kN)的 0.55 倍,按 950 kN 计。

(三)结构静力计算

1. 纵向计算

(1)计算模型

全梁全长 349.4 m,共划分为 117 个节点、116 个桥面梁单元。计算节点图如图 3-2-3 所示。采用 BSAS3.85 平面杆系程序进行静力计算。

(2)荷载工况

按中-活载加载计算并考虑活载冲击力的影响,对各截面各个施工阶段进行混凝土正应力、运营阶段混凝土正应力、抗裂性、剪应力、主拉应力、正截面抗弯强度等进行检算。

工况一,主力:结构自重+预应力+收缩徐变+二期恒载+基础变位+中-活载。

工况二,主力+附加力:结构自重+预应力+收缩徐变+二期恒载+基础变位+中-活载+顶板升温。

2. 横向计算

箱梁横向计算按单位米框架进行内力分析,即按支承在腹板中心线下缘的框架进行计算。计算荷载分别考虑结构自重、二期恒载、列车活载、人行道活载、横向摇摆力、列车脱轨荷载、钢束径向力、竖向束预应力、风力、温度变化及混凝土的收缩徐变产生的应力。按实际位置加载,列车活载要考虑横向分布作用。

施工荷载考虑了运梁车。

横向计算中,混凝土收缩和徐变的影响,按降温 15 ℃考虑。温度应力按日照和寒潮两种

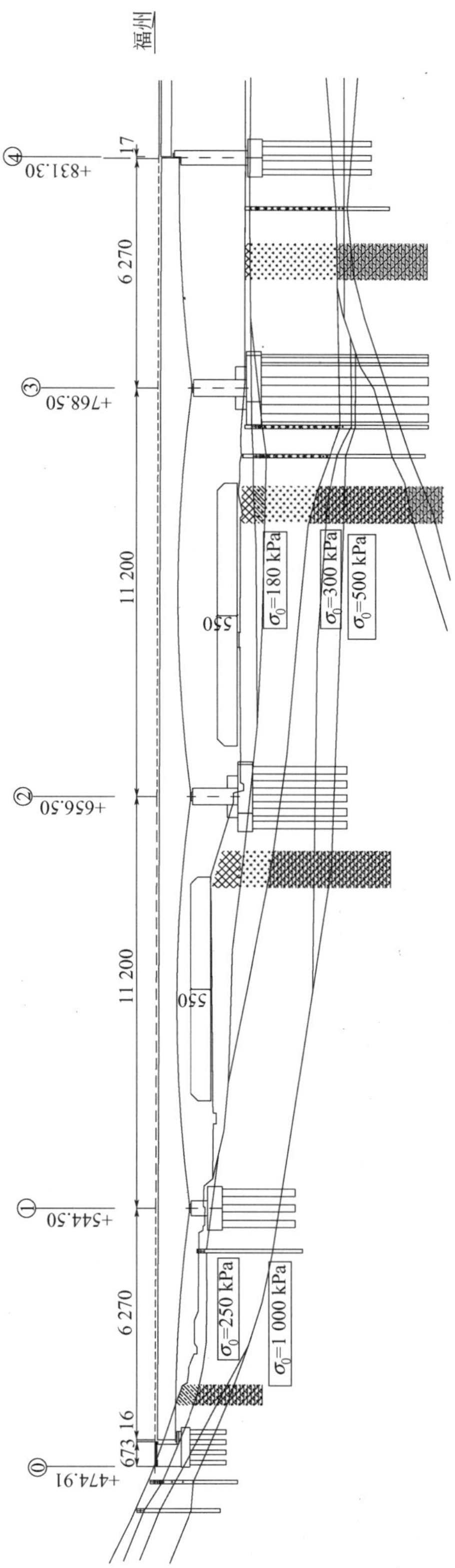

图 3-2-1　主桥立面布置图(单位:cm)

步骤一：

1. 施工基础及墩身。
2. 在中墩承台上搭设支架、安装临时支座，并对支架进行预压

步骤二：

1. 支架上现浇箱梁 13 m 长的 A0 节段，顺序张拉纵向预应力束、横向预应力束、竖向预应力筋，并及时分批压浆封锚。
2. 在 A0 节段上拼装悬臂施工挂篮，并进行预压

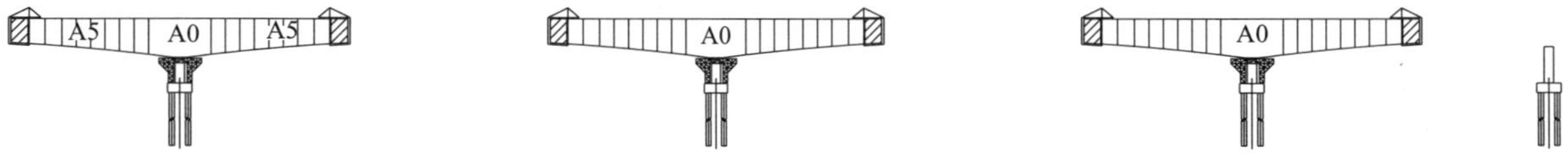

步骤三：

逐段对称施工主桥箱梁，并张拉预应力束（筋）

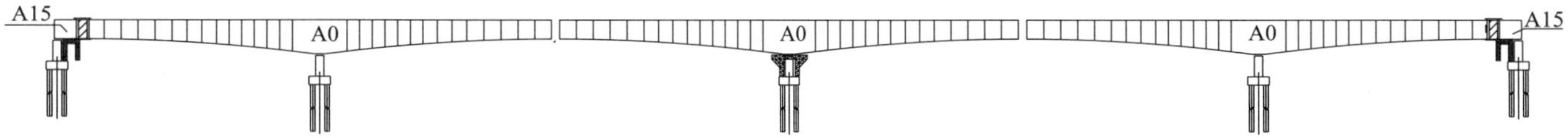

步骤四：

1. 适时搭设边跨支架，在支架上现浇边跨直线段 A15 混凝土。
2. 拆除悬臂施工挂篮，安装边跨合龙吊架和支撑，张拉临时预应力束。
3. 拆除边跨中墩墩旁支架和临时支座，安装永久支座。
4. 主桥边跨箱梁合龙

图 3-2-2　主要施工步骤（续）

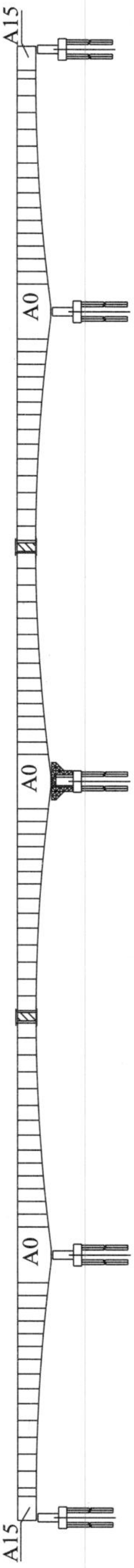

步骤五：
1. 张拉边跨合龙束，拆除施工临时支架和合龙吊架。
2. 安装中跨合龙吊架和支撑，张拉临时预应力束。
3. 主桥中跨合龙

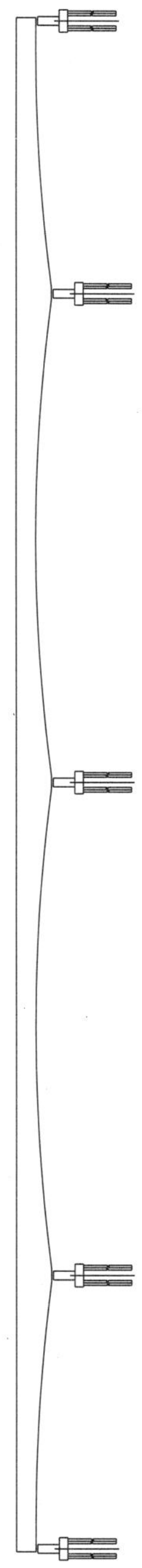

步骤六：
1. 张拉中跨合龙预应力束，拆除中墩墩旁支架和合龙吊架。拆除临时支座，安装永久支座。
2. 施工全桥附属设施。
3. 成桥、竣工验收

图 3-2-2　主要施工步骤

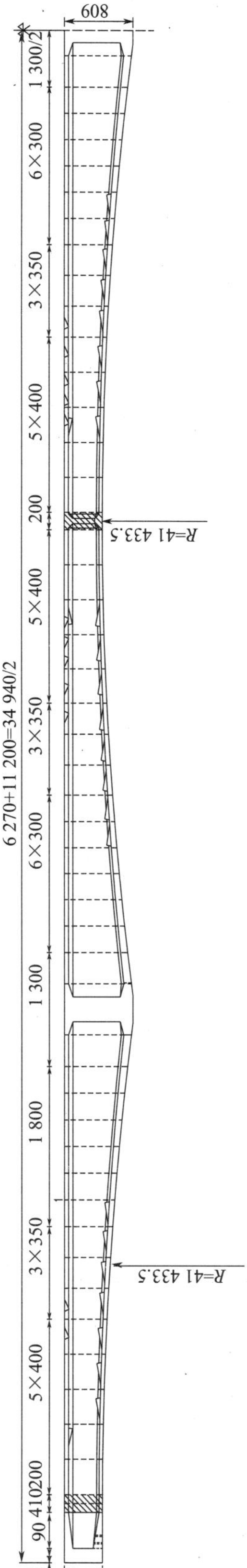

图 3-2-3　1/2 梁单元计算节点图(单位:cm)

情况考虑。其温度计算模式如图 3-2-4 所示。

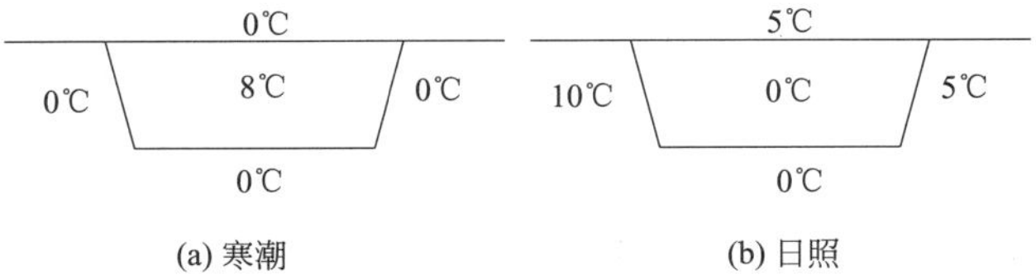

图 3-2-4 温度计算模式

荷载组合考虑了主力、主力+附加力、主力+施工荷载共计 3 种组合。桥面板梗胁处及悬臂板均按变高度梁进行剪应力计算,顶板按部分预应力设计,腹板、底板按钢筋混凝土构件设计。

(四)结构方案与比选

1. 箱梁构造

箱梁截面形式采用单箱单室。根据《新建时速 200～250 公里客运专线铁路设计暂行规定》(上、下)要求及桥上设备的需要,主梁顶板宽度采用 13.0 m,底板宽度采用 7.0 m,顶板厚度采用 40 cm,底板厚度从跨中 40 cm 变到支点 100 cm,采用圆曲线过渡。腹板厚度及变化方式为从跨中 45 cm 变到 80 cm。

箱梁共设 7 道横隔板,端部横隔板厚 1.6 m,中支点横隔板厚 2.8 m,跨中横隔板厚 0.6 m。

选择支点 8.5 m～跨中 4.8 m 和支点 8.0 m～跨中 4.4 m 两种梁高进行计算比较。典型横截面如图 3-2-5 所示。

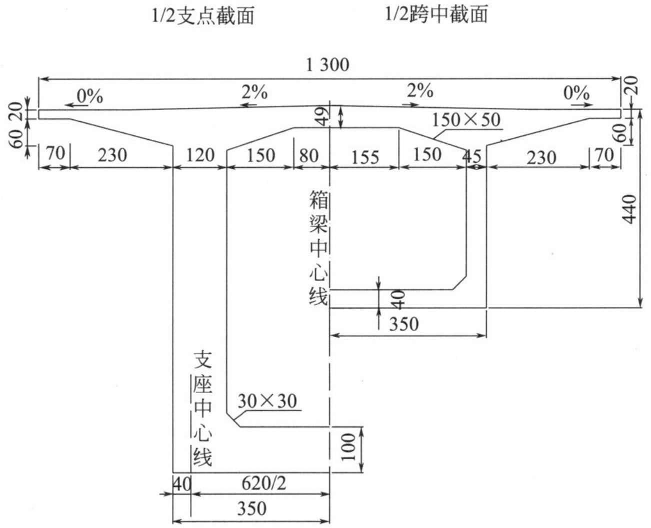

图 3-2-5 典型横截面图(单位:cm)

2. 预应力体系

采用纵向、横向、竖向三向预应力体系。

(1)纵向预应力钢束的布置

分段配置腹板下弯束、顶板悬臂束、腹板上弯束、边跨底板合龙束、边跨顶板合龙束、中跨底板合龙束和中跨顶板合龙束。为提高截面抗剪能力,中墩每个墩顶处内布置 11 对腹板下弯束,中跨配置 5 束上弯束,边跨配置 2 束上弯束。

箱梁预应力钢束布置在构造上满足《铁路桥涵钢筋混凝土和预应力混凝土结构设计规范》(TB 10002.3—2005)和《新建时速 200 公里客货共线铁路设计暂行规定》,顶板和腹板纵向束采用 19ϕ15.2 mm 钢绞线,底板纵向束采用 15ϕ15.2 mm 钢绞线,钢索横截面布置如图 3-2-6、图 3-2-7 所示。

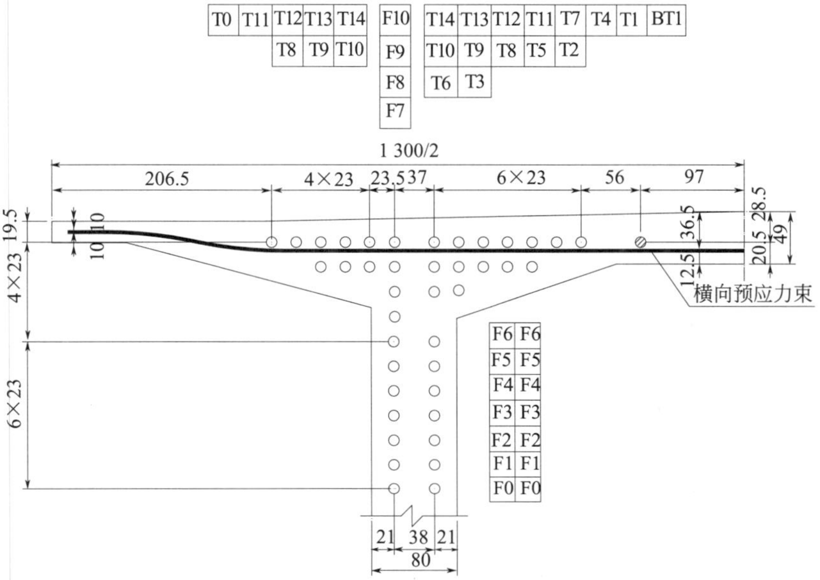

图 3-2-6　1/2 中支点钢索横截面布置图(单位:cm)

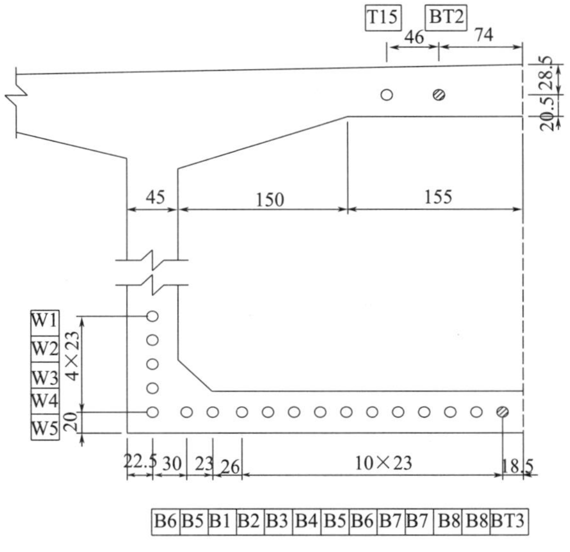

图 3-2-7　1/2 跨中钢索横截面布置图(单位:cm)

(2)竖向预应力钢束布置

竖向预应力筋直径 ϕ32 mm,梁内埋置,梁顶张拉。每个腹板内布置 2 排竖向钢筋,纵向间距 0.5 m。

(3)横向预应力钢束布置

顶板沿纵向每 0.5 m 布置 1 根 5ϕ15.2 mm 横向预应力钢束,采用单端交错张拉。

3. 结构方案

梁体截面参数见表 3-2-1。

4. 计算结果

从受力性能、结构刚度、主要材料及景观四个方面对方案进行比较，主要计算结果见表 3-2-2。

表 3-2-1 梁体截面参数表 (单位：cm)

方案	支点梁高	跨中梁高	腹板厚度	顶板厚度	跨中底板厚	支点底板厚	箱梁内梗胁	梁底曲线
A	850	480	80-60-45	49	40	90	50×150	圆曲线
B	800	440	80-60-45	49	40	90	50×150	圆曲线

表 3-2-2 计算结果比较表

项目		方案 A	方案 B
受力性能	分项评价	好	可
结构刚度	静活载挠度(m)	0.051	0.059
	挠跨比	1/2 193	1/1 898
	梁端转角(‰)	0.700	0.820
	分项评价	好	可
主要材料	C60 混凝土(m^3)	6 829.0	6 694.5
	预应力钢束(t)	404.8	435.4
	含筋率(kg/m^3)	59.3	65.0
	分项评价	一般	优
景观	分项评价	梁高相对较高，一般	梁高相对较矮，较好
综合评价		较好	一般

综上比较可知：方案 A 全梁受力状况好、结构刚度大，且材料用量省，因此设计推荐采用。

(五)主要计算结果

1. 纵向计算

(1)运营阶段内力包络图，如图 3-2-8 所示。

(2)支点反力，见表 3-2-3。

表 3-2-3 支点反力表 (单位：kN)

加载工况	恒载	活载		主力组合		主+附组合	
		最大	最小	最大	最小	最大	最小
端支点	6 036	6 302	−3 036	13 123	2 215	13 167	2 206
边支点	71 441	18 407	−2 852	91 477	66 960	91 493	66 900
中支点	74 138	20 087	−751	95 913	71 698	95 946	71 682
边支点	71 441	18 407	−2 852	91 477	66 960	91 493	66 900
端支点	6 036	6 302	−3 036	13 123	2 215	13 167	2 206

(3)位移及刚度，见表 3-2-4。

(4)强度和抗裂检算，施工及运营阶段各项指标见表 3-2-5。

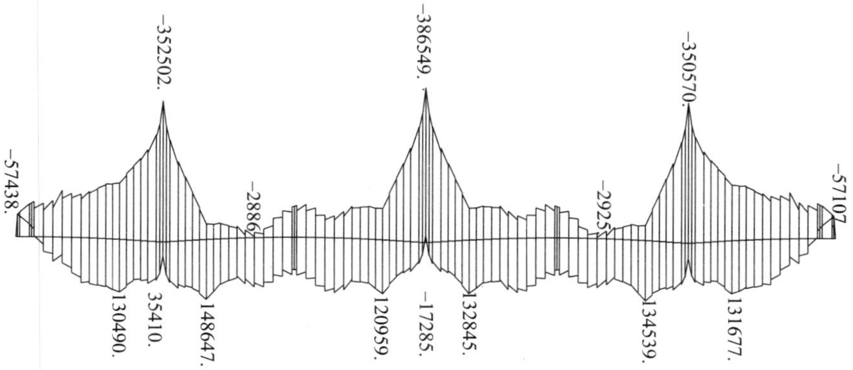

(a) 恒载+沉降+收缩、徐变+列活载组合下弯矩包络图

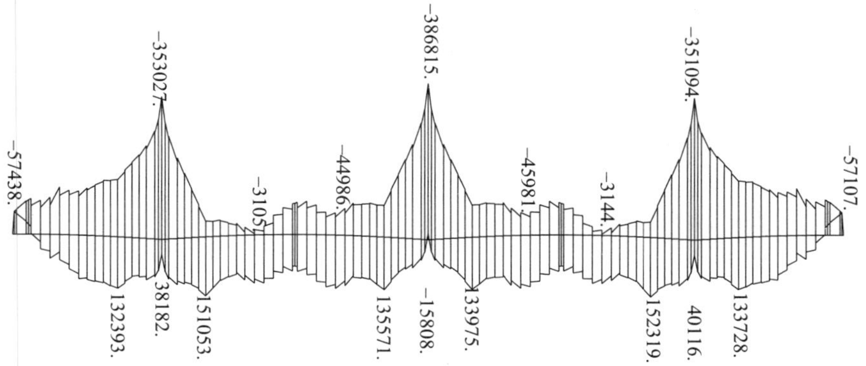

(b) 恒载+沉降+收缩、徐变+列活载+温度力组合下弯矩包络图

图 3-2-8　运营阶段内力包络图(单位:kN·m)

表 3-2-4　位移及刚度表

跨中截面竖向活载挠度(中-活载)(m)		梁端转角(‰)		挠跨比		评价
中-活载	ZK 活载	中-活载	ZK 活载	中-活载	ZK 活载	
0.051	0.046	0.700	0.628	1/2 193	1/2 396	刚度满足要求

注:挠跨比中-活载不计冲击力,ZK 活载不计入冲击力且双线不折减。

表 3-2-5　强度和抗裂安全系数表

项　目	最大正应力(MPa)	最小正应力(MPa)	正截面强度安全系数	最小抗裂安全系数	最大主应力(MPa)	最小主应力(MPa)
施工阶段	16.0	−0.9	—	—	—	—
运营阶段(主力)	15.3	0.4	2.2	1.30	17.39	−1.36
运营阶段(主+附)	16.8	0.2	2.15	1.40	17.49	−1.41
评价	各项指标均满足要求					

2. 横向主要计算结果

为简化选择三处截面进行分析:8 号截面(梁高 4.59 m,腹板厚 0.45 m,底板厚 0.41 m)、12 号截面(梁高 5.22 m,腹板厚 0.60 m,底板厚 0.51 m)、20 号截面(梁高 7.46 m,腹板厚 0.8 m,底板厚 0.83 m)。横向计算简图如图 3-2-9 所示,计算结果见表 3-2-6。

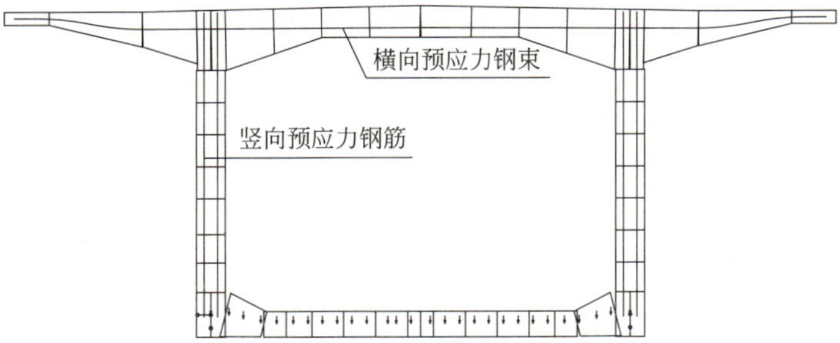

图 3-2-9 横向计算简图

表 3-2-6 横向主要计算结果表

截面号	顶板横向索纵向布置间距(cm)	最大正应力(MPa)	最小正应力(MPa)	最小强度安全系数
8 号	50	9.2/9.2	−0.4/−1.4	4.2
12 号	50	9.3/9.3	−0.4/−1.5	4.3
20 号	50	9.4/9.4	−0.6/−1.5	4.4

注:表中“/”线下数据为加载列车脱轨荷载的值。

由表 3-2-6 可见,该横向预应力配置合理,满足规范要求。

(六)主要经济技术指标

主要工程数量见表 3-2-7。成桥实景如图 3-2-10 所示。

表 3-2-7 主要工程数量表

序号	项目	说明	数量	技术指标
1	桥梁长度(m)	62+2-112+62	349.4	—
2	C60 耐久混凝土(m^3)	梁体	6 829.0	19.54 m^3/m
3	15、19ϕ15.2 mm 钢绞线(t)	纵向预应力筋	352.9	59.3 t/m^3
4	5ϕ15.2 mm 钢绞线(t)	横向预应力筋	51.9	
5	预应力螺纹钢筋 PSB830(t)	竖向预应力筋	106.6	—
6	HPB235 钢筋(t)	箱梁普通钢筋	28.9	128.8 kg/m^3
7	HRB335 钢筋(t)	箱梁普通钢筋	851.0	

图 3-2-10 成桥实景

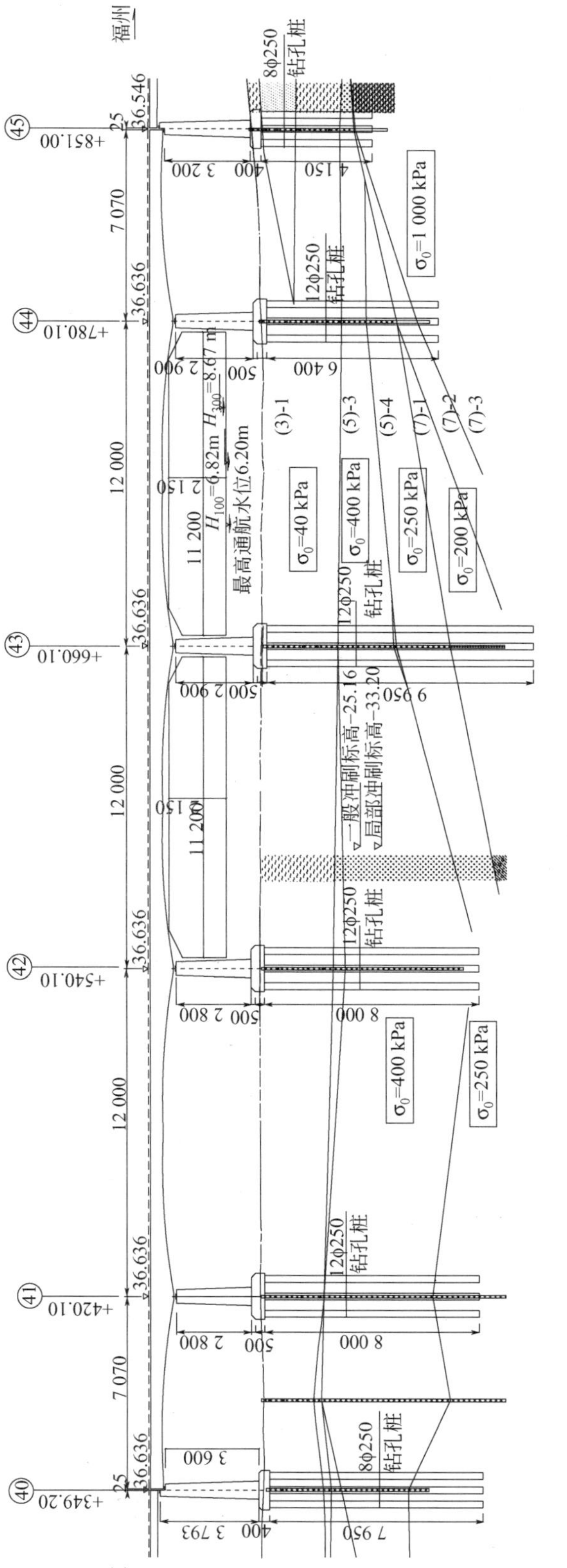

图 3-2-11　灵江特大桥主桥立面布置图(单位:cm)

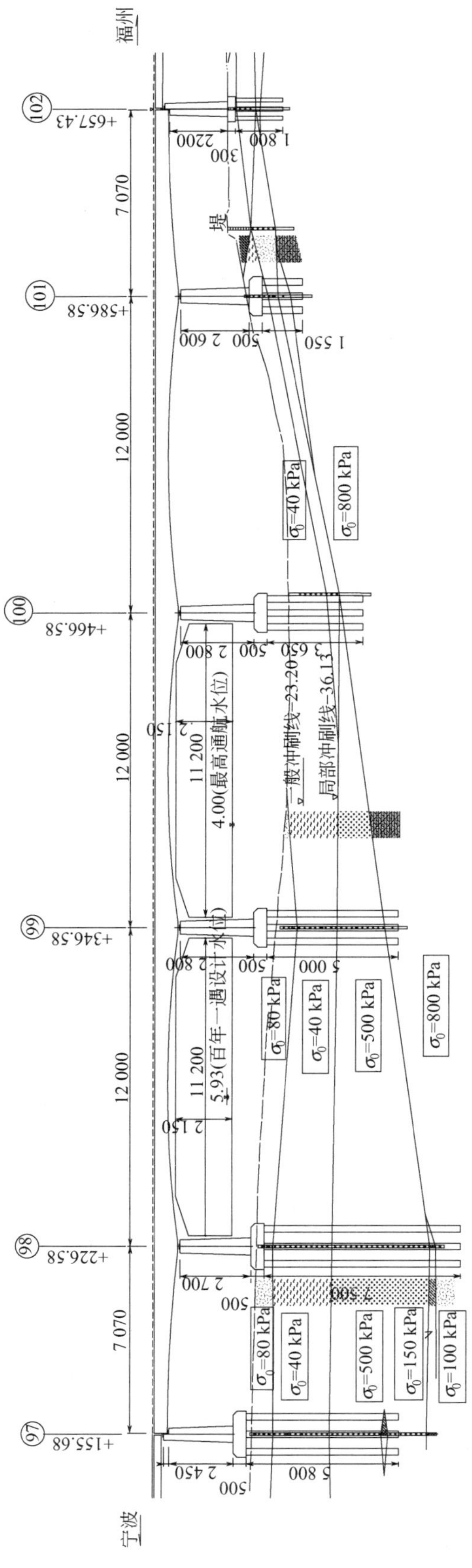

图 3-2-12 瓯江特大桥主桥立面布置图(单位:cm)

二、(70+3-120+70)m 预应力连续梁

(一)工程概况

沿海铁路跨越灵江和瓯江主跨分别采用(70+3-120+70)m 预应力连续梁，灵江特大桥主桥立面布置如图 3-2-11 所示。实景如图 3-2-13 所示。

瓯江特大桥主桥立面布置如图 3-2-12 所示。实景如图 3-2-14 所示。

图 3-2-13 灵江特大桥实景

图 3-2-14 瓯江特大桥实景

(二)主要技术参数

1. 梁部 C60 混凝土。

2. 按全预应力混凝土构件设计。

钢绞线采用低松弛高强预应力钢绞线，抗拉强度标准值 f_{pk}=1 860 MPa，弹性模量 E_p=1.95×10^5 MPa。纵向、横向预应力采用 ϕ15.2 mm 钢绞线，符合 GB/T 5224—2003 标准。

竖向粗钢筋采用 PSB830 预应力混凝土用螺纹钢筋，直径 ϕ32 mm，抗拉强度标准值 f_{pk}=830 MPa，弹性模量 E_p=1.80×10^5 MPa。

3. 支座采用 TQZ(NS)系列球形钢支座，边支座 8 000 kN，中支座 60 000 kN。

4. 施工方案

两座桥梁皆为深水基础，边跨直线段搭设支架条件较差，且边跨直线段较长达 9.7 m。为减少支架工程量，边跨悬臂施工多一个节段，即膺架现浇施工长度减少至 5.7 m。A0 号节段在墩旁支架上现浇施工，其余节段采用挂篮对称悬浇施工。先合龙中跨，再合龙次边跨，最后合龙边跨。施工步骤如图 3-2-15 所示。

全桥共需 8 套挂篮，挂篮重量(含机具模板)取最大梁段重(1 895 kN)的 0.55 倍，按 100 kN 计。支座安装时，支座预偏量设置按《铁路桥涵钢筋混凝土和预应力混凝土结构设计规范》(TB 10002.3—2005)第 7.3.4 条计算主梁水平位移。

按 3 m、3.5 m、4 m 分节段现浇施工，每个节段的施工工期为 10 天。

(三)结构静力计算

1. 纵向计算

(1)计算模型

主梁全长 501.4 m，共划分为 163 个节点、162 个桥面梁单元，采用 BSAS3.85 平面杆系程序进行静力计算，对各截面施工阶段混凝土正应力、运营阶段混凝土正应力、抗裂性、剪应力、主拉应力、正截面抗弯强度等进行检算。

(2)荷载工况

工况一，主力，结构自重+预应力+收缩徐变+二期恒载+基础变位+中-活载。

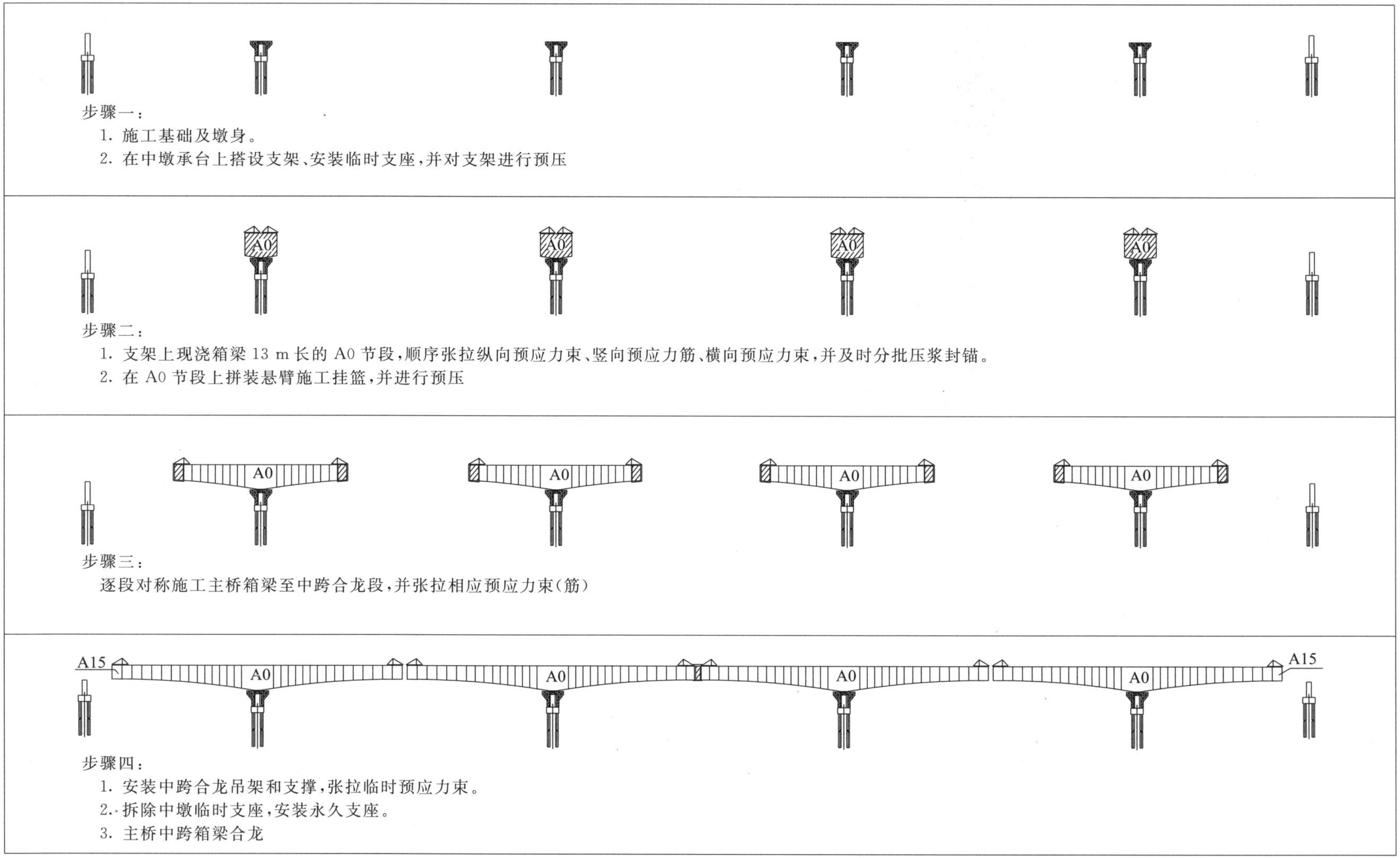

图 3-2-15 主要施工步骤（续）

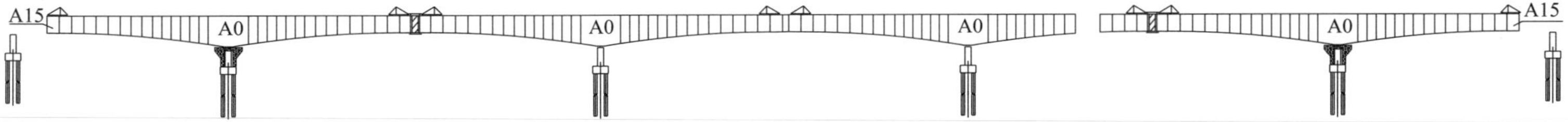

步骤五：

1. 张拉中跨第一批合龙束，拆除中跨墩旁支架和合龙吊架。
2. 安装次边跨合龙吊架和支撑，张拉临时预应力束。
3. 拆除次边墩临时支座，安装永久支座。
4. 主桥次边跨合龙

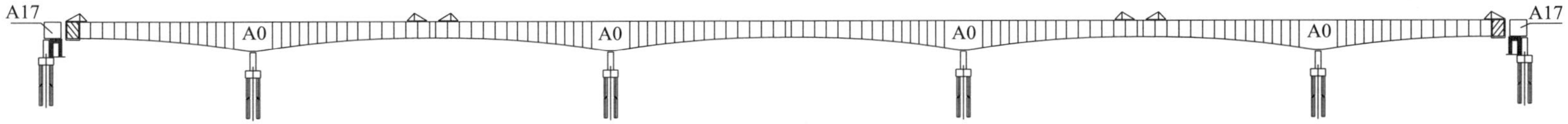

步骤六：

1. 张拉次边跨第一批合龙束，拆除次边跨墩旁支架和合龙吊架。拆除次中跨施工挂篮。
2. 继续悬臂浇注边跨 A16 号节段。
3. 适时搭设边跨支架，在支架上现浇边跨直线段 A17 混凝土

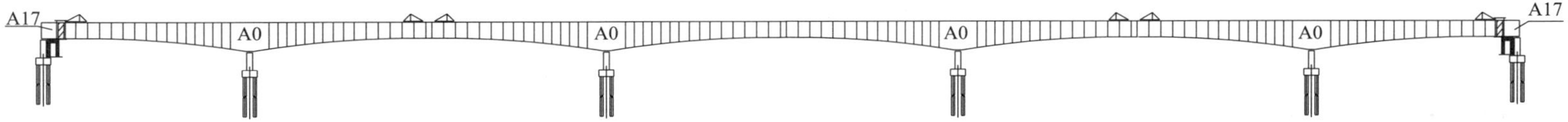

步骤七：

1. 安装边跨合龙吊架和支撑，张拉临时预应力束。
2. 主桥边跨合龙。
3. 张拉边跨第一批合龙束

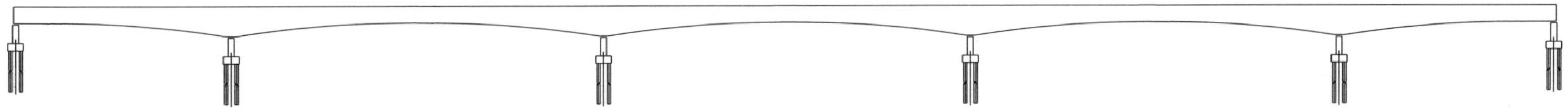

步骤八：

1. 拆除临时支座，拆除边跨支架和合龙吊架，拆除全部施工挂篮。
2. 顺序对称张拉各跨第二批合龙束及剩余预应力钢束。
3. 施工全桥桥面附属设施。
4. 成桥、竣工验收

图 3-2-15　主要施工步骤

工况二，主力＋附加力，结构自重＋预应力＋收缩徐变＋二期恒载＋基础变位＋中-活载＋顶板升温。

2. 横向计算

箱梁横向设计按单位米框架进行内力分析，检算模型为腹板中心线下缘有支承的框架。计算荷载分别考虑结构自重、二期恒载、列车活载、人行道活载、横向摇摆力、列车脱轨荷载、钢束径向力、竖向束预应力、风力、温度变化及混凝土的收缩徐变，按实际位置加载，列车活载要考虑横向分布作用。

检算运梁车加载工况。

(四)结构方案与比选

1. 箱梁构造

箱梁截面形式设计直腹板单箱单室，主梁顶板宽度 13.0 m，箱底板宽度 7.0 m，顶板厚度 40 cm，底板厚度从跨中 40 cm 变到支点 95 cm，采用圆曲线过渡。腹板厚度及变化方式为从跨中 45 cm 变到 120 cm。箱梁共设 9 道横隔板，端部横隔板厚 1.6 m，中支点横隔板厚 3.0 m，跨中横隔板厚 0.6 m。

选择支点 9.0 m～跨中 5.0 m 和支点 8.6 m～跨中 4.8 m 两种梁高进行计算比较。典型横截面如图 3-2-16 所示。

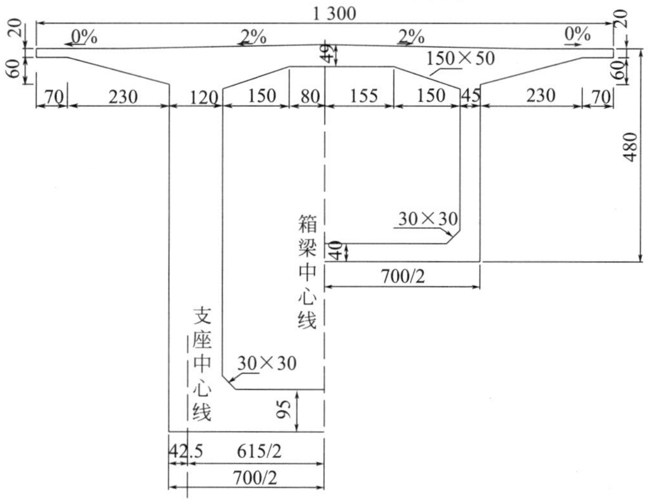

图 3-2-16 梁部横截面图(单位：cm)

2. 预应力钢束布置

采用纵向、横向、竖向三向预应力体系。

(1)纵向预应力钢束的布置

根据箱梁弯矩包络图和节段现浇施工特点，分段配置腹板下弯束、顶板悬臂束、腹板上弯束、边跨底板束、中跨底板束和合龙束。为提高截面抗剪能力，中墩每个墩顶处内布置 12 对腹板下弯束，中跨配置 5 束上弯束，边跨配置 2 束上弯束。

顶板和腹板纵向束采用 19ϕ15.2 mm 钢绞线，底板纵向束采用 12ϕ15.2 mm 钢绞线，钢索横截面布置如图 3-2-17、图 3-2-18 所示。

(2)竖向预应力钢束布置

竖向预应力筋直径 32 mm，梁内埋置，梁顶张拉，每个腹板内布置 2 排，纵向间距 0.5 m。

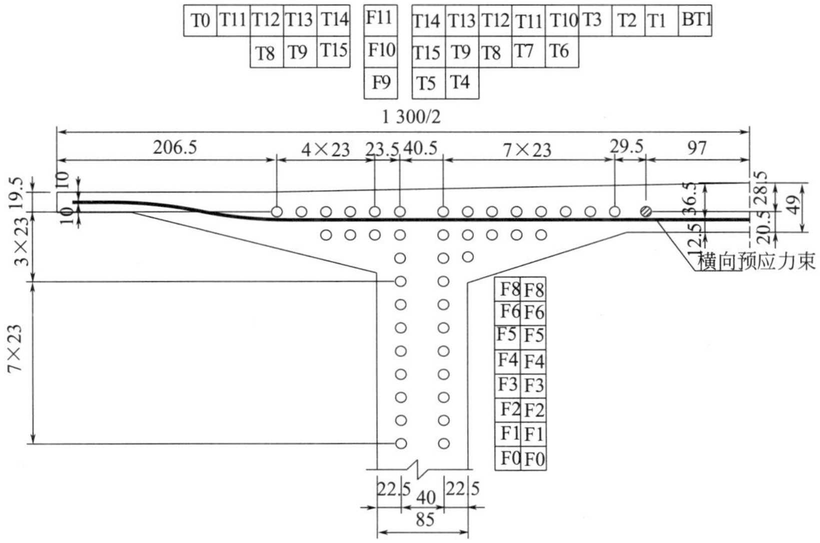

图 3-2-17　1/2 中支点钢索横截面布置图(单位:cm)

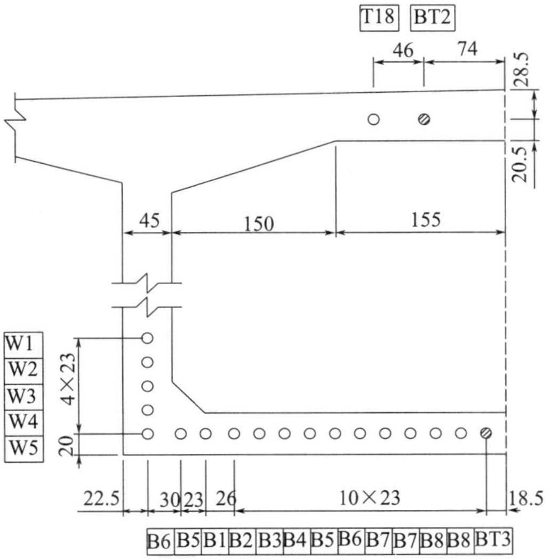

图 3-2-18　1/2 跨中钢索横截面布置图(单位:cm)

(3)横向预应力钢束布置

顶板沿纵向每 0.5 m 布置 1 根 5ϕ15.2 mm 横向预应力钢束,采用单端交错张拉。

3. 结构方案

梁体截面参数见表 3-2-8。

表 3-2-8　梁体截面参数表　(单位:cm)

方案	支点梁高	跨中梁高	腹板厚度	顶板厚度	跨中底板厚	支点底板厚	箱梁内梗胁	梁底曲线
A	900	500	85-60-45	40	40	95	50×150	圆曲线
B	860	480	85-60-45	40	40	95	50×150	圆曲线

4. 方案比选结果

从受力性能、结构刚度、主要材料及景观四个方面对方案进行比较,主要结果见表 3-2-9。

表 3-2-9 计算结果比较表

项目		方案 A	方案 B
受力性能	分项评价	较好	可
结构刚度	静活载挠度(m)	0.069 3	0.072 5
	挠跨比	1/1 732	1/1 655
	梁端转角(‰)	1.03	1.1
	分项评价	较好	可
主要材料	C60 混凝土(m^3)	10 527.2	10 055
	预应力钢筋(t)	609.72	654.92
	含筋率(kg/m^3)	57.9	65.1
	分项评价	一般	优
美观	分项评价	较好	较好
综合评价		较好	稍差

综上比较可知：方案 A 全梁受力状况好、结构刚度大，且材料用量省，因此设计推荐采用。

5. 合龙顺序比较

对两种方案合龙顺序进行了计算比较，结果见表 3-2-10。

表 3-2-10 合龙顺序比较表

合龙方案	合龙顺序	施工阶段应力(MPa)		运营阶段应力(MPa)		施工特点
		上缘	下缘	上缘	下缘	
方案一	中跨-次边跨-边跨	−0.1～15.0	−0.6～18.3	0.2～17.2	0.3～16.0	边跨不对称施工不需压重
方案二	边跨-中跨-次边跨	−0.1～14.7	−0.6～16.8	0.3～17.2	−0.2～16.4	边跨不对称施工需压重

由表 3-2-10 可见，方案一较方案二优点是边跨不对称悬臂施工时不需平衡压重施工简便，且运营状态应力状况较好。为此，设计采用。

(五)主要计算结果

1. 纵向计算

(1)运营阶段内力包络图，如图 3-2-19 所示。

(2)支点反力，见表 3-2-11。

表 3-2-11 支点反力表 (单位：kN)

加载工况	恒载下	活载下		主力组合		主＋附组合	
		最大	最小	最大	最小	最大	最小
端支点	7 499	6 885	−3 225	15 074	3 585	15 112	3 579
次边支点	83 012	20 391	−3 227	104 874	78 314	104 885	78 266
中支点	84 481	21 890	−2 653	107 914	80 465	107 924	80 460
中支点	84 481	21 890	−2 653	107 914	80 465	107 924	80 460
次边支点	83 012	20 391	−3 227	104 874	78 314	104 885	78 266
端支点	7 499	6 885	−3 225	15 074	3 585	15 112	3 579

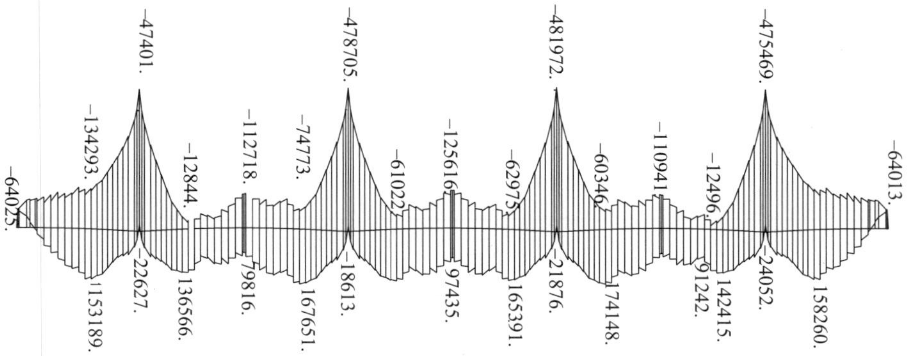

(a) 恒载+沉降+收缩、徐变+列车活载组合下弯矩包络图

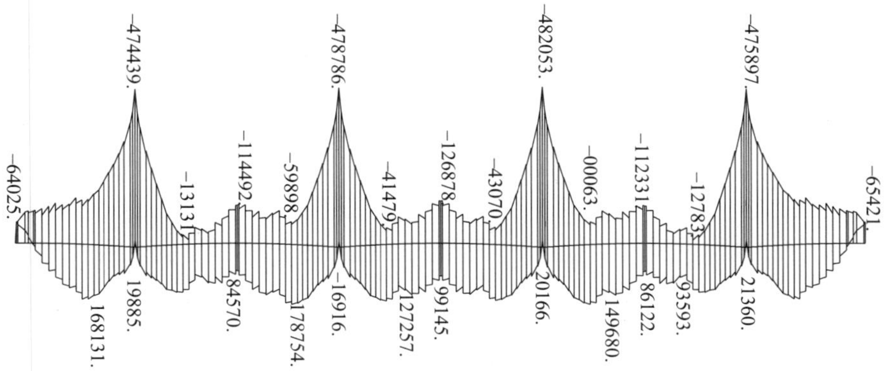

(b) 恒载+沉降+收缩、徐变+列车活载+温度组合下弯矩包络图

图 3-2-19　运营阶段内力包络图(单位:kN・m)

(3)位移及刚度,见表 3-2-12。

表 3-2-12　位移及刚度表

跨中截面竖向活载挠度(中-活载)(m)		梁端转角(‰)		挠跨比		评价
中-活载	ZK 活载	中-活载	ZK 活载	中-活载	ZK 活载	
0.069 3	0.067 6	1.03	0.897	1/1 732	1/1 892	刚度满足要求

(4)强度和抗裂检算,施工及运营阶段各项指标见表 3-2-13。

表 3-2-13　强度和抗裂检算安全系数表

项目	最大正应力(MPa)	最小正应力(MPa)	正截面强度安全系数	最小抗裂安全系数	最大主应力(MPa)	最小主应力(MPa)
施工阶段	18.3	−0.1	—	—	—	—
运营阶段(主力)	15.4	0.2	2.21	1.25	17.55	−1.17
运营阶段(主+附)	16.0	0.2	2.21	1.25	17.55	−1.17
评价	各项指标均满足要求					

2. 横向主要计算结果

为简化分析选择三处截面进行比较,分别为:9 号截面(梁高 4.98 m,腹板厚 0.45 m,底板厚 0.414 m)、13 号截面(梁高 5.58 m,腹板厚 0.60 m,底板厚 0.505 m)、22 号截面(梁高 8.07 m,腹板厚 0.85 m,底板厚 0.882 m)。计算结果见表 3-2-14。

表 3-2-14 横向主要计算结果表

截面号	顶板横向索纵向布置间距(cm)	最大正应力(MPa)	最小正应力(MPa)	最小强度安全系数
9 号	50	9.2/9.2	−0.4/−1.4	4.2
13 号	50	9.3/9.3	−0.5/−1.5	4.3
22 号	50	9.3/9.3	−0.6/−1.5	4.4

注:表中"/"线下数据为加载列车脱轨荷载的值。

由表 3-2-14 可见,该横向预应力配置合理,满足规范要求。

(六)主要经济技术指标

主要工程数量见表 3-2-15。

表 3-2-15 主要工程数量表

序号	项目	说明	数量	技术指标
1	桥梁长度(m)	70+3-120+70	501.4	
2	C60 耐久混凝土(m^3)	梁体	10 527.2	21.0 m^3/m
3	12、19ϕ15.2 mm 钢绞线(t)	纵向预应力筋	609.72	57.9 t/m^3
4	5ϕ15.2 mm 钢绞线(t)	横向预应力筋	74.50	
5	预应力螺纹钢筋 PSB830(t)	竖向预应力筋	158.20	
6	HPB235 钢筋(t)	箱梁普通钢筋	42.61	122.1 kg/m^3
7	HRB335 钢筋(t)	箱梁普通钢筋	1 242.46	

三、(48+7-80+48)m 预应力连续梁

(一)工程概况

跨飞云江主桥上部结构采用(48+7-80+48)m 连续梁,主桥立面布置图如图 3-2-20 所示。

(二)主要技术参数

1. 梁部采用 C55 混凝土。

2. 主梁按全预应力混凝土构件设计,梁体采用纵向、横向、竖向预应力体系。

钢绞线采用低松弛高强预应力钢绞线,抗拉强度标准值 f_{pk}=1 860 MPa,弹性模量 E_p=1.95×10^5 MPa。纵、横向预应力全部采用 ϕ15.2 mm 钢绞线,符合 GB/T 5224—2003 标准。

竖向粗钢筋采用 PSB830 预应力混凝土用螺纹钢筋,直径 ϕ32 mm,抗拉强度标准值 f_{pk}=830 MPa,弹性模量 E_p=1.80×10^5 MPa。

3. 支座沉降:边支座、中支座不均匀沉降分别按 1 cm 计算。

4. 温度:日照温差按顶板升温 5 ℃考虑。

5. 支座采用 TQZ(NS)系列球形支座,边支座 7 000 kN,中支座 32 500 kN。

6. 施工方案:悬臂灌注施工方案按 3 m、3.5 m、4 m 分节段浇筑,每个节段的设计工期为 10 天,挂篮重量拟定 60 t。

(三)主梁构造

主梁采用直腹板单箱单箱变截面连续梁,顶板宽 13.0 m,底板宽 6.6 m,中支点梁高 6.6 m,跨中及边直段梁高 3.8 m;顶板厚度采用 35 cm,底板厚度从跨中至中支点为 42～130 cm,腹板按布索及锚固要求最小厚度为 35 cm,腹板取 40～60～80 cm,如图 3-2-21 所示。梁底采

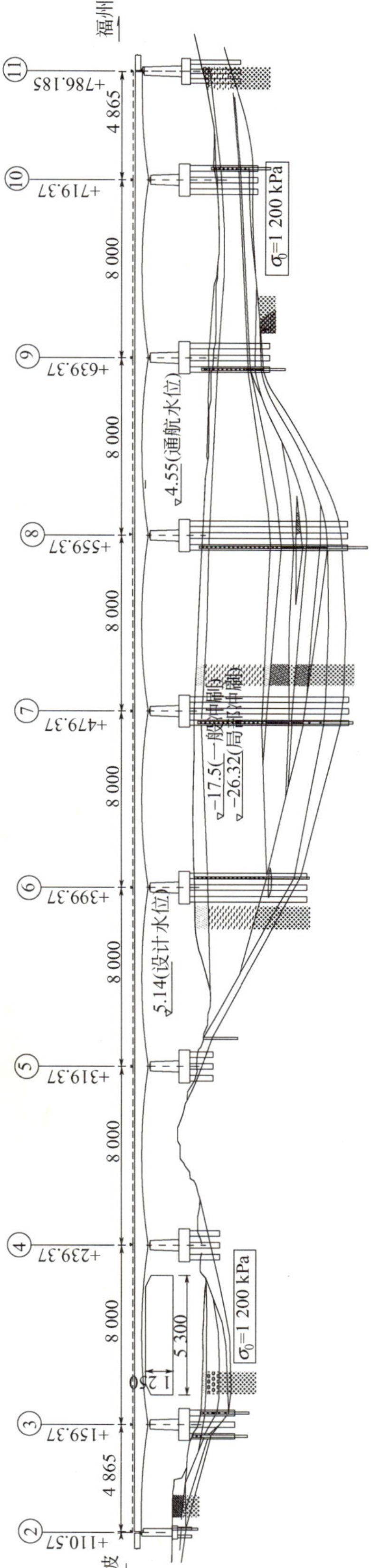

图 3-2-20　飞云江主桥立面布置图(单位:cm)

用圆曲线，桥面横坡为 2%。顶板纵向钢索采用单排 12ϕ15.2 mm 布索，底板纵向钢索采用双排 9ϕ15.2mm 布索。

全梁在支点及跨中各设横隔板一处，中支点处板厚 2.0 m，边支点处隔板厚 1.3 m，跨中隔板厚 1.0 m，全梁共设横隔板 17 道。

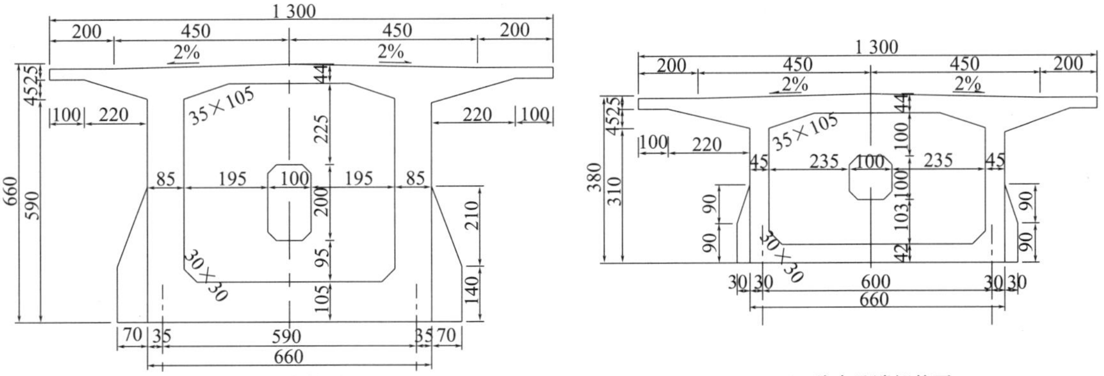

(a) 支点截面　　(b) 跨中及端部截面

图 3-2-21　梁部横截面图(单位:cm)

(四)方案比较

1. 施工方案

方案一:先合龙第三、第七跨，其次是第一、第九跨；再合龙第二、第四跨及第六、第八跨；最后合龙第五跨。如图 3-2-22 所示。

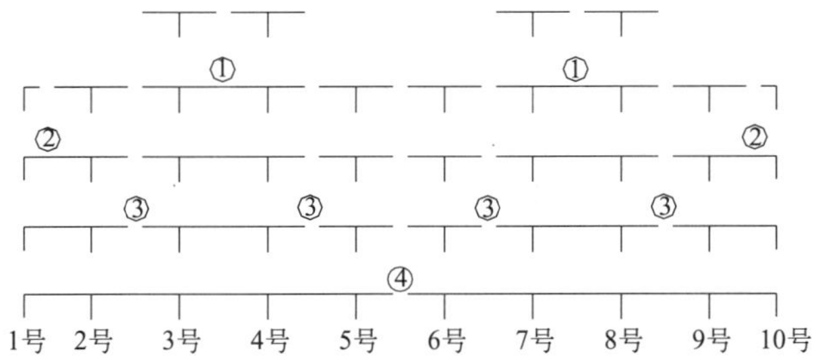

图 3-2-22　施工方案一

方案二:先合龙第三、第七跨，其次是第一、第五及第九跨；再合龙第二、第八跨；最后合龙第四、第六跨。如图 3-2-23 所示。

两方案除合龙顺序差异外，其余条件均相同。

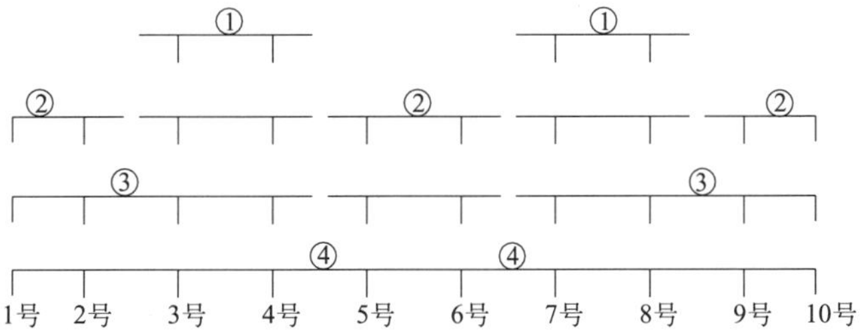

图 3-2-23　施工方案二

(1)支座次反力及支座次反力引起各跨中弯矩

预应力及收缩徐变产生支座次反力见表 3-2-16，次反力引起各跨跨中弯矩见表 3-2-17。

表 3-2-16　预应力及收缩徐变产生支座次反力　（单位：kN）

序　号	1 号墩	2 号墩	3 号墩	4 号墩	5 号墩
方案一	1 298	−1 746	762	−551	−237
方案二	1 299	−1 690	562	−212	40

表 3-2-17　次反力引起各跨跨中弯矩　（单位：kN・m）

序　号	2 跨中	3 跨中	4 跨中	5 跨中
方案一	44 384	39 024	42 104	32 624
方案二	46 712	37 912	43 112	41 432

注：由于本联梁为对称结构，表中仅列出半联支座反力及弯矩。

由表 3-2-16、表 3-2-17 可知：1 号墩、2 号墩支座次反力基本相等，3 号墩、4 号墩、5 号墩支座次反力相差较大，跨中次反力弯矩两方案差别较小。

（2）运营阶段应力、强度及抗裂性

主力工况见表 3-2-18，主＋附加力工况见表 3-2-19。

表 3-2-18　主力作用下正截面应力抗裂性、抗弯强度、主拉应力

主力工况			2 号墩顶	2 跨中	3 号墩顶	3 跨中	4 号墩顶	4 跨中	5 号墩顶	5 跨中
正应力（MPa）	最大	一	8.60	13.84	9.98	17.40	9.62	17.30	9.84	17.27
		二	8.49	15.15	9.97	16.44	9.30	17.07	9.94	16.65
	最小	一	1.27	2.67	0.87	1.66	1.19	1.98	1.00	1.85
		二	1.38	2.19	0.88	1.63	1.48	1.86	0.92	1.24
正截面抗裂安全系数		一	1.52	1.36	1.42	1.42	1.45	1.33	1.43	1.32
		二	1.53	1.33	1.42	1.39	1.49	1.34	1.42	1.34
主拉应力（MPa）		一	−1.57	−0.10	−1.93	−0.18	−1.57	−0.16	−1.86	−0.14
		二	−1.24	−0.08	−1.91	−0.11	−1.52	−0.17	−1.90	−0.14
正截面抗弯强度安全系数		一	2.27	2.24	2.15	2.36	2.21	2.18	2.17	2.20
		二	2.29	2.22	2.15	2.31	2.27	2.22	2.16	2.21

表 3-2-19　主＋附作用下正截面应力抗裂性、抗弯强度、主拉应力

主＋附工况			2 号墩顶	2 跨中	3 号墩顶	3 跨中	4 号墩顶	4 跨中	5 号墩顶	5 跨中
正应力（MPa）	最大	一	8.60	15.55	9.98	17.40	9.62	17.30	9.84	17.27
		二	8.49	15.15	9.97	16.44	9.30	17.07	9.94	16.65
	最小	一	1.27	0.45	0.87	0.48	1.19	0.29	1.00	0.68
		二	1.38	0.55	0.88	0.45	1.48	0.28	0.92	0.54
正截面抗裂安全系数		一	1.44	1.24	1.42	1.30	1.45	1.22	1.43	1.21
		二	1.53	1.21	1.42	1.27	1.49	1.22	1.42	1.22
主拉应力（MPa）		一	−1.57	−0.18	−1.87	−0.24	−1.80	−0.16	−1.58	−0.26
		二	−1.54	−0.17	−1.58	−0.13	−1.62	−0.13	−1.82	−0.45
正截面抗弯强度安全系数		一	2.27	2.05	2.15	2.17	2.21	2.01	2.17	2.03
		二	2.29	2.02	2.15	2.10	2.27	2.04	2.16	2.02

由表 3-2-18 可知：正截面应力最大值相差 0.96～0.01 MPa，最小值相差 0.61～0.01 MPa，正截面抗裂性基本相同，主拉应力最大相差－0.33 MPa，正截面抗弯强度系数基本相同。

由表 3-2-19 可知：正截面应力最大值相差 0.96～0.1 MPa，最小值相差 0.29～0.01 MPa，正截面抗裂性基本相同，主拉应力最大相差－0.28 MPa，正截面抗弯强度系数基本相同。

综述，两施工方案结构受力基本相同。

方案一成桥为一处合龙段，方案二成桥为两处合龙段。考虑到本桥梁长、跨多，为方便施工控制，设计采用施工方案一。

2. 梁高比较

设计对 4 种梁高进行了分析比较，见表 3-2-20。

表 3-2-20　梁高比较表

梁　高	方案一	方案二	方案三	方案四
中支点(m)	6	6	5.6	6.6
边支点及跨中(m)	3.5	3.2	3.0	3.8

(1)结构受力，各项检算结果见表 3-2-21、表 3-2-22。

表 3-2-21　主力作用下正截面应力抗裂性、抗弯强度、主拉应力

主　力			2号墩顶	2跨中	3号墩顶	3跨中	4号墩顶	4跨中	5号墩顶	5跨中
正应力(MPa)	最大	方案一	8.60	13.84	9.98	17.40	9.62	17.30	9.84	17.27
		方案二	8.4	17.04	9.64	17.29	9.39	18.17	9.67	18.35
		方案三	9.4	17.90	10	19.40	10.5	19.43	10.73	19.18
		方案四	7.61	14.09	8.74	15.17	8.45	15.15	8.67	15.20
	最小	方案一	1.27	2.67	0.87	1.66	1.19	1.98	1.00	1.85
		方案二	3.2	3.0	2.35	0.89	2.57	1.68	2.33	0.75
		方案三	2.7	3.18	1.18	1.01	2.01	1.46	1.81	1.53
		方案四	1.67	1.74	1.20	1.35	1.45	1.62	1.27	1.69
正截面抗裂安全系数		方案一	1.52	1.36	1.42	1.42	1.45	1.33	1.43	1.32
		方案二	1.67	1.37	1.54	1.33	1.56	1.31	1.53	1.32
		方案三	1.57	1.35	1.45	1.37	1.47	1.29	1.45	1.29
		方案四	1.60	1.40	1.49	1.44	1.52	1.36	1.50	1.36
主拉应力(MPa)		方案一	－1.57	－0.10	－1.93	－0.18	－1.57	－0.16	－1.86	－0.14
		方案二	－1.28	－0.25	－1.86	－0.45	－1.74	－0.47	－1.89	－0.61
		方案三	－1.65	－0.61	－2.12	－0.52	－2.15	－0.73	－1.94	－0.84
		方案四	－1.27	－0.08	－1.80	－0.03	－1.66	－0.09	－1.77	－0.08
正截面抗弯强度安全系数		方案一	2.27	2.24	2.15	2.36	2.21	2.18	2.17	2.20
		方案二	2.59	2.19	2.39	2.10	2.44	2.09	2.39	2.08
		方案三	2.46	2.18	2.28	2.17	2.31	2.08	2.27	2.06
		方案四	2.40	2.30	2.26	2.37	2.32	2.21	2.27	2.24

表 3-2-22　主力＋附加力作用下正截面应力抗裂性、抗弯强度、主拉应力

主力＋附加力			2号墩顶	2跨中	3号墩顶	3跨中	4号墩顶	4跨中	5号墩顶	5跨中
正应力(MPa)	最大	方案一	8.60	15.55	9.98	17.40	9.62	17.30	9.84	17.27
		方案二	8.40	17.04	9.64	17.19	9.39	18.11	9.67	18.35
		方案三	9.41	17.90	10.71	19.21	10.5	19.43	10.73	19.51
		方案四	7.61	14.76	8.76	15.17	8.45	15.15	8.67	15.20
	最小	方案一	1.27	0.45	0.87	0.48	1.19	0.29	1.00	0.68
		方案二	3.20	0.88	2.35	0.11	2.57	0.79	2.33	0.29
		方案三	2.70	0.45	1.82	0.45	2.01	0.15	1.81	0.25
		方案四	1.67	0.76	1.20	0.44	1.45	0.47	1.27	0.50
正截面抗裂安全系数		方案一	1.44	1.24	1.42	1.30	1.45	1.22	1.43	1.21
		方案二	1.67	1.24	1.54	1.24	1.56	1.21	1.53	1.22
		方案三	1.57	1.23	1.45	1.26	1.47	1.20	1.45	1.19
		方案四	1.52	1.26	1.49	1.31	1.52	1.24	1.50	1.24
主拉应力(MPa)		方案一	−1.57	−0.18	−1.87	−0.24	−1.80	−0.16	−1.58	−0.26
		方案二	−1.28	−0.25	−1.76	−0.67	−1.74	−0.10	−1.78	−0.21
		方案三	−1.65	−0.58	−2.12	−0.29	−2.02	−0.48	−2.12	−1.26
		方案四	−1.27	−0.02	−1.71	−0.16	−1.66	−0.03	−1.68	−0.03
正截面抗弯强度安全系数		方案一	2.27	2.05	2.15	2.17	2.21	2.01	2.17	2.03
		方案二	2.59	2.01	2.39	1.94	2.44	1.94	2.39	1.93
		方案三	2.46	2.01	2.28	2.02	2.31	1.94	2.27	1.92
		方案四	2.40	2.08	2.26	2.17	2.32	2.02	2.27	2.05

由表 3-2-20～表 3-2-22 可知，方案二和方案三正应力较大，正截面抗弯强度完全系数也不满足$K_{主}=2.2$要求。方案一梁高（支点 6.0 m，跨中 3.5 m）及方案四梁高（支点 6.6 m，跨中 3.8 m）均满足规范要求。

（2）结构变形见表 3-2-23。

表 3-2-23　ZK 静活载作用下的变形

项　目		边跨中	2跨中	3跨中	4跨中	5跨中
最大挠度(cm)	方案一	1.4	4.5	5.1	5.5	5.6
	方案二	1.6	5.1	5.7	6.3	6.3
	方案三	1.9	5.9	6.7	7.3	7.4
	方案四	1.12	3.6	4.1	4.4	4.4
梁端下挠转角(‰)	方案一	1.07				
	方案二	1.24				
	方案三	1.45				
	方案四	0.86				

由表 3-2-23 可知：方案三竖向活载下弯挠度最大，可满足规范 $L_{梁跨}/1\ 000$ 要求。

(3)经济指标见表 3-2-24。

表 3-2-24 经济指标

类 别	方案一	方案二	方案三	方案四
C55 混凝土(m^3)	9 132	8 999.6	8 771	9 558
预应力钢索(t)	490.5	507	518.4	476.9
C55 混凝土(m^3/延米)	13.89	13.69	13.34	14.54
预应力钢索(kg/m^3)	53.7	56.3	59.1	49.9

综上所述对结构受力、变形经济性分析，设计采用方案四，即梁高为中支点 6.6 m，边支点及跨中 3.8 m。

(五)主要计算结果

设计方案计算成果归纳如下。

1. 纵向计算结果

(1)典型内力(不包括预应力初内力)，见表 3-2-25、表 3-2-26。

表 3-2-25 典型内力表

主 力	1 跨中	2 号墩顶	2 跨中	3 号墩顶	3 跨中	4 号墩顶	4 跨中	5 号墩顶	5 跨中
M_{min}(kN·m)	−14 377	−434 873	50 908	−493 405	22 050	−481 954	25 632	−491 199	21 620
M_{max}(kN·m)	83 070	−222 971	147 227	−270 526	141 505	−249 687	152 981	−252 135	150 897

表 3-2-26 典型内力表

主+附	1 跨中	2 号墩顶	2 跨中	3 号墩顶	3 跨中	4 号墩顶	4 跨中	5 号墩顶	5 跨中
M_{min}(kN·m)	−14 377	−434 873	50 908	−493 405	22 050	−481 954	25 632	−491 199	21 620
M_{max}(kN·m)	89 093	−204 900	162 039	−244 210	155 160	−220 515	166 266	−239 270	163 762

(2)支座反力，见表 3-2-27。

表 3-2-27 支座反力表

墩顶外力	恒载(kN)	顶板升温 5℃(kN)	沉降 1 cm					中-活载		组合	
			2 号节点(kN)	21 号节点(kN)	50 号节点(kN)	79 号节点(kN)	108 号节点(kN)	最大反力(kN)	最小反力(kN)	最大反力(kN)	最小反力(kN)
1	6 269	382	−163	299	−187	71	−27	5 377	−2 277	12 400	3 614
2	40 616	−472	299	−587	438	−207	79	14 774	−2 522	56 208	36 827
3	43 929	122	−187	438	−484	361	−178	16 060	−2 161	60 913	40 918
4	42 870	−44	71	−207	361	−448	348	16 320	−2 076	59 972	40 093
5	43 183	11	−27	79	−178	348	−443	16 627	−2 040	60 249	40 495

(3)强度检算结果，见表 3-2-28。

表 3-2-28　强度和抗裂安全系数表

项　　目	位　　置	最大正应力(MPa)	最小正应力(MPa)	正截面强度安全系数	最小抗裂安全系数	最小主应力(MPa)
主力	上缘	14.07	0.26	2.21	1.38	−1.80
	下缘	15.20	1.28		1.36	
主＋附	上缘	14.08	0.26	2.02	1.40	−1.71
	下缘	15.20	0.29		1.24	
评价	各项指标均满足要求					

(4)结构变形，见表 3-2-29。

表 3-2-29　结构变形表　（单位：cm）

工　　况	竖向挠度	边跨	2 跨中	3 跨中	4 跨中	5 跨中
中-活载	最小	−1.4	−4.5	−5.1	−5.5	−5.6
	最大	1.4	2.6	3.8	4.0	4.2
ZK 活载	最小	−1.12	−3.6	−4.1	−4.4	−4.4
	最大	1.15	2.1	3.1	3.2	3.4
恒载		1.1	−7.2	5.7	−5.8	−4.0
梁端下挠转角(‰)		0.96				

由表 3-2-29 可知：挠跨比均由中-活载控制，梁体刚度边跨 $L_{跨}$/3429，中跨 $L_{跨}$/1 429；梁端下挠转角 0.96‰＜2‰。

2. 横向计算结果

梁部拱截面横向预应力：顶板每米 2 根 5-7ϕ5 钢束，单端交错张拉。计算结果，见表 3-2-30。

表 3-2-30　横向计算结果

项　　目	上缘最大	上缘最小	下缘最大	下缘最小	最大主压	最大主拉
应力(MPa)	4.53	−2.15	6.65	0.08	6.65	−2.15

设计考虑到最大主拉应力为 2.15 MPa，顶板上缘加强了横向普通钢筋的配置，采用每米 8 根 ϕ16。

(六)主要经济技术指标

1. 主要工程数量

主要工程数量见表 3-2-31。

表 3-2-31　主要工程数量表

序　号	项　　目	说　　明	数　量	技术指标
1	桥梁长度(m)	48＋7-80＋48	657.3	—
2	C55 耐久混凝土(m^3)	梁体	9 558	14.54 m^3/m
3	ϕ15.2 mm 钢绞线(t)	纵、横向预应力筋	476.9	49.9 kg/m^3
4	预应力螺纹钢筋 PSB830(t)	竖向预应力筋	48.5	—
5	HRB335 钢筋(t)	箱梁普通钢筋	1 422.8	148.9 kg/m^3

2. 创新点

(1)全桥总体布局合理,是我国率先建成的客运专线长联大跨预应力混凝土曲线梁桥。

(2)针对长大跨度曲线预应力混凝土连续梁桥特点,开展了受力和变形等关键技术研究,且确保了桥梁结构整体受力和变形性能。

(3)为适应梁体变形,创造性地采用了弹性侧向支承限位,妥善地解决了长联弯梁"切线方向"移动限位问题。

飞云江主桥桥梁施工实景如图 3-2-24 所示。

图 3-2-24 飞云江主桥桥梁施工实景

四、(72+130+72)m 预应力连续梁

(一)工程概况

鳌江特大桥跨越 104 国道,主跨采用(72+130+72)m 连续梁,与 104 国道夹角仅 16°。主桥立面布置如图 3-2-25 所示。

(二)主要技术参数

1. 梁部 C60 混凝土。

2. 主梁按全预应力混凝土构件设计,梁体采用纵向、横向、竖向预应力结构体系。

设计采用低松弛高强预应力钢绞线,抗拉强度标准值 $f_{pk}=1\ 860$ MPa,弹性模量 $E_p=1.95\times10^5$ MPa。纵、横向预应力筋为 $\phi15.2$ mm 钢绞线,符合 GB/T 5224—2003 标准。

竖向粗钢筋采用 PSB830 预应力混凝土用螺纹钢筋,直径 $\phi32$ mm,抗拉强度标准值 $f_{pk}=830$ MPa,弹性模量 $E_p=1.80\times10^5$ MPa。

3. 支座采用 TQZ(NS)系列球形钢支座,边支座 8 000 kN,中支座 60 000 kN。

4. 施工方案:边直段 12.7 m 采用膺架现浇施工,其余采用对称悬灌施工,先合龙边跨,后合龙中跨。

挂篮重量(含机具模板)取最大梁段重(1 918 kN)的 0.5 倍,按 90 t 计。全梁按 3 m、3.5 m、4 m 分节段现浇施工,每个节段的施工工期为 7 天。

(三)结构静力计算

1. 纵向计算

(1)计算模型及方法

全梁全长 275.4 m,共划分 95 个节点、94 个桥面梁单元。采用 BSAS3.85 平面杆系程序进行静力计算,对各截面进行施工阶段混凝土正应力、运营阶段混凝土正应力、抗裂性、剪应力、主拉应力、正截面抗弯强度等进行检算。

(2)荷载工况

工况一,主力:结构自重+预应力+收缩徐变+二期恒载+基础变位+中-活载。

工况二,主力+附加力:结构自重+预应力+收缩徐变+二期恒载+基础变位+中-活载+

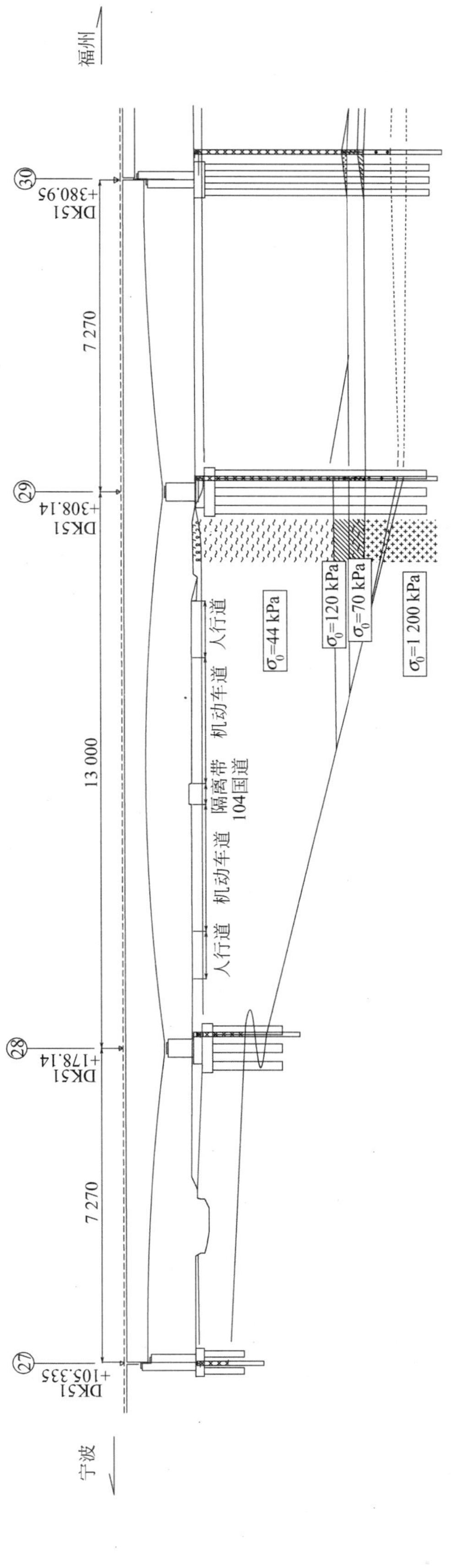

图 3-2-25 鳌江特大桥主桥立面布置图(单位:cm)

顶板升温。

2. 横向计算

箱梁横截面按单位宽框架进行内力分析，模型为腹板中心线下缘有支撑的框架。计算荷载考虑结构自重、二期恒载、列车活载、横向摇摆力、脱轨荷载、人行道活载、预应力、风力、温度变化及混凝土的收缩徐变。按实际位置加载，列车活载考虑横向作用。

施工荷载考虑运梁车。

(四)结构方案与比选

1. 箱梁构造

桥梁截面形式采用直腹板单箱单室梁，顶板宽度 13.0 m，底板宽度 7.0 m，顶板厚度 40 cm，底板厚度从跨中 40 cm 变到支点 100 cm，采用圆曲线过渡，腹板厚度及变化方式为从跨中 45 cm 变到 120 cm。箱梁共设 5 道横隔板，端部横隔板厚 1.6 m，中支点横隔板厚2.8 m，跨中横隔板厚 0.8 m。

箱梁高度选择支点 9.5 m～跨中 5.5 m 和支点9.2 m～跨中 5.2 m 两种梁高进行计算比较。典型横截面如图 3-2-26 所示。

2. 预应力钢索布置

本连续梁采用纵向、横向、竖向三向预应力体系。

(1)纵向预应力钢索的布置

分段配置各截面上下缘预应力钢索，配置了 12 束腹板下弯索，中跨配置 5 束上弯索，边跨配置 3 束上弯索。所有纵向索均采用 19ϕ15.2 mm 钢绞线，钢索横截面布置如图 3-2-27、图 3-2-28 所示。

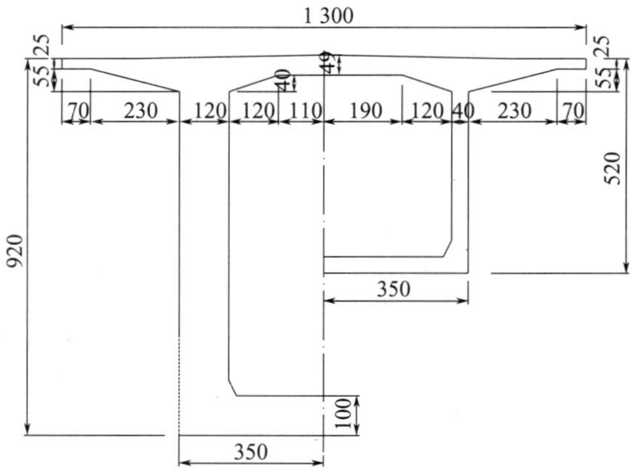

图 3-2-26　梁体横截面图(单位：cm)

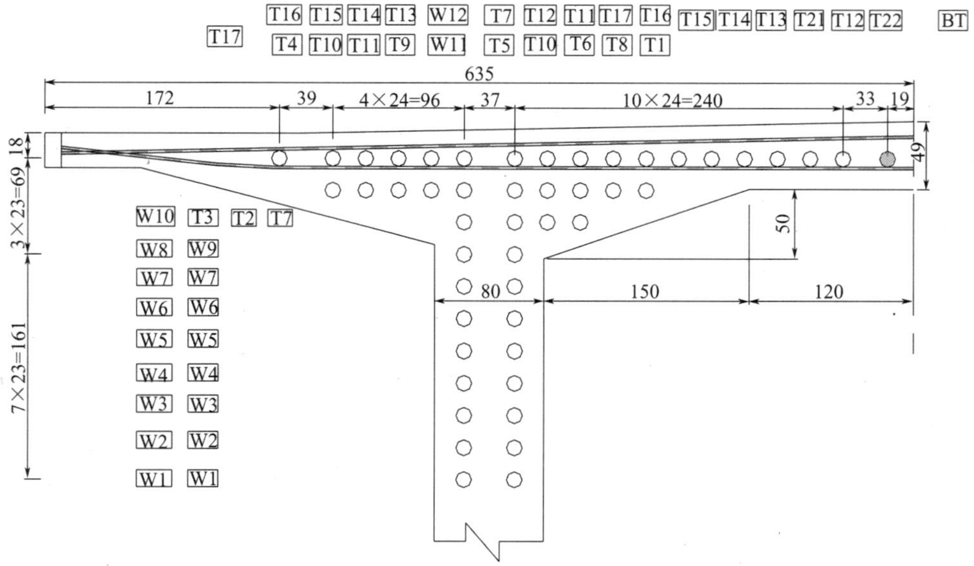

图 3-2-27　1/2 支点截面钢索布置图(单位：cm)

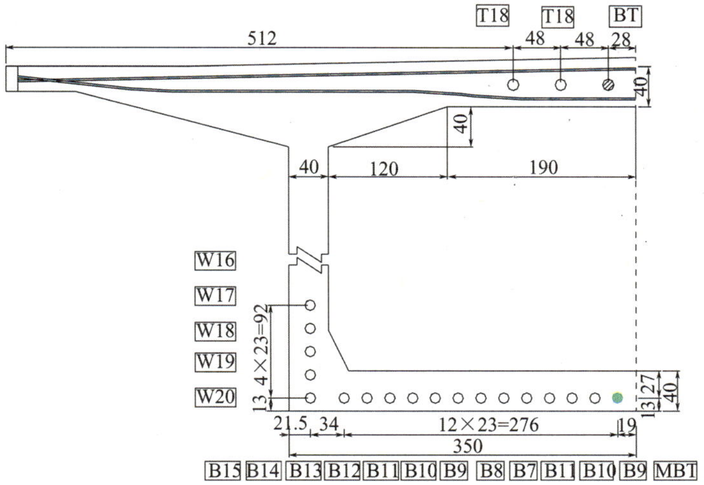

图 3-2-28　1/2 跨中截面钢索布置图(单位:cm)

(2)竖向预应力钢束布置

每个腹板内布置 2 排竖向预应力钢筋,间距 0.5 m。

(3)横向预应力钢索布置

顶板沿纵向每 0.5 m 布置 1 根 5ϕ15.2 mm 横向预应力钢索,采用单端交错张拉。

3. 箱梁截面结构方案比选

梁体截面参数,见表 3-2-32。

表 3-2-32　梁体截面参数表　(单位:cm)

方　案	中支点梁高	跨中梁高	跨中底板厚	箱梁上梗肋	梁底曲线类型
A	950	550	35	40×120	圆曲线
B	920	520	35	40×120	圆曲线
C	920	520	35	40×120	1.8 次抛物线
D	920	520	40	50×150	圆曲线

4. 方案比选结果

考虑结构受力、刚度、造价及美观等因素,主要分析结果如下。

(1)施工阶段应力,见表 3-2-33。

表 3-2-33　施工阶段应力计算结果比较表

项　目	截面位置	A	B	C	D
最大压应力(MPa)	中跨跨中截面下缘	17.73	18.91	19.01	17.02
最大拉应力(MPa)	边跨跨中截面下缘	1.14	1.17	1.17	1.79
评　价		适中	压应力偏大	压应力偏大	适中

(2)运营阶段应力和强度,见表 3-2-34、表 3-2-35。

表 3-2-34　主力计算结果比较表

项　　目	截面位置	A	B	C	D
截面正应力(MPa)	上缘最大	15.42	15.93	15.78	15.65
	上缘最小	1.82	1.91	1.72	2.16
	下缘最大	15.5	15.73	15.35	14.52
	下缘最小	1.73	1.93	1.77	1.61
最大剪应力(MPa)		3.54	3.6	3.62	3.67
截面主应力(MPa)	全梁最大主应力	16.32	16.93	16.92	16.33
	全梁最小主应力	−1.07	−1.64	−1.35	−1.77
	跨中最小主应力	−0.03	0.42	0.67	0.83
截面抗裂安全系数最小值	支点截面上缘	1.43	1.39	1.37	1.41
	跨中截面下缘	1.37	1.35	1.37	1.32
截面抗弯安全系数	支点截面上缘	2.38	2.33	2.3	2.33
	跨中截面下缘	2.45	2.46	2.5	2.34
评价		各项指标均满足要求			

表 3-2-35　主力＋附加力计算结果比较表

项　　目	截面位置	A	B	C	D
截面正应力(MPa)	上缘最大	16.39	16.91	16.76	16.56
	上缘最小	1.82	1.91	1.72	2.16
	下缘最大	15.5	15.73	15.35	14.52
	下缘最小	1.21	0.9	0.91	1.08
最大剪应力(MPa)		3.54	3.6	3.62	3.67
截面主应力(MPa)	全梁最大主应力	16.32	16.93	16.92	16.4
	支点最小主应力	−1.07	−1.24	−1.29	−1.71
	跨中最小主应力	−1.56	−1.12	−0.90	−0.58
截面抗裂安全系数	支点截面上缘	1.43	1.39	1.37	1.41
	跨中截面下缘	1.24	1.23	1.25	1.22
截面抗弯安全系数	支点截面上缘	2.38	2.33	2.3	2.33
	跨中截面下缘	2.24	2.27	2.3	2.16
评　　价		各项指标均满足要求			

(3)梁体位移,见表 3-2-36。

表 3-2-36　位移计算结果比较表

项　　目	截面位置	A	B	C	D
竖向动活载挠度(中-活载)	跨中截面(m)	0.062 54	0.070 07	0.067 61	0.067 52
	挠跨比	1/2 079	1/1 855	1/1 923	1/1 925
竖向转角	梁端(‰)	0.89	1.08	0.97	0.96
评　　价		满足要求	不满足要求	满足要求	满足要求

(4)经济指标,见表 3-2-37。

表 3-2-37 经济指标计算结果比较表

项 目	A	B	C	D
C60 混凝土(m^3)	5 410.4	5 306.7	5 362.7	5 479.8
预应力钢索(t)	349.2	352.5	352.5	349.6
含筋率(kg/m^3)	64.5	66.4	65.7	63.8
评 价	好	一般	尚可	优

综上比较可知:方案 D 全梁受力状况较好,混凝土用量较省,梁高相对较矮,指标较优,故予以选择。

(五)主要设计结果

1. 各主要截面主要内力

内力计算结果见表 3-2-38。

表 3-2-38 内力计算结果

项目	节点号	48	57	62	69	87	94
	截面位置	中跨中	1/8 跨度	1/4 跨度	中支点	边跨中	边支点
主力	最大弯距(kN·m)	290 86	−38 687	−442 731	−927 211	152 184	−181
	最小弯距(kN·m)	133 243	−193 884	−677 073	−1 374 109	−21 130	−513
主+附	最大弯距(kN·m)	315 950	−13 599	−417 643	−941 236	159 261	−181
	最小弯距(kN·m)	133 243	−193 884	−67 703	−1 374 109	−21 130	−513
最大剪力(kN)		3 655	2 5658	39 480	55 236	6 903	14 699

2. 支点反力

支座反力计算结果见表 3-2-39。

表 3-2-39 支座反力计算结果

支座反力(kN)	边支点	中支点
	17 448	108 315

3. 施工及运营阶段各项指标

应力及强度计算结果见表 3-2-40,刚度计算结果见表 3-2-41。

表 3-2-40 应力及强度计算结果

项 目	最大正应力(MPa)	最小正应力(MPa)	正截面强度安全系数	抗裂安全系数	最大主应力(MPa)	最小主应力(MPa)
施工阶段	17.02	−1.79	—	—	—	—
运营阶段(主力)	15.65	1.61	2.33	1.32	16.33	−1.77
运营阶段(主+附)	16.56	1.08	2.16	1.22	16.4	−1.71
评价	各项指标均满足要求					

表 3-2-41 刚度计算结果

跨中截面竖向活载挠度(中-活载)(m)		梁端竖向转角(‰)		挠跨比		评价
中-活载	ZK 活载	中-活载	ZK 活载	中-活载	ZK 活载	
0.067 52	0.061 43	0.96	0.844	1/1 925	1/2 116	刚度满足要求

(六)主要经济技术指标

1. 主要工程数量

主要工程数量见表 3-2-42。

表 3-2-42　主要工程数量表

序号	项　　目	说　　明	数　量	技术指标
1	桥梁长度(m)	72+130+72	275.4	
2	C60 耐久混凝土(m^3)	梁体	5 479.8	19.9 m^3/m
3	ϕ15.2 mm 钢绞线(t)	纵、横向预应力筋	349.6	63.8 kg/m^3
4	预应力螺纹钢筋 PSB830(t)	竖向预应力筋	98.00	
5	HPB235 钢筋(t)	箱梁普通钢筋	3.04	136.8 kg/m^3
6	HRB335 钢筋(t)	箱梁普通钢筋	746.56	

2. 创新点

我国铁路率先建造最大跨度预应力混凝土曲线连续梁。鳌江主桥实景如图 3-2-29 所示。

图 3-2-29　鳌江主桥实景

第三节　预应力混凝土连续刚构

一、(88+160+88)m 连续刚构

(一)工程概况

田螺大桥跨越宁德门夹头海湾,每年夏秋之交常受台风侵袭,最大台风速度 v=56 m/s。桥址处河床较低,受潮水位影响,海水最深处达到 19 m,高潮位时达到 20 m 以上。设计最高潮水位 5.75 m,通航 1 000 t 海轮,通航净空 120 m×24 m(宽×高)。主桥采用(88+160+88)m 连续刚构,全桥立面布置如图 3-3-1 所示。

桥址处岩石裸露,海湾两侧山上植被茂盛,桥址处地质构造单一,主要为风化花岗岩层,其弱风化花岗岩强度较高,埋深较浅,是良好的持力层,无不良地质构造。

(二)主要技术参数

1. 箱梁采用 C60 混凝土,墩柱采用 C40 混凝土,承台和桩基础采用 C30 混凝土。

2. 钢绞线采用低松弛高强预应力钢绞线,抗拉强度标准值 f_{pk}=1 860 MPa,弹性模量 E_p=1.95×10^5 MPa,纵、横向预应力采用 ϕ15.20 mm 钢绞线,符合 GB/T 5224—2003 标准。

竖向粗钢筋采用 PSB830 预应力混凝土用螺纹钢筋,直径 ϕ32 mm,抗拉强度标准值 f_{pk}=

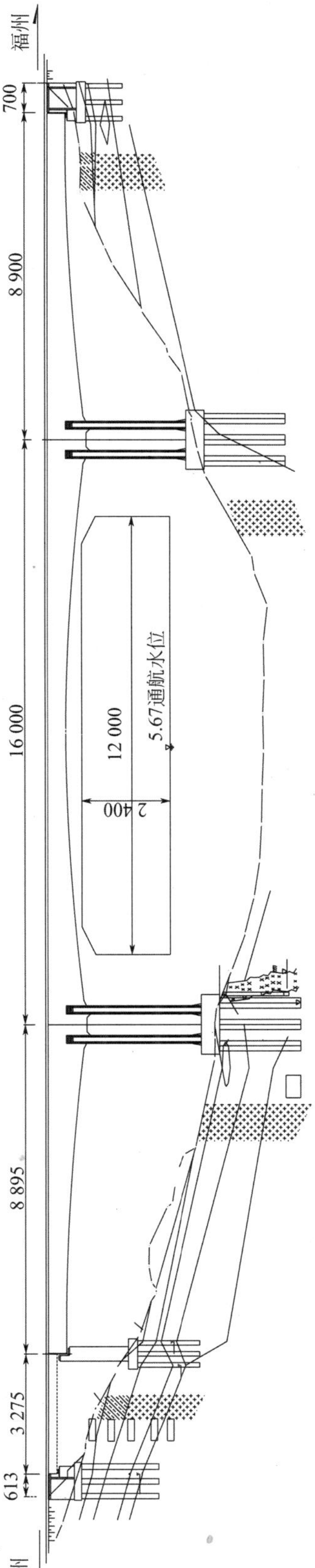

图 3-3-1　田螺大桥全桥立面布置图(单位:cm)

830 MPa,弹性模量 $E_p=1.80\times10^5$ MPa。

3. 徐变影响按老化理论计算,徐变终极值 2.0,徐变增长速率 0.005 5,收缩终极值 0.000 16,收缩速度系数 0.006 25。桥梁成桥后的收缩徐变按 1 500 天计。

4. 施工方法

(1)定位水上施工平台,钻孔桩施工。

(2)采用双壁钢围堰施工承台。

(3)爬模法施工墩柱。

(4)主墩旁搭设支架,现浇墩顶 0 号块。

(5)利用挂篮对称悬臂浇筑主梁。

(6)中跨合龙。

(7)搭设支架,浇筑边直段。

(8)合龙边跨。

(三)结构设计

1. 纵向计算

(1)计算模型

设计连续刚构两主墩墩梁固结,与桩基础共同受力,计算模型考虑桩基础及桩周土层力学性质对结构刚度的影响,具体模拟为将群桩基础换算成一带水平弹性支承的单排柱,换算前后两种结构与单位水平力作用下的水平位移及转角、单位弯矩作用下的位移及转角和单位竖向力作用下的竖向位移保持一致。

采用 BSAS3.85 平面杆系程序进行静力计算,对结构各截面在不同施工阶段正应力、运营阶段正应力、抗裂性、剪应力、主拉应力、正截面抗弯强度等性能进行检算。

(2)各项检算的主要指标

①主梁按全预应力混凝土结构设计。

②主梁变形符合下列规定:在静活载乘以动力系数作用下,主梁竖向挠度不大于计算跨度的 1/1 000,梁端转角不应大于 2‰。

2. 横向计算

主梁横向按闭合的箱型框架设计,考虑纵向钢索径向力和温度的影响。

(四)主桥构造

1. 主梁构造

主梁为(88+160+88)m 预应力混凝土连续刚构,设计采用直腹板单箱单室变截面箱梁,如图3-3-2所示。跨中及边支点处梁高 4.8 m,中支点处梁高采用 9.3 m,梁底按 1.8 次抛物线变化,抛物线方程:$f(x)=x^{1.8}/495.902+4.8$;箱梁顶桥面宽 13.0 m,底宽 8.2 m,顶板厚 0.45～1.0 m,底板厚 0.5～1.1 m,腹板厚 0.45～1.0 m,中支点附近腹板局部加厚至1.5 m。箱梁共设 7 道横隔梁,边支点横隔梁厚 1.6 m,中支点两墩柱顶各设一道厚 2.0 m 横隔梁,中孔跨中横隔梁厚0.8 m。

2. 主梁预应力

主梁设纵向、横向和竖向三向预应力。

纵向预应力索采用 22ϕ15.2 mm 钢绞线,配套使用 OVM15-22 型锚具,纵向预应力管道采用外径 ϕ135 mm 塑料波纹管成孔。

横向预应力索采用 BM4ϕ15.2 mm 钢绞线,配套使用 OVMBM15-4 型锚具,采用内径

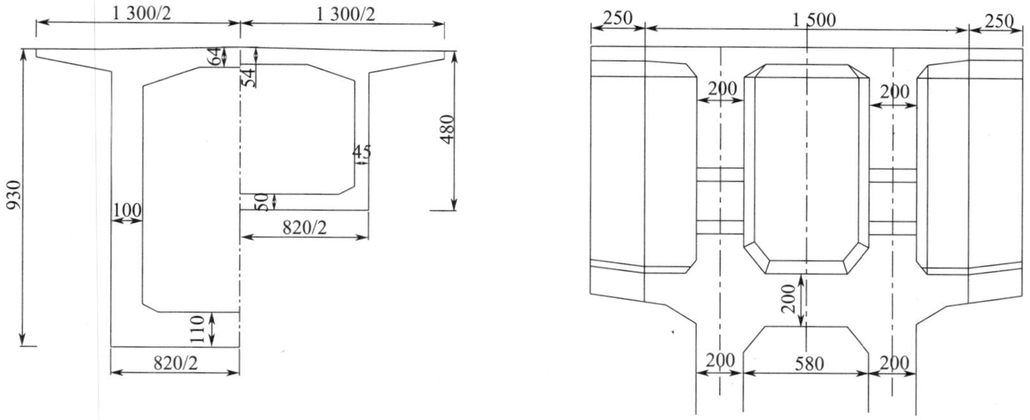

(a) 支点及跨中截面　(b) 中墩部截面处梁

图 3-3-2　梁部主要截面图(单位:cm)

70 mm×19 mm 塑料波纹管成孔。

竖向预应力筋采用直径 ϕ32 mm 预应力混凝土用螺纹钢筋,采用内径 ϕ45 mm 铁皮管成孔。

3. 主墩为 10 m×2 m 双薄壁墩,柱间距 7 m。

4. 主墩基础采用 12 根 2.5 m 钻孔桩。

(五)结构比选

1. 主墩形式比选

设计连续刚构墩与梁体的应力分布取决于二者的相对刚度,合适的刚度比既能满足全桥的纵向刚度,又可改善梁体内力分配。本桥墩高与跨度比为 1/5,为此选用了刚度较大的独柱空心墩或纵向抗推刚度较柔的双薄壁墩进行综合比较。墩立面如图 3-3-3 所示。

方案对比条件:上部结构一致,梁高采用支点 9.5 m、跨中 5 m,桩基础均采用 12 根 2.8 m 钻孔桩。双薄壁墩墩中心距 5 m,壁厚 2 m,横向 10 m 宽;独柱墩为箱形截面,纵向 7 m 等宽,横向 9 m 宽,横向与主梁及承台用圆曲线过渡。纵向壁厚 0.8 m,横向壁厚 1.2 m。计算比较结果见表 3-3-1。

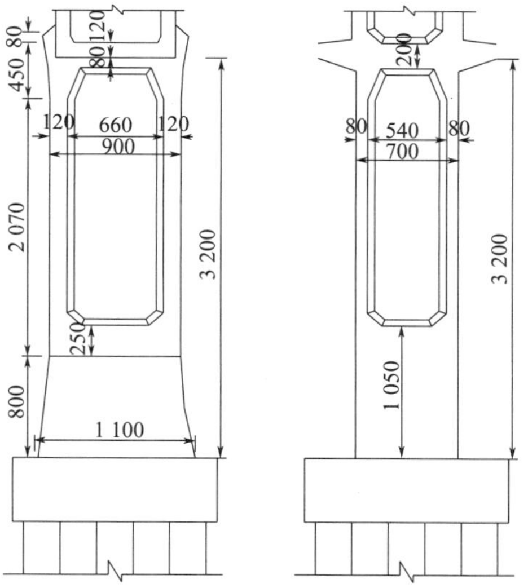

(a) 横向　(b) 纵向

图 3-3-3　独柱墩横向、纵向立面图(单位:cm)

表 3-3-1　墩型计算比较表

项　　目		双薄壁墩	独柱墩
施加对顶力(t)		400	1 400
主梁弯矩(kN·m)	左支点 M_{min}	−2 011 007	−1 917 131
	中跨中 M_{max}	434 318	501 054
	右支点 M_{min}	−2 029 254	−1 933 996
主梁配索(束)	中支点索 22ϕ15.2 mm	115	117
	中跨中索 19ϕ15.2 mm	48	60
承台底弯矩(kN·m)	左承台底 M_{max}	274 305	585 975
	右承台底 M_{max}	−201 570	−521 889

续上表

项目		双薄壁墩	独柱墩
墩柱底	N_{max}(kN·m)	−131 912	−180 480
	M_{max}(kN·m)	54 525	472 789
	σ_h(MPa)	13.35	10.33
	σ_g(MPa)	−97	−0.26
升温弯矩(kN·m)	中跨中	−8 057	−30 024
	右支点	−1 434	−494
	承台底	−68 966	−314 208
降温弯矩(kN·m)	中跨中	6 043	22 518
	右支点	1 075	370
	承台底	51 724	235 656
单桩承载力(kN)	左墩	24 639	34 438
	右墩	21 466	29 288
一个墩混凝土(m^3)		1 280	1 343

从表 3-3-1 中结果可以看出，由于桥址处地质条件是强度较高的花岗岩，基础刚度大。若采用独柱空心箱形墩下部结构刚度大，同时中跨梁体温度应力较大，承台底弯矩较大，不利于主梁和基础受力。双壁墩在双壁间保持一定的距离，构成较大的整体抗弯刚度，同时其纵向抗推刚度小，减小了中跨梁体的应力，因此设计采用。

2. 梁高方案比选

设计选取中支点及跨中截面梁高为 8.8 m/4.5 m、9.0 m/4.8 m、9.3 m/4.8 m、9.5 m/5.0 m 四种方案，考虑预应力索布置、收缩徐变和温度力，进行成桥检算。

四种方案对比条件：结构下部均采用 10 m×2 m 双薄壁墩，柱间距均为 7 m，基础均采用 12 根 2.5 m 钻孔桩；顶板宽度 13.0 m，底板宽度 8.2 m，箱梁顶板厚 45 cm，底板厚从 43 cm 渐变为 120 cm，腹板厚为 42 cm、60 cm、83 cm、100 cm，梁底均按 1.8 次抛物线变化。

(1)主要计算结果

针对四种梁高对主梁内力、主梁挠度、基础单桩承载力、运营阶段进行了分析计算，主要结果见表 3-3-2、表3-3-3。

表 3-3-2 主梁内力比较表

项目		梁高(支点/跨中)(m/m)			
		8.8/4.6	9/4.8	9.3/4.8	9.5/5
边支点及墩柱顶反力(kN)	左边支座	16 363	16 494	16 597	16 833
	右边支座	16 692	16 803	16 785	17 024
	左墩外壁	−78 346	−72 797	−71 886	−72 041
	左墩内壁	−114 260	−119 788	−121 423	−119 983
	右墩外壁	−112 112	−117 365	−119 497	−118 274
	右墩内壁	−81 344	−76 116	−75 016	−74 970

续上表

项　　目		梁高(支点/跨中)(m)			
		8.8/4.6	9/4.8	9.3/4.8	9.5/5
左支点弯矩及索数	M_{min}(kN·m)	−1 927 373	−1 941 083	−1 961 990	−1 962 933
	钢索束数(束)	119	117	113	111
右支点弯矩及索数	M_{min}(kN·m)	−1 930 400	−1 944 987	−1 978 183	−1 979 833
	钢索束数(束)	119	117	113	111
中跨中弯矩及索数	M_{max}(kN·m)	401 322	414 048	395 506	415 758
	钢索束数(束)	46	46	44	42
中跨中静活载挠度(m)		−0.076	−0.071 62	−0.069 13	−0.065 52
挠跨比		1/2 105	1/2 234	1/2 315	1/2 442
左承台底 M_{max}(kN·m)		336 978	415 893	417 067	409 938
右承台底 M_{max}(kN·m)		−261 192	−337 603	−341 932	−336 578
单桩承载力(kN)		27 724	29 885	29 910	29 752
主梁数量	混凝土(m^3)	7 489.9	7 601.7	7 685.8	7 871.6
	纵向钢绞线(t)	488.16	482.74	457.20	444.42
钢绞线含量(kg/m^3)		65.2	63.5	59.5	56.5

表 3-3-3　运营阶段强度及抗裂性

项　　目		梁高(支点/跨中)(m)			
		8.8/4.6	9/4.8	9.3/4.8	9.5/5
正应力(MPa)	支点	2.14	2.03	2.03	1.99
	1/4	4.84	6.4	4.06	3.65
	中跨中	1.57	1.92	1.83	1.2
	上缘最大	15.95	15.54	14.57	14.3
	下缘最大	17.91	17.33	16.7	16.48
主拉应力(MPa)	支点	−1.82	−1.83	−1.76	−1.72
	1/4	−1.54	−1.34	−1.69	−1.71
	中跨中	−0.8	0.18	−0.44	−0.25
抗裂系数	支点	1.31	1.31	1.32	1.33
	1/4	1.67	2.05	1.72	1.78
	中跨中	1.2	1.22	1.23	1.21
正截面强度	支点	2.23	3.01	2.26	2.27
	1/4	2.81	2.91	2.68	2.64
	中跨中	2.11	2.15	2.13	2.08

(2)梁高比选结论

四种梁高方案的主梁应力、强度、抗裂系数、主梁最大竖后挠度均满足规范要求。

8.8 m梁高、9.0 m梁高由于梁高较低，导致钢索含量偏高，支点截面顶板配索困难。9.5 m梁高和9.3 m梁高相比，前者由于自重大，导致支点和跨中弯矩均较后者大。

综合上述分析，梁高9.3 m方案各项指标较优，经济合理，故设计采用。

3. 双薄壁墩墩柱间距的比选

在墩柱尺寸一定的情况下，双薄壁墩墩柱间距的大小，影响着桥梁的整体刚度，参照既有同类桥梁的柱间距与跨度之比1/20～1/28的经验，设计拟定间距6 m、7 m、8 m三种方案进行比选。比选采用主梁高均为9.3 m/4.8 m，墩柱尺寸为10 m×2 m，桩基础为12根2.5 m钻孔桩。计算结果见表3-3-4。

表3-3-4 墩柱间距比较表

项目		墩柱间距(m)		
		6	7	8
主梁弯矩	左支点 M_{min}(kN·m)	−1 995 850	−1 962 932	−1 929 899
	中跨中 M_{max}(kN·m)	420 639	415 758	411 952
	右支点 M_{min}(kN·m)	−2 013 243	−1 979 833	−1 946 602
左承台底 M_{max}(kN·m)		372 932	409 938	432 824
右承台底 M_{max}(kN·m)		−300 052	−336 578	−359 477
墩柱底	N_{max}(kN)	−138 648	−135 733	−131 981
	M_{max}(kN·m)	55 108	62 504	66 053
	σ_h(MPa)	15.08	16.01	16.97
	σ_g(MPa)	−159.53	−176.1	−197.6
单桩承载力(kN)	左墩	28 866	29 752	30 279
	右墩	25 296	26 132	26 618

从表3-3-4中结果可看出：墩柱间距由6 m增大到8 m时，梁部支点最大负弯矩由大变小，对梁部设计有利，而承台底弯矩却由小变大，对基础设计不利。本设计采用12根2.5 m钻孔桩，2.5 m钻孔桩单桩承载力一般控制在30 000 kN以内，而且7 m柱间距时，墩柱钢筋拉应力值较合适，故采用。

4. 双薄壁墩墩柱壁厚比选

设计拟定墩柱厚度1.8 m、2 m、2.2 m三种方案进行比选。比选主梁高均采用9.3 m/4.8 m，墩柱间距为7 m，横向为10 m，桩基础为12根2.5 m钻孔桩。计算结果见表3-3-5。

表3-3-5 墩柱壁厚比较表

项目		墩柱壁厚(m)		
		1.8	2	2.2
主梁弯矩(kN·m)	左支点 M_{min}	−1 964 255	−1 962 932	−1 964 028
	中跨中 M_{max}	417 032	415 758	415 152
	右支点 M_{min}	−1 981 573	−1 979 833	−1 980 543
左承台底 M_{max}(kN·m)		414 169	409 938	450 326

续上表

项　目		墩柱壁厚(m)		
		1.8	2	2.2
右承台底 M_{max}(kN·m)		−339 813	−336 578	−376 773
墩柱底	N_{max}(kN)	−134 452	−135 733	−140 176
	M_{max}(kN·m)	53 733	62 504	80 265
	σ_h(MPa)	16.74	16.01	15.62
	σ_g(MPa)	−174.6	−176.1	−183.7
单桩承载力(kN)	左墩	29 593	29 752	29 923
	右墩	25 960	26 132	26 303

从表 3-3-5 可以看出，在墩柱间距一定的情况下，随着墩柱厚度的增大，墩柱刚度增大，对梁部影响很小，对下部结构影响较大，墩柱底最大弯矩由小变大，对基础设计不利。2 m 壁厚时，梁部支点负弯矩和承台底弯矩相对适中，故采用。

5. 桩基础比选

由于内外墩柱的轴向力相差较大，设计按群桩基础选择了 12 根 2.2 m 钻孔桩、12 根 2.5 m钻孔桩和 12 根 2.8 m 钻孔桩三种基础形式进行比较。

比选梁高均采用 9.3 m/4.8 m，墩柱间距为 7 m，墩柱尺寸为 10 m×2 m。计算结果见表 3-3-6。

表 3-3-6　桩基计算比较表

项　目	桩基(m)		
	12ϕ2.2	12ϕ2.5	12ϕ2.8
承台尺寸(纵×横)(m)	12.4×16.8	14×19	15.7×21.3
单桩受力(kN)	30 199	29 752	29 513
配筋	34ϕ16	39ϕ16	44ϕ16
钢筋应力(MPa)	−5.73	−14.36	−20.04
混凝土应力(MPa)	8.05	6.23	4.81

从表 3-3-6 可以看出，12ϕ2.2 m 钻孔桩，由于桩间距小，单桩承载力较大。12ϕ2.5 m 钻孔桩和 12ϕ2.8 m 钻孔桩，均满足设计要求。考虑经济效益，设计采用 12ϕ2.5 m 钻孔桩占优势。

(六)主要计算结果

综合以上比较结果，设计采用主要尺寸为：梁高 9.3 m/4.8 m，墩柱间距 7 m，墩柱尺寸 10 m×2 m，基础采用 12 根 2.5 m 钻孔桩，计算结果分述如下。

1. 主梁纵向计算

(1)主梁应力和强度，见表 3-3-7。

(2)主梁位移，见表 3-3-8。

表 3-3-7 应力和强度安全系数表

项目		最大正应力(MPa)	最小正应力(MPa)	正截面抗弯强度安全系数	最小抗裂安全系数	最小主应力(MPa)	主梁剪应力(MPa)
主力	设计值	17.6	0.87	2.20	1.27	−1.81	4.47
	限值	21.75	无拉应力	2.20	1.20	−2.0	6.88
主＋附	设计值	17.7	0.45	2.16	1.25	−1.90	4.50
	限值	23.9	无拉应力	1.98	1.20	−2.0	6.88
评价	各项指标均满足要求						

表 3-3-8 主梁位移计算表

项目	梁端下挠最大转角(‰)		最大竖向挠度(m)	
	计算值	限值	计算值	限值
中-活载	0.43	2.0	0.072	0.16
ZK 活载	0.40	2.0	0.064	0.16

(3)主梁支反力,见表 3-3-9。

表 3-3-9 主梁支反力表

支点	成桥时支反力(kN)	主力组合支反力(kN)		主＋附组合支反力(kN)	
		最大	最小	最大	最小
左边支点	9 818	16 081	7 463	16 204	7 371
右边支点	10 072	16 335	7 714	16 452	7 626

2. 主梁横向结构计算结果

本线为双线铁路,线间距 4.6 m,顶板宽度 13.0 m,箱宽选用 8.2 m,其宽跨比为1/19.51。本次横向选取了 3 个截面,采用平面框架结构分析,结果汇总见表 3-3-10。

表 3-3-10 横向计算结果汇总表

项目		截面位置		
		12	21	32
梁高(m)		4.8	5.4	9.3
腹板厚(cm)		42	60	100
底板厚(cm)		40	64.8	120
顶板计算位置(kN·m)	跨中 M_{max}	222	140	144
	跨中 M_{min}	−9	−15	34
	梗肋 M_{max}	−132	−130	−48
	梗肋 M_{min}	−405	−318	−364
混凝土应力(MPa)	跨中上缘	1.1	1	−1.1
	跨中下缘	−0.8	1.2	2.6
	梗肋上缘	1.1	0.2	−1.9
	梗肋下缘	−0.4	2.8	3.5

续上表

项　　目		截面位置		
		12	21	32
底板计算位置	跨中 M_{max}(kN·m)	142.7	188.4	480.7
	梗胁 M_{min}(kN·m)	−151.7	−117.4	−252.9
	σ_h(MPa)	8.3	4.39	4
	σ_g(MPa)	180.15	129.49	169.32
	裂缝宽(mm)	0.188	0.135	0.177

横向计算配筋结果：

顶板采用 4ϕ15.2 mm 钢绞线，纵向间距 40 cm；竖向预应力筋采用直径 ϕ32 mm 精轧螺纹钢筋。普通钢筋底板上下缘采用 ϕ16 钢筋，2 根 1 束，间距 15 cm，腹板计入竖向预应力筋产生的预压力，腹板内外侧采用单根 ϕ16 钢筋，间距 15 cm。

3. 墩柱计算结果

连续刚构桥墩属偏心受压构件，按钢筋混凝土偏心受压检算桥墩的强度和稳定性，并考虑几何非线性的影响。桥墩几何非线性影响按 15% 考虑。强度检算采用“钢筋混凝土矩形截面偏心受压强度检算”程序计算。

(1)墩柱计算单元及弯矩包络图如图 3-3-4 所示。

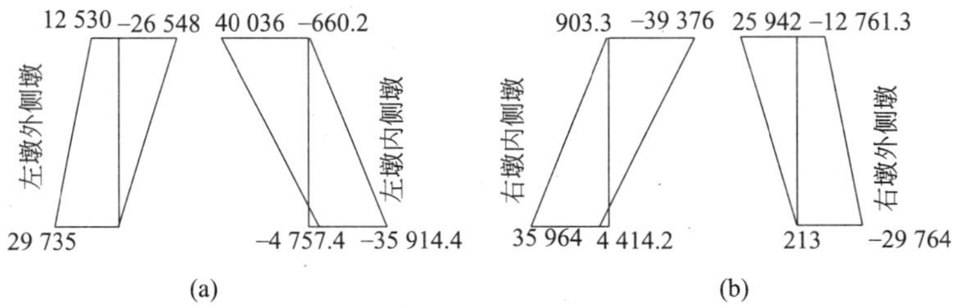

图 3-3-4　墩柱弯矩包络图(单位：kN·m)

墩柱配筋采用 ϕ28 钢筋，2 根 1 束，间距 15 cm，混凝土和钢筋应力结果见表 3-3-11。

表 3-3-11　墩柱计算结果汇总表

墩　　顶		应　　力	主　　力	主+附
左墩	外侧墩顶	σ_h(MPa)	7.2	12.7
		σ_g(MPa)	−31	−116.6
	外侧墩底	σ_h(MPa)	8	13.9
		σ_g(MPa)	−9.1	−124.3
	内侧墩顶	σ_h(MPa)	11.1	11.6
		σ_g(MPa)	−9.5	−18.7
	内侧墩底	σ_h(MPa)	11.4	11.4
		σ_g(MPa)	9.5	4.8

续上表

墩 顶		应 力	主 力	主+附
右墩	内侧墩顶	σ_h(MPa)	11.3	16.7
		σ_g(MPa)	−3.6	−90.7
	内侧墩底	σ_h(MPa)	11.1	16.4
		σ_g(MPa)	4.9	−74.4
	外侧墩顶	σ_h(MPa)	6.8	10.1
		σ_g(MPa)	−12.8	−180.4
	外侧墩底	σ_h(MPa)	8.2	8
		σ_g(MPa)	−5.1	−74.2

(2)垂直于弯矩作用平面的稳定性验算

公式:$\sigma_h=\dfrac{N}{\phi(A_h+mA_g)}$,其中:$\phi=0.88$,$m=11.4$。

$$[\sigma_c]=14.7\ \text{MPa}$$

考虑几何非线性

$$\sigma_h=1.15\times129\ 516/0.88\times(19.19+11.4\times0.081\ 2)=8.4\ \text{MPa}$$

(3)裂缝检算

最大裂缝宽度 0.178 mm。

4. 桩基础检算

单桩最大承载力 289 52 kN,构造配筋。

(七)主要经济技术指标

1. 主要工程数量表

主要工程数量见表 3-3-12。

表 3-3-12 主要工程数量表

序 号	项 目	说 明	数量	技术指标
1	桥梁长度(m)	88+160+88	337.6	—
2	C60 耐久混凝土(m^3)	梁体	8 192.3	24.27 m^3/m
3	19ϕ15.2 mm 钢绞线(t)	纵向预应力筋	113.8	58.9 t/m^3
4	22ϕ15.2 mm 钢绞线(t)	纵向预应力筋	368.7	
5	5ϕ15.2 mm 钢绞线(t)	横向预应力筋	58.9	—
6	预应力螺纹钢筋 PSB830(t)	竖向预应力筋	118.4	—
7	HPB235 钢筋(t)	箱梁普通钢筋	125.7	165.9 kg/m^3
8	HRB335 钢筋(t)	箱梁普通钢筋	1 233.8	

2. 创新点

(1)全桥总体布局合理,桥型简洁明快,是我国东部沿海最早开工建成的跨度最大的跨海客运专线连续刚构桥。

(2)本桥受通航和两端接线高程的控制,其主桥中支点梁高、边支点梁高分别被压缩至 9.3 m、4.8 m,高跨比分别达到 1/17.2(中支点)、1/33.3(边支点)。主梁混凝土指标

24.27 m^3/m。

(3)在沿海强台风环境下，首次在国内客运专线上进行风-车-桥时变系统耦合振动分析研究。

(4)针对大跨预应力混凝土连续刚构桥开裂和后期徐变等关键技术问题，通过徐变二次力的控制，使预应力产生的弯矩最大可能抵消施工弯矩，从而最大限度消除徐变对结构的影响。

田螺大桥成桥实景如图 3-3-5 所示。

图 3-3-5　田螺大桥成桥实景

二、(80+3-145+80)m 刚构连续梁

(一)工程概况

根据桥位处地形条件、通航要求等实际情况，白马河特大桥主桥采用(80+3-145+80)m 刚构连续梁，如图 3-3-6 所示，中间两个主墩与主梁固结，其余各墩均设支座。

(二)主要技术参数

1. 箱梁采用 C60 混凝土，墩柱采用 C40 混凝土，承台和桩基础采用 C30 混凝土。

2. 钢绞线采用低松弛高强预应力钢绞线，抗拉强度标准值：$f_{pk}=1\ 860$ MPa，弹性模量$E_p=1.95\times10^5$ MPa。顶板和腹板纵向束采用 19ϕ15.2 mm 钢绞线，底板纵向束采用 12ϕ15.2 mm 钢绞线，横向预应力全部采用 5ϕ15.2 mm 钢铰线，符合 GB/T 5224—2003 标准。

3. 竖向粗钢筋采用 PSB830 预应力混凝土用螺纹钢筋，直径 ϕ32 mm，抗拉强度标准值 $f_{pk}=830$ MPa，弹性模量 $E_p=1.80\times10^5$ MPa。

4. 徐变影响按老化理论计算，徐变终极值 2.0，徐变增长速率 0.005 5，收缩终极值 0.000 16，收缩速度系数 0.006 25，桥梁成桥后的收缩徐变按 1 500 天计。

5. 施工方法：梁体悬臂灌注施工，全梁按 3 m、3.5 m、4 m 分节段现浇施工，每个节段的施工工期为 7 天。

(三)结构计算

1. 设计荷载

(1)二期恒载：按双线采用 170.0 kN/m 计。

(2)基础不均匀沉降：按主墩、边墩各 2 cm 计，并取最不利组合。

(3)结构温度变化

纵向计算：体系温度根据当地气候条件采用±20 ℃。道砟桥面不考虑沿梁高的非线性温度变化。墩身的非线性温度变化按一侧升温 10 ℃，另一侧升温 25 ℃考虑，温度沿墩壁厚按指

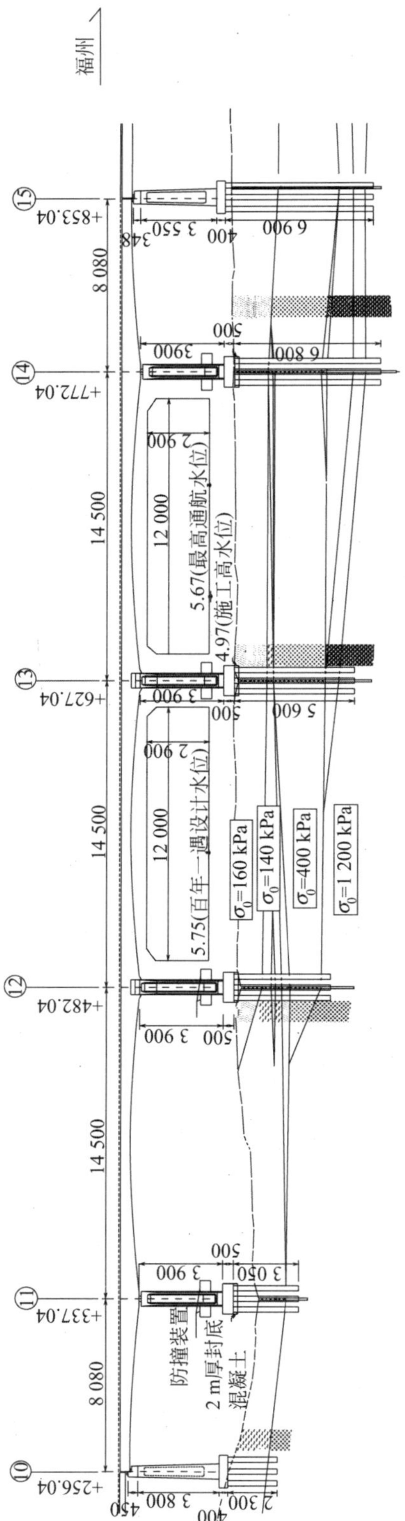

图 3-3-6　白马河特大桥主桥立面布置图(单位:cm)

数规律变化。

2. 荷载组合

(1)主力组合:结构重力＋预应力＋收缩＋徐变＋支座沉降＋中-活载。

(2)主力＋附加力组合:结构重力＋预应力＋收缩＋徐变＋支座沉降＋中-活载＋制动力＋风力＋体系温差。

(3)结构重力＋预应力＋收缩＋徐变＋支座沉降＋中-活载＋非线性温差。

3. 纵向计算模式

刚构连续梁全桥共划分为 223 个节点,222 个单元。

刚构墩与主梁固结,其桩基础与上部结构共同受力。在建立结构计算模型时,考虑了桩周土侧向抗力的影响,并分别考虑天然地面线和局部冲刷线两种模式,按拟定的施工顺序,模拟实际施工过程,检算截面应力及结构强度。

4. 横向计算模式

箱梁横向按支承在腹板中心线下缘的闭合框架进行计算。计算荷载包括结构自重、二期恒载、列车活载、人行道活载、横向摇摆力、钢索径向力、竖向索预应力、风力、温度变化及混凝土的收缩徐变等。

(四)施工方案选择

1. 主梁合龙顺序的选择

考虑到本桥位于台风多发地区,要求施工尽早使悬臂现浇结构脱离较不稳定的双"T"状态。本桥主梁施工的合龙顺序为:先合龙边主跨,再合龙边跨,最后合龙中主跨,如图 3-3-7 所示。

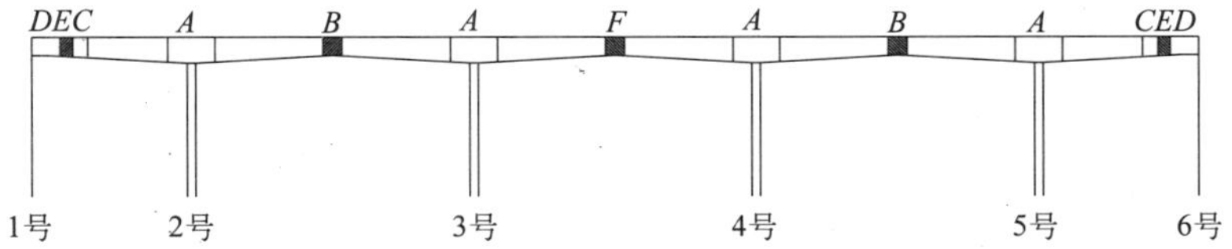

图 3-3-7　主梁合龙顺序

2. 施工步骤

(1)钻孔桩基础、承台、墩身施工。

(2)在 2 号～5 号墩顶安装支座及临时支承。

(3)使用 4 对挂篮同时施工 2 号、3 号、4 号、5 号墩上"T"。即在墩顶 A 号块施工完毕后,两侧对称悬臂灌注,合龙 B 号梁段,随后拆除 2 号和 5 号墩顶的临时支承,形成两个双悬臂连续结构。

(4)两端挂篮前移,灌注边跨 C 号不平衡梁段,同时在边墩顶上浇筑 D 号梁段。

(5)施工边跨合龙段 E 号梁段。

(6)施工中跨合龙段 F 号梁段,张拉全部剩余钢索。

(7)桥面系施工。

(五)主要结构尺寸比选

1. 箱梁主要构造

主梁采用单箱单室直腹板截面。考虑到主梁中支点的 1/4 跨附近截面,其应力较大,因此,设计采用了主梁底板上、下缘各平段间以 1.8 次抛物线相连的方案。

(1)顶、底板宽

主梁顶板宽度采用 13.0 m。主梁底板宽度考虑梁体的横向刚度及结合跨中截面底板预应力钢索布置的构造需要,宽度选定为 7.5 m。

(2)顶板厚度

顶板的厚度根据桥面板横向受力及纵向预应力钢索布置的构造要求,确定为 40 cm。

(3)底板厚度

根据主梁弯矩沿纵向变化的特点,为发挥底板良好的承载能力,箱梁底板厚度随负弯矩增大而变厚,采用从中跨中 40 cm 变化到中支点 120 cm。

(4)腹板厚度

腹板的主要功能是承受结构的弯、剪应力与扭转剪应力,厚度从中跨中到中支点依次由 40 cm 变为 56 cm、76 cm、96 cm。

(5)横隔板

箱梁横隔板的基本作用是增加截面的横向刚度,限制畸变应力,支点处的横隔板还担负着承受和传递支承反力的作用,是一种深梁结构。本桥主梁共设 11 道横隔板,端横隔板厚1.6 m,中支点横隔板厚 2.6 m(连续梁主墩处)及 1.2 m(刚构主墩处),跨中横隔板厚 0.8 m。

(6)梁高

本桥主梁高度分别采用 8.8 m/4.5 m 和 8.5 m/4.2 m(中支点梁高/中跨中梁高)两组进行计算比较。

2. 墩身及基础

刚构墩与主梁固结,尺寸主要由强度、刚度、构造及景观要求等因素决定。

为了使刚构墩在纵向具有一定的柔度,减小桩基础的内力,墩身纵向宽度及壁厚应采用较小的尺寸。本桥跨度 145 m,且位于台风多发地区,根据稳定性和刚度计算比较,墩身纵向宽度采用 6 m、壁厚 1.2 m。

刚构墩墩身横向尺寸,不仅要考虑梁和基础力的有效传递,在构造上确保刚构墩与主梁连接的可靠性,将墩壁横向内侧与相应主梁 0 号块腹板内侧对齐。车桥动力响应分析结果表明,当刚构墩墩身横向宽为 8.5 m、壁厚为 1.46 m 时,本桥的各项动力性能指标均能满足要求。

连续梁主墩考虑到施工方便和景观的要求,其纵向尺寸与刚构墩一致,横向尺寸也基本相同。

桩基础设计采用 $12\phi2.5$ m 的钻孔桩,纵向 3 排,横向 4 排,桩中心距 5 m。相应的主墩基础承台尺寸为纵向 14.2 m×横向 19.2 m 的矩形,厚 5 m。

3. 主梁预应力钢索布置

(1)纵向预应力钢索的布置

根据主梁弯矩包络图和悬灌施工的特点,分段配置各截面上下缘预应力钢索。在中支点配置了 12 排腹板下弯索,在中跨中配置了 5 排腹板上弯索,在边跨端部附近配置了 4 排腹板上弯索。

主梁纵向预应力钢索的布置在构造上满足《铁路桥涵钢筋混凝土和预应力混凝土结构设计规范》(TB 10002.3—2005)和《新建时速 200 公里客货共线铁路设计暂行规定》,所有纵向预应力钢索均采用 $19\phi15.2$ mm 钢绞线。控制截面钢索数量见表 3-3-13。

表 3-3-13 控制截面钢索数量表

位置		束数
中支点	顶板平索	82
	腹板下弯索	40
中跨中	底板索	27
	腹板上弯索	10
边跨	底板索	12
	腹板上弯索	8

(2)竖向预应力筋布置

竖向预应力筋直径 32 mm,梁内埋置,梁顶张拉。每片腹板内沿横向布置 2 排竖向预应力筋,顺桥向间距 0.5 m。

(3)横向预应力钢索布置

横向预应力钢索采用 5ϕ15.2 mm 钢绞线,顺桥向间距 0.5 m。

4. 梁高比选

结构梁高由刚度、造价及景观等因素决定,在进行了大量比选工作的基础上,列举两种梁高方案进行比较,见表 3-3-14。

表 3-3-14 梁高方案表

方案	中支点梁高(m)	中跨中梁高(m)
A	8.8	4.5
B	8.5	4.2

仅对运营阶段主力＋附加力的情况进行检算。两个方案的主要结果见表 3-3-15 及表 3-3-16。

表 3-3-15 各项主要检算结果

项目	结果性质	截面位置	A	B
混凝土正应力(MPa)	上缘最大	中跨中截面附近	15.96	17.15
	上缘最小	76i,123j	0.79	0.23
	下缘最大	76i,123j	17.49	18.96
	下缘最小	中跨中及中跨 1/4 截面附近	0.83	0.75
混凝土剪应力(MPa)	最大剪应力	中跨 1/4 截面附近	5.02	5.80
混凝土主应力(MPa)	全梁最大主应力	80j,81i,118j,119i	18.51	19.14
	全梁最小主应力	29j,30i,169j,170i	−1.58	−1.79
截面抗裂安全系数	上缘最小	76i,123j	1.24	1.20
	下缘最小	中跨中截面附近	1.26	1.20
截面抗弯安全系数	全梁最小	76i,123j	2.10	2.04
评价			各项指标均满足要求,且有一定的富余	各项指标均满足要求,但富余比较小

表 3-3-16 结构刚度比较

项 目	截面位置	A	B
主梁竖向静活载挠度(中-活载)(m)	边主跨中截面	0.095 6	0.106 0
挠跨比		1/1 517	1/1 368
主梁静活载转角(中-活载)(‰)	梁端	0.1326E−02	0.1517E−02
评 价		满足要求	满足要求

综上比较可知:方案 A 全梁受力状况较好,且竖向刚度相对比较大,故选择采用。

(六)桥梁结构主要计算汇总

(1)各主要截面主要内力见表 3-3-17 和表 3-3-18。

表 3-3-17 各主要截面主要内力表

项目	节点号	29	52	76	100
	截面位置	连续梁支点处	边主跨跨中	刚构支点处	中主跨跨中
主力	最大弯矩(kN·m)	−1 279 518	304 958	−1 211 099	297 075
	最小弯矩(kN·m)	−1 756 523	145 419	−1 818 981	146 592
	最大剪力(kN)	62 955	4 338	63 856	4 995
	最小剪力(kN)	−59 411	−4 143	−63 163	−4 904
主+附	最大弯矩(kN·m)	−1 269 5302	312 304	−1 175 165	304 096
	最小弯矩(kN·m)	−1 766 433	137 998	−1 854 667	139 566
	最大剪力(kN)	62865	4 248	63 416	4 555
	最小剪力(kN)	−63 083	−4 466	−64 206	−5 345

表 3-3-18 墩身截面主要内力表

项目	截面位置	200i	208j	219j
		刚构墩顶	刚构墩底	刚构墩承台底
主力	最大弯矩(kN·m)	219 491	67 857	59 629
	最小弯矩(kN·m)	−208 450	−104 884	−97 883
	最大轴力(kN)	−99 264	−132 266	−166 346
	最小轴力(kN)	−128 621	−161 623	−195 703
	最大剪力(kN)	3 354	3 354	3 354
	最小剪力(kN)	−4 471	−4 471	−4 471
主+附	最大弯矩(kN·m)	263 604	132 266	139 420
	最小弯矩(kN·m)	−252 848	−169 579	−177 960
	最大轴力(kN)	−98 914	−131 916	−165 996
	最小轴力(kN)	−128 970	−161 972	−196 052
	最大剪力(kN)	6 028	6 430	6 430
	最小剪力(kN)	−7 146	−7 548	−7 548

(2)运营阶段混凝土最大应力，见表 3-3-19 和表 3-3-20。

表 3-3-19　主力

位　　置	上缘正应力(MPa)		下缘正应力(MPa)		最大剪应力(MPa)
	最大	最小	最大	最小	
边跨中区段	13.86	1.73	16.92	1.72	4.15
连续梁支点区段	12.43	2.02	16.11	8.04	3.91
边主跨跨中区段	15.66	4.45	15.47	2.33	4.84
刚构支点区段	13.22	1.18	17	6.93	3.99
中主跨跨中区段	15.61	3.94	15.8	1.72	4.65

表 3-3-20　主力＋附加力

位　　置	上缘正应力(MPa)		下缘正应力 (MPa)		最大剪应力(MPa)
	最大	最小	最大	最小	
边跨中区段	14.02	1.6	17.1	1.55	4.18
连续梁支点区段	12.56	1.89	16.23	7.94	3.92
边主跨跨中区段	15.92	4.15	16.13	1.68	4.88
刚构支点区段	13.68	0.79	17.49	6.31	4.03
中主跨跨中区段	15.96	3.39	16.5	0.83	5.02

(3)运营阶段正截面抗裂安全系数及强度安全系数，见表 3-3-21 和表 3-3-22。

表 3-3-21　正截面抗裂安全系数

位　　置	主力		主＋附	
	上缘最小	下缘最小	上缘最小	下缘最小
边跨中区段	1.36	2.23	1.35	2.19
连续梁支点区段	1.31	3.17	1.3	3.15
边主跨跨中区段	1.54	1.3	1.52	1.26
刚构支点区段	1.26	2.92	1.24	2.84
中主跨跨中区段	1.5	1.34	1.45	1.3

表 3-3-22　正截面强度安全系数

位　　置	主力	主＋附	位　　置	主力	主＋附
边跨中区段	2.25	2.11	刚构支点区段	2.29	2.1
连续梁支点区段	2.28	2.2	中主跨跨中区段	2.41	2.33
边主跨跨中区段	2.41	2.36			

(4)运营阶段抗裂荷载作用下，混凝土的主应力见表 3-3-23。

表 3-3-23 混凝土主应力 （单位：MPa）

位　　置	主力		主＋附	
	最大主应力	最小主应力	最大主应力	最小主应力
边跨中区段	16.89	－1.56	16.94	－1.49
连续梁支点区段	17.45	－1.43	17.51	－1.58
边主跨跨中区段	16.16	－1.01	16.5	－1.27
刚构支点区段	18.04	－1.01	18.51	－0.98
中主跨跨中区段	16.76	－0.98	17.37	－1.44

(5)刚构墩检算结果

刚构墩中受力主钢筋按 2ϕ25@12 cm 布置(墩身内、外壁各一排)。在控制荷载作用下，控制截面钢筋最大拉应力为 158 MPa，混凝土最大压应力为 10.69 MPa，最大裂缝宽度为0.13 mm。

(6)刚构墩桩基础检算结果

经检算，刚构墩桩基础为主力＋附加力工况控制设计。其单桩最大轴力 P_{max}＝31 067 kN，单桩承载力[P]＝33 400 kN。每根桩在控制截面需配置 104ϕ28 钢筋，2 根一束。

(7)主梁横截面检算情况

主梁横截面顶板按部分预应力混凝土 A 类构件设计，其余部分按钢筋混凝土构件设计。经初步计算，主梁横截面顶板的最大拉应力可控制在 2.0 MPa 以下。主梁腹板及底板的强度及裂缝均满足规范要求。

(七)主要经济技术指标

1. 主要工程数量

主要工程数量见表 3-3-24。

表 3-3-24 主要工程数量表

序　号	项　　目	说　　明	数　量	技术指标
1	桥梁长度(m)	80＋3×145＋80	596.6	20.78 m^3/m
2	C60 耐久混凝土(m^3)	梁体	12 400.3	
3	19ϕ15.2 mm 钢绞线(t)	纵向预应力筋	679.4	67.3 kg/m^3
4	12ϕ15.2 mm 钢绞线(t)	纵向预应力筋	155.1	
5	5ϕ15.2 mm 钢绞线(t)	横向预应力筋	126.4	
6	预应力螺纹钢筋 PSB830(t)	竖向预应力筋	230.9	
7	HPB235 钢筋(t)	箱梁普通钢筋	98.7	126.2 kg/m^3
8	HRB335 钢筋(t)	箱梁普通钢筋	1 466.0	

2. 几座桥梁主要技术指标对比

设计中对既有的类似桥梁的技术经济指标进行了全面比较，并予以汇总见表 3-3-25。

表 3-3-25　主要技术指标对比表

类　别	京津城际	福厦线	宜万线	沿海铁路
设计时速(km/h)	350	250	200	250
结构体系	连续梁	连续梁	连续刚构	刚构连续梁
桥梁孔跨	80+128+80	80+3-144+80	70+128+70	80+3-145+80
长度(m)	290.9	593.8	273.4	596.6
梁高支点/跨中(m)	9.6/5.6	11.0/6.0	9.2/4.2	8.8/4.5
挠跨比	L/4 141	L/1 778	L/2 669	L/1 502
混凝土(m^3/m)	24.187	23.19	17.975	20.78

3. 创新点

(1)全桥总体布局合理,主跨跨度及联长为国内客运专线刚构连续梁桥之最(图 3-3-8)。

(2)本桥受通航和两端接线高程的控制,其主桥中、边支点梁高为 8.8 m、4.5 m,高跨比分别达到 1/16.5(中支点)、1/32.2(边支点),在国内双线铁路同类型桥梁中居于领先地位。在梁高较小情况下,设计通过对控制截面的优化选择及全桥预应力钢索的合理布置,满足了施工及运营要求。

图 3-3-8　运营中的白马河特大桥

(3)国内客运专线首座铁路高墩大跨长联混凝土梁桥,在沿海强台风环境下率先进行风-车-桥时变系统耦合振动分析研究。

(4)率先采用海洋环境下桥梁结构耐久性技术,在铁路桥梁墩台上采用防腐涂层钢筋和外接电流阴极保护,使薄壁空心墩混凝土免受腐蚀。

第四节　梁拱组合结构

一、概　　述

为满足桥下净空要求,尽量降低铁路建筑高度,昆阳特大桥主桥跨越同三高速公路,设计采用了(70+136+70)m 预应力混凝土连续梁加钢管混凝土拱组合结构,主桥立面布置如图 3-4-1 所示。

二、主要技术参数

1. 混凝土:主梁采用 C55 混凝土,拱肋钢管及缀板内填充 C50 微膨胀混凝土。

2. 拱肋及横撑钢管:拱肋采用 Q345q-D 钢,横撑采用 Q235q-D 钢,材质符合《桥梁用结构钢》(GB/T 714—2000)。

3. 钢绞线:采用标准强度 $f_{pk}=1\ 860$ MPa、弹性模量 $E_p=1.95\times10^5$ MPa、公称直径 15.2 mm 钢铰线,材质符合 GB/T 5224—2003 标准。

4. 竖向粗钢筋采用 PSB830 预应力混凝土用螺纹钢筋,直径 ϕ32 mm,抗拉强度标准值 $f_{pk}=830$ MPa,弹性模量 $E_p=2.0\times10^5$ MPa。

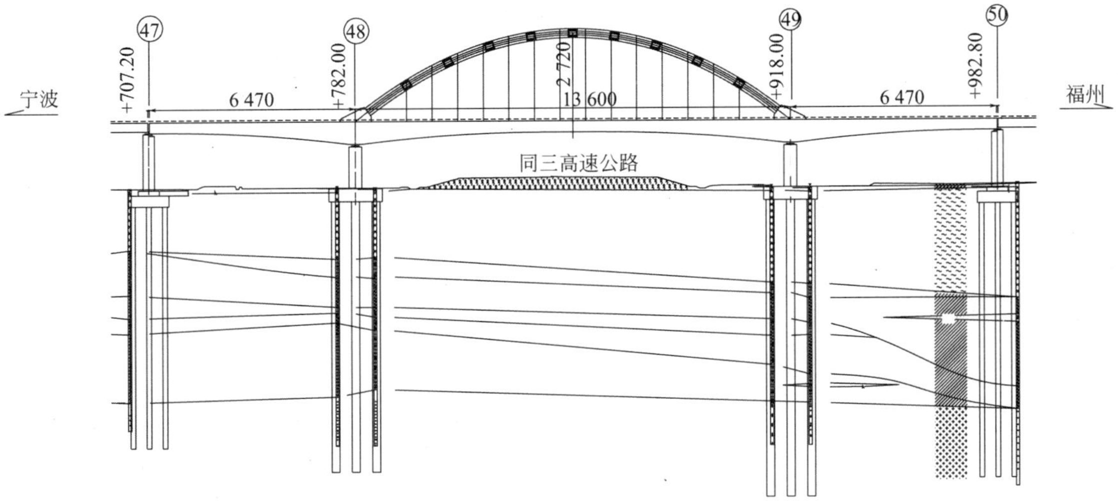

图 3-4-1　主桥立面布置图(单位:cm)

5. 吊杆:采用 PES7-109 型低应力拉索,$f_{pk}=1\ 670$ MPa,$E_p=2.0\times10^5$ MPa,材质符合 GB 5223—2002 标准。

6. 基础变位:各墩不均匀沉降按 2 cm 计。

7. 温度变化:结构整体升降温±15 ℃;主梁顶板非线性升温+5 ℃;拱肋与主梁温差±10 ℃;吊杆与主梁温差+15 ℃、−10 ℃。

8. 风力:设计风速 40 m/s,基本风压 $w_0=1\ 000$ Pa。

9. 支座采用 TQZ(NS)系列球形钢支座,各支点沿横向设 3 个支座,边支点支座吨位 6 000 kN,中支点支座吨位 50 000 kN。

三、主桥构造

1. 主梁构造

预应力混凝土连续梁主梁为(70+136+70)m,设计为直腹板单箱双室变高度箱形截面,跨中及边支点处梁高 3.5 m,中支点处梁高 7.0 m,梁高按圆曲线变化。箱梁桥面宽 14.0 m,中支点附近局部桥面宽 16.1 m。箱梁顶板厚 0.40 m,中支点附近局部顶板厚 0.55 m。箱梁底宽 10.4 m,中支点附近局部底宽 12.6 m,底板厚度 0.35～1.00 m。箱梁直腹板厚分别为 0.35 m、0.50 m、0.70 m,中支点附近边腹板局部加厚至 1.80 m。箱梁共设 5 道横隔板,边支点处厚 1.2 m,中支点处板厚 3.0 m,中孔跨中处板厚 0.3 m。主要截面构造如图3-4-2 所示。

预应力混凝土连续梁中孔上设钢管混凝土拱,拱肋设垂直吊杆连于主梁,箱梁于各吊杆处共设 14 道吊点横梁,吊点横梁高 1.2 m,厚 0.3 m。

2. 主梁预应力

主梁设纵向和竖向双向预应力。纵向预应力采用 19ϕ15.20 mm、15ϕ15.20 mm 钢绞线索,配套使用 OVM15-19、OVM15-15 型锚具,纵向预应力管道采用内径 ϕ100 mm、ϕ95 mm 塑料波纹管成孔。

竖向预应力筋采用直径 ϕ32 mm 预应力用螺纹钢筋,顺桥向间距 0.5 m;腹板厚 0.35～0.50 m 梁段,各腹板布置一排竖向预应力筋;腹板厚 0.70 m,横桥向各腹板布置两排竖向预应力筋。

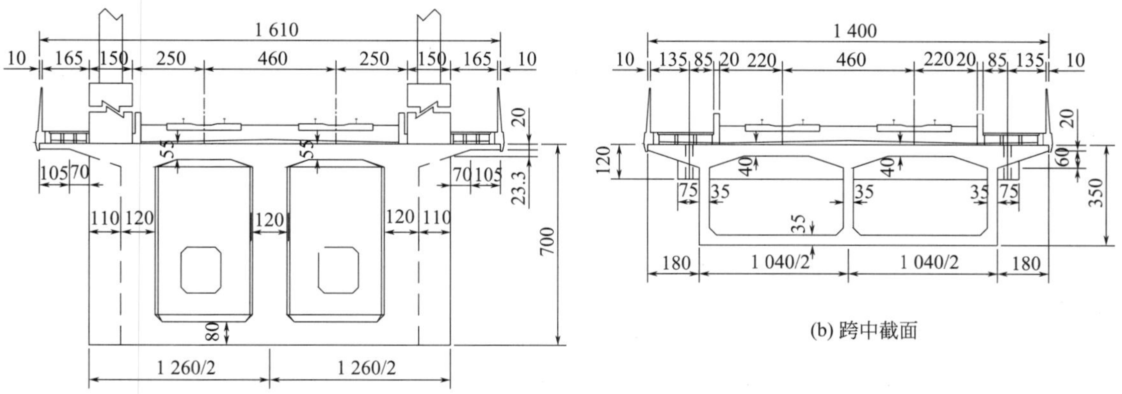

(a) 支点截面　(b) 跨中截面

图 3-4-2　梁部主要截面图(单位:cm)

3. 钢管混凝土拱肋

拱肋采用钢管混凝土结构,计算跨度 $L=132.0$ m,矢高 $f=26.4$ m,矢跨比 $f/L=1:5$,拱轴线采用二次抛物线线型,拱轴线方程:$y=-x^2/165+0.8x$。

拱肋设计为两根钢管,形式为等高度哑铃形截面(图 3-4-4),截面高度 2.8 m。拱肋弦管直径 ϕ800 mm,由 16 mm 厚的钢板卷制而成,两管之间用 $\delta=16$ mm 厚钢缀板连接,拱肋弦管及缀板内填充混凝土。两榀拱肋间横向中心距 11.1 m。

4. 吊杆

全桥共设 14 对吊杆,顺桥向间距 8 m,吊杆采用 PES7-109 型低应力拉索(平行钢丝束),外套复合不锈钢管,配套使用 LZM7-109 型冷铸镦头锚。

5. 横撑

两榀拱肋之间共设 7 道横撑,横撑由 ϕ500 mm×12 mm 和 ϕ300 mm×10 mm 圆形钢管组成,钢管内部不填混凝土。

四、结构计算

1. 主梁纵向计算

(1)主梁按全预应力混凝土结构设计,其强度、抗裂性、应力满足《铁路桥涵钢筋混凝土和预应力混凝土结构设计规范》要求。

(2)主梁变形符合下列规定:在中-活载乘以动力系数作用下,主梁竖向挠度不大于计算跨度的 1/1 000,梁体下挠的梁端转角不得大于 2.0‰。

2. 主梁横向计算

(1)主梁横向按钢筋混凝土结构设计。

(2)主梁横向分无吊杆区和有吊杆区。

无吊杆区沿纵向截取单位长度的主梁梁体,按腹板下缘三点刚性支承的双孔框架计算,中腹板计入 0～2 mm 竖向位移差影响。有吊杆区沿纵向截取一定长度的主梁梁体,简化成腹板下缘三点刚性支承的双孔框架计算,吊点处加竖向集中力,中腹板计入 0～2 mm 竖向位移差影响。

(3)横向温度变化的影响按日照和寒潮两种模式考虑,其温度计算模式如图 3-4-3 所示。

3. 拱肋计算

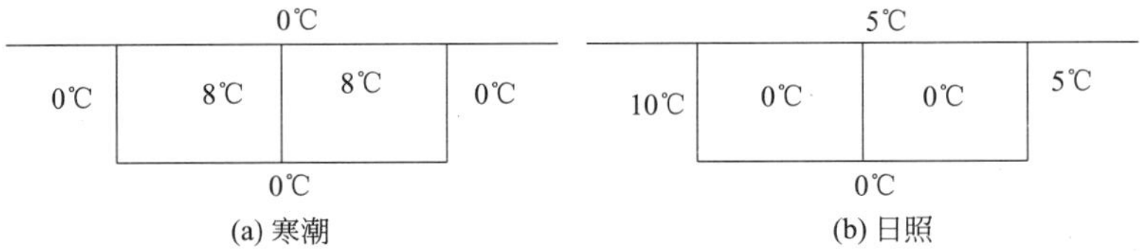

图 3-4-3　温度计算模式

(1)拱肋强度参照《钢管混凝土结构设计与施工规程》计算，为安全不计钢管的套箍作用。

(2)拱肋面内、面外稳定性按《铁路桥涵设计基本规范》计算，并参照《桥梁结构稳定与振动》，面稳定安全系数 $K \geqslant 4$。

(3)在静活载作用下，拱肋竖向上下挠度绝对值之和不大于计算跨度的 1/800。

4. 吊杆计算

运营荷载下，吊杆最大拉应力 $\leqslant 0.40 f_{pk}$，吊杆强度安全系数 $\geqslant 2.5$。

5. 施工方法

主桥采用"先梁后拱"施工方法，主要步骤如下：

(1)利用挂篮悬臂浇筑主梁；(2)合龙主梁边跨；(3)合龙主梁中跨；(4)利用桥面为工作面，矮支架拼装钢管拱肋；(5)利用中墩顶架设的临时塔架、拉索使钢管拱肋竖向转体就位，合龙拱顶、固结拱脚；(6)依次灌注拱肋上弦管、下弦管、缀板内混凝土；(7)按指定次序张拉吊杆；(8)铺设桥面设备；(9)张拉主梁后期钢索；(10)调整吊杆成桥索力。

五、结构比选

1. 梁高方案比选

为确定主梁合理的梁高，选取中支点截面梁高为 6.5 m、7.0 m、7.5 m 三种方案进行了比较。对比条件为跨中截面梁高均为 3.5 m；拱肋弦管直径 ϕ0.8 m，拱肋高 2.8 m，拱轴线均为抛物线，吊杆为 PES7-109 型，吊杆力相同。

梁高 6.5 m 方案：主梁中支点截面上缘存在 −0.38 MPa 拉应力；正截面抗弯强度最小安全系数 $K=2.10$；主＋附组合时最小抗裂安全系数 $K_f=1.17$，超出规范要求；抗裂荷载作用下，最大主拉应力 $\sigma_{tp}=2.34$ MPa(主力)、$\sigma_{tp}=2.62$ MPa(主＋附)较大；拱肋正应力，吊杆应力幅、主梁竖向挠度等满足规范要求。

梁高 7.0 m 和梁高 7.5 m 方案均可满足设计要求，设计采用梁高 7.0 m。

2. 拱肋弦管直径比选

选取拱肋弦管直径为 ϕ0.8 m、ϕ1.0 m 两种方案进行了比较。对比条件为主梁相同，中支点截面梁高 7.0 m，跨中截面梁高 3.5 m；拱轴线为抛物线，拱肋为等高度截面，拱肋截面尺寸如图 3-4-4 所示；吊杆为 PES7-109 型，吊杆初张力相同。

对比结果表明：两种拱肋弦管不同直径方案均可满足设计要求，直径 ϕ0.8 m 方案的结果稍优，故予以采用。

3. 拱肋截面高度比选

在拱肋弦管直径为 ϕ0.8m 基础上，选取拱肋为等高度截面 $H=2.8$ m、$H=3.3$ m、变高度截面 $H=2.8\sim3.3$ m 三种方案进行了比较。

三种方案对比条件：主梁相同，中支点截面梁高 7.0 m，跨中截面梁高 3.5 m；拱肋弦管直径 ϕ0.8 m，拱轴线为抛物线；吊杆为 PES7-109 型，吊杆初张力相同均为 300 kN。

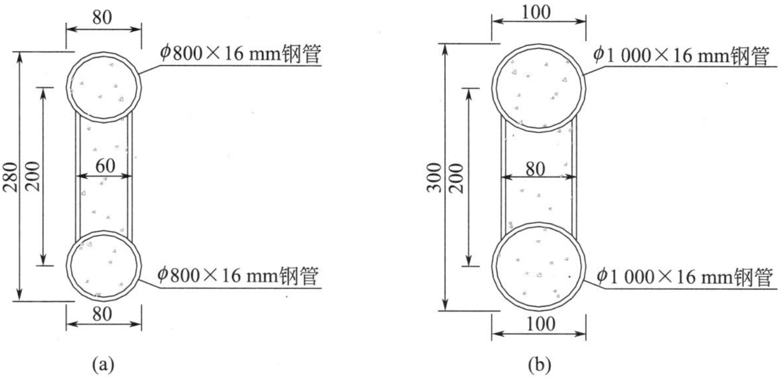

图 3-4-4　拱肋主要截面图(单位:cm)

主要计算结果:三种拱肋截面高度方案均可满足设计要求,其中拱肋高 H=2.8 m 方案的结果较优,设计选用。

4. 拱轴线比选

为调整主梁、拱肋应力至最佳状态,选取拱轴线为抛物线和悬链线(拱轴系数 m=1.347)分别计算分析,两种拱轴线方案对比条件:主梁相同,中支点截面梁高 7.0 m,跨中截面梁高 3.5 m;拱肋高为 H=2.8 m 等高度截面,弦管直径 ϕ0.8 m;吊杆为 PES7-109 型。

拱轴线比选结论:

(1)主梁正应力:两种拱轴线方案的主梁正应力差异微小,无拉应力,均满足规范要求。

(2)拱肋正应力:两种拱轴线方案的拱肋钢管均无拉应力;主+附组合时,悬链线方案的拱肋混凝土存在最大 1.10 MPa 拉应力,抛物线方案的拱肋混凝土存在最大 0.90 MPa 拉应力;均满足设计要求,抛物线方案施工较简单,结果较优。

(3)吊杆应力幅:两种方案的吊杆最大应力幅分别为 152.2 MPa、154.6 MPa,均满足设计要求。

(4)主梁竖向挠度:在动活载作用下,两种方案主梁的最大竖向挠度分别为−0.035 m、−0.034 m,挠跨比分别为 1/3 886、1/4 000,均远小于限值 1/1 000 。

综合上述几点,设计拱轴线采用抛物线。

六、主要计算结果

主桥设计中支点梁高 7.0 m,跨中梁高 3.5 m,拱肋为 H=2.8 m 等高度截面,弦管直径 ϕ0.8 m,拱轴线为抛物线。主要静力计算成果分述如下。

(一)主梁纵向计算

1. 主梁应力和强度,见表 3-4-1。

表 3-4-1　应力和强度安全系数表

项　目		最大正应力(MPa)	最小正应力(MPa)	正截面抗弯强度安全系数	最小抗裂安全系数	最小主应力(MPa)	主梁剪应力(MPa)
主力	设计值	13.9	0.63	2.22	1.27	−1.80	3.53
	限值	20.0	无拉应力	2.20	1.20		6.30

续上表

项目		最大正应力(MPa)	最小正应力(MPa)	正截面抗弯强度安全系数	最小抗裂安全系数	最小主应力(MPa)	主梁剪应力(MPa)
主+附	设计值	14.7	0.47	2.00	1.24	−1.95	3.57
	限值	22.0	无拉应力	1.98	1.20		6.30
评价	各项指标均满足要求						

2. 主梁位移

活载作用下：主梁最大竖向挠度−0.034 m，挠跨比为1/4 000，小于限值1/1 000。

活载作用下：梁体下挠的最大梁端转角1.2‰，小于限值2.0‰。

（二）主梁截面横向计算

主梁横向按钢筋混凝土结构设计，选取腹板厚35 cm无吊杆区、腹板厚35 cm有吊杆区、腹板厚70 cm无吊杆区、腹板厚70 cm有吊杆区做了横向计算。针对单箱双室截面，对腹板厚35 cm无吊杆区和有吊杆区，在计算顶板、横梁、底板内力时，计入了中腹板2 mm位移差影响；在计算腹板内力，计入了中腹板1 mm位移差影响；对腹板厚70 cm无吊杆区和有吊杆区，在计算顶板、横梁、底板内力时，计入了中腹板1 mm位移差影响；在计算腹板内力，计入中腹板0.5 mm位移差影响。

计算结果：全截面钢筋和混凝土应力和裂缝均满足规范要求。

（三）拱肋计算结果

1. 拱肋钢管和混凝土正应力，见表3-4-2。

表3-4-2　拱肋钢管和混凝土应力表

项目		拱肋钢管正应力		拱肋钢管内混凝土正应力	
		最大正应力(MPa)	最小正应力(MPa)	最大正应力(MPa)	最小正应力(MPa)
主力	设计值	127.0	20.8	10.50	−0.15
	限值	210	无拉应力	18.2	
主+附	设计值	131.0	14.5	12.00	−0.90
	限值	250	无拉应力	23.6	
评价	各项指标均满足要求				

2. 拱肋强度验算

(1)拱肋参照《钢管混凝土结构设计与施工规程》计算容许承载力，计算中不计钢管套箍作用，见表3-4-3。

表3-4-3　拱肋钢管和混凝土应力表

组合	内力 N(kN)	M(kN·m)	极限承载力 N_u(kN)	最小安全系数 K
主力	39 050	5 168	52 978	1.36
主+附	40 730	7 783	49 694	1.22

(2)拱肋参照铁路桥规按钢筋混凝土偏心受压计算强度。

主力组合时：混凝土最大压应力 σ=12.24 MPa，最大拉应力 σ=0.71 MPa。

主+附组合时：混凝土最大压应力 σ=13.32 MPa，最大拉应力 σ=1.67 MPa。

3. 拱的整体稳定性验算

(1)纵向整体稳定性验算

拱脚最大轴力 N_{max}=42 370 kN，拱脚最大水平推力 H_{max}=33 085 kN，拱的临界水平推力 H_{cr}=414 077 kN，纵向稳定安全系数 K=12.52>4.0。

(2)横向整体稳定性验算

拱的横向整体稳定性验算采用了两种方法，方法一参照《铁路桥涵设计基本规范》计算，方法二参照《桥梁结构稳定与振动》计算。

方法一：拱肋 $L/4$ 处，最大轴力 N_{max}=36 960 kN，临界轴力 N_{cr1}=150 464 kN，横向稳定安全系数 K_1=4.07>4.0；

方法二：拱肋 $L/4$ 处，最大轴力 N_{max}=36 960 kN，临界轴力 N_{cr2}=171 498 kN，横向稳定安全系数 K_2=4.64>4.0。

4. 拱肋竖向位移

静活载作用下计算显示：拱肋最大竖向上拱度 0.010 m，拱肋最大竖向下挠度 0.018 m，竖向上下挠度绝对值之和最大 0.026 m，相当于计算跨度的 1/5 077，小于规范规定的 1/800。计算结果满足设计要求。

5. 吊杆计算

运营荷载下，主＋附组合时，吊杆最大内力 N=2 616 kN，吊杆最大拉应力 σ=312.0 MPa，吊杆拉应力<$0.40f_{pk}$=0.4×1 670=668 MPa，强度安全系数 K=5.35>2.5。吊杆最大活载应力幅 154.6 MPa，应力幅<160 MPa，计算结果满足设计要求。

七、主要经济技术指标

1. 上部结构主要工程数量

主要工程数量见表 3-4-4。

表 3-4-4　主要工程数量表

工程项目		说明	数量	技术指标
	主梁长度(m)	桥面宽 14.0 m	265.4	
主梁	C55 混凝土(m^3)	主梁圬工，悬臂浇筑	6 230.0	23.5 m^3/m
	ϕ15.2 mm 钢绞线(t)	纵向预应力钢索	329.8	52.9 kg/m^3
	预应力螺纹钢筋 PSB830(t)	竖向预应力筋	73.4	
	HPB235 钢筋(t)	普通钢筋	19.9	163.2 kg/m^3
	HRB335 钢筋(t)	普通钢筋	996.8	
拱座	C55 混凝土(m^3)	拱座圬工	141.4	
	HRB335 钢筋(t)	拱座钢筋	35.3	
拱肋	C50 微膨胀混凝土(m^3)	拱肋钢管混凝土	459.7	
	Q345q-D 钢(t)	拱肋钢管、缀板	298.1	钢料 1.49 t/m
横撑	A3 钢(t)	拱肋加劲及隔舱构件	18.6	
	Q235q-D 钢(t)	横撑钢管	78.4	
吊杆	PES(FD)7-109 型吊杆索(t)	平行钢丝成品索	22.4	
	Q345-D 钢(t)	吊杆锚头座板	5.9	
	A3 钢(t)	吊杆锚垫板、护套管	16.0	
	不锈钢护套管(t)	吊杆护套管	2.0	

2. 几座梁拱组合结构主要技术指标对比

为进行全面的技术比较，选择了已建和在建的几座同类型的桥梁进行了主要技术指标对比，见表3-4-5。

表3-4-5 主要技术指标对比表

类　别	昌九城际	京津城际	广深港客运	沿海铁路
设计时速(km/h)	250	250	350	250
结构体系	刚架系杆拱	连续梁拱	连续梁拱	连续梁拱
桥梁孔跨	32+128+32	60+128+60	76+160+76	64+136+64
长度(m)	193.0	249.8	313.6	265.4
梁高支点/跨中(m)	7.2/2.5	7.0/3.5	8.5/4.0	7.0/3.5
挠跨比	L/2140	L/5750	L/4705	L/3885

表3-4-5分析显示本设计梁高相对最低，整体刚度较大，经济技术指标综合较优。

3. 创新点

(1)首次将大跨度连续梁拱应用于铁路客运专线建设中，梁拱组合结构大大提高了桥梁的竖向刚度和动力性能。

(2)该桥的建成，为百米以上大跨度铁路桥梁设计提供了一个新思路。昆阳特大桥成桥实景如图3-4-5所示。

(3)梁拱组合结构有效地降低了梁部结构高度，跨中梁高3.5 m，中支点处梁高7.0 m，支点高跨比1/19.42，较一般连续梁或连续刚构高跨比(1/13.0～1/14.0)大大减小。

(4)首次提出了铁路连续梁拱桥主梁横向内力简化计算方法。将吊杆力分为恒载、活载施加在吊点处，按腹板下缘三点弹性支承计算，同时按腹板下缘三点刚性支承、中腹板计入竖向位移差法进行校对，结果吻合较好。

(a) 近景　(b) 远景

图3-4-5 昆阳特大桥成桥实景

第五节 下承式钢箱系杆叠合拱桥

一、工程概况

雁荡山大桥斜跨越甬台温高速公路，毗邻雁荡山麓，受车站高程控制，主桥采用2-90 m下承式钢箱系杆叠合拱无推力拱桥式结构，主桥立面布置如图3-5-1所示。下承式拱结构具有较大的竖向刚度，可采用较低的梁高。系梁采用钢箱结构。计算跨径2-90 m，主桥全

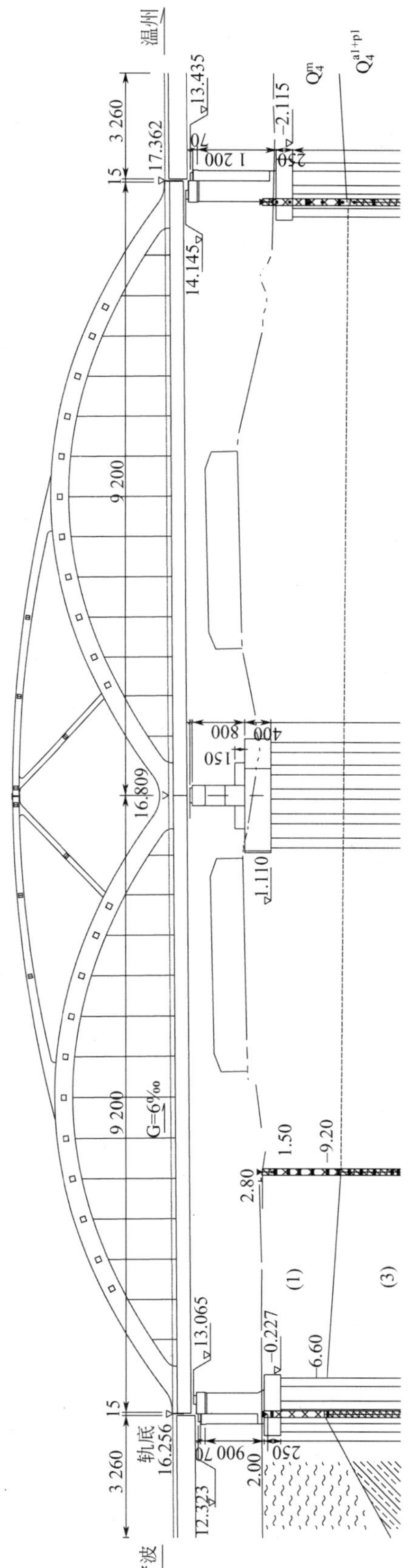

图 3-5-1　雁荡山大桥主桥立面布置图(单位:cm)

长 184 m。设计采用平行拱方案，行车视线开阔，两主拱之间采用辅助拱肋联结，辅助拱肋总长 102 m。

该桥造型独特美观，拱肋采用钢箱拱，桥面纵梁为钢箱梁，起到系杆的作用。钢箱梁梁高较低，利用支架拼装顶拉施工，钢箱桥面上拼装拱肋施工便捷，对高速公路的运营干扰小。

二、结构尺寸的选择

从本桥的建筑高度、结构受力、动力性能、施工、美观等因素，比选主要结论如下。

(1)主梁钢箱梁受高速公路限界及铁路车站站坪高程控制，梁高采用 2.2 m；

(2)主拱肋结构高采用 2.8 m；

(3)主拱肋在矢跨比 $f/L=1/5$ 时，拱形美观效果较好；

(4)主拱拱轴线采用抛物线型较悬链线型对结构受力更为有利；

(5)选择柔性吊杆较刚性吊杆造价低、易于维护更换、疲劳应力幅较大，设计吊杆间距 6.0 m；

(6)本桥拱梁刚度比值为 1.38/1，为刚性拱刚性梁结构；

(7)采用钢-混凝土结合桥面系，具有强度高、塑性好、刚度大、经济适用等特点。

三、施工方案

设计对本桥施工采用钢箱梁转体、缆索吊装、拖拉和满布支架以及拱肋吊装等多种方案进行了全面分析比较，最后选择顶拉法方案。

1. 拖拉施工的比选

(1)全梁整体一次拖拉施工，即在高速公路一侧满布支架拼装施工完成钢箱梁、拱肋、辅助拱等主体结构后，再拖拉就位。整体拖拉总重约为 3 500 t，其优点为一次即可将梁就位。

(2)钢箱梁拖拉法施工，即在满布支架上完成主梁拼装后，即拖拉主梁就位，然后在主梁上搭设支架吊装主拱肋及辅拱肋，张拉吊杆，完成主桥的施工，拖拉总重约为 2 200 t。

全梁整体一次拖拉施工方案工况结构复杂，主梁及拱肋受力不明确，不可控因素多，技术难度很大，辅助墩受力大，临时工程量大。采用钢箱梁拖拉法施工，拖拉总重大大减少，钢箱梁受力较明确，过程可控，因此，设计选用钢箱梁顶拉至桥位，然后在主梁上拼装拱肋成桥。

2. 拖拉滑道的布置

拖拉钢箱梁就位过程中，为了减小对高速公路通行的影响，防止在拖拉过程中损伤钢箱梁应力过大，在高速公路上设置 6 个临时支墩，各主桥桥墩及临时支墩墩顶安装垫块及下滑道。墩顶滑道布置及滑道结构如图3-5-2、图 3-5-3 所示。

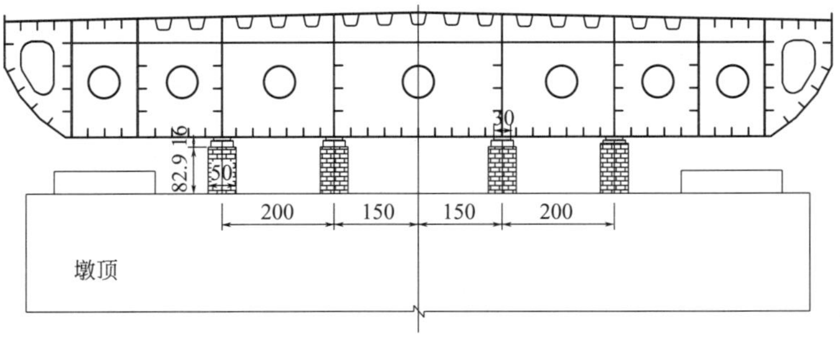

图 3-5-2 墩顶滑道布置图(单位：cm)

3. 拖拉施工步骤

(1)施工主桥桥墩、引桥桥墩及各临时支墩；

(2)在主桥温州侧 184 m 范围内搭设满堂支架；

(3)在满堂支架上焊接拼装钢箱梁；

(4)连续拖拉钢箱梁至设计位置；

(5)拆除引桥范围的满堂支架及下滑道；

(6)拆除各墩墩顶垫块及滑道，安装支座，落梁至设计高程；

(7)在钢箱梁上搭设临时支架，吊装主拱肋；

(8)主拱肋安装完成后，继续施工辅拱肋；

(9)拆除桥面临时支架，安装吊杆；

(10)吊杆初张拉，拆除桥下辅助墩；

(11)施工钢-混凝土结合桥面；

(12)施工桥面二期恒载，并调整吊杆力。

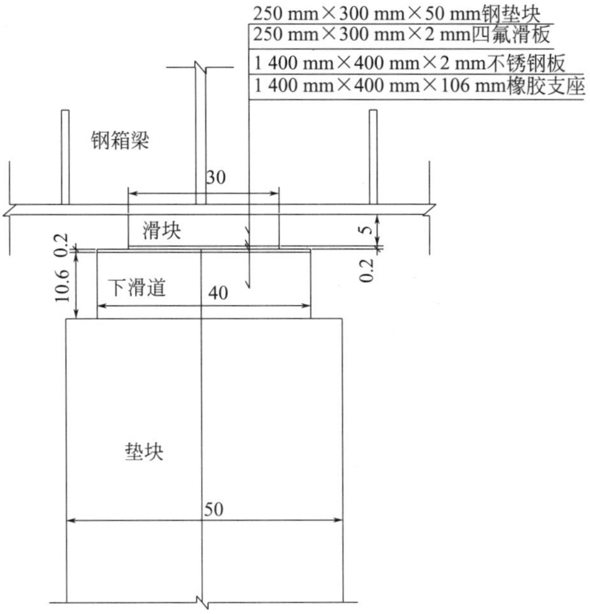

图 3-5-3　滑道结构如图(单位：cm)

四、静力分析及计算结果

1. 计算模型

全桥计算模型简图如图 3-5-4 所示，采用 BSAS3.85 平面杆系软件分析全桥共计划分单元 234 个，节点 204 个。

计算施工阶段如下：

(1)支架上拼装钢箱梁(含横隔梁、端横梁，不含混凝土桥面板)；

(2)～(5)支架法施工拱肋；

(6)安装辅助拱肋、斜撑及横向风撑，横撑及斜撑自重：68/2＝34 kN；

(7)～(11)分批张拉吊杆；

(12)现浇桥面 10 cm 厚混凝土：0.1×13.2×25＝33 kN/m；

(13)安装二期恒载：道砟、轨枕、栏杆、接触网柱等 170 kN/m；

(14)调整吊杆索力，封闭张拉端。

2. 计算主要荷载

(1)恒载

结构自重：混凝土结构按 $\gamma=26.5\ kN/m^3$，钢结构按 $\gamma=78.5\ kN/m^3$，吊杆按 $\gamma=84\ kN/m^3$ 计算自重；

二期恒载：按 170 kN/m 计；基础变位：各墩不均匀沉降按 2 cm 计。

(2)活载

列车竖向活载：中-活载，双线按 90%计，列车竖向动力系数 1.169。

(3)附加力

温度变化：结构整体升降温±30 ℃；主梁顶板非线性升温＋10 ℃；拱肋与主梁温差±15 ℃；

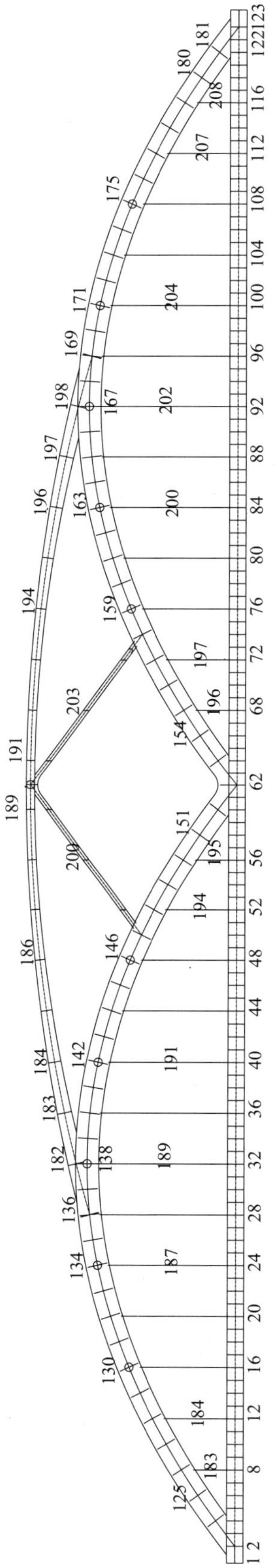

图 3-5-4 雁荡山大桥计算模型简图

吊杆与主梁温差±15 ℃。

风力：设计风速 40 m/s，基本风压 w_0＝1 000 Pa。

3. 结构构造

全梁共划分为 5 个梁段，包括 2 个标准梁段，2 个边支点梁拱结合段和 1 个中支点梁拱结合段。钢箱梁采用单箱多室等高度箱形截面，顶宽 14.80 m，底宽 12.60 m，支座附近局部加宽至 13.10 m，顶板横向倾斜形成 2％的双向横坡，最大梁高为 2.20 m。钢箱梁标准横截面如图 3-5-5 所示。

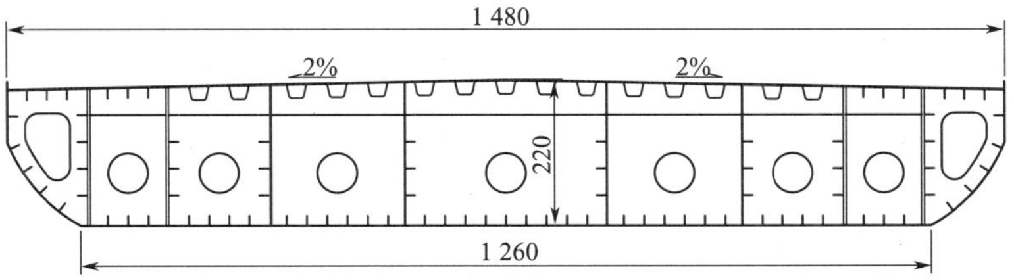

图 3-5-5　钢箱梁标准横截面(单位：cm)

主拱采用两榀平行钢箱拱肋，拱脚与钢箱梁固结，两拱肋横向中心距 11.2 m，计算跨度(90＋90)m，设计矢高 f＝18.00 m，矢跨比 f/L＝1∶5，拱轴线采用二次抛物线。主拱肋采用等高度箱形截面，箱高 2.80 m，箱宽 1.20 m，内部设有横隔板和加劲肋，截面如图 3-5-6 所示。

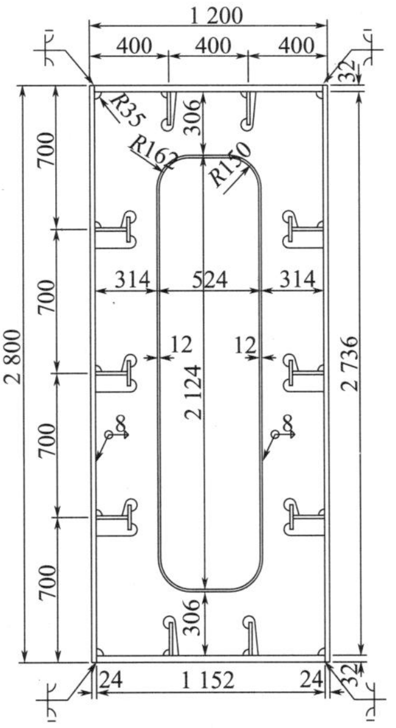

图 3-5-6　主拱肋横截面图(单位：mm)

辅助拱采用两榀平行钢箱，横向中心距 11.2 m，设计矢高 f＝25.00 m，拱轴线采用圆曲线。辅助拱肋采用变高度箱形截面，箱高 1.00～1.60 m，箱宽1.00 m，上下缘均为圆曲线。辅拱撑杆斜腿采用等高度箱形截面，箱宽 1.00 m，箱高 0.80 m。辅助拱肋和斜腿内部均设有横隔板和加劲肋。

在每孔主拱两榀拱肋之间共设了 7 道一字横撑和 2 道 X 形组合横撑，采用 0.80 m×0.80 m 箱形截面，组合横撑之斜撑采用 0.60 m×0.60 m 箱形截面。全桥的辅助拱肋共设 8 道一字横撑，采用 0.60 m×0.60 m 箱形截面。

每孔设 13 对吊杆，顺桥向间距为 6 m。采用 PES(FD)7-127 低应力防腐拉索(平行钢丝束)，外套复合不锈钢管，配套使用 OVMLZM7-127 镦头锚。吊杆上端锚于主拱箱内张拉底座，下端锚于钢箱梁内固定底座。

桥面宽度为 14.80 m，为提高钢箱梁桥面刚度，针对钢箱梁顶面的防锈、防道砟磨损在钢箱梁顶面现浇 12 cm 厚钢筋混凝土桥面板(采用无收缩纤维网混凝土)，并在其上铺设防水层，防水层上铺设 6 cm 厚纤维网混凝土保护层。为使桥面板和钢箱梁较好地结合，钢箱梁顶板表面设置 ϕ22×100 mm 剪力键，间距为 0.30 m×0.30 m。

4. 静力计算结果

(1)支座反力，见表 3-5-1。

表 3-5-1 支座反力表

工况	边支点反力(kN)	中支点反力(kN)
成桥时	9 057	18 240
主力工况	14 037	26 518
主＋附工况	14 162	26 632

(2)结构应力，见表 3-5-2。

表 3-5-2 主要结构应力表

结构	主力工况		主＋附工况	
	最大应力(MPa)	最小应力(MPa)	最大应力(MPa)	最小应力(MPa)
主梁	101.0	－82.2	115.0	－94.3
主拱	121.0	11.9	141.0	－1.5
辅助拱	51.0	－52.4	54.5	－56.0
吊杆	－122.0	－315.0	－112.0	－324.0

(3)活载作用下竖向位移及转角，见表 3-5-3。

表 3-5-3 竖向位移及转角表

位置	最大向下位移(mm)	最大向上位移(mm)	挠跨比
主梁跨中	33.0	9.00	1/2 727
拱肋 1/4	26.0	11.0	1/3 462

活载作用下最大梁端转角 δ_{max}＝1.97‰。

(4)主梁应力检算，见表 3-5-4。

表 3-5-4 主梁应力检算表

应力种类	主力组合(MPa)	主＋纵附组合(MPa)	应力种类	主力组合(MPa)	主＋纵附组合(MPa)
最大正应力	101.0	115.0	最大剪应力	94.4	94.8
最小正应力	－82.2	－94.3	最大换算应力	163.6	165.3

钢箱梁疲劳计算应力幅 57.3 MPa，疲劳容许应力幅 110.3 MPa。

(5)钢箱梁桥面板局部计算。

钢箱梁桥面板近似按多孔连续单向板计算，在不考虑桥面混凝土参与受力时，钢箱梁顶板局部计算最大压应力为 50.2 MPa，最大拉应力为 40.1 MPa，该局部计算应力与整体纵向计算正应力叠加后，仍满足容许应力要求。

(6)拱肋强度检算及稳定性检算。

主拱拱脚截面的计算轴向力 N＝18 560 kN，计算弯矩 M＝8 674 kN·m，计算剪力 Q＝1 256 kN。其截面正应力为 121.05 MPa，剪应力为 8.65 MPa，换算应力为 121.67 MPa，小于考虑板厚折减后的各项容许应力。

钢箱梁顶、底板为拉-压构件，按公式 $r_d \times r_n \times (\sigma_{max} - \sigma_{min}) / r_t \leqslant [\sigma_0]$计算，顶板计算应力幅为 57.3 MPa，底板计算应力幅为 34.7 MPa，均小于疲劳允许应力幅$[\sigma_0]$＝110.3 MPa。

拱肋的纵向整体稳定按欧拉公式计算其临界力 N_{cr}为 374 837.8 kN，拱脚最大计算轴力为 16 090 kN，纵向稳定安全系数为 23.30；拱肋的横向稳定按铁摩辛柯公式计算其临界力 N_{cr} 为 165 642 kN，横向稳定安全系数为 4.65。

五、主要经济技术指标

1. 主要工程数量表

主要工程数量见表 3-5-5。

表 3-5-5 主要工程数量表

序号	项　目	说　明	数　量
1	桥梁长度(m)	—	184
2	Q345qD(t)	钢箱梁(含梁拱座)	2 395.7
		钢箱主拱、辅拱	1 042.7
3	PES(FD)7-127 型吊杆索(t)	吊杆	29.8
4	不锈钢套筒(t)	吊杆	2.7
5	Q235qC 钢(t)	吊杆钢套管	8.4
6	ϕ22 剪力钉(个)	—	30 037
7	HRB335 钢筋(t)	桥面板钢筋	134.0
8	C40 无收缩纤维网混凝土(m^3)	桥面板混凝土	326.8

2. 几座钢箱拱桥技术指标对比表

结合国内外已建和在建的同类型桥梁的主要技术指标对比见表 3-5-6。

表 3-5-6 主要技术指标对比表

类　别	法国栋泽尔高架桥	武广高速	哈大高速	沿海铁路
设计时速(km/h)	250	350	350	250
结构体系	钢箱叠合拱	系杆拱	钢箱叠合拱	钢箱叠合拱
桥梁孔跨	52+2-110.3+52	1-140	1-138	2-90
长度(m)	324.6	143	140.4	184
用钢量(t/m)	16	23	27	18
挠跨比	$L/1\ 651$	$L/2\ 817$	$L/5\ 433$	$L/2\ 727$

雁荡山钢箱系杆叠合拱桥建筑高度小，用钢量相对较低，刚度较大，经济技术指标综合较优。

图 3-5-7 雁荡山大桥成桥实景

3. 创新点

(1)该桥是我国首次采用钢箱梁、钢箱拱、梁拱固结、三拱叠合的全焊钢结构桥梁。

(2)三拱叠合组合结构首次应用于高标准铁路中，提高了桥梁的竖向刚度和动力性能。

(3)合理的钢箱梁、钢箱拱固结结合部设计，确保了桥梁结构整体受力性能。

(4)具有较小的结构建筑高度，跨越城市

及景区道路，可使桥梁景观与风景名胜区和谐一体。

(5)首次采用无导梁整体钢箱梁顶拉技术。

雁荡山大桥成桥实景如图 3-5-7 所示。

第六节 桥墩结构设计

沿海铁路为我国首条客货共线标准的开拓者，其墩型及设计较常规铁路是有所区别的。

一、主要设计荷载

1. 活载。

(1)货车，其竖向静活载按“中-活载”设计，双线荷载作用时按两线列车活载总和的 90%计。客车，其竖向静活载按“ZK 荷载”设计，双线荷载作用时按两线列车活载总和设计。

简支梁加载最不利活载图式：按单线加载、双线加载，两种加载又分一孔重载、双孔重载、一孔轻载、双孔轻载、双孔空车、桥上无车等工况。对于不等跨桥墩，还需分大小跨方向加载。

(2)桥墩顶帽计算时，考虑活载动力作用，动力系数 $1+\mu$ 按《铁路桥涵设计基本规范》(TB 10002.1—2005)第 4.3.5 条计算。

(3)曲线离心力。按《新建时速 200～250 公里客运专线铁路设计暂行规定》(上、下)第 6.2.2 条计算，曲线上桥墩设计考虑三种情况：

$v=300$ km/h、$R=2\ 800$ m 计算离心力；$v=120$ km/h、$R=2\ 800$ m 计算离心力时；不计离心力时，按直线列车活载作用的情况考虑。

(4)制动力或牵引力：制动力或牵引力按竖向静活载的 10%计算，双线桥采用一线制动力或牵引力。

(5)列车横向摇摆力：列车横向摇摆力按主力计，其值为 100 kN，且作用于轨顶面。仅计算任一线上的横向摇摆力。空车时不考虑横向摇摆力。

2. 上部建筑(恒载)。

梁自重及桥面二期恒载等，按对应梁图提供的荷载取值。

3. 风荷载强度 w。

《铁路桥涵设计基本规范》(TB 10002.1—2005)第 4.4.1 条规定标准设计的风压强度：

有车时：$w=K_1\times K_2\times 800$，且 $w\leqslant 1\ 250$ Pa

无车时：$w=K_1\times K_2\times 1\ 400$ Pa

施工安装时：$w=500$ Pa

式中 K_1——风载体型系数；

K_2——风压高度变化系数。

设计时考虑设置声屏障，声屏障按高出轨顶 3.0 m 计。

4. 无缝线路作用于墩顶的纵向水平力。

设计时考虑无缝线路作用于墩顶的纵向水平力为伸缩力、挠曲力、断轨力，墩位设计按无缝线路固定区计算。当桥墩位于无缝线路伸缩区时，须另行检算。伸缩力、挠曲力为主力，断轨力按特殊荷载考虑。

5. 设计按地震动力系数 0.1g 计算(7 度地震区)。

6. 船舶及筏运的撞击力、冰压力、水浮力、流水压力、运梁车和架桥机荷载根据现场情况检算。

二、桥墩构造

1. 墩身构造

(1)直、曲线空心桥墩合并设计。桥墩纵横向尺寸满足构造要求。

(2)偏心设置:不设横向预偏心;(24+32)m 不等跨墩按恒载计算设置 5 cm 纵向预偏心。

(3)同一种跨度的直曲线桥墩采用相同的墩身尺寸。

2. 墩顶构造

(1)垫石高度:垫石高均采用 35 cm,垫石与支座总高最小为 51 cm,可以满足施工、维修、更换支座时顶梁千斤顶的工作空间要求。

(2)垫石纵横向尺寸:按《铁路桥涵设计基本规范》(TB 10002.1—2005)中第 5.3.8 条要求,设计时采用支座板边缘至垫石边缘距离不小于 15 cm。

(3)受支座布置构造等影响,桥墩顶帽纵向尺寸一般≥300 cm。空心墩的上实体段采用了钢筋混凝土结构,纵向宽度 300 cm,墩壁按混凝土结构设计,壁厚采用 50 cm。

(4)在墩顶构造设计时,考虑防止地震落梁、更换支座、架梁等空间尺寸要求,墩顶向两侧设置排水坡。

三、墩身设计检算

1. 墩顶最小水平线刚度

简支梁桥墩墩顶纵向水平线刚度必须满足表 3-6-1 要求。

表 3-6-1　墩顶最小水平线刚度限值

梁　　型	跨度(m)	最小水平线刚度(kN/cm・双线)	附　　注
简支梁	24	270	不设钢轨伸缩调节器
	32	350	不设钢轨伸缩调节器

对于跨度较大的简支梁(56 m 及以上)和连续梁等特殊结构,其墩台纵向水平刚度目前还没有明确规定,设计时连续梁固定墩纵向水平刚度暂按不小于 1 000～1 200 kN/cm 设计,并根据轨道检算调整。特殊工点和有代表性桥梁须通过动力分析评价确定。

2. 墩身截面偏心:墩身合力偏心距满足《铁路桥涵混凝土和砌体结构设计规范》(TB 10002.4—2005)第 5.1.1 条规定,并且考虑弯矩增大系数的影响。

主力	$e \leqslant 0.5S$
主力+附加力	$e \leqslant 0.6S$
主力+施工荷载	$e \leqslant 0.7S$
无车主力+特殊力(考虑无缝线路)	$e \leqslant 0.7S$
地震力	$e \leqslant 0.8S$

式中　e——台身截面合力偏心距;

S——沿截面重心与合力作用点的连线上量取,自截面重心至该连线与截面外包轮廓线交点的距离。

3. 墩身截面强度及应力、稳定性检算按《铁路桥涵混凝土和砌体结构设计规范》(TB 10002.4—2005)第 5.1.3 条、第 5.1.4 条计算,墩身设置护面钢筋。

4. 墩顶弹性水平位移计算

顺桥向位移： $\Delta \leqslant 5\sqrt{L}$

式中 L——桥梁跨度(m)；当 $L<24$ m 时，按 24 m 计算；当为不等跨时，L 采用相邻较小跨的跨度；

Δ——墩顶面处的水平位移(mm)，包括由于墩台身和基础的弹性变形，以及基底土弹性变形的影响。

横桥向位移：按由墩台横向水平位移差引起的相邻结构物轴线间的水平折角不得超过1‰控制。对于较高桥墩，应据此进行横向水平位移检算。

四、附属设备

(1)综合接地措施：为防止弥留电流，梁体、墩顶实体段、墩身、承台、桩基等结构的钢筋应焊接成一电流通路，在地面下某位置由多股铜绞线引出到地基中，与特设的接地设备相连。

(2)检查设备：考虑到支座的检修方便及人员安全，墩顶设置操作空间并安装吊篮，操作空间宽 150 cm，高 100 cm，纵桥向贯通，底面设置纵向排水坡，在距墩顶 1.2 m 处桥墩周围设置吊篮，空心墩还考虑了从墩底进入墩内部并攀爬至墩顶的条件，如图 3-6-1 所示。

(3)防梁移结构：所有墩台均设置横向防梁移措施，在梁底支座横向内侧预埋防梁移挡块，挡块挡在支承垫石上，对梁部结构进行横向限位。

(4)支座更换：支座更换时，千斤顶置于桥墩支座横向内侧，与支座中心距不大于 80 cm。

五、耐久性设计

(1)严格执行《铁路混凝土结构耐久性设计规范》及部颁相关技术文件。

(2)墩身的钢筋保护层 5 cm。

(3)桥面排水设 PVC 管排到地面(或沿墩身排入地面侧沟)中。

(4)一次浇筑混凝土体积较大时，宜采取必要的降水化热的措施，防止墩身开裂。

(5)按检查设备要求，预埋好各种铁件，安装完成后应及时涂刷油漆，作好防锈工作。

(6)运营期间必要的检查和养护。

(7)桥墩设计为一般环境条件下使用，具体工点设计应针对环境条件及耐久性要求，对材料、构造等进行调整，以满足需求。

六、建筑材料

(1)支承垫石采用 C40 钢筋混凝土。

(2)墩身采用 C30 混凝土，墩身设置护面钢筋。

(3)钢筋采用：带肋钢筋(HRB335)，光圆钢筋(HPB235)。

(4)防梁移角钢、钢板采用 Q235 钢材，墩身爬梯及墩顶围篮采用角钢及钢板，外侧涂漆。

墩顶构造实景如图 3-6-1 所示。

图 3-6-1 墩顶构造实景

七、桥墩参考图

针对常用跨度简支梁设计了双线圆端形桥墩和双线矩形桥墩通用参考图，以便统一工程模板，标准化施工，降低工程造价。

一般墩高：实体墩 H=4～20 m，按桥墩位于无缝线路固定区设计。

适用梁跨：等跨简支梁墩：(24＋24)m(梁高 2.2 m)、(32＋32)m(梁高 2.8 m)。

不等跨简支梁墩：(24＋32)m(24 m 梁高 2.2 m，32 m 梁高 2.8 m)、

(24＋32)m(24 m 梁高 2.8 m，32 m 梁高 2.8 m)。

(24＋24)m(梁高 2.2 m)、(32＋32)m(梁高 2.8 m)等跨简支梁桥墩墩身主要数量见表 3-6-2、表 3-6-3。

表 3-6-2 圆端形桥墩墩身数量表

墩高(m)	垫石			顶帽及墩身			墩身线刚度(kN/cm)
	C40 混凝土(m^3)	HRB335 钢筋(kg)	HPB235 钢筋(kg)	C30 混凝土(m^3)	HRB335 钢筋(kg)	HPB235 钢筋(kg)	
4	2.1	783.8	12.2	77.8	3 592.3	656.7	118 359
5				97.1	3 825.8	775.8	63 622
6				116.5	4 059.4	925	38 049
7				135.8	4 292.9	1 044.1	24 536
8				155.2	4 526.4	1 193.4	16 734
9				174.5	4 760	1 312.4	11 919
10				193.9	4 993.5	1 461.7	8 787
11				213.2	5 227.1	1 580.7	6 663
12				232.6	5 460.6	1 730	5 172
13				251.9	5 694.2	1 849.1	4 095
14				271.3	5 927.7	1 998.3	3 297
15				290.6	6 161.3	2 117.4	2 694
16				310	6 394.8	2 266.6	2 229
17				329.3	6 628.3	2 385.7	1 865
18				348.7	6 861.9	2 535	1 577
19				368	7 095.4	2 653.6	1 345
20				387.4	7 329	2 803.3	1 156

表 3-6-3 矩形桥墩墩身数量表

墩高(m)	垫石			顶帽及墩身			墩身线刚度(kN/cm)
	C40 混凝土(m^3)	HRB335 钢筋(kg)	HPB235 钢筋(kg)	C30 混凝土(m^3)	HRB335 钢筋(kg)	HPB235 钢筋(kg)	
4	2.1	783.8	12.2	71	3 677.8	562.2	116 015
5				89	3 905	701.9	62 362
6				107	4 132.2	813.9	37 296
7				124.9	4 359.5	953.5	24 050
8				142.9	4 586.7	1 065.5	16 403
9				160.9	4 813.9	1 205.2	11 683
10				178.9	5 041.2	1 317.2	8 613
11				196.9	5 268.4	1 456.8	6 531
12				214.9	5 495.6	1 568.9	5 070
13				232.9	5 722.9	1 708.5	4 014
14				250.8	5 950.1	1 820.5	3 232

续上表

墩高(m)	垫石			顶帽及墩身			墩身线刚度(kN/cm)
	C40 混凝土(m^3)	HRB335 钢筋(kg)	HPB235 钢筋(kg)	C30 混凝土(m^3)	HRB335 钢筋(kg)	HPB235 钢筋(kg)	
15	2.1	783.8	12.2	268.8	6 177.3	1 960.2	2 640
16				286.8	6 404.6	2 072.2	2 185
17				304.8	6 531.8	2 211.8	1 828
18				322.8	6 859	2 323.8	1 546
19				340.8	7 086.3	2 463.5	1 318
20				358.7	7 313.5	2 575.5	1 133

第七节　桥台结构设计

一、主要设计荷载

1. 活载。

(1)竖向静活载按“中-活载”设计，按“ZK 荷载”验算。

(2)曲线桥上离心力：按《新建时速 200～250 公里客运专线铁路设计暂行规定》(上、下)第 6.2.2 条计算，曲线上桥墩设计考虑三种情况：

速度 v=300 km/h、曲线半径 R=2 800 m 计算离心力；速度 v=120 km/h、曲线半径 R=2 800 m 计算离心力；不计离心力，按直线列车活载作用的情况计算。

(3)制动力或牵引力：制动力或牵引力按竖向静活载的 10%计算，双线桥采用一线制动力或牵引力。

(4)列车横向摇摆力：列车横向摇摆力按主力计，其值为 100 kN，且作用于轨顶面。仅计算任一线上的横向摇摆力，空车时不考虑横向摇摆力。

(5)冲击力：活载的冲击系数采用《铁路桥涵设计基本规范》第 4.3.5 条计算。

(6)台后竖向活载土压力，按活载换算为当量均布土层厚度计算，横向分布宽度按 3.0 m 计。双线活载作用下的台背土压力的作用面按土与台背的实际接触面计算，台后填土按级配碎石设计，内摩擦角为 40°，外摩擦角为 20°，台后活载的加载长度按台后填料的破裂面所延伸的长度，忽略台前静止土压力的影响。

2. 上部建筑(恒载)。

梁自重及桥面二期恒载等，按对应梁图提供的荷载取值。

3. 风荷载强度 w。

《铁路桥涵设计基本规范》第 4.4.1 条规定标准设计的风压强度：

$$有车时：w=K_1\times K_2\times 800，且\leqslant 1\ 250\ \text{Pa}$$

$$无车时：w=K_1\times K_2\times 1\ 400\ \text{Pa}$$

$$施工安装时：w=500\ \text{Pa}$$

式中　K_1——风载体型系数；

K_2——风压高度变化系数。

桥台设计时不考虑纵向风力的影响，检算桥台时桥台本身所受风力不予计算，列车横向风力其作用点在轨顶以上 2.0 m，空车荷载时无列车横向摇摆力。

4. 无缝线路纵向力。

设计时考虑无缝线路作用于台顶的纵向水平力——伸缩力、挠曲力、断轨力，桥台设计按无缝线路固定区计算，当桥台位于无缝线路伸缩区时，须另行检算。伸缩力、挠曲力为主力，断轨力按特殊荷载考虑。

5. 设计时未考虑冰压力和船只、排筏、车辆等撞击力。

6. 根据荷载工况，分别计算双线架梁双线行车、双线架梁单线行车、桥上无车（无车主力、无车主力＋特殊荷载）、桥上空车以及恒载、桥台孤立状态等组合。

7. 由于架桥设备种类较多，设计选用较大一种运梁车运梁和架桥机架桥，并作为施工荷载进行了设计，对于采用其他种类架桥机施工需重新检算。

二、桥台设计

1. 桥台顶的弹性水平位移、纵向线刚度

(1)桥台的纵向线刚度应不小于 3 000 kN/cm。

(2)桥台顶的顺桥向弹性水平位移 $\Delta \leqslant 5\sqrt{L}$，$L$ 为桥梁跨度，当 $L<24$ m 时，按 24 m 计。

(3)桥台顶的横桥向允许最大水平扭转角应为 1/1 000。

2. 台身截面

台身截面为偏心控制，其截面强度不控制设计，按直曲线合并设计，双线矩形空心桥台台身及基础不计动力系数，台顶板及顶帽计入动力系数。

台身截面合力偏心矩应符合《铁路桥涵混凝土和砌体结构设计规范》(TB 10002.4—2005)第 5.1.1 条规定。

主力	$e \leqslant 0.5S$
主力＋附加力	$e \leqslant 0.6S$
主力＋施工荷载	$e \leqslant 0.7S$
无缝线路纵向组合主力＋特殊荷载时比照地震力	$e \leqslant 0.8S$

3. 明挖桥台基础计

(1)基底截面容许的偏心距 e

①对于非岩石地基基础：

仅受恒载作用时	$e \leqslant 0.20\rho$
主力及主力＋附加力时	$e \leqslant 1.0\rho$
无缝线路纵向力组合主力(双线无车)时	$e \leqslant 0.8\rho$
无缝线路纵向力组合主力＋特殊荷载时	$e \leqslant 1.2\rho$
架桥机架梁荷载作用时	$e \leqslant 1.2\rho$

②对于岩石地基基础：

主力及主力＋附加力时　硬质岩　$e \leqslant 1.5\rho$；其他岩石　$e \leqslant 1.2\rho$

无缝线路纵向力组合主力(双线无车)时　硬质岩　$e \leqslant 1.25\rho$；其他岩石　$e \leqslant 1.0\rho$

无缝线路纵向力组合主力＋特殊荷载时　硬质岩　$e \leqslant 2.0\rho$；其他岩石　$e \leqslant 1.5\rho$

架桥机架梁荷载作用时　硬质岩　$e \leqslant 2.0\rho$；其他岩石　$e \leqslant 1.5\rho$

(2)基础倾覆稳定系数和滑动稳定系数必须满足的要求

①主力及主力＋附加力时，倾覆稳定系数≥1.5，滑动稳定系数≥1.3；

②架桥机架梁荷载作用时，倾覆稳定系数≥1.2，滑动稳定系数≥1.2；

③无缝线路纵向力组合主力＋特殊荷载时，倾覆稳定系数≥1.2。

4. 抗震验算

地震动力系数按 0.10g 计算（相当于 7 度地震烈度），桥台台身和上部建筑的水平地震力按《铁路工程抗震设计规范》计算。

5. 附属设备

（1）检查台阶设于台尾路基两侧，桥台椎体设有检查平台，检查台阶与锥体检查平台连接，桥台侧面检查平台至进入洞下方设简易爬梯，如图 3-7-1 所示。

（2）桥台内空心部分四面墙均设检查梯。

（3）防震落梁措施，由梁底预埋防梁移挡块，挡块挡在支承垫石上，对梁部结构进行横向限位。

（4）综合接地，为了防止弥散电流，梁部和桥台内钢筋与大地应良好连接，桥台身内钢筋形成通路。

图 3-7-1　桥台锥体及检查台阶

（5）台顶不设接触网立柱。

6. 耐久性设计

（1）严格执行《铁路混凝土结构耐久性设计规范》及部颁相关技术文件。

（2）墩身护面钢筋保护层厚 5 cm。

（3）桥台顶面排水设 PVC 管集中排出。

（4）与土体接触部分采用防腐涂层保护。

（5）预埋件作好防锈工作。

7. 建筑材料

（1）支承垫石采用 C40 钢筋混凝土。

（2）台顶板、挡砟墙、遮板、顶帽及台背挡板均采用 C30 钢筋混凝土。

（3）台身采用 C30 混凝土。

（4）台顶保护层采用 C40 钢纤维混凝土，桥面防水层采用氯化聚乙烯防水卷材和聚氨酯防水涂料共同构成的改进型 TQF-Ⅵ型防水层。

（5）钢筋：主筋 HRB335 钢筋，其他 HPB235 钢筋。

（6）小门及爬梯、吊篮等钢结构按规定涂漆保护。

三、桥台参考图

1. 桥台构造

桥台垫石尺寸根据支座不同形式，为了满足顶梁、维修和更换支座要求，支承垫石高除 24 m简支梁梁高 3.0 m 时取 37 cm 外，其余均取 35 cm。桥台顶帽 3.0 m（纵向）×6.8 m（横向），设置≥2%的排水坡。台顶防水层、保护层横断面组成与梁部防水结构相同，台顶板左右挡砟墙之间沿中心线设双面 2%的防水坡，挡砟墙每隔 2 m 设置 150 mm×150 mm 的横向泄水孔，在挡砟墙外侧桥面板处每隔 2.0 m 设置 ϕ150 mm 的泄水管，集中后沿锥体排于坡角外，检查台阶设于台尾（左右侧）。

考虑到支座的检修及进出桥台及梁体的方便，在桥台一侧边墙设置了进人洞，宽 70 cm，并加设安全门(上锁),以免闲杂人员进出。为防止检查人员跌落台内,在桥台背墙上设置栏杆等防护措施。

2. 桥台结构图

桥台高度一般为 6～10 m,为统一工程模板,方便和规范化施工,降低工程造价,针对常用跨度简支梁编制了矩形空心桥台通用参考图。

参考图按照一次建成双线、同一跨度的直曲线桥台采用相同台身尺寸,设计时速货车 120 km/h,客车 250 km/h,适用的曲线半径 $R \geqslant 2\ 800$ m,线间距为 4.6～5.0 m。

台后填土高度 4.0～10.0 m,级差 0.5 m,台身入土深分别为 0.0 m,1.0 m,2.0 m。

24 m(梁高 2.2 m)、24 m 和 32 m(梁高 2.8 m)简支梁桥台结构如图 3-7-2 所示,桥台前墙高 $h_4 = H + h_1 + 0.78 - h_0 - 0.85$(m),当采用 24 m(梁高 3.0 m)简支梁时支承垫石取 37 cm,$h_4 = H + h_1 + 0.78 - h_0 - 0.87$(m)。

桥台结构如图 3-7-2 所示,主要结构尺寸见表 3-7-1,支承垫石尺寸考虑桥梁曲线布置,采用计算外包取值。

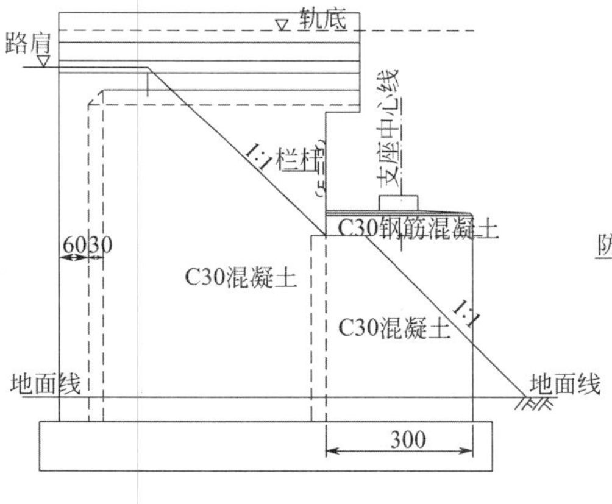

(a) 侧面

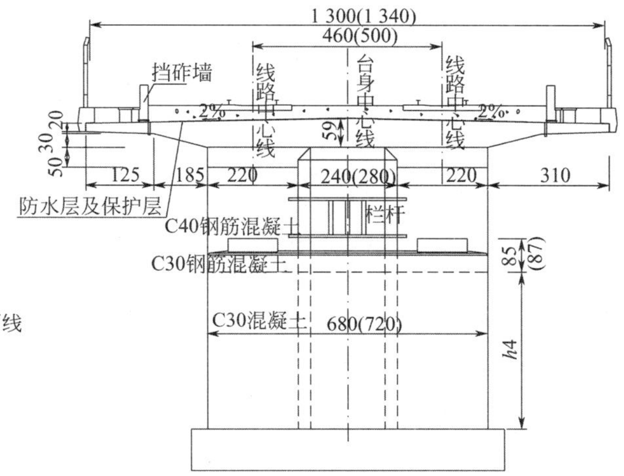

(b) 正面

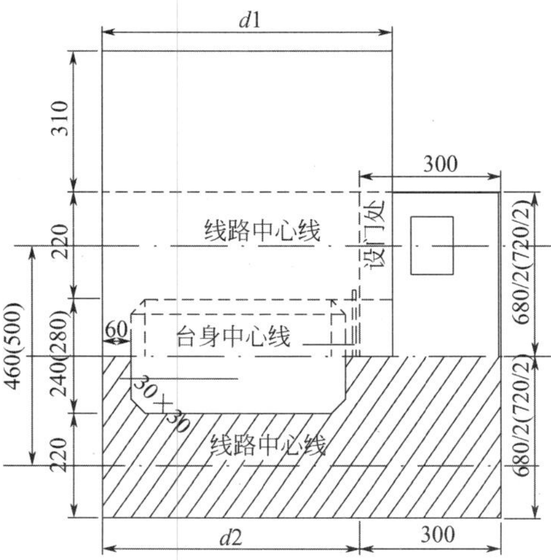

(c) 半平面、半基顶截面

说明:1. 本图尺寸均以 cm 计。

2. 本图适用于线间距为 4.6～5.0 m,直线及半径 $R \geqslant 2\ 800$ m的曲线上桥台,直曲线上桥台轮廓尺寸相同。

3. 图中括号中的数据为线间距大于 4.6 m 的值。

4. 顶帽、台顶及托盘、背墙均采用 C30 钢筋混凝土,支承垫石采用 C40 钢筋混凝土。

5. 桥台顶面设双向排水坡,坡度 2%,挡砟墙内侧设置泄水孔,泄水孔按 2.0 m 间距布置。

6. 32 m、24 m(与 32 m 等高)简支梁的支座中心距为 470 cm,24 m、20 m(与 24 m 等高)的支座中心距为 490 cm。

图 3-7-2　桥台构造图

表 3-7-1　桥台主要结构尺寸表

尺寸 跨度类型	桥台采用支座			支承垫石			轨底至支承垫石顶 h_0(cm)	梁高(cm)	桥台顶长 d_1(cm)	桥台身长 d_2(cm)
	纵向长(mm)	横向宽(mm)	支座高(mm)	纵向长(cm)	横向宽(cm)	垫石高(cm)				
24 m(梁高 2.2 m)简支梁	820	630	185	130	125	35	329.5	240	611	541
24 m(梁高 2.8 m)简支梁	820	630	185	130	125	37	389.5	300	673	603
32 m 简支梁	880	700	200	130	125	35	390	300	673	603

3. 工程数量

主要工程数量见表 3-7-2。

表 3-7-2　桥台主要工程数量表

L=24 m(梁高 2.8 m),32 m 简支箱梁桥台(线间距 4.6 m)

填土高(m)	入土深(m)	主体工程										
		顶帽		台身	台背挡板	台身及台背护面钢筋	台顶		台内检查梯及栏杆		支承垫石	
		C30 混凝土(m³)	HRB335/HPB235 钢筋(kg)	C30 混凝土(m³)	C30 混凝土(m³)	HRB335/HPB235 钢筋(kg)	C30 混凝土(m³)	HRB335/HPB235 钢筋(kg)	检查梯钢筋(kg)	栏杆钢重(kg)	C40 混凝土(m³)	HRB335/HPB235 钢筋(kg)
4.0	0.0			99.5	6.1	1 876.1/246.7			138.7		1.14	237.6/227.3
	1.0	10.2	1 841.3/13.97	119.8	7.7	2 760.6/311.8	58.5	3 698.7/933.02	189.6	29.8		
	2.0			166.7	9.2	3 453.3/375.5			245.1		1.20	237.6/227.8
5.0	0.0			119.8	7.7	2 760.6/311.8			189.6		1.14	237.6/227.3
	1.0	10.2	1 841.3/13.97	166.7	9.2	3 453.3/375.5	58.5	3 698.7/933.02	245.1	29.8		
	2.0			213.6	10.7	4 146.1/438.6			314.4		1.20	237.6/227.8
6.0	0.0			166.7	9.2	3 453.3/375.5			245.1		1.14	237.6/227.3
	1.0	10.2	1 841.3/13.97	213.6	10.7	4 146.1/438.6	58.5	3 698.7/933.02	314.4	29.8		
	2.0			260.6	12.2	4 838.8/496.8			374.5		1.20	237.6/227.8
7.0	0.0			213.6	10.7	4 146.1/438.6			314.4		1.14	237.6/227.3
	1.0	10.2	1 841.3/13.97	260.6	12.2	4 838.8/496.8	58.5	3 698.7/933.02	374.5	29.8		
	2.0			307.5	13.8	5 531.4/560.9			430.0		1.20	237.6/227.8
8.0	0.0			260.6	12.2	4 838.8/496.8			374.5		1.14	237.6/227.3
	1.0	10.2	1 841.3/13.97	307.5	13.8	5 531.4/560.9	58.5	3 698.7/933.02	430.0	29.8		
	2.0			354.4	15.3	6 224.1/625.2			499.4		1.20	237.6/227.8
9.0	0.0			307.5	13.8	5 531.4/560.9			415.8		1.14	237.6/227.3
	1.0	10.2	1 841.3/13.97	354.4	15.3	6 224.1/625.2	58.5	3 698.7/933.02	489.7	29.8		
	2.0			401.4	16.8	6 916.6/688.0			545.2		1.20	237.6/227.8
10.0	0.0			354.4	15.3	6 224.1/625.2			489.7		1.14	237.6/227.3
	1.0	10.2	1 841.3/13.97	401.4	16.8	6 916.6/688.0	58.5	3 698.7/933.02	545.2	29.8		
	2.0			448.3	18.4	7 609.2/750.9			600.6		1.20	237.6/227.8

续上表

填土高(m)	入土深(m)	主体工程										
		顶帽		台身	台背挡板	台身及台背护面钢筋	台顶		台内检查梯及栏杆		支承垫石	
		C30混凝土(m³)	HRB335/HPB235钢筋(kg)	C30混凝土(m³)	C30混凝土(m³)	HRB335/HPB235钢筋(kg)	C30混凝土(m³)	HRB335/HPB235钢筋(kg)	检查梯钢筋(kg)	栏杆钢重(kg)	C40混凝土(m³)	HRB335/HPB235钢筋(kg)
4.0	0.0	10.8	1 949.5/15.36	99.5	6.9	1 928.2/246.2	60.3	3 822.14/993.68	138.7	32.7	1.14	237.6/227.3
	1.0			121.0	8.8	2 840.8/311.8			189.6			
	2.0			169.1	10.5	3 555.0/376.1			245.1		1.20	237.6/227.8
5.0	0.0	10.8	1 949.5/15.36	121.0	8.8	2 840.8/311.8	60.3	3 822.14/993.68	189.6	32.7	1.14	237.6/227.3
	1.0			169.1	10.5	3 555.0/376.1			245.1			
	2.0			217.2	12.3	4 269.1/438.7			314.4		1.20	237.6/227.8
6.0	0.0	10.8	1 949.5/15.36	169.1	10.5	3 555.0/376.1	60.3	3 822.14/993.68	245.1	32.7	1.14	237.6/227.3
	1.0			217.2	12.3	4 269.1/438.7			314.4			
	2.0			265.4	14.0	4 983.2/496.8			374.5		1.20	237.6/227.8
7.0	0.0	10.8	1 949.5/15.36	217.2	12.3	1 200.1/438.7	60.3	3 822.14/993.68	314.4	32.7	1.14	237.6/227.3
	1.0			265.4	14.0	4 983.2/496.8			374.5			
	2.0			313.5	15.8	5 697.4/561.0			430.0		1.20	237.6/227.8
8.0	0.0	10.8	1 949.5/15.36	265.4	14.0	4 983.2/496.8	60.3	3 822.14/993.68	374.5	32.7	1.14	237.6/227.3
	1.0			313.5	15.8	5 697.4/561.0			430.0			
	2.0			361.6	17.6	6 411.5/625.2			499.4		1.20	237.6/227.8
9.0	0.0	10.8	1 949.5/15.36	313.5	15.8	5 697.4/561.0	60.3	3 822.14/993.68	415.8	32.7	1.14	237.6/227.3
	1.0			361.6	17.6	6 411.5/625.2			489.7			
	2.0			409.8	19.3	7 125.7/688.0			545.2		1.20	237.6/227.8
10.0	0.0	10.8	1 949.5/15.36	361.6	17.6	6 411.5/625.2	60.3	3 822.14/993.68	489.7	32.7	1.14	237.6/227.3
	1.0			409.8	19.3	7 125.7/688.0			545.2			
	2.0			457.9	21.2	7 839.8/750.9			600.6		1.20	237.6/227.8

注：1. 支承垫石斜线上方为 $L=32$ m 简支梁的数量，斜线下方为 $L=24$ m(梁高 3.0 m)简支梁的数量。

2. 表中未包括声屏障、台顶人行道栏杆、电缆槽、锥体等附属工程数量。

3. 本表仅列整米台高工程数量。

第八节　基础设计

一、桩基础布置原则

桩基础布置考虑工程经济性，根据墩台刚度、合理的桩长、单桩承载力以及承台尺寸等，一般常用跨度简支箱梁桥墩台桩基布置原则见表 3-8-1、表 3-8-2。

二、基础计算原则

(1)除基底持力层为基岩、卵石层、$\sigma_0 \geq 300$ kPa 的 W_3 风化岩等外，墩台均需进行沉降计算，工后沉降量应满足规范要求。

表 3-8-1　墩高桩数参考表

桩径(m)	墩高 h 范围(m)						
	24 m 跨			32 m 跨			
	$h\leqslant7$	$7<h\leqslant18$	$18<h\leqslant28$	$h\leqslant7$	$7<h\leqslant18$	$18<h\leqslant28$	$28<h\leqslant40$
1.0	8	10		10	11～12		
1.25	6	8	8～10		8	10～12	
1.5						9	12

表 3-8-2　桥台桩数参考表

桩　　径(m)	台身高(m)	
	$h\leqslant8$	$h>8$
1.0	12	16
1.25	9	12

(2)建于软土地基上的墩台，除计算土体附加竖向力外，还应考虑路基填土引起的附加水平力的影响，对于桥台在锥体及台前进行地基加固处理。

(3)软弱黏土层桩基计算中，地基系数的比例系数 m 和 m_0 值，应根据承台底面或最大冲刷线下 $2(d+1)$ 范围软土的物理力学指标及承台水平位移值大小进行相应折减，一般按《铁路桥涵地基和基础设计规范》(TB 10002.5—2005)附录 D 表 D.0.2-1 所列值 1/5～1/2 选用。

(4)岩石试块单轴抗压极限强度 R 值，按地质专业提供取用，如地质专业未能提供时，$\sigma_0=800$ kPa 按 $8\sigma_0$ 取值，$\sigma_0=1\ 000$ kPa 以上按 $10\sigma_0$ 取值，C_0 值可由 R 值内插计算。

(5)桩底进入硬质岩 W_2 风化岩层者，按柱桩设计；桩底置于 W_3 岩层上时，可按摩擦桩设计，桩身配筋按柱桩考虑。

(6)在岩石陡坡地段，基础埋置深度考虑岩石节理、承载力、有无不利的走向、倾角等因素。基础外缘至岩层安全边线的最小水平距离对于硬质岩，一般不小于 2～3 m；对于软质岩，一般不小于 3～5 m。

(7)陡坡上柱桩嵌岩深度应从距岩面斜线水平距离 1.0d 处桩身截面算起。

(8)桩基配筋根据受力计算并应满足规范和最小配筋率规定。

三、主要技术指标

不同地段桥梁下部结构指标情况见表 3-8-3、表 3-8-4。

表 3-8-3　甬温线桥梁下部结构指标

项　　目	深层软土地区	低山丘陵地区	海湾地区
平均墩高(m)	6.85	8.85	18
平均桩长(m)	67.5	25.5	27
桩基础指标(m^3/延长米)	20.26	6.12	13.7
承台指标(m^3/延长米)	6.17	4.29	14.22
扩大基础指标(m^3/延长米)	0.15	0.735	
基础汇总(m^3/延长米)	26.58	11.145	27.92
墩台指标(m^3/延长米)	4.45	5.63	11.17
汇总指标(m^3/延长米)	31.03	16.775	39.07

表 3-8-4　温福线桥梁下部结构指标

项　目	温州段深层软土地区	福建段低山丘陵地区	福建段滨海滩涂地区
平均墩高(m)	7.98	14.57	11.64
平均桩长(m)	64.2	42.54	37.1
桩基础指标(m^3/延长米)	19.27	12.763	11.13
承台指标(m^3/延长米)	6.17	6.86	5.56
扩大基础指标(m^3/延长米)	0.852	0.285	0.12
基础汇总(m^3/延长米)	26.292	19.908	16.81
墩台指标(m^3/延长米)	5.07	9.265	7.41
汇总指标(m^3/延长米)	31.362	29.173	24.22

第四章

软土地基桥梁墩台和基础设计

第一节　软土地基桥台桩基础设计

一、软基桥台设计主要问题

（一）概　　述

沿海铁路广泛分布深厚淤泥、软土，部分地段软土厚度深达 40 m 以上，其基本承载力一般为 $\sigma_0=20\sim40$ kPa，受后期填土荷载作用（台后填土高度一般控制在 6.0 m 以下），软土塑性流动引起台后水平附加力，使桥台发生水平位移，如图 4-1-1 所示，过大的桥台滑移将导致预制梁无法架设，造成支座、伸缩装置、背墙或梁局部受压变形甚至破坏，而且桥台一旦发生变位前移是很难恢复的。

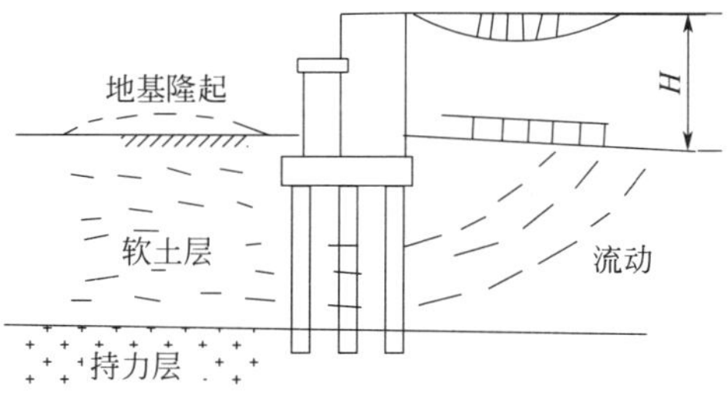

图 4-1-1　桥头软土地基塑性流动示意图

影响桥台侧移的主要因素有软土地基的厚度、强度及桥台高度、桥台基础形式等。

由水平附加力的概念可知以下特性：

(1)具有运动力的特性。理论上讲，只要地基发生水平位移，桩基便产生水平附加力，水平力越大，位移越大，其值相对也越大。

(2)水平力的大小同桩基阻碍水平位移的面积及桩基本身的刚度有关，桩径大，阻碍面积大，水平力也大。

(3)水平力的方向和地基水平位移的方向一致。

（二）软土地区桩基桥台受力分析

桩基桥台是由地基、台后路基、台身和基础等几种不同性质的材料构筑而成的组合体，它们在结构上相互依存相互作用，变形的相互协调作用机理是一个复杂的体系，迄今为止仍是一个没有完全解决好的难题。探究它们之间的相互作用规律和变形性状，目前的研究手段比较多，而现场测试是获取它们之间的受力和变形规律最直接和最可靠的方法。沿海铁路选择了三个工点进行软土地基桥台设计参数测试，对其相互作用规律和变形性状进行了试验研究。

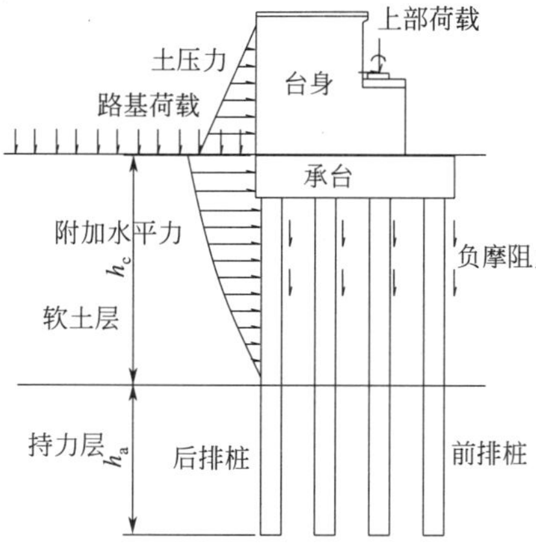

图 4-1-2　软土地基桥台及桩基主要作用力示意图

图 4-1-2 为软土地基上桥台及桩基主要作用力

示意图。从图中可以看出，桥台结构不仅要承受桥梁上部结构传递下来的荷载，同时承受台后的土压力、软土水平移动作用在桩侧的水平附加力、地基下沉在桩侧产生的负摩擦力等。

台后路基填土是外界动力来源，软土地基呈现承载力低、含水率高、压缩性高等不良工程性质。在台后路基荷载的作用下，地基发生下沉和侧向变形，对邻近的桥台桩基产生向下的摩擦力和水平方向的附加力；桩基在上部结构恒载和列车荷载、台后土压力及负摩擦力和水平附加力的作用下，将发生挠曲变形，使桥台产生刚体变形后又将影响台背土压力、桩上的负摩擦力和水平附加力的大小变化，这种变形需要经历较长的时间，即桥台与地基结构物之间的变形、力的变化也是一个反复寻求平衡的过程。

（三）路堤填土对桥台桩基的影响

1. 时效性

现场监测资料揭示，桥台及其桩基由于承受土体侧向压力有可能产生较大位移，台后路基填土和下卧软土的蠕变性，对桥台桩基的侧移影响是不容忽视的。

现场观测和离心模型试验资料表明：桩身的纵向偏移主要发生在路堤初始不排水情况下。随着路堤填土增加、下层软土孔隙水压力的消散及路堤沉降量的增大，桩身偏移逐渐减小。70％的桩顶位移量发生在路堤不排水阶段，余下的30％发生在随后的路堤固结排水阶段中，路堤竖向沉降量的25％～30％发生在不排水阶段。也就是说，路堤初始不排水情况下，路基竖向沉降量小而桩身的侧向偏移量大；随着路基软土排水固结、路堤竖向沉降量的增大，桩身偏移量逐渐减小。实验表明，工程中若条件许可，可以采取先超载预压排水固结，待路基沉降和水平位移稳定之后，再修建桥台桩基础。

2. 影响范围

试验证实：附近路堤超载作用下，桩顶和桥台产生了很大的侧向位移，而沉降很小；在路堤填筑过程中，前排桩的最大弯矩比相应后排桩稍微大一些，随着路堤的填筑，前排桩和后排桩的最大弯矩分别以30％和15％左右的速度递增；剪应力传递发生在软土和地基路堤的交界面，由此引起桩顶处外加荷载的增加，从而造成桩水平位移增加。

现场试验与观测发现：桩身最大弯矩发生在桩头附近或软、硬土分界面附近，最大弯矩的具体位置取决于软土层的厚度。桩顶位移量不仅与路堤填筑高度及下卧软土的不排水抗剪强度有关，还与软土层厚度、软土压缩模量及桩身抗弯刚度有关。

路堤填筑试验结果表明：当桩距离土路堤坡脚大于4倍软土层厚度时，路堤填筑对桩的影响可忽略不计。

3. 软土强度与临界填土高度

国外某大学曾对建于厚13.5 m的软黏土地区的桥台桩基进行了现场监测，分别测定了6根桩的侧向位移和桥台的竖向沉降及侧向位移。结论表明：当填土荷载较小时，桩顶侧向位移和桩身最大弯矩随荷载增加以较小的幅度线性增长；当填土荷载较大时，桩顶侧向位移和桩身最大弯矩以较大的幅度增长。如图4-1-3所示。当桥台沉降达55 mm时，桥台朝路堤方向侧移；当路堤荷载超过3倍下卧软土的不排水抗剪强度S_u时，桥台产生了明显的侧向位移。

根据上述试验结果，若已知软土地基强度，则保障桥台不产生明显侧向位移的最大填土高度（临界填土高度）H_{cr}计算公式如下。

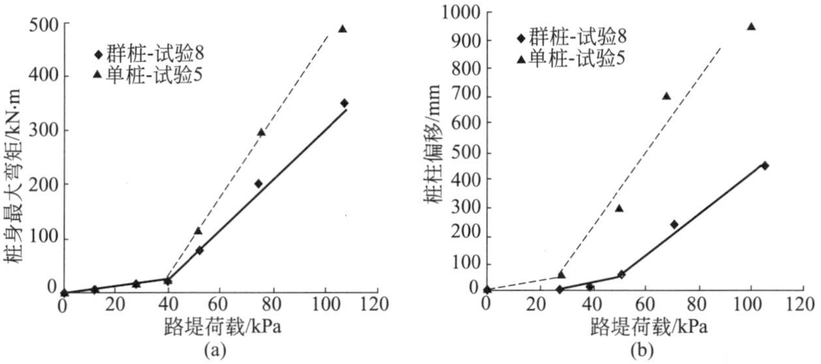

图 4-1-3 桩的反应与填土荷载的关系

$$H_{cr}=\frac{3S_u}{\gamma_h} \tag{4-1-1}$$

式中 S_u——软土地基的不排水抗剪强度(kPa);

γ_h——填土路堤的容重(kN/m³)。

研究表明,当桥台稳定安全系数小于 1.5 时,在桥台桩设计中必须考虑桥头路基填土产生的水平附加力。有研究者还建议,当路堤荷载小于 $3S_u$(对应的安全系数为 1.7)时,桩侧向土压力可忽略不计。

现场观测和试验表明,先行修筑的桥台桩基对桥头路基填筑速率十分敏感,加快填土,基桩挠度变化随即加剧;减缓填土,变化马上缓和。因此,在进行台后路基填筑时,为了减小填土对桩基的不利影响,必须严格控制台后路基填筑速率。

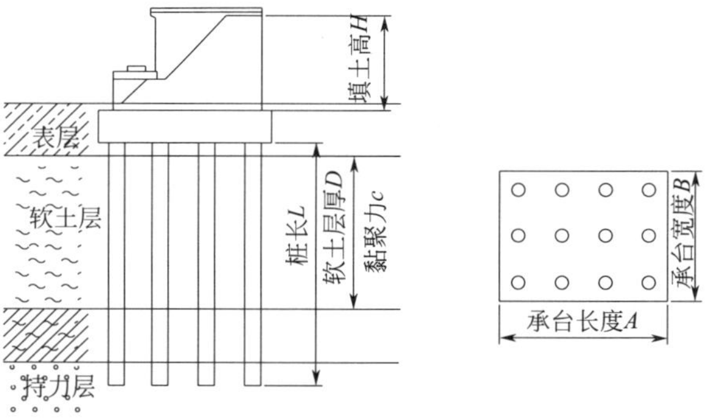

图 4-1-4 判断桥台稳定性计算

(四)桥台稳定性

1. 桥台滑移的判断

判断桥台稳定性计算如图 4-1-4 所示。桥台滑移的判定以填土的稳定系数为基础,并考虑到台后填土高度、基础埋置深度、软土层厚度、软土地基强度、顺桥向桥台基础长度、基础形式等因素,引入三个修正系数,确定移动判断系数 I,即:

$$I=u_1 u_2 u_3 \frac{\gamma H}{c} \tag{4-1-2}$$

式中 $u_1=D/L$——软土层厚度比修正系数;

$u_2=b/B$——基础实体阻力修正系数,b 为桩身宽度;

$u_3=D/A$——桥台长度修正系数,当 $u_3\geqslant 3.0$ 时,取 3.0;

$\gamma H/c$——稳定系数;

c——软土层的黏聚力(kPa);

γ——填土的容重(kN/m³)。

u_1、u_2的值在 0~1.0 之间。

当 $I<1.5$ 时，桥台无滑移危险；$I\geqslant 1.5$ 时，桥台有滑移危险。

以飞云江特大桥福州台为例，如图 4-1-5 所示。软土层厚度 40 m，呈流塑状态，强度 $\sigma_0=40$ kPa，基础为钻孔灌注桩，桩径 1.25 m，桩长 58 m，桩数 4×3；承台尺寸：12.3 m×9 m×2.5 m；台后设交通框架桥，基础采用 ϕ50 cm 预应力混凝土管桩。桥址处路基和软土参数见表 4-1-1。

表 4-1-1　飞云江特大桥福州台路基与软土层参数

区　　号	容重(kN/m³)	黏聚力(kPa)	内摩擦角(°)
①路基本体	19.000	10.000	35.000
②过渡段	21.500	0.000	42.000
③表层	17.900	29.500	9.100
④软土层	15.800	7.200	4.300

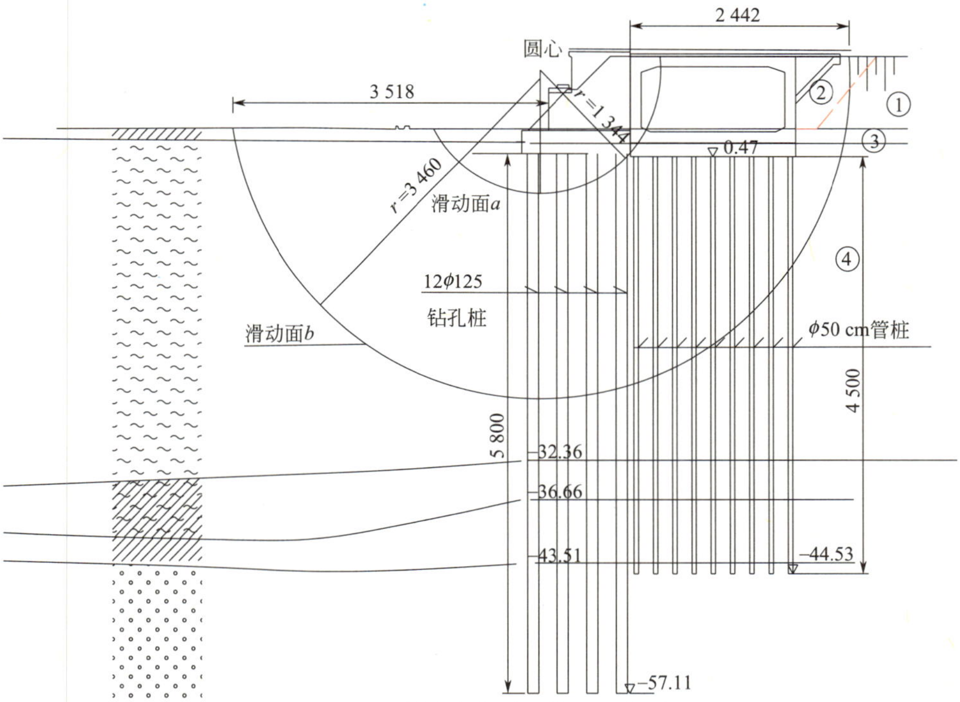

图 4-1-5　桥台与滑动面位置示意图

注：1. 图中高程单位 m，其余尺寸单位 cm；2. a—不考虑框架桥时的滑动面；b—考虑框架桥影响时的滑动面

不考虑框架桥影响时，按式(4-1-2)计算桥台前移判断系数 I：

$$I=u_1u_2u_3\frac{\gamma H}{c}$$

$$=0.566\times 0.417\times 2.669\times 15.833=9.97$$

桥台前移判断系数 I 远大于 1.5，桥台有滑移的危险。

2. 桥台水平位移的控制标准

考虑桥台水平位移的控制标准需要包括两个方面的内容：第一，考虑桥台台身及基础的结构强度，在各种荷载组合的最不利情况下，桥台不能发生结构上的破坏；第二桥台的水平侧移要满足所规定的变形限值。桥台结构的强度可以根据桥梁结构设计规范来控制，但我国铁路规范中没有具体规定桥台侧移产生的控制标准，只对墩台顶帽面顺桥方向的弹性水平位移做了规定。

有资料显示，国外曾提出了桥台水平移动的位移控制标准。Moulton 等作了很详细的研究，发现如果桥台只发生水平移动，能够容忍相对比较大的水平位移；然而当竖向沉降和水平位移同时发生时，混凝土桥容易发生破坏；当水平位移不超过 25 mm 时，大部分桥台能够承受这个位移；当水平位移超过 50 mm 时，绝大多数桥台就不能够容许了。在这个基础上，Moulton 等推荐 38 mm 作为桥台水平位移的控制标准，认为 38 mm 可能是设计使用中最合理的一个限制，见表 4-1-2。

表 4-1-2　桥台水平位移控制标准(Barker 等)

水平位移(mm)	结　　果	参考文献
25	没有病害	Bozozuk(1978)
38	在大多数情况下能够容忍	Moulton 等(1985)
50	结构破坏	Walkinshaw(1978)
50	有害但能够容许	Bozozuk(1978)
50	通常不能容许	Wahls(1990)

二、桥台桩侧附加水平力计算研究

桥台后路堤填土和桥台锥坡都会在桥台地基中产生附加竖向压应力，在《铁路桥涵地基和基础设计规范》(TB 10002.5—2005)中提供了台后路基及锥体对基底前后边缘的附加竖向压应力的计算公式和系数表。计算时一般取无限长(−∞,∞)路基荷载引起的附加竖向应力的一半简化计算，实际上这种计算在理论上存在较大误差。本文根据弹性理论的有关计算公式和叠加原理，详细推导了任一宽度台后路基及锥体引起桥台地基附加竖向压应力的计算公式，然后基于附加竖向压应力公式和水平位移土体下桩-土相互作用性状，提出求解单桩和排桩附加水平力的理论计算公式，并与实测结果进行对比分析。

(一)台后路基填土引起的基底附加竖向压应力计算

1. 矩形面积三角形分布荷载最大载强度为 p 角点下附加竖向压应力计算公式

根据弹性理论，矩形面积三角形分布荷载角点下附加竖向压应力 σ_z 计算如图 4-1-6 所示，据此可以导出台后路基填土引起基底任意一点的附加竖向压应力的计算公式。

矩形面积三角形分布荷载最大载强度为 p 角点下的附加竖向压应力 σ_z：

$$\sigma_z=\frac{p}{2\pi}\left[\arcsin\frac{mb}{\sqrt{b^2+z^2}\sqrt{m^2+z^2}}+\frac{mbz}{(m^2+z^2)\sqrt{b^2+m^2+z^2}}+\frac{mz}{b\sqrt{b^2+m^2+z^2}}-\frac{mz}{b\sqrt{m^2+z^2}}\right] \tag{4-1-3}$$

2. 矩形面积梯形分布荷载引起附加竖向应力 σ_z 计算公式

由于路基填土形成的是梯形分布荷载，一般情况下，可看做路基填土关于 z 轴对称，如图 4-1-7 所示。路堤填土的容重和高度分别为 γ_H 和 H，荷载强度为 $p=\gamma_H H$，顶宽为 $2a$，两侧坡宽均为 l，它在 $M(x,z)$ 点产生的附加竖向压应力为 σ_z：

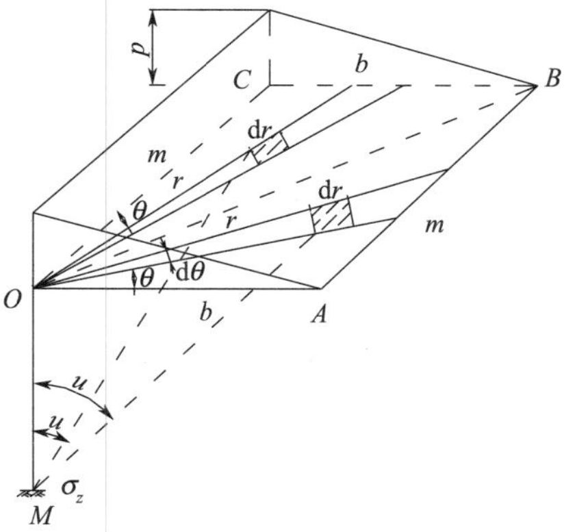

图 4-1-6　矩形面积三角形分布荷载角点下附加竖向压应力计算图示

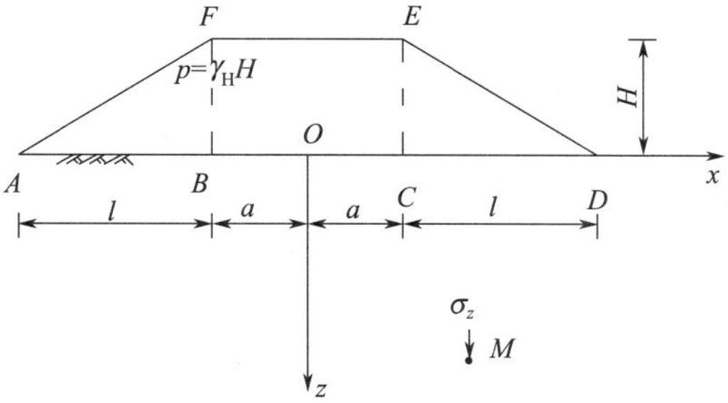

图 4-1-7　矩形面积梯形分布荷载作用下 M 点附加应力计算图示

$$
\begin{aligned}
\sigma_z=&\frac{p(a+l+x)}{2\pi l}\left[\arcsin\frac{m(a+l+x)}{\sqrt{(a+l+x)^2+z^2}\sqrt{m^2+z^2}}+\right.\\
&\frac{m(a+l+x)z}{(m^2+z^2)\sqrt{(a+l+x)^2+m^2+z^2}}+\frac{mz}{(a+l+x)\sqrt{(a+l+x)^2+m^2+z^2}}-\\
&\left.\frac{mz}{(a+l+x)\sqrt{m^2+z^2}}\right]+\frac{p|a+l-x|}{2\pi l}\left[\arcsin\frac{m|a+l-x|}{\sqrt{|a+l-x|^2+z^2}\sqrt{m^2+z^2}}+\right.\\
&\frac{m|a+l-x|z}{(m^2+z^2)\sqrt{|a+l-x|^2+m^2+z^2}}+\frac{mz}{|a+l-x|\sqrt{|a+l-x|^2+m^2+z^2}}-\\
&\left.\frac{mz}{|a+l-x|\sqrt{m^2+z^2}}\right]-\frac{p(a+x)}{2\pi l}\left[\arcsin\frac{m(a+x)}{\sqrt{(a+x)^2+z^2}\sqrt{m^2+z^2}}+\right.\\
&\left.\frac{m(a+x)z}{(m^2+z^2)\sqrt{(a+x)^2+m^2+z^2}}+\frac{mz}{(a+x)\sqrt{(a+x)^2+m^2+z^2}}-\frac{mz}{(a+x)\sqrt{m^2+z^2}}\right]-\\
&\frac{p|a-x|}{2\pi l}\left[\arcsin\frac{m|a-x|}{\sqrt{|a-x|^2+z^2}\sqrt{m^2+z^2}}+\frac{m|a-x|z}{(m^2+z^2)\sqrt{|a-x|^2+m^2+z^2}}+\right.\\
&\left.\frac{mz}{|a-x|\sqrt{|a-x|^2+m^2+z^2}}-\frac{mz}{|a-x|\sqrt{m^2+z^2}}\right]
\end{aligned}
\tag{4-1-4}
$$

令 k 为附加应力系数，则式(4-1-3)、式(4-1-4)可简写为：

$$\sigma_z=kp=k\gamma_{\mathrm{H}}H \tag{4-1-5}$$

3. 桥台锥坡产生的附加竖向压应力

桥台锥体的几何图形简化为半径为 l，高度为 H 的 1/4 圆锥体，其对 $M(x,z)$ 点产生的附加竖向压应力计算方法：等效于荷载大小等于 1/4 锥体重量的集中力作用在 1/4 锥体形心位置$(l/\pi,l/\pi)$处，对 $M(x,z)$ 点产生的附加竖向压应力值。

$$\sigma_z=k_1p_1 \tag{4-1-6}$$

由前面的分析和推导可知，台后路基及锥体引起的地基附加竖向压应力 σ_z 为式(4-1-5)与式(4-1-6)之和，即：

$$\sigma_z=kp+k_1p_1 \tag{4-1-7}$$

(二)桩侧附加水平力计算

目前计算桩侧附加水平力的计算方法主要有:“侧压力系数法”和“A. A 鲁加法”和绕流阻力法等。

1. 侧压力系数法

按弹性半无限空间理论计算桥头路基填土自重对地基产生的附加竖向压力,然后乘以侧压力系数,就可以求得地基基础上的附加水平压应力,计算图式概化为倒梯形,地面以下深度为 z 的附加水平压应力 σ_y 为:

$$\sigma_y=\xi\sigma_z=\xi k_z\gamma H \tag{4-1-8}$$

式中　ξ——侧压力系数,$\xi=\mu/(1-\mu)$,μ 为地基土的泊松比;

σ_z——路基荷载在地面深度 z 处产生的附加竖向压应力(kPa);

k_z——路堤填土在地面深度为 z 处产生的附加竖向压应力系数;

γ——桥头路基填土重度(kN/m^3);

H——路基填土高。

侧压力系数法得到 σ_y 是单位面积上的压力,要换算单位桩长的附加水平力则要乘以基础侧面土抗力的计算宽度,即单位桩长的附加水平力 p:

$$p=b_0\sigma_y \tag{4-1-9}$$

式中　b_0——计算宽度。

侧压力系数法是基于以下几点假定。

(1)桥头路堤填土为地面以上一端为无限长的均布荷载,其对地基各土层之附加竖向压应力,按条形基础以角点法来计算。仅计台尾后面路基部分填土,不计桥台两锥体护坡的影响。填土与桥台圬工接触面的摩擦力,作为安全储备不计入。

(2)地基为多层不同性质的软土时,ξ 取加权平均值,并假定同一土层为各向同性的匀质土。

(3)附加水平力分布图形的计算深度,如基础上部为软土,下部为非软土层,则算至软土层底面为止;如基础全部在软土中,则算至竖向附加压应力 σ_z 与地面线以下的自重压力 σ_{cz} 之比等于 10%处,即:

$$\sigma_z=0.1\times\sigma_{cz}$$

$$k_z\gamma_H H=0.1\gamma_z Z$$

故分布深度

$$Z=10k_z H\frac{\gamma_H}{\gamma_z} \tag{4-1-10}$$

式中　γ_z——距地面深度为 z 以上的天然土层的平均容重。

Z 值可通过试算来求得。倘基础上部为软土下部为非软土层时,则计算深度可算至软土层面为止。

(4)为了便于计算,将理论分布曲线概化为直线分布,则附加水平力的分布图形为倒梯形,如图 4-1-8 所示。

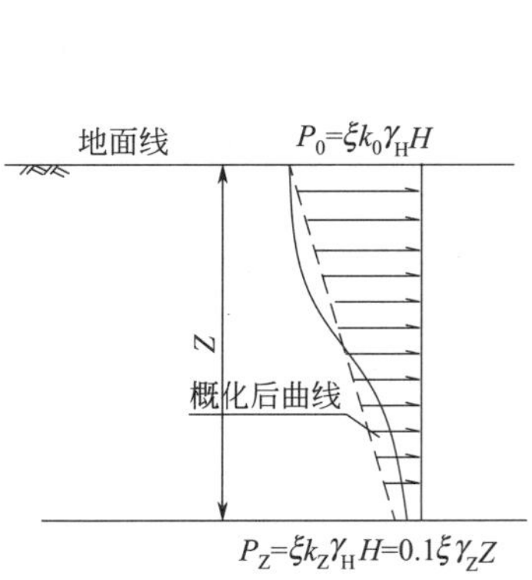

图 4-1-8　倒梯形概化图示

按总水平力不变为原则概化,假设理论分布曲线的总水平力为 P,概化为倒梯形的总水平力为 P',则 $P=P'$,故

$$P=\frac{1}{2}(p_0+p_z)Z$$

取　$p_0=\xi k_0\gamma_H H$

当　$\gamma_z=\gamma_H$ 时，$Z=10k_z H$

则　$$P=5k_z H p_z+5\xi\gamma_H k_0 k_z H^2 \quad (4\text{-}1\text{-}11)$$

式中　k_0——地面处附加竖向压应力系数；

$\sigma_{z=0}=k_0\gamma_H H$，为地面处产生的附加竖向压应力(kPa)。

2. A. A 鲁加法

A. A 鲁加法是计算桥头填土在地面以下对地基土所引起的附加水平力的近似计算法，其概化分布图形及假定条件如下：

(1)假定台后及基础的填土摩擦力不予考虑，而把它作为安全储备，按平面理论的假定来分析。

(2)假定在初始阶段桥头填土与桥台后缘有缝隙，此时这部分无土压力的作用，在地基部分有水平侧压力。由于桥头填土对地基土的压实作用，随后使其产生的破坏棱体移动时才紧贴于桥台而产生桥台后的土压力。

(3)采用桥头填土作为沿弹性半空间表面作用的均匀分布荷载，同时利用均匀土层线性变化的土力学计算方法，就可以得出通过桥台基础后缘铅直面的应力分布图形。计算图式概化为倒三角形，如图 4-1-9 所示。其水平直角边数值见表 4-1-3，在土中的计算分布深度 $H_1=2\xi H$。

地面处附加水平侧压力：　$\sigma_0=\xi\gamma_H H$　(4-1-12)

式中　ξ——地基土的侧压力系数；

H——路基填土高度。

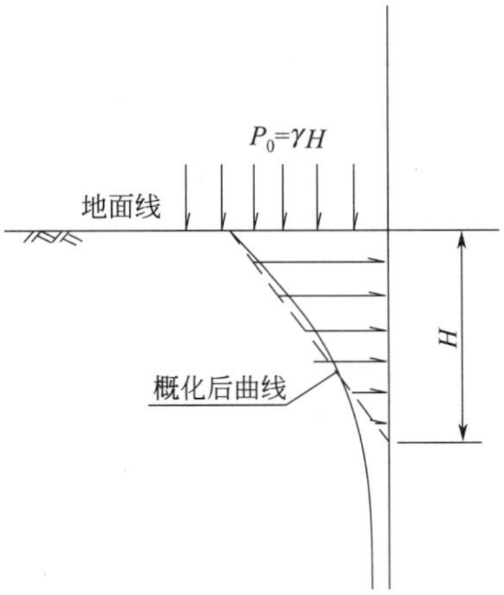

图 4-1-9　倒三角形概化图示

表 4-1-3　桥台附加水平力直角边的数值表

土　壤　类　别	水平直角边的数值
硬塑砂质黏土和黏土	$0.2\gamma_H H$
密实砂、砾石、砂质黏土及半硬稠性黏土	$0.35\gamma_H H$
中等密实的砂和黏性砂土、可塑砂质黏土和黏土	$0.50\gamma_H H$
松散的砂和黏性砂土、粉砂、软塑黏土和砂质黏土	$0.65\gamma_H H$
流塑砂质黏土和黏土、淤泥	$0.75\gamma_H H$

3. 绕流阻力法

该方法是基于极限平衡理论推导了无限土层中土体沿水平方向绕桩滑动时桩身受到的绕流阻力公式，并对绕流阻力公式进一步修正同时考虑了桩间距的影响。假设土层沿水平向对垂直桩作相对运动，桩表面粗糙，得到单位桩长上的绕流阻力公式，该公式适用于计算土体移动产生的作用于桩身的极限侧压力，其计算表达式如式(4-1-13)所示。

$$p=(\sigma_z+\sigma_c)\frac{(1-\sin\varphi)e^{\frac{\pi}{2}\tan\varphi}}{4\tan^2\varphi+1}\left\{e^{\pi\tan\varphi}\left[3\tan\varphi\cos\mu+(2\tan^2\varphi-1)\sin\mu+\frac{4\tan^2\varphi+1}{1-\sin\varphi}\sin\mu\right]+\left[3\tan\varphi\sin\mu-(2\tan^2\varphi-1)\cos\mu-\frac{4\tan^2\varphi+1}{1+\sin\varphi}\cos\mu\right]\right\}d \quad (4\text{-}1\text{-}13)$$

式中 p——土体移动对桩产生的附加水平侧压力(kN/m);

σ_z——填土在地基中产生的附加竖向压应力(kPa);

c、φ——软土地基的黏聚力(kPa)和内摩擦角(°);

d——桩径(m)。

$$\sigma_c = c\cot p$$

$$\mu = \frac{\pi}{4} + \frac{\varphi}{2}$$

其中 σ_c——黏聚压力;

p——台后路基及锥体对基底后边缘的附加竖向压应力。

利用绕流阻力法和侧压力系数法计算飞云江特大桥福州台桩基(单桩)水平附加力见表4-1-4。

表 4-1-4 飞云江特大桥福州台桩基(单桩)水平附加力计算结果

计算方法 / 深度 z(m)	绕流阻力法(kN/m)	侧压力系数法	
		σ_z(kPa)	$p=b_0\sigma_z$(kN/m)
2(承台底)	124.7	84.1	124.0
4	125.0	84.4	124.4
8	125.4	85.0	125.3
12	123.3	82.2	121.2
16	118.6	76.1	112.2
20	112.9	68.7	101.3
24	107.4	61.5	90.7
28	102.4	55.1	81.2
32	98.2	49.5	73.0
36	94.5	44.8	66.0
40(软土层底)	91.4	40.8	60.1

从表4-1-4看出,两种计算方法软土层上部计算结果比较接近,往下结果相差较大,绕流阻力法的计算值略大于侧压力系数法结果。对于本桥第一个弯矩零点($z=19$ m)以上的附加水平侧压力,两者十分接近。

4. 计算方法比较及结论

(1)绕流阻力法和侧压力系数法基本上反映了地基土和路基填土对地基基础的影响,计算地面以下全部影响深度内的附加水平力值,从理论上来说都是合理的。但是,绕流阻力法更加充分地考虑了软土在桩周绕流时对桩的影响,得到的是极限水平力,当软土地质条件差,路堤填土比较高时,更加适合于采用绕流阻力法,并且绕流阻力法能考虑的地基的强度特性(c、φ)、桩径等参数对侧压力的影响,在理论上更加完备和合理。

(2)A. A 鲁加法虽然在计算中考虑了地基土的多层性和相应的侧压力系数值,但压力的分布图形是以中等密实土所假定的倒三角形为模型,计算深度受到一定限制($2\xi H$),小于侧压力系数法。而且倒三角形的水平直角边假定 $\sigma_0=\xi\gamma_H H$,它与桥头路基假定一端为无限长均匀荷载作用时地基附加压力 $\sigma_0=\xi k_0\gamma_H H$ 相差较大，同等条件下，其计算结果较侧压力系数法要小。

(3)A. A 鲁加法则是一种经验近似公式，该法计算结果与实际产生的附加水平力值误差较大，因此不适宜在软土地基计算中采用。绕流阻力法理论根据是软土的流动性，侧压力系数法根据土力学原理建立，对于深层软土地基、路堤填土较高时，建议采用侧压力系数法计算附加水平力，必要时可用绕流阻力法校验。

(4)在计算桥头路基对地基产生附加水平力时，必须根据路基的填土高度、填料容重、地基土性质、桥台和基础的类型、施工方法和桥台与路基施工的先后顺序及其他周边荷载的情况等全面分析研究。当路基填土早于桥台施工的时间间隔较长时，或地基经过处理后，在基础设计中宜考虑路基土的预压效果，此时侧压力系数可适当减小，甚至不计附加水平力对基础的影响。

(5)在计算基础承受附加水平力时需同时计及桥头路基上的静活载，并于路基填土的压力组合来计算对地基各土层的附加竖向压应力。

(6)软土地区的桥台，当计及桥头路基填土对基础产生的附加水平压力后，为了增加桥台抵抗水平位移的能力，适当设置斜桩，或采取其他分担水平力的措施。

三、路堤填土引起的附加水平侧压力对基础的影响

对于软土地基桥台桩基础而言，对桩按弹性基础考虑土的弹性抗力进行计算时，由于附加水平侧压力的作用，将使桩的水平位移，桩身上端弯矩及桩在土中的第一个弯矩零点位置都会有明显的改变，但是对于附加于桩身第一个弯矩零点以下至第二个弯矩零点之间的水平侧压力对桩的弹性变形和弯矩来说是有利的，此处压力的方向是桩身弯曲的相反方向，约束了桩身的弯曲变形，改善了桩的受力状况。

根据现行桥梁桩基的计算办法，是把桩身在土中受附加水平侧压力进行了简化。

1. 计算假定

(1)如图 4-1-10 所示，假设桩与承台为固结(固端 a)，第一个弯矩零点为铰结(铰结端 b)，取承台底至第一个弯矩零点的距离 y_0 为弹性梁的跨度，仅计弹性梁一侧承受土压力，而不计另一侧地基土的抗力。

(2)第一个弯矩零点以下的附加水平侧压力，其作用虽对基桩上部的受力状况有利，但其强度已逐渐减小，为简化计算，将其作为安全储备不予计入。

(3)对于行列式排列的桩基，假定承台底以下的全部附加水平侧压力均由后排桩承受；对于梅花形排列的桩，则假定由后两排桩共同承受，但如第一排桩的计算宽度大于桩的中心距时，仍由第一排桩全部承受。

(4)基础埋置深度承台底以上范围内的附加水平力忽略不计。

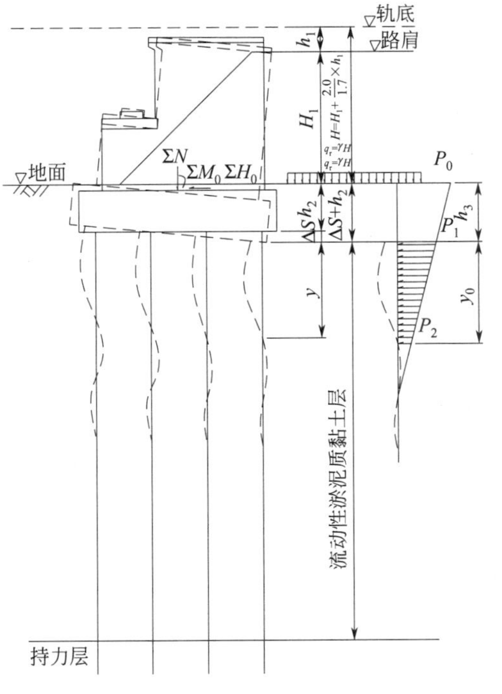

图 4-1-10 台后路基填土对桩基产生的附加水平力和变形示意图

2. 桥台基础计算方法

(1)作用于桩基上的附加水平侧压力按倒梯形概化计算，计算深度 y_0 为承台底至第一个弯矩零点距离，承台底单桩的固端弯矩 M_a 和水平反力 R_a：

$$M_a=(7P_2+8P_1)y_0^2/120 \tag{4-1-14}$$

$$R_a=(9P_2+16P_1)y_0/40 \tag{4-1-15}$$

(2)将假定承受水平侧压力的所有桩的 M_a、R_a 加入承台底的 $\sum M_0$、$\sum H_0$ 中，按桩基计算方法求出 y_0'，若 y_0' 与 y_0 相等，则假设正确，可继续进行桩基的计算，否则须再假定 y_0 重复以上步骤算至 y_0' 与 y_0 相等为止，再进行后面的计算。

(3)在计算中必须注意单桩的计算宽度不得超过桩的中心距，防止多算互相重叠部分的水平侧压力。

四、深厚软土地基桥台桩基础侧移控制研究

以温福线财桥特大桥温州台为例分析。

1. 工点概况

财桥特大桥温州端桥台高 10.5 m，基础为深厚软土地段，在台后填土作用下，桥台桩基础承受较大的附加水平力，软土地基也存在发生塑性流动的可能。桥台采用钻孔桩基础，如图 4-1-11 所示。

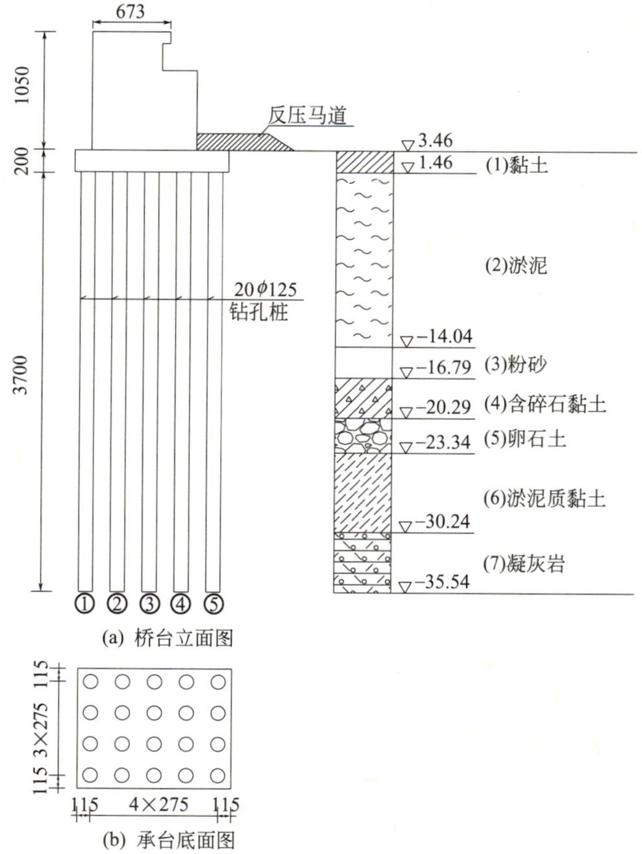

图 4-1-11　桥台基础布置图(高程单位：m，尺寸单位：cm)

(1)工程地质条件

按各岩土层的工程地质性质将温州桥台所揭露的岩土体划分为 7 个土层。各岩土层的工程地质特性见表 4-1-5、表 4-1-6。

表 4-1-5　各岩土层计算参数

土层编号	容重(g/ cm³)	天然孔隙比	压缩模量(MPa)	渗透系数(10^{-6} cm/s)		黏聚力(kPa)	泊松比	摩擦角(°)
				k_v	k_h			
(1)	1.86	1.14	3.25	0.03	0.05	9.96	0.35	11.67
(2)	1.55	2.24	1.29	0.05	0.071	3.33	0.35	4.15
(3)	1.80	—	12.0	8.0	9.0	2.40	0.30	35.0
(4)	1.90	—	15.0	0.4	0.6	10.0	0.25	40.0
(5)	2.00	—	35.0	7.0	8.0	5.0	0.20	40.0
(6)	1.85	1.3	5.69	0.04	0.07	4.6	0.25	11.65

表 4-1-6　室内岩石试验成果统计表

土层编号	指标	干燥抗压强度(MPa)	饱和抗压强度(MPa)
(7)	标准值	45.71	42.17

(2)路堤填土加载方案

实际工程中通常将路堤填土分级填筑，填筑过程一般还需根据施工过程中的监测资料加以调整，以确保路堤的安全。在设计计算中，假定填土共分十级填筑，每级填土所用时间均按 30 天计，如图 4-1-12 所示。

2. 天然软土地基上桥台的计算分析

(1)计算模型

目前大多数计算中，都没有考虑软黏土的固结特性，而是将土体视为弹性或弹塑性体，采用相应的本构关系进行计算。本文采用 Mohr-Coulomb 模型模拟土骨架，同时考虑了土体的固结特性，对在天然地基上修建桥台的情况进行了模拟。

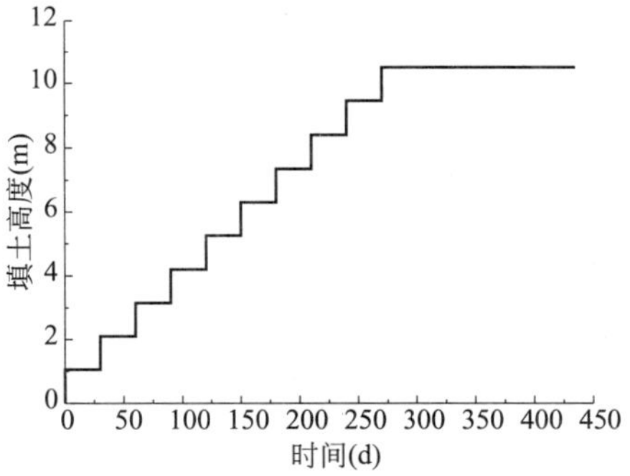

图 4-1-12　填土加载方案

为了能够对软基桥台进行二维有限元分析，首先将空间的桥台桩基(抗弯刚度为 $E_p I_p$)简化为等效的平面板桩(抗弯刚度为 EI)，这样就将复杂的三维问题转化为平面应变问题进行分析。其等效原则如下：

$$E_p I_p + E_s I_s = uEI \tag{4-1-16}$$

式中　$E_s I_s$——桩间土体的抗弯刚度；

u——纵向桩间距。

计算中所采用的桥台桩基参数见表 4-1-7。

表 4-1-7　桥台桩基计算参数

桥台桩基弹性模量(MPa)	单桩抗弯刚度(kN/m²)	桩间土抗弯刚度(kN/m²)	纵向桩间距(m)	等效抗弯刚度(kN/m²)
30 000	3 594 000	2 640	2.75	1 307 869

采用 ADINA 通用有限元程序对天然软土地基桥台建立平面应变模型，如图 4-1-13 所示。计算中采用的土体参数见表 4-1-5、表 4-1-6。

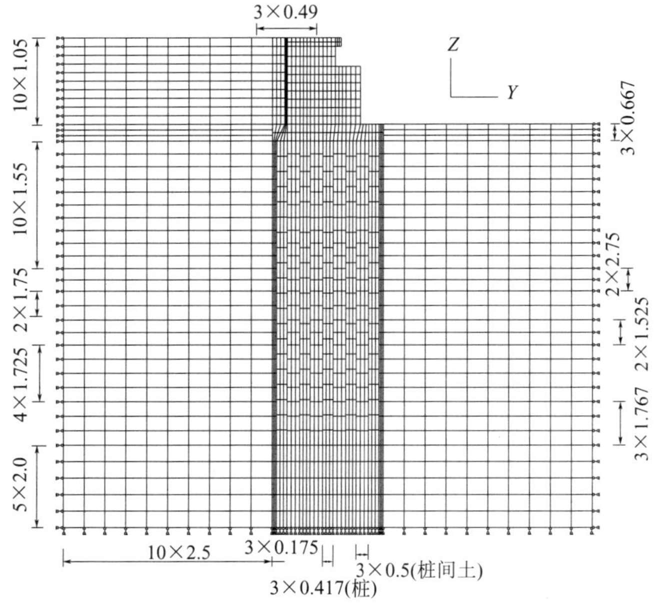

图 4-1-13　桥台的有限元模型图（单位：m）

（2）桩体挠度及桩侧水平力计算结果

天然地基上桥台桩基在填土作用下的整体挠度如图 4-1-14 所示。由于桩体顶端和底部的约束作用，后排①号桩～前排⑤号桩的挠度基本相同。现以①号桩为例，给出桩在各级填土稳定后的挠度计算结果，如图 4-1-15 所示。随着填土的增加，桩身挠度增加很快，当第六级填土稳定后，桩的最大侧移值位于桩顶为 37.51 mm。

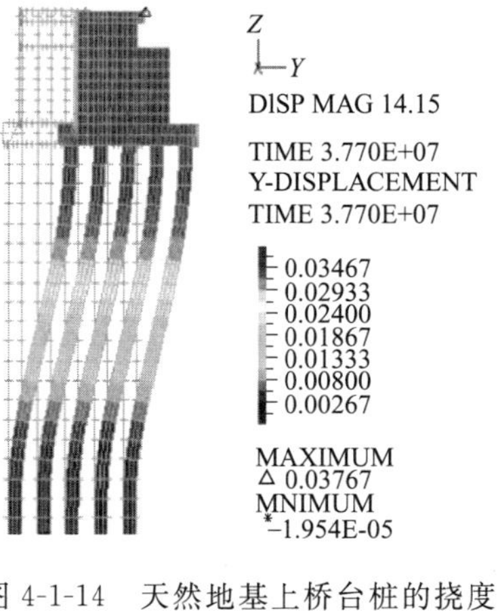

图 4-1-14　天然地基上桥台桩的挠度

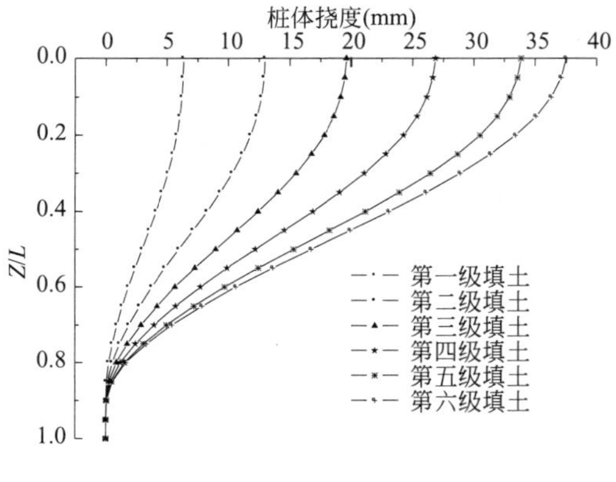

图 4-1-15　天然地基上①号桩挠度

注：Z 为从桩顶到桩侧某一节点的距离，L 为桩长。

桩侧水平力也随着地基土的侧向变形而发展。现仅给出前排桩和与后排桩的桩侧水平力计算结果，如图 4-1-16、图 4-1-17 所示，可见在软土层内（$Z/L=0\sim0.86$），前排桩与后排桩桩侧水平力分布规律基本相同，而在硬土层则区别很大。前排桩桩侧水平力在硬土层沿深度方向先显著增大，又急骤减小；后排桩桩侧水平力则是先急骤减小，又迅速增大，再突然减小。但是桩侧最大水平力基本都位于土层与岩层分界面处，前排桩最大桩侧水平力为 1 593.7 kN（$Z/L=0.9$），后排桩最大桩侧水平力为 669.5 kN（$Z/L=0.8$），同时地基土的成层性对桩侧水平力影响很大。

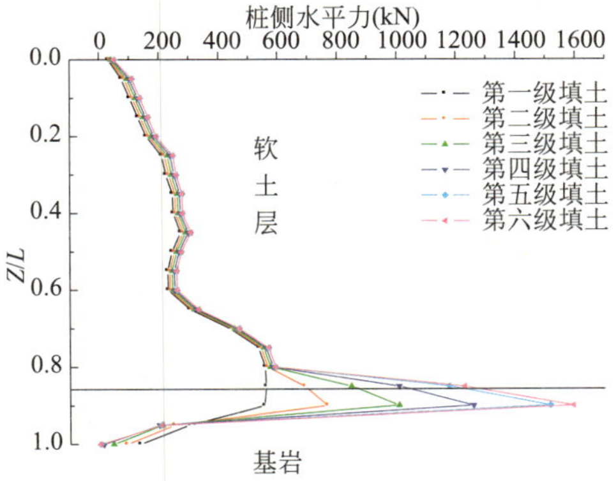

图 4-1-16　桥台前排桩桩侧水平力

注：Z 为从桩顶到桩侧某一节点的距离，L 为桩长。

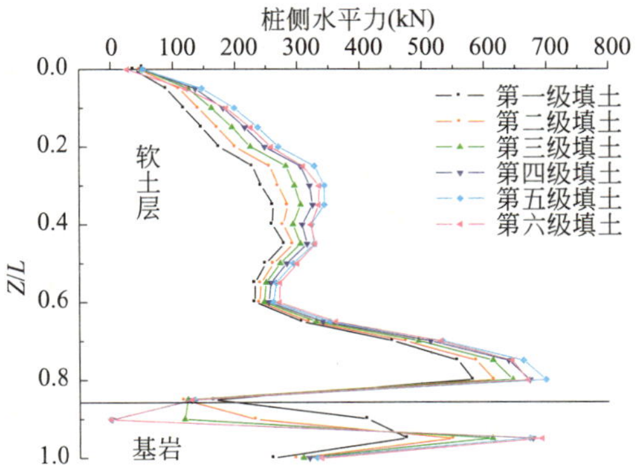

图 4-1-17　桥台后排桩桩侧水平力

注：Z 为从桩顶到桩侧某一节点的距离，L 为桩长。

图 4-1-18 为软土层底部（$Z/L=0.8$）后排桩桩侧土压力随时间的变化规律。由图中可见，桩侧土压力并不是一直增长，而是在填土施加的瞬间达到峰值后，随着土体的固结，又缓慢下降。

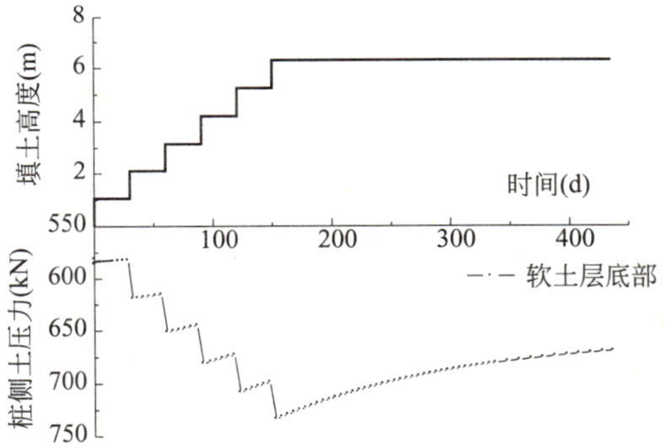

图 4-1-18　天然地基桥台桩侧土压力随时间的变化

（3）桥台及地基土位移计算结果

计算结果表明，由于地基承载力过低，天然地基在填土作用下，地基土发生了较大的沉降和侧移，如图 4-1-19、图 4-1-20 所示。由于地基承载力过低，在台后填土 6.3 m 时，桥台前后地基沉降差别很大，台后软土沉降最大达到 27.08 cm，最大侧移则为 4.79 cm。而在台后填土压力的作用下，台前软土则发生了轻微的隆起，最大值约 2 cm，且台后软土层有向前滑移的趋势，桩处于受剪状态。考虑到还有 4 层（4.2 m）填土尚未施加，可见地基承载力显著不能满足要求。

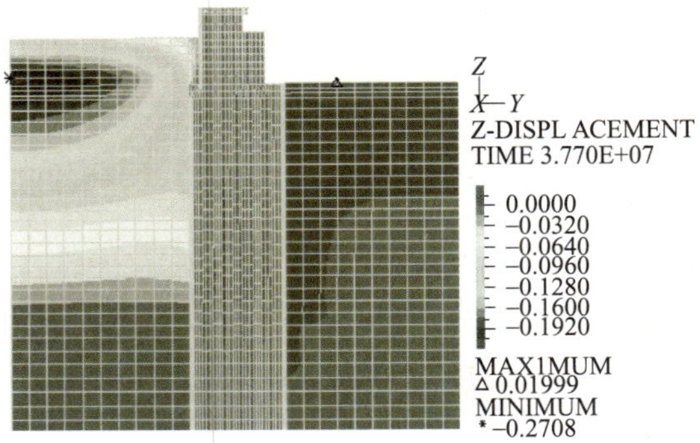

图 4-1-19　沉降云图

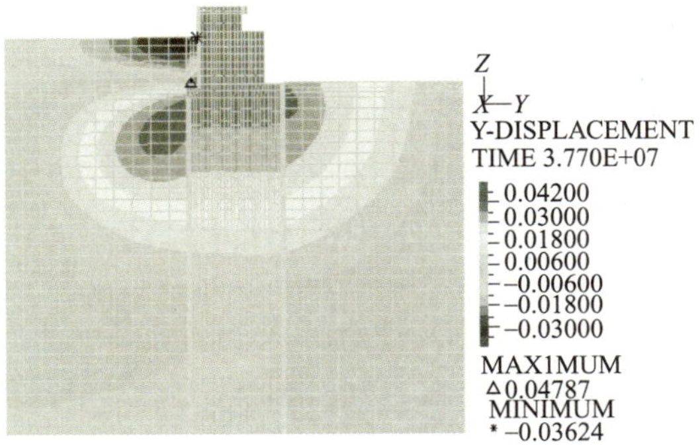

图 4-1-20　侧移云图

图 4-1-21 和图 4-1-22 分别给出了桥台的沉降和侧向位移随着填土的增加而发展变化的情况。可以看出，桥台发生的沉降值很小，最大值只有 1.09 mm。但是侧向位移值则很大，最大值达到 42.1 mm。这说明对于软基桥台而言，水平向受力更为不利，在设计和施工中应该加以重视。

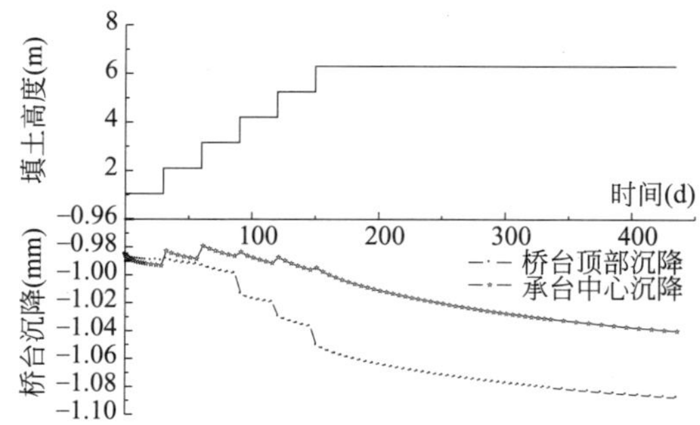

图 4-1-21　天然地基上桥台沉降变化

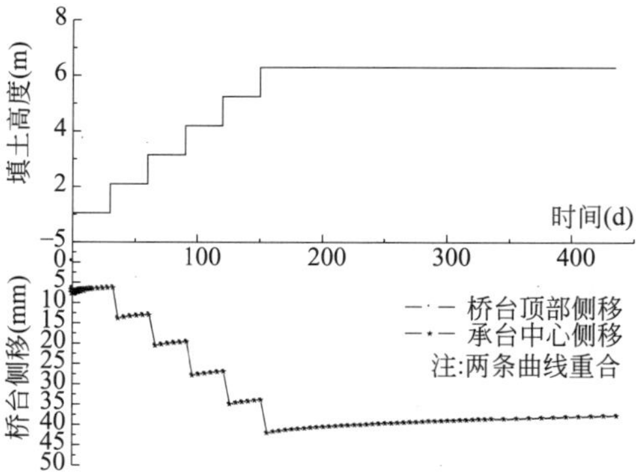

图 4-1-22　天然地基上桥台侧移变化

3. 搅拌桩复合地基上修建桥台的计算分析

(1)计算模型

搅拌桩平面为行列式布置，桩间距 2.5 m，桩径 0.5 m，桩长 17.5 m，贯穿土层(1)和土层(2)。由于搅拌桩施工的特殊性，在桩体混凝土达到设计强度后，土体中的孔隙水压力基本消失，而土体与搅拌桩形成共同变形、共同承担外荷载和透水性很低的复合地基。所以在计算时，可以不考虑土体固结特性。

本文采用平面模型进行计算，需将行列式布置的搅拌桩(抗弯刚度为 E_pI_p)与桩间土(抗弯刚度为 E_sI_s)简化为等效的板桩，其等效原则与桥台桩基的转化相同。搅拌桩桩基参数见表 4-1-8。

表 4-1-8　搅拌桩计算参数

搅拌桩基弹性模量(MPa)	单桩抗弯刚度(kN/m²)	桩间土抗弯刚度(kN/m²)	纵向桩间距(m)	等效抗弯刚度 kN/m²)
2 500	7 750	836	2.5	3 434

有限元模型网格划分主要尺寸及边界条件如图 4-1-23 所示。计算中采用的土体参数见表 4-1-5 及表 4-1-6。

(2)桩体挠度及桩侧水平力计算结果

搅拌桩复合地基上桩体的挠度计算结果如图 4-1-24 所示，可见地基强度提高后，桩身挠度最大值最初位于桩身中部，随着填土的增加，逐渐向上移动。第十级填土施加完毕后，桩体的最大挠度点位于桩顶，其值为 13.92 mm。第六级填土稳定后，桩身最大挠度为 6.38 mm，较天然地基情况下的结果下降了 83%。

前排桩与后排桩的桩侧水平力如图 4-1-25、图 4-1-26 所示，可见采用搅拌桩处理后，桩侧水平力增长速度明显降低，这表明地基的侧向变形得到了有效的控制。前排桩与后排桩桩侧水平力最大值分别为 707.61 kN(Z/L=0.85)和 722.0 kN(Z/L=0.8)，基本都位于土层与基岩的分界面处。第六级填土稳定后，前排桩和后排桩桩侧水平力与天然地基情况下的计算结果同比分别下降了 60.6%和 3.7%。

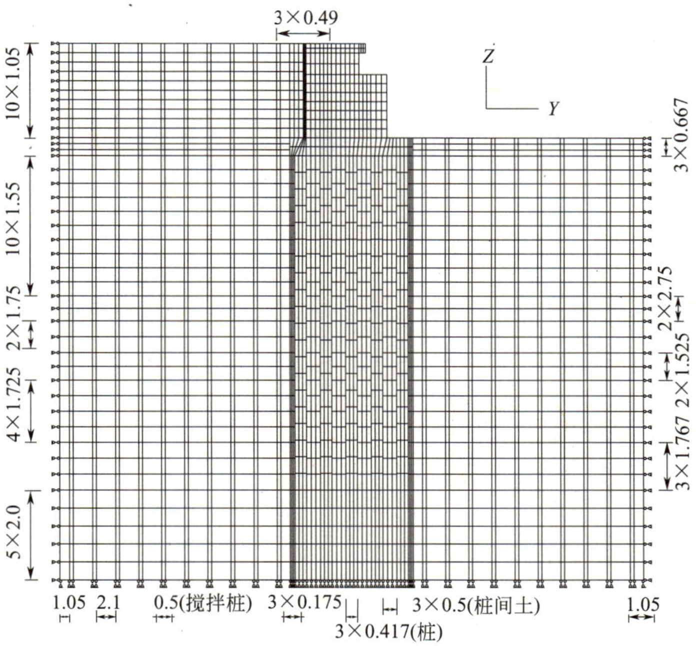

图 4-1-23　复合地基上修建桥台的有限元模型(单位:m)

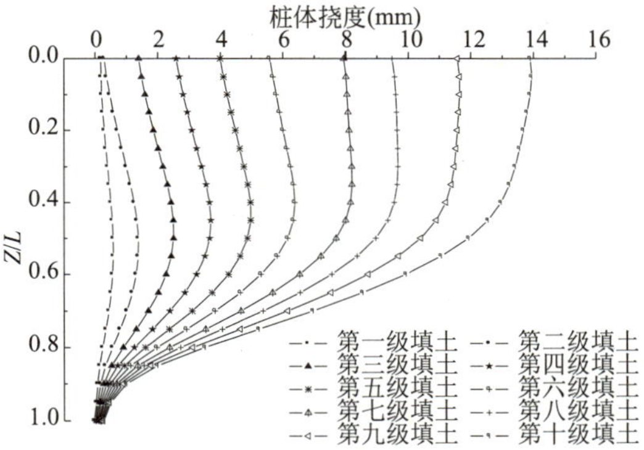

图 4-1-24　搅拌桩复合地基上桩体的挠度

注:Z 为从桩顶到桩侧某一节点的距离,L 为桩长。

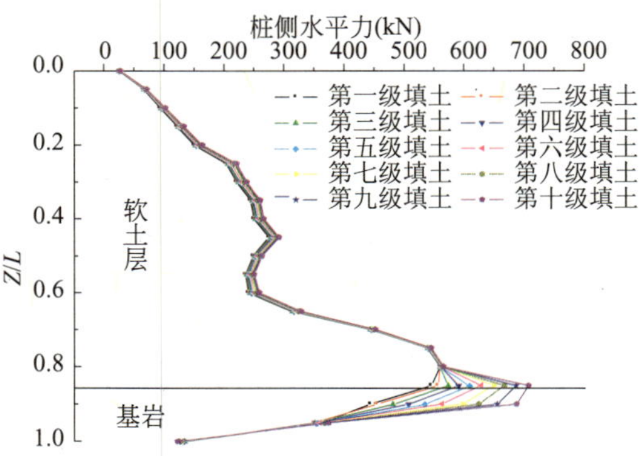

图 4-1-25　桥台前排桩桩侧水平力

注:Z 为从桩顶到桩侧某一节点的距离,L 为桩长。

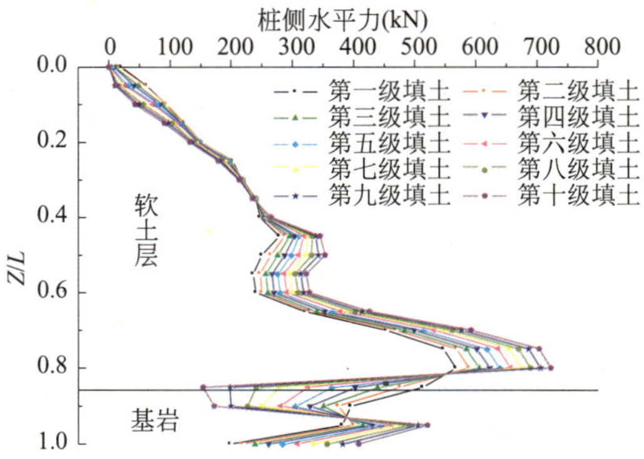

图 4-1-26　桥台后排桩桩侧水平力

注:Z 为从桩顶到桩侧某一节点的距离,L 为桩长。

(3)桥台及地基土位移计算结果

如图 4-1-27 和图 4-1-28 所示，采用搅拌桩处理后，地基土承载能力有很大程度的提高，可以施加全部的填土荷载。第十级填土稳定后，地基土的最大沉降值和侧移值分别是 16.17 cm 和 1.53 cm，第六级填土与天然地基情况下的相应位移结果相比较，地基沉降和侧移值分别减小了 53.9%和 81.0%。

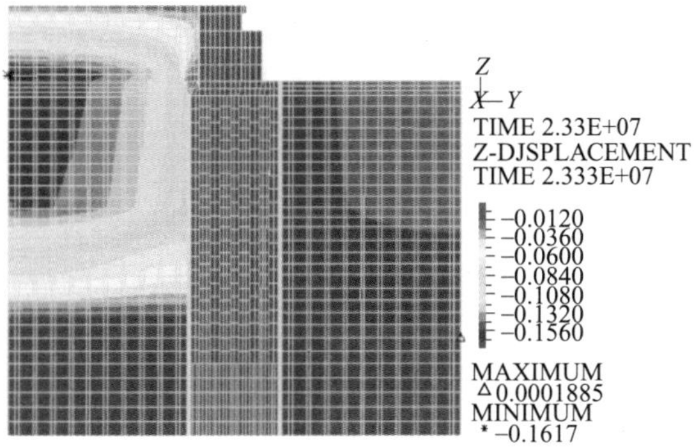

图 4-1-27　沉降云图

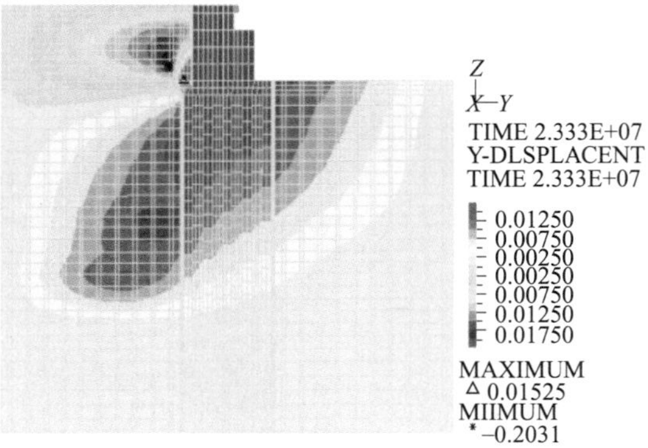

图 4-1-28　侧移云图

图 4-1-29 和图 4-1-30 分别给出了搅拌桩复合地基上桥台的沉降和侧向位移随着填土的增加而发展的情况，桥台顶部最大沉降值为 1.90 mm，最大侧向位移值为 12.58 mm。第六级填土稳定后桥台侧向位移值仅为后者的 10.7%，可见搅拌桩限制桥台侧移的效果是很显著的。

另外由于计算时没有考虑土体的固结特性，其变形随时间基本呈线性变化。

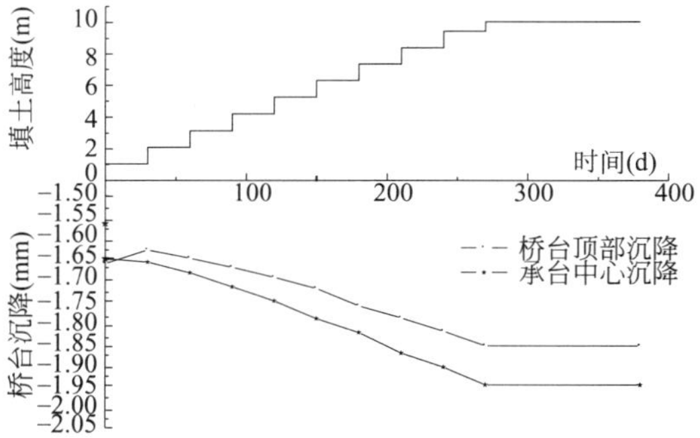

图 4-1-29　桥台沉降随填土的变化

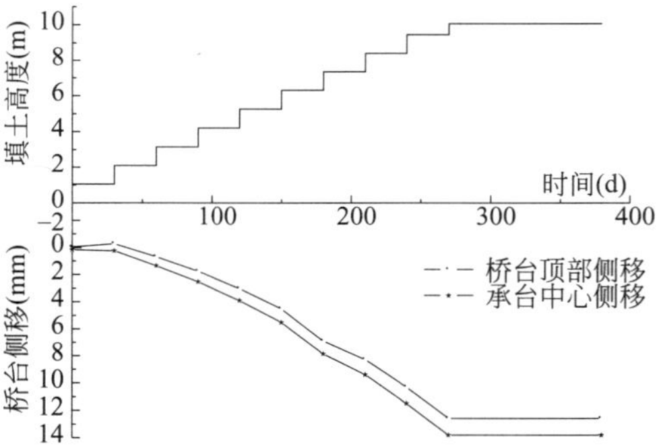

图 4-1-30　桥台侧移随填土的变化

4. 反压马道限制软基桥台侧移的效果分析

(1)计算模型

反压马道是限制桥台侧移常用的方法，以天然软土地基上的情况为例，台前填筑高度为1 m 分析反压马道限制桥台侧移的效果。计算模型在反压马道与桥台之间设置了摩擦单元，其余建模方式与天然地基情况下的模型相同。计算时，反压护道宽度较大，实际工程中反压护道的填筑常受场地条件限制，因而，其限制桥台侧移的效果还要根据实际填筑情况进行计算。

有限元模型网格划分主要尺寸及边界条件如图 4-1-31 所示，计算中采用的土体参数见计算中采用的土体参数见表 4-1-5 及表 4-1-6。

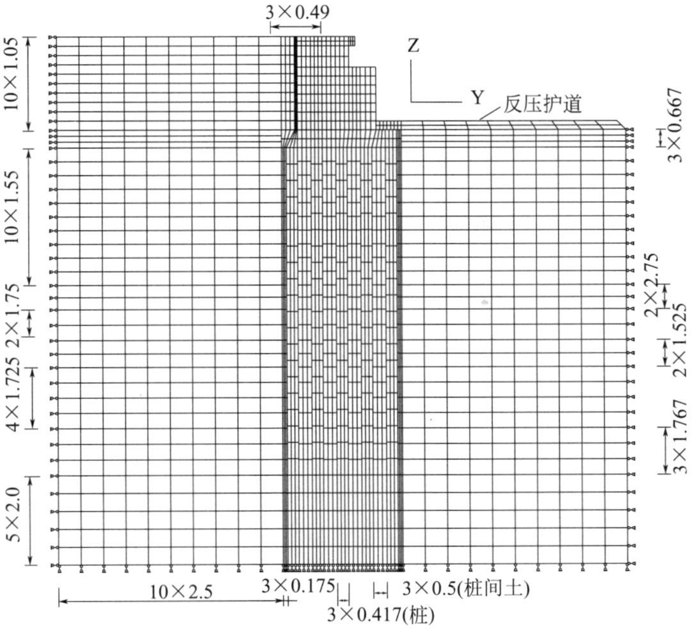

图 4-1-31　采取反压护道时的有限元模型网格划分(单位:m)

(2)桩体挠度及桩侧水平力计算结果

当采取反压马道措施时,软基桥台桩身挠度如图 4-1-32 所示,与没有采取反压马道时的结果相比,可以发现在台后填土高度还较小时,桥台桩先向台后填土一侧发生了较小的位移,这是由于反压马道填土的作用。随着填土的增高,桩侧水平力逐渐增大,桩身挠度也逐渐增加。桩身最大挠度为 27.92 mm 与没有采取反压马道时(37.51 mm)相比,减小了 25.6%。

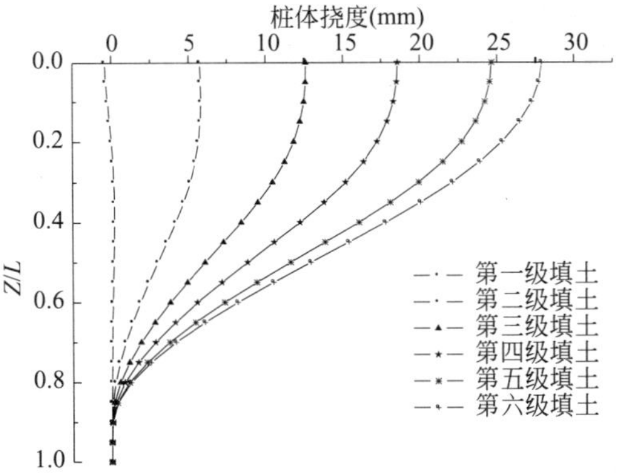

图 4-1-32　采取反压马道时桩体的挠度

注:Z 为从桩顶到桩侧某一节点的距离,L 为桩长。

前排桩(⑤号桩)与后排桩(①号桩)的桩侧水平力分别如图 4-1-33 和图 4-1-34 所示。第六级填土稳定后,前排桩与后排桩侧水平力最大值分别为 1 262.86 kN ($Z/L=0.9$) 和 702.69 kN($Z/L=0.95$),与天然地基情况下的结果相比,前排桩桩侧水平力下降了 20.8%,而后排桩则增长了 5.0%。这是因为在反压马道的作用下,桥台和桩基向填土一侧发生了位移,导致后排桩桩侧水平力略有增大。

(3)桥台及地基土位移计算结果

当采取反压马道措施时,桥台及地基土的第六级填土沉降和侧移如图 4-1-35 和图 4-1-36 所示。台后地基土发生的最大沉降值为 20.92 cm,同未采取反压马道的结果 27.08 cm 减少了 22.7%,最大侧移值为 3.86 cm,比未采取反压马道措施的结果 4.79 cm 减小了 19.4%。可见反压马道对控制软土地基的侧移具有一定效果。

桥台的沉降和侧移曲线如图 4-1-37 和图 4-1-38 所示。不采取反压马道时,桥台的最大沉降和侧移值分别为 1.09 mm 和 42.1 mm，而采取反压马道措施之后的结果分别为 1.12 mm 和 31.6 mm。可见，桥台沉降值区别不大，而侧移则减小了 24.9%。

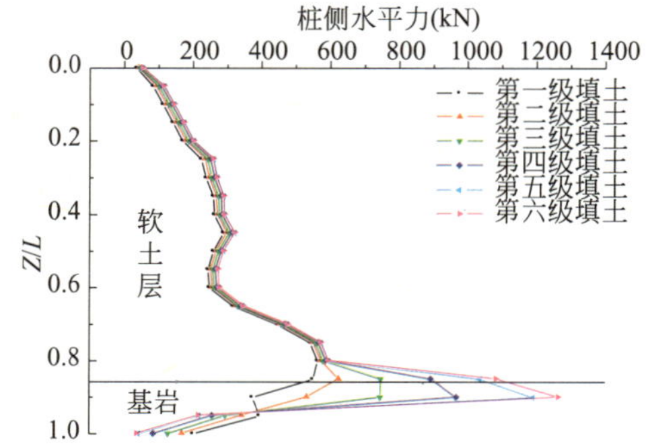

图 4-1-33 桥台前排桩桩侧水平力

注：Z 为从桩顶到桩侧某一节点的距离，L 为桩长。

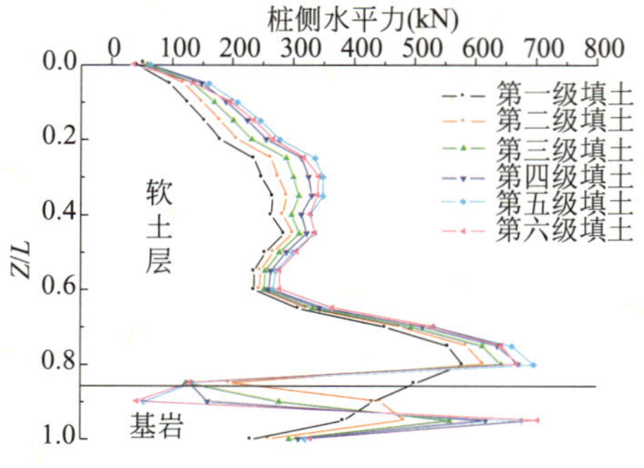

图 4-1-34 桥台后排桩桩侧水平力

注：Z 为从桩顶到桩侧某一节点的距离，L 为桩长。

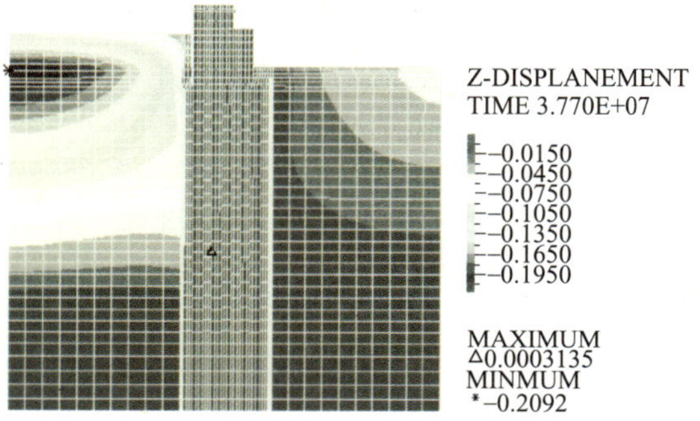

图 4-1-35 沉降云图

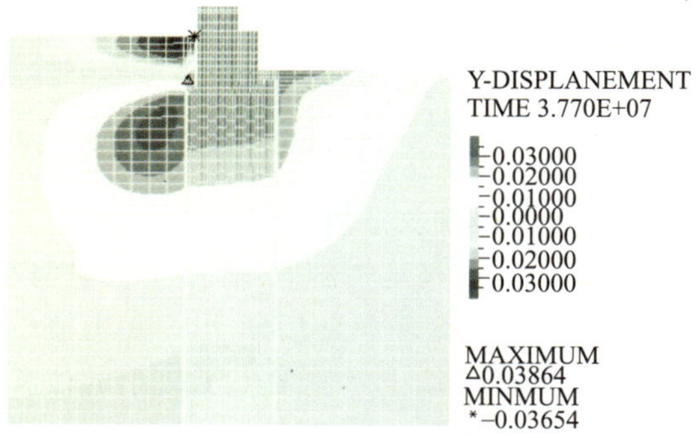

图 4-1-36 侧移云图

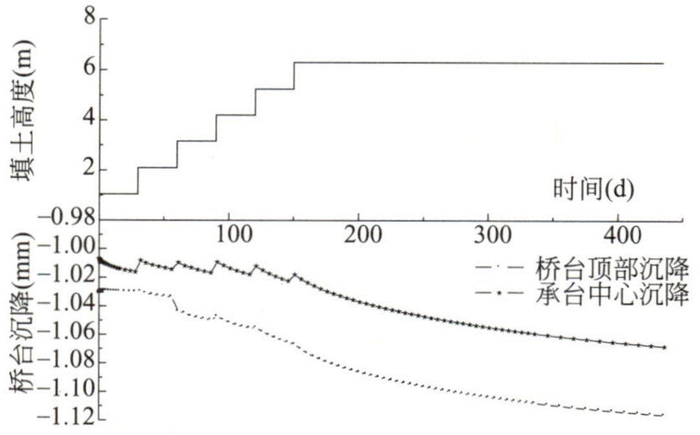

图 4-1-37 桥台沉降随填土的变化

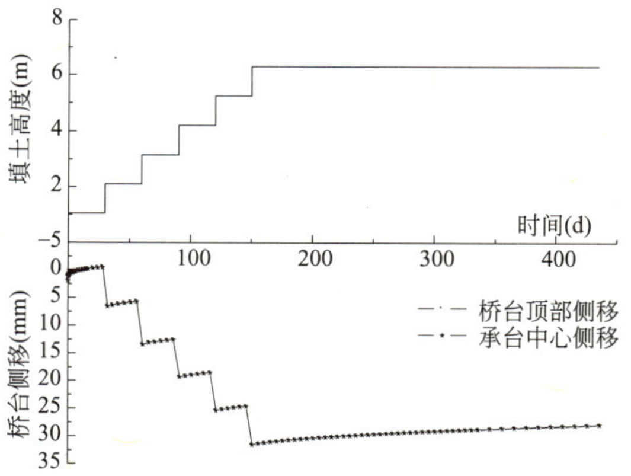

图 4-1-38 桥台侧移随填土的变化

5. 小结

针对温福铁路财桥特大桥工程设计和现场工程地质情况，进行台后路堤填筑施工过程的有限元模拟分析，得到了以下结论。

(1)在天然软土地基上直接修建桥台时，在台后填土压力作用下，桥台和软土地基都会发生较大的沉降和侧移。在第六级填土(H=6.3 m)作用下，软土地基发生的最大侧移量为 4.79 cm，桥台发生的最大侧移值为 4.21 cm，需采取相应工程措施限制桥台侧移。

(2)天然软土地基上修建桥台时，由于台后填土的作用，软土地基发生水平塑性流动，从而在桩身产生较大的侧压力，该压力随着填土高度的增加而增加。总体上看，桩侧土压力沿桩身从上到下呈增长趋势，在软弱土层增长较快，而在较硬土层增长较慢，甚至会减小。前排桩与后排桩桩侧土压力在土层中(底部基岩除外)变化规律一致，其最大值基本都位于土层与基岩分界面处。

(3)采用搅拌桩对软基桥台进行处理后，桥台侧移量、桩身挠度分别减小 81.0%和 83%，前排桩桩侧水平力减小 60.6%，后排桩桩侧水平力减小 3.7%；前排桩桩侧水平力为后排桩侧水平力的 95.8%(未处理前为 2.38 倍)，二者十分接近，这反应了地基处理后，桩基受力状态较为均匀，水平力减小较大。

(4)采用反压马道后，软基桥台的侧移、桩身挠度、前排桩桩侧水平力分别减小了 24.9%、25.6%、20.8%，对桥台侧移起到较好限制的效果。

五、提高桥台纵向稳定性的措施

针对沿海铁路深厚软土地基，结合台后路基处理，桥台设计主要采取了以下几种技术措施。

(1)桥台前和台后采用地基加固法。

台前、后采用排水固结法或复合地基加固，改变软土地基特性，提高地基土抗力，增强桥台路基的抗滑稳定性，提高台后软土地基强度，减小台后附加水平力。

如温福线财桥特大桥温州南桥台采取了塑料排水板填土预压固结，加固深度 26 m；甬台温永宁江特大桥宁波台采用了水泥搅拌桩加固地基，深度 20 m。

(2)桥台后采用打入桩加固地基。

深厚软土路基处理大部分采取了打入管桩加固地基的措施，在打入管桩上设置承台并填筑路基土石方，对桥台纵向稳定性有很大的帮助。

(3)桥台后设置框架涵法。

利用台后预留交通通道设置框架箱涵，以减少路基填土对桥台的土压力作用。既满足了交通要求，又有效地处理了桥台台后土压力的问题。

应注意的是箱涵桩基须承受负摩阻力和附加水平压力作用，若配合采用塑料排水板填土预压固结，则安全储备更大。

(4)台前采用打入斜桩或增加反压马道。

通过桥台基础前纵向增设两排斜桩，或增加反压马道，以抵抗桥台后的水平力作用，可显著提高桥台纵向稳定性。

第二节　桥梁桩基承台设计

在长期铁路工程实践中，分析群桩基础时，都是假定承台为刚性体，桩头嵌固于承台内，桩与承台刚性联接，当承台在外力作用下产生变位后，各桩顶之间的相对位置不变，各桩顶与承台的转角和位移相等。

客运专线软弱地基上桥梁桩基础为满足下部结构纵向水平刚度的要求，通常采用增大纵向桩间距的办法提高整体刚度。当桩间距较大、桩数较多或与桩径相比，承台的厚度较小时，承台的厚度是否满足承台刚性的计算假定，都是值得设计探讨的问题。

一、我国铁路桥梁桩基承台设计

我国铁路承台设计采用素混凝土理论，按刚性角控制承台厚度，根据经验配筋，一般在承台底配置一层钢筋网，设计理论与国外及国内公路行业有较大差异。

1. 桩基计算理论

我国铁路桥规桥梁桩基础采用位移法(刚度法)分析，假定下面的几个条件。

(1)假设桩基结构物是二维的；

(2)把承台板看成为刚体；

(3)假设桩头与承台板是完全刚接(埋入的情况)；

(4)桩头刚度系数 K_1、K_2、K_3、K_4、K_V 为与荷载无关而为常数。

通过“m”法计算得到以下位移。

(1)当桩基顶面作用单位横向力 $H=1$ 时，桩基顶面处的横向位移和转角(δ_1 和 δ_3)；

(2)当桩基顶面作用单位力矩 $M=1$ 时，桩基顶面处的横向位移和转角(δ_3 和 δ_2)。

当桩基顶面与无限大刚度的承台联结时，每一桩基顶面的上述位移，可利用公式进行计算。然后按结构力学求出承台板底面坐标原点的竖向位移 a 和转角 β，最后可求得承台板作用于每一桩基顶上的轴向力 N_i、横向力 Q_i 和弯矩 M_i。

如果承台板为非刚体时，上述分析方法不适用。

2. 承台构造

《铁路桥涵地基和基础设计规范》(TB 10002.5—2005)第 6.3.5 条规定：“承台板的厚度和配筋应根据受力情况决定。厚度不宜小于 1.5 m，其混凝土强度等级不得低于 C30。承台板的底部应布置一层钢筋网，当桩顶主筋伸入承台板联结时，钢筋网在越过桩顶处不得截断。”

“当桩基桩顶直接埋入承台板内，且桩顶作用于承台板的压应力超过承台板混凝土的容许局部承压应力时(计算此项应力时不考虑桩身与承台板混凝土间的黏着力)，应在每一根桩的顶面以上设置 1～2 层直径不小于 12 mm 的钢筋网，钢筋网的每边长度不得小于桩径的 2.5 倍，其网孔为 100 mm×100 mm 至 150 mm×150 mm。”

规范对承台构造规定较为明确，但是对内力如何计算没有明确。设计一般按照“对于实体墩台，当承台底面桩顶外缘位于自承台板顶面处墩台身外缘(空心墩台身的外缘、内缘)向下扩散 35°至承台板底面处的范围内时，可不检算承台板的强度，对于角桩则为 45°”。该经验方法经过了长期实践的考验，在现阶段可以说是比较安全又简便可行的设计方法。

二、承台的计算方法

承台是将桩基础和桥墩连接为整体，并将桥梁上部荷载传递给桩基的重要构件，受力复杂，工程中采用何种计算模式，对承台的设计有较大的影响。

关于桩基承台计算方法各行业结构设计规范都有不同的规定，也给出了桩基承台的计算方法。综合相关规范承台正截面抗弯强度计算有梁式体系和撑杆-系杆体系(也称拉压杆计算方法)两种方法。前者为国内《建筑桩基技术规范》、《钢筋混凝土承台设计规程》和《建筑地基基础设计规范》所采用，后者为美国公路桥梁设计规范《AASHTO—LFRD》规定。德国 DIN 标准有关承台要求按钢筋混凝土理论设计，采用撑-压杆理论，对构造要求详细，考虑耐久性要求配置护面钢筋(即六面配筋)等。

《公路钢筋混凝土及预应力混凝土桥涵设计规范》第 8.5.2 条、第 8.5.3 条规定，当承台下面外排桩中心距墩台边缘大于承台高度时，其正截面抗弯承载力可作为悬臂梁按梁式体系进行计算；当外排桩中心距墩台边缘等于或小于承台高度时，承台短悬臂可按撑杆-系杆体系计算撑杆的抗压承载力和系杆的抗拉承载力，且承台不进行裂缝宽度和挠度验算。

梁式体系是传统的承台计算方法，承台呈梁式破坏，即挠曲裂缝在平行于墩台的两个边出现，说明承台在两个方向呈悬臂梁式承受荷载，而不是呈双向板式承受荷载。梁式破坏模式如图 4-2-1 所示。

当承台高度相对桩距来说较大时，即所谓的深梁，其应力分布与普通梁不同，呈非线性变化，不能采用常规的材料力学公式，多采用撑杆-系杆体系计算方法，该方法为方便计算的一种假定。其传力体系如图 4-2-2 所示。

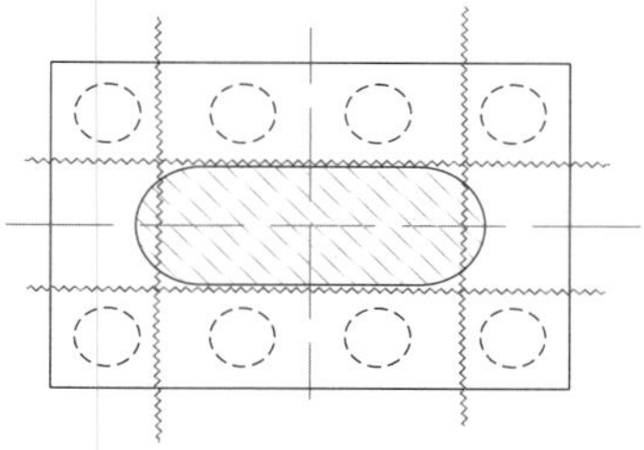

图 4-2-1　梁式破坏模式

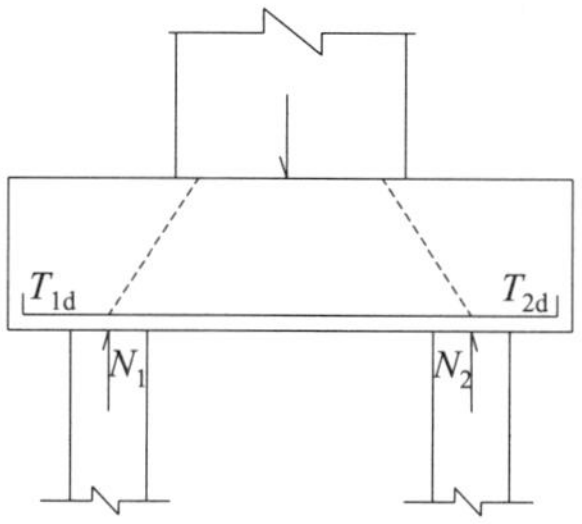

图 4-2-2　撑杆-系杆体系力系

以上两种方法均为简化分析方法，且假定承台为刚性。然而在桩承台体系的研究中，承台的刚度实际上是一个相对概念，它所表示的是桩承台体系的相对刚性程度，处于不同刚性状态的承台，其工作机理是不同的。

鉴于目前我国铁路桥梁桩基一般采用刚性承台，以下通过桩土相互作用的承台桩基三维有限元计算分析，研究承台的应力分布情况，通过有限元计算结果与相关规范规定的梁式体系方法、撑杆-系杆体系方法计算结果的对比，分析桩基承台的受力特点。

（一）桩基承台有限元分析

1. 有限元分析模型

模型一：以某桥墩为例，承台尺寸为 7.4 m×11.9 m×2.5 m（宽×长×高），C30 混凝土；8 根 1.25 m 钻孔桩，桩长 35 m，圆端形桥墩纵 3.0 m、横 8.0 m，如图 4-2-3 所示。墩底作用荷载见表 4-2-1。

表 4-2-1　墩底作用荷载表

荷载	P_x(kN)	P_y(kN)	M_x(kN·m)	M_y(kN·m)	N_z(kN)
数值	0	317.02	8 523.20	−128.52	30 796.85

模型二：仅改变纵向桩间距，承台尺寸为 8.8 m×11.9 m×2.5 m（宽×长×高），其余参数不变，进行承台受力分析。

采用 MIDAS/Civil 软件进行空间有限元计算，承台采用块体单元，桩采用梁单元（与承台相连部分采用块体单元），桩侧考虑桩周土的弹性约束，桩底固结，计算模型如图 4-2-4 所示。

2. 计算结果分析

(1)模型一

在外荷载作用下，承台纵向水平正应力 σ_x 云图如图 4-2-5、图 4-2-6 所示。承台墩身边缘

截面最大压应力 σ_x 为 2.52 MPa，承台最大拉应力在墩身下方，其值为 1.85 MPa，均小于混凝土的容许应力。

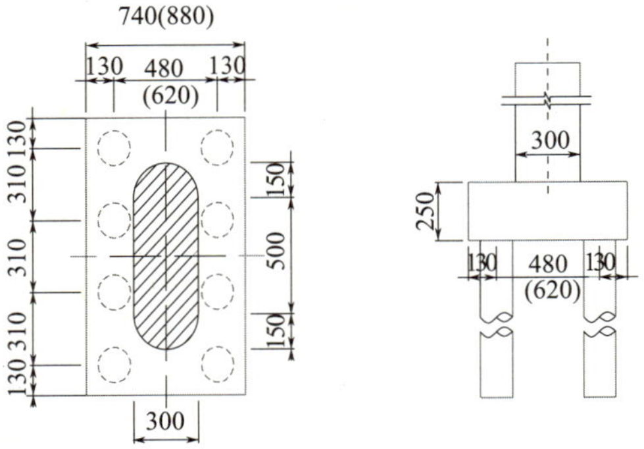

图 4-2-3 承台结构尺寸(单位:cm)

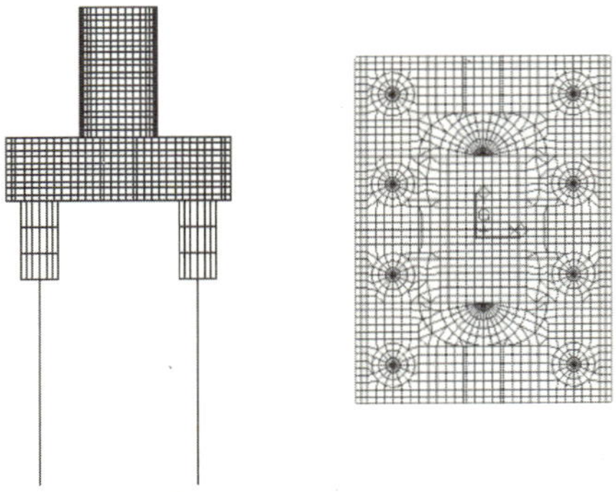

图 4-2-4 承台有限元计算模型

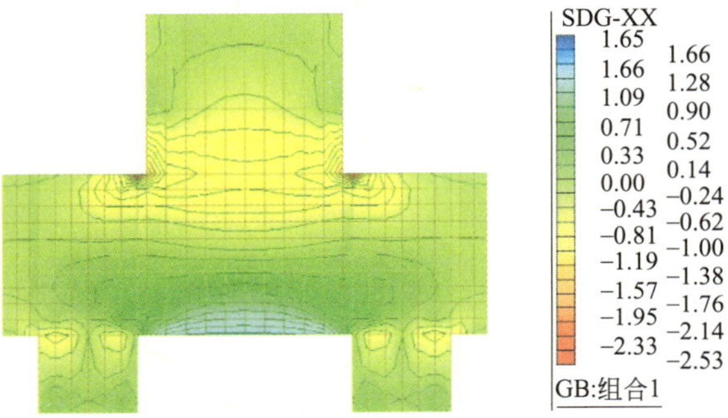

图 4-2-5 模型一承台立面正应力 σ_x 云图

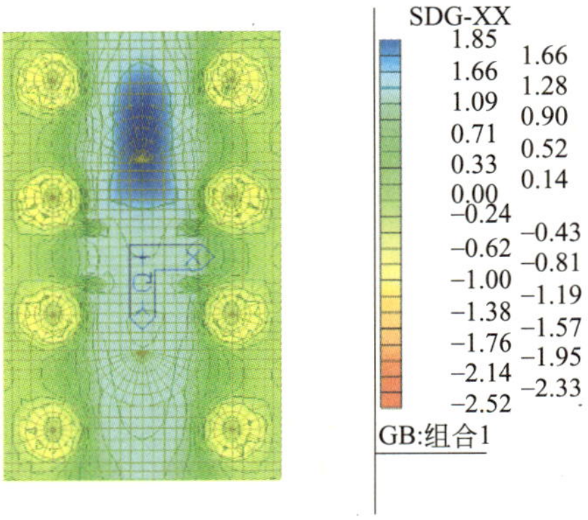

图 4-2-6 模型一承台底面正应力 σ_x 云图

从图 4-2-5、图 4-2-6 可以看出，承台应力分布较复杂，墩身边缘和桩顶内侧边存在明显的应力集中情况，承台最大拉应力发生在承台底部墩底下方，最大压应力发生在承台顶墩身边缘处。从承台的中剖面(*XZ* 平面)沿 *X* 方向选取承台中心及墩身边缘处 2 个位置，分析 σ_x 沿承台高度的变化情况，如图 4-2-7 所示。表明在沿承台高度方向承台应力分布呈非线性状态，靠近墩身由于应力集中原因部分压区应力较大，承台底面中心则拉应力最大。

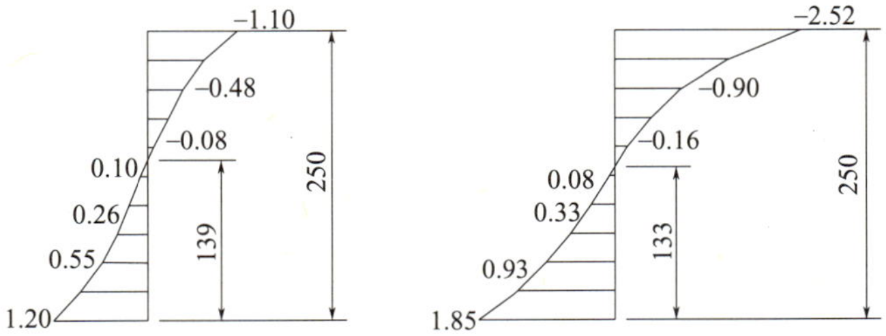

(a) 墩中心　　(b) 墩边缘

图 4-2-7 模型一水平方向 σ_x 沿承台高度变化(应力单位:MPa，高度单位:cm)

承台三个主轴方向的最大主应力 σ_{max} 云图如图 4-2-8 所示，承台下缘部分两桩之间的为明显的受拉区，可用拉杆模拟，墩底向两桩扩展形成了斜向的受压区，类似于两个斜向压杆。整个承台的传力模型形成一个三角桁架，符合撑杆-系杆体系。

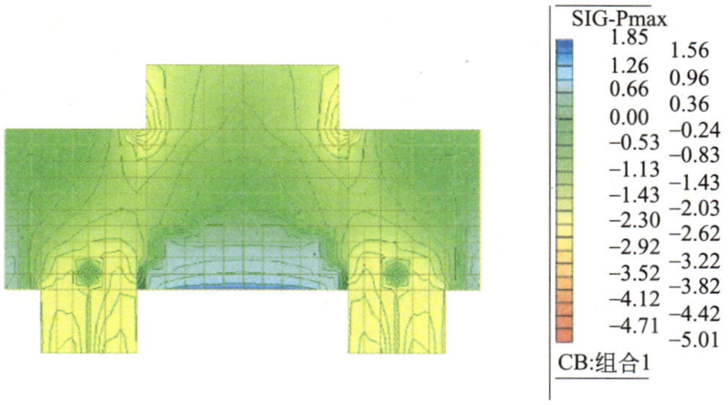

图 4-2-8　模型一最大主应力 σ_{max} 云图

(2)模型二

在模型一的基础上将桩中心距加大到 6.2 m,其他参数不变。在外荷载作用下,承台的水平正应力 σ_x 云图如图 4-2-9、图 4-2-10 所示。承台墩身边缘截面最大压应力 σ_x 为 3.48 MPa,有限元计算的承台最大拉应力在墩边缘最下方,最大为 2.56 MPa。承台最大拉应力位置与传统截面法基本一致。

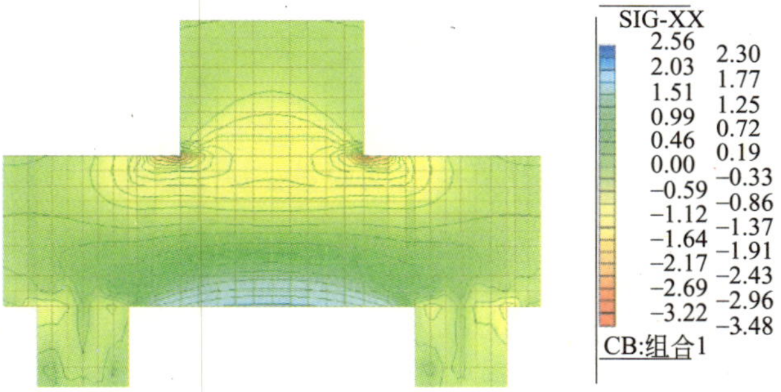

图 4-2-9　模型二承台立面正应力 σ_x 云图

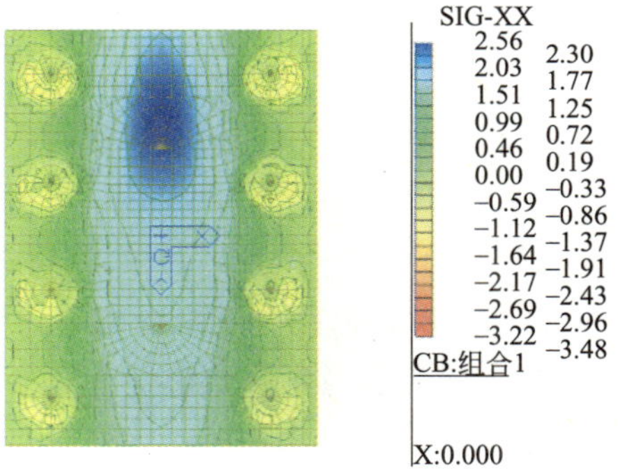

图 4-2-10　模型二承台底面正应力 σ_x 云图

从承台的中剖面(XZ 平面)沿 X 方向选取承台中心及墩身边缘处 2 个位置,考察此 σ_x 沿承台高度的变化情况,如图 4-2-11 所示。

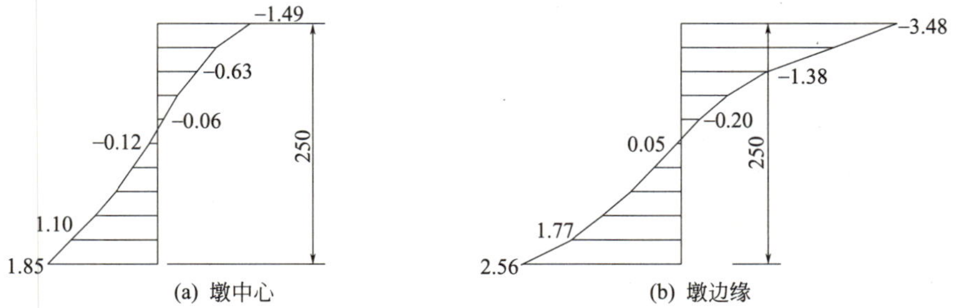

图 4-2-11　模型二水平应力 σ_x 沿承台高度变化(应力单位:MPa,高度单位:cm)

图 4-2-11 表明,在沿承台高度方向承台应力分布仍呈非线性状态,若排除墩、桩与承台连接处局部应力集中的影响,基本符合平截面假定。

模型二承台三个主轴方向的最大主应力 σ_{max} 云图如图 4-2-12 所示,由于桩中心距较大,压杆倾斜角度较大，两斜压杆的上端相距较远。所以，桩中心距较大的承台受力分析模型用以桩为支点的梁模拟较好。

3. 结论

通过上面的计算分析可以得出以下几点结论：

（1）受墩身和桩基的影响，承台的应力分布存在明显的非线性和不均匀现象。

（2）当桩中心距墩身边缘距离较小时按拉压杆体系计算，桩中心距墩身边缘距离相对较大时按梁式体系计算，这种思路总体上是正确的。

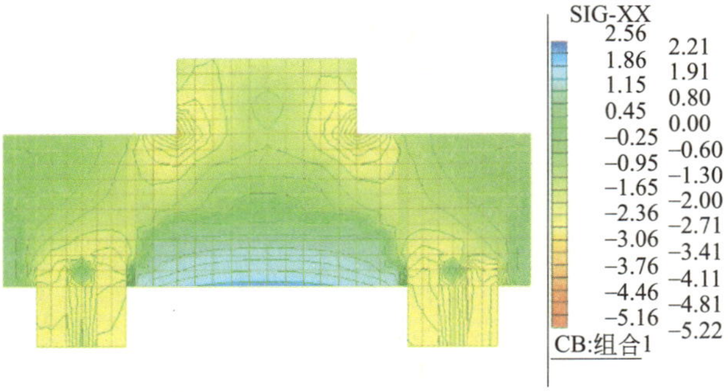

图 4-2-12 模型二承台中心立面主应力 σ_1

（二）桩基承台梁式体系法

根据我国公路规范，当承台下面外排桩中心距墩台身边缘大于承台高度时，其正截面抗弯承载能力按悬臂梁的梁式体系进行计算；承台可不进行裂缝宽度和挠度验算，该方法简单明确。

弯矩在承台的两个正交方向按距离分配，计算截面取墩身边缘线，最大弯矩产生于平行于墩身边缘两个方向的交界处。两个方向的承台正截面弯矩计算式为：

$$M_x = \sum N_i Y_i \quad M_y = \sum N_i X_i$$

式中 M_y、M_x——垂直于 X 轴、Y 轴方向计算正截面处的弯矩设计值；

X_i、Y_i——垂直于 Y 轴、X 轴方向自桩中心到相应计算截面的距离。

模型二承台采用公路极限状态法和铁路容许应力法计算如下。

1. 公路抗弯极限承载力计算

$$\gamma_0 M_d \leqslant f_{cd} b_s x (h_0 - x/2) \tag{4-2-1}$$

$$f_{sd} A_s = f_{cd} b_s x \tag{4-2-2}$$

式中 M_d——弯矩设计值；

b_s——计算宽度；

f_{cd}——混凝土轴心抗压强度设计值；

f_{sd}——钢筋抗拉强度设计值；

γ_0——结构重要性系数，取 1.1；

b_s——承台截面的计算宽度。

（1）受压区高度

桩顶最大单桩轴向力 N_{1d}=5 023.5 kN，承台高 2.50 m，桩中心距为 6.2 m，单侧按四根桩最大力计算，则：

$$h_0 = 2.5 - 0.15 = 2.35 \text{ m}$$

$$13.8 \times 11.9 \times x \times (h_0 - x/2) \times 1\,000 = 1.1 \times 4 \times 5\,023.5 \times 1.6$$

求得：x=0.093 5m

$x < \xi \times h_0 = 0.56 \times 2.35 = 1.316$ m，满足要求。

(2)计算钢筋面积

$$A_s=13.8\times11.9\times0.0935/280\times10000=587\ \text{cm}^2$$

(3)最小配筋率

根据规范最小配筋百分率 ρ 的规定，$\rho\geqslant45f_{td}/f_{sd}=45\times1.39/280=0.2234$，同时不小于0.2，因此，$A_s=0.2234\times0.01\times11.9\times2.35\times10000=625\ \text{cm}^2$。

实际配筋 A_s：119ϕ28@10 cm，$A_s=733\ \text{cm}^2$；截面配筋率＝733/(1 190×235)＝0.26%。

每延米配筋量 733×100/11.9＝6 160 mm^2。

2. 铁路容许应力法计算

(1)基本参数

截面：$h=2.5$ m，$B=11.9$ m

桩径：8ϕ1.5 m

墩身至承台边 $b_1=2.9$ m

桩中心至承台边 $b_2=1.3$ m

C30 混凝土承台

混凝土剪应力	$[\tau_c]=1.1$ MPa
混凝土弯曲压应力	$[\sigma_b]=10$ MPa
混凝土主拉应力	$[\sigma_{tp-2}]=730$ kPa
钢筋容许应力	$[\sigma_g]=180$ MPa

$N_1=5\ 023.5$ kN

$N=4N_1$　　　$N=2.009\times10^4$ kN

(2)单桩对承台的剪应力

$$\tau=\frac{N_1}{\pi\cdot\phi\cdot h_1}$$

$$\tau=444.175\ \text{kPa}<\tau_c=1\ 100\ \text{kPa}$$

(3)悬臂端群桩对承台的主拉应力

选用 119ϕ28 钢筋　　　$A_g=733\ \text{cm}^2$

$h_0=h-0.15$　　　$n=10$

$\mu=\dfrac{A_g\cdot10^{-4}}{B\cdot h_0}$　　　$\mu=2.62\times10^{-3}$

$\alpha=\sqrt{(n\mu)^2+2n\mu}-n\mu$　　　$\alpha=0.204$

$x=\alpha h_0$　　　$x=0.48$ m

受压区高度内力偶臂

$$Z=h_0-\frac{x}{3}\qquad Z=2.19\ \text{m}$$

$G=25b_1Bh=2.157\times10^3$ kN

$Q=N-G$

$\sigma_{z1}=\dfrac{Q}{BZ}$　　　$\sigma_{z1}=688.266$ kPa　　　$\sigma_{z1}<[\sigma_{tp-2}]=730$ kPa

(4)承台抗弯强度

桩轴向力	$M_1=N(b_1-b_2)$	$M_1=3.215\times10^4$ kN·m
承台自重	$M_2=G\cdot b_1/Z$	$M_2=3.127\times10^3$ kN·m

$$W_0=\frac{I_0}{x} \qquad W_g=\frac{I_0}{n(h_0-x)}$$

$$I_0=\frac{1}{3}Bx^3+nA_g(h_0-x)^2 \qquad I_0=3.001$$

$$\sigma_h=\frac{M_1-M_2}{W_0} \qquad \sigma_h=4.641\ \text{MPa} \qquad \sigma_h<[\sigma_b]=10\ \text{MPa}$$

$$\sigma_g=\frac{M_1-M_2}{W_g} \qquad \sigma_g=180\ \text{MPa} \qquad \sigma_g\leqslant[\sigma_g]=180\ \text{MPa}$$

计算结果满足规范要求。

（三）桩基承台撑杆-系杆法

公路新规范规定，当承台外排桩中心距墩台身边缘等于或小于承台高度时，承台短悬臂可按撑杆-系杆体系计算撑杆的抗压承载力和系杆的抗拉承载力。撑杆-系杆体系计算简图如图4-2-13所示。

对于模型一承台采用该方法计算如下。

1. 撑杆抗压承载力计算

$$\gamma_0 D_{id}\leqslant tb_s f_{cd,s} \qquad (4\text{-}2\text{-}3)$$

式中 D_{id}——撑杆压力设计值；

t——撑杆计算高度；

b_s——撑杆计算宽度；

$f_{cd,s}$——撑杆混凝土轴心抗压强度设计值；

γ_0——结构重要性系数，取1.1。

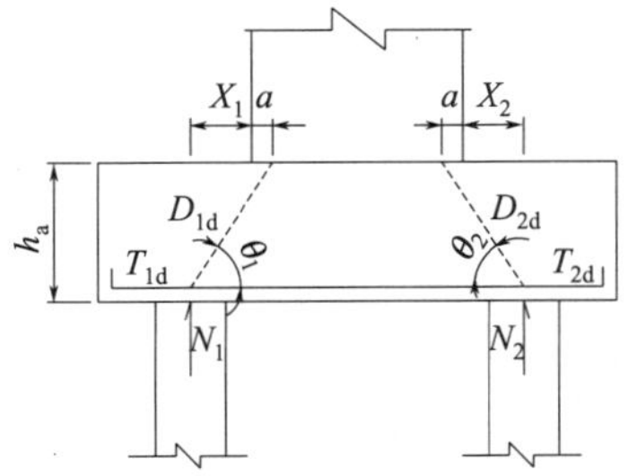

图4-2-13 计算简图

（1）撑杆压力设计值

桩顶最大单桩轴向力 $N_{1d}=4\ 696.8$ kN，承台高2.50 m，桩纵向中心距为4.8 m，则：

$$h_0=2.5-0.15=2.35\ \text{m},a=0.15\times h_0=0.352\ 5\ \text{m},x_1=0.90\ \text{m}$$

$$\theta=\arctan[h_0/(a+x_1)]=61.9°$$

$$D_{id}=4N_{id}/\sin\theta_i=21\ 297.6\ \text{kN}$$

（2）撑杆的计算高度 t 计算

系杆顶层钢筋中心至承台底的距离，$s=15$ cm；系杆钢筋直径，$d=22$ mm；

$$h_a=s+6d=28.2\ \text{cm}$$

桩的支撑宽度，圆形截面桩取直径的0.8倍，$b=0.8\times1.25=1.0$ m；

$$t=b\sin\theta_i+h_a\cos\theta_i=1.015\ \text{m}$$

（3）撑杆计算宽度 b_s 取值

根据桩中心距的大小而确定，本例桩中心距小于3倍桩直径，取承台全宽，即 $b_s=11.9$ m。

（4）撑杆混凝土轴心抗压强度设计值 $f_{cd,s}$ 计算

与撑杆相应的系杆拉力设计值，$T_{id}=4N_{id}/\tan\theta_i=10\ 031.4$ kN；

在撑杆计算宽度 b_s 范围内系杆钢筋截面面积：承台底部配置了119ϕ22的钢筋，$A_s=452.4\ \text{cm}^2$；

钢筋的弹性模量 $E_s=2.0\times10^5$ MPa，撑杆混凝土轴心抗压强度标准值 $f_{cu,k}=30$ MPa。

$$\varepsilon_1=[T_{id}/(A_sE_s)+0.002]\cot^2\theta_i=0.000\ 886$$

$$f_{cd,s}=f_{cu,k}/(1.43+304\varepsilon_1)=17.7\ \text{MPa}>0.48f_{cu,k}=14.4\ \text{MPa}$$

规范规定 $f_{cd,s}$不应大于 $0.48f_{cu,k}$，取 $f_{cd,s}=14.4$ MPa。

(5)撑杆抗压承载力

$$\gamma_0 D_{id}=1.1\times 21\ 297.6\ \text{kN}=23\ 427\ \text{kN}$$

$$tb_s f_{cd,s}=1.015\times 11.90\times 14.4\times 1\ 000=173\ 930\ \text{kN}$$

$$\gamma_0 D_{id}\leqslant t_{bs} f_{cd,s}$$

故满足撑杆抗压承载力要求。

2. 系杆抗拉承载力验算

$$\gamma_0 T_{id}\leqslant f_{sd} A_s \tag{4-2-4}$$

式中　f_{sd}——系杆钢筋(HRB335)抗拉强度设计值，取 280 MPa。

$$\gamma_0 T_{id}=1.1\times 10\ 031.4=11\ 035\ \text{kN}\leqslant f_{sd}A_s=280\times 452.4/10=12\ 667\ \text{kN}$$

故满足系杆抗拉承载力要求。

3. 配筋计算

(1)计算配筋

系杆抗拉承载力主要取决于承台下缘的受拉钢筋，撑杆抗压承载力不控制承台配筋，根据系杆抗拉承载力计算配筋，则：

$$A_s=\gamma_0\times T_{1d}/f_{sd}=11\ 035\times 10/280=394\ \text{cm}^2$$

实际配筋 A_s：119ϕ28@10 cm，$A_s=733\ \text{cm}^2$；截面配筋率 733/(1 190×235)=0.26%；每延米配筋量 733×100/11.9=6 160 mm^2。

(2)构造配筋

由于本例承台的刚性角在 35°以内，此时的承台被认为刚性承台，一般情况下铁路桥梁桩基础设计中，承台可不再计算，承台底采用构造配筋。根据《高速铁路设计规范(试行)》，承台构造配筋采用：119ϕ25@10 cm，$A_g=584.1\ \text{cm}^2$；每延米配筋量 584.1×100/11.9=4 909 mm^2

计算配筋是构造配筋的 6 160/4 909=2.1 倍。

4. 结果分析

(四)计算方法的对比分析

(1)公路桥涵设计规范是国内首先将撑系杆模型列入桩承台设计的规范，并对梁式体系和撑杆-系杆体系方法使用条件作了限定，充分考虑了桩基厚承台的受力特性和传力机理，避开了常规材料力学公式对短臂高梁不能反映结构材料非线性应变与剪应力不均匀分布等不足。

(2)公路桥涵设计规范撑杆-系杆体系设计体系计算宽度取值合理，但按撑杆-系杆体系设计体系所得的计算配筋量往往大于按梁式体系计算值。

(3)客运专线设计中采用的构造配筋与计算配筋仍存在差距，建议应适当加强经验配筋量，以承台的最小配筋率来控制承台配筋。

三、承台设计应考虑的几个问题

1. 承台板刚度的判定标准

刚性承台的判定标准在各国桥梁规范中均没有明确规定。目前有研究认为：在一般规模的桥台、桥墩中，把承台视为刚体，这个假定能够满足一般精度的要求，但是当：(1)桩间距特别大，(2)与桩径相比，承台板厚度较小时，(3)在桩的根数较多的大型基础中荷载集中的情况，由于不能把承台视为刚体，所以有必要验算承台的刚度。

也就是说，如果承台刚度很小，荷载集中作用在作用点附近的桩上，这样就比假定承台为刚体时所求得的荷载值要大。承台的刚度大小与桩的分布及荷载分配有关，因此不能只从其截面刚度(弯曲刚度、剪切刚度)来决定，还要由桩的间距与桩的轴向刚度系数 K 之间的相对关系来决定。

承台刚度首先决定于承台厚度，承台能视作刚体的厚度可由下式判别：

若：

$$\frac{6E_0I_0}{\rho_1S^3}>\left(\frac{n}{1.5}\right)^4 \tag{4-2-5}$$

则承台满足绝对刚性的条件。

式中　n——沿在水平力作用下桩的排数；

E_0——承台的弹性模量(MPa)；

I_0——承台截面惯矩，$I_0=bd^3/12$；

b——桩的行间距，为排桩在与水平力相垂直方向的中心间距(m)；

d——承台板的厚度(m)；

S——顺水平力作用方向的桩中心距(m)；

ρ_1——单桩轴向刚度系数(kN/m)。

以模型一为例：桩间距 $S=4.8$ m，$b=3.1$ m，桩长 $L=45$ m，承台厚度 $C=2.5$ m，桩底土的地基系数的比例系数 $m_0=5\ 000$ kPa/m²，混凝土弹性模量 $E_0=3.2\times10^7$ kPa，桩底扩散面积按 3.1 m×3.1 m 计，验算承台刚度。

(1)单桩轴向刚度系数

根据《铁路桥涵地基和基础设计规范》公式 D.0.3-9：

$$\rho_1=\frac{1}{\dfrac{l_0+\xi h}{EA}+\dfrac{1}{C_0A_0}}$$

$$=\frac{1}{\dfrac{0+0.5\times45}{3.2\times10^7\times\dfrac{\pi}{4}\times1.25^2}+\dfrac{1}{5\ 000\times45\times3.1^2}}$$

$$=965\ 774\ \text{kN/m}$$

(2)承台截面惯性距 I_0

$$I_0=\frac{1}{12}\times b\times C^3=\frac{1}{12}\times3.1\times2.5^3=4.0\ \text{m}^4$$

故：

$$\frac{6E_0I_0}{\rho_1S^3}=\frac{6\times3.2\times10^7\times4.0}{965\ 774\times4.8^3}$$

$$=15.5$$

$$(n/1.5)^4=(2/1.5)^4=3.2$$

$$\frac{6E_0I_0}{\rho S^3}>\left(\frac{n}{1.5}\right)^4$$

因此，该承台可视为刚性承台。

2. 承台厚度的确定

承台与其他结构不同，其所需厚度不仅要满足结构上所受外力要求，同时必须满足由上部结构传来的荷载能均匀地分配给基础。

田克哉先生发展了日本学者横山幸满先生刚性承台板的研究成果，承台板视作刚体的最小厚度接近于其长度的 1/5，但随着桩径增大、桩数增加，承台板最小厚度逐渐大于长度的 1/5，所以除特殊情况外，承台板平均厚度的最小值按承台板长边的 1/5 原则确定。

此外，承台厚度尚须考虑桩顶的冲剪作用，桩顶上承台的厚度可按破坏面为 35°～45°角扩散，从铁路桥梁设计经验来看，承台厚度一般采用 2 倍桩径，桩顶嵌入承台内 15 cm，承台厚度一般可以满足冲剪要求，特殊情况进行必要的受力分析。

3. 承台配筋

承台板的厚度大多是按其能视作刚体所需的最小厚度确定的，截面较大，因此其性能与素混凝土结构相近，这时其极限破坏强度很小。为此，应按少筋混凝土结构设计，最小配筋率应大于由混凝土开裂弯矩确定的最低配筋率。

我国公路规范规定了受力主钢筋应设于距桩中心 1.5 倍桩直径范围内，受力钢筋的最小配筋率参照受弯构件受拉钢筋最小配筋率，超过上述范围部分应另设置配筋率不小于 0.1% 的构造钢筋。另外，当桩距等于或大于 3 倍桩直径时，宜在两桩之间，距桩中心各一倍桩直径的中间区段内设置吊筋，这是因为两桩之间的纵向主钢筋没有桩的直接承托，却有“系杆”拉力作用，可能致使两桩之间的中间部分纵向钢筋受拉而导致混凝土裂缝，故桩距较大时应配置吊筋。

客运专线桥梁墩台桩基的承台在外方咨询建议下采用了六面配筋，国内建筑、公路桥桩基承台及欧、美、日等国家的承台从结构耐久性上也考虑采用六面配筋。采用有限元分析方法比较能反映承台板的实际受力情况。但计算结果表明，承台板内的主拉应力均很小，且只在局部范围内出现。所以，当前仍可以采用习惯的设计方法，首先满足刚性角的要求，再配置构造钢筋。

目前铁路承台钢筋的最低含筋率已有明确的规定，《关于发布客运专线铁路加强抗震设计技术要求的通知》（铁建设函〔2006〕338 号）规定：“承台板采用六面配筋，顶面钢筋的直径不应小于 16 mm、间距不应大于 15 cm；底面钢筋的设置应根据受力计算确定；其余四面按构造要求配筋。”《高速铁路设计规范（试行）》（TB 10621—2009）第 7.4.4 条关于桥梁墩台设计应符合下列规定：“承台桩基布置在满足刚性角的情况下，承台底部应布置一层钢筋网，当钻孔桩桩径为 ϕ1.00 m 时钢筋直径不小于 20 mm；当钻孔桩桩径为 ϕ1.25 m 或 ϕ1.50 m 时钢筋直径不小于 25 mm；钢筋间距均为 10 cm。”

当位于铁路、公路、大堤和建筑物附近，施工和防护困难的承台以及大跨度桥梁体量较大的承台，适当减薄承台板厚度，同时对承台板进行受力及配筋设计计算。

第三节　基坑防护与施工栈桥设计

一、概　　述

本节重点对全线海相沉积的深厚软土中的桥涵基础和施工中的基坑开挖与围护、桥墩桩基施工的水中栈桥、平台、水中钻孔等方案进行了介绍，分析了深水特大桥梁的基础工程设计。

针对软土地基桥梁基础采用设计原则如下：

(1)对于一般桥梁基坑开挖及防护施工，为充分利用地表硬壳土层，降低工程费用，对于陆地上施工开挖基坑不足3.0 m深时，采用放坡开挖；对于河网地区的小河沟采用草袋围堰加放坡开挖；对于开挖深度大及位于河道、海滩和海水中桥梁墩台的特殊基坑，根据其深度、土质特性采取钢板桩或钻孔灌注桩支护。

(2)河道及海湾桥梁，由于水深及潮汐影响，水中桥梁基础采用栈桥施工，围堰采用有支撑的钢板桩围堰。

(3)对于水深大于8 m的水中桥墩基础，采用钢吊(套)箱和钢板桩围堰进行基础施工。

二、基坑防护(围堰)

关于软土基坑防护设计，目前铁路部门没有具体的技术标准，参照上海市标准《基坑工程设计规程》(DBJ 08-61-97)，按施工临时措施标准设计。基坑防护按三级基坑设计，整体稳定安全系数取1.08，基坑底抗隆起稳定安全系数取1.7，墙底抗隆起稳定安全系数取1.7，抗倾覆稳定安全系数取1.05，抗渗或管涌稳定安全系数取2.0。

(一)钢板桩防护

本线软土地基桥梁承台基坑深度一般为3 m左右，采用钢板桩进行基坑支护，防水性能强，施工快捷，可多次倒用，造价经济，如图4-3-1所示。

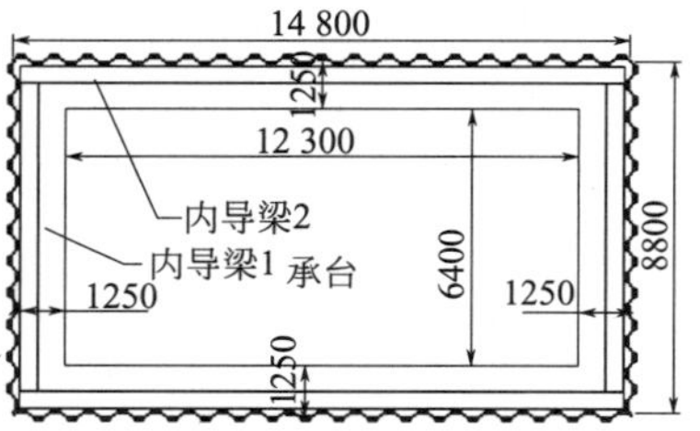

(a) 钢板桩防护平面布置图

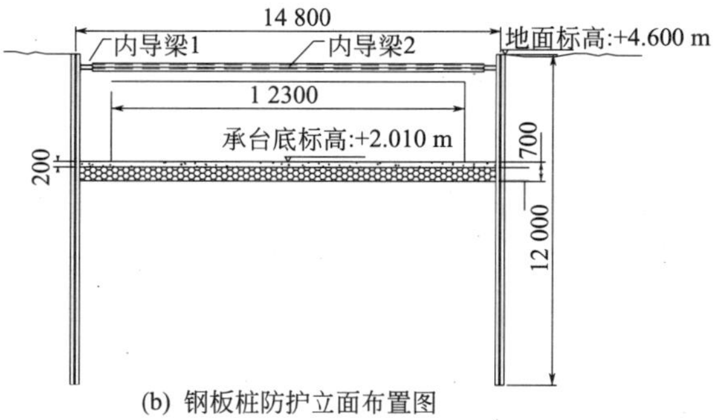

(b) 钢板桩防护立面布置图

图4-3-1　钢板桩围堰平立面布置图(单位:mm)

1. 计算参数

根据沿海铁路宁波、温州等地区软土性质和场地地质条件给出场地土计算参数见表4-3-1，地面下1 m为常水位，地面超载按20 kPa计算，采用拉森Ⅳ型钢板桩，截面宽度400 mm，截面模量315.2 cm^3，重量75.0 kg/m。

表4-3-1　场地土计算参数表

土层	层底高程(m)	层厚(m)	重度(kN/m^3)	ϕ(°)	C_u(kPa)	m(kN/m^4)
淤泥质黏土	−18	21	17	4	8	3000

2. 计算工况

计算工况见表4-3-2。

表 4-3-2　钢板桩计算工况表

计算工况	基坑深度(m)	设置支撑	有无超载
工况一	2.5	不设置支撑	无超载
工况二			有超载
工况三		设置一道支撑	有超载
工况四			无超载
工况五	3.0	设置两道支撑	无超载
工况六			有超载
工况七	3.5		无超载

以工况六——桩长 12 m 设二道支撑、有超载为例进行计算。

(1)计算模型

基坑开挖深度 3 m，采用拉森Ⅳ型钢板桩作围护结构，桩长为 12 m，同时设置二道钢支撑。计算时考虑地面超载 20 kPa。计算简图如图 4-3-2 所示。

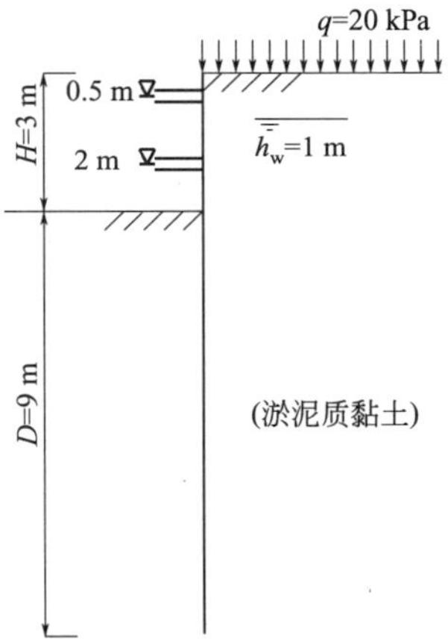

图 4-3-2　计算简图

(2)施工阶段划分

根据基坑开挖深度及施加钢支撑过程，分为以下 5 个施工阶段分析，见表 4-3-3。

表 4-3-3　施工阶段分析表

施工阶段编号	施工阶段说明	深度(m)	支撑刚度(MN/m^2)	支撑编号	预加轴力(kN/m)
1	开挖	1			
2	加撑	0.5	216.43	1	0
3	开挖	2.5			
4	加撑	2	216.43	2	0
5	开挖	3			

各施工阶段计算图式如图 4-3-3 所示。

(3)计算结果

分别进行了整体稳定验算、桩底抗隆起验算、坑底抗隆起验算、抗倾覆验算、抗涌计算以及桩身位移和受力计算,如图 4-3-4 所示。

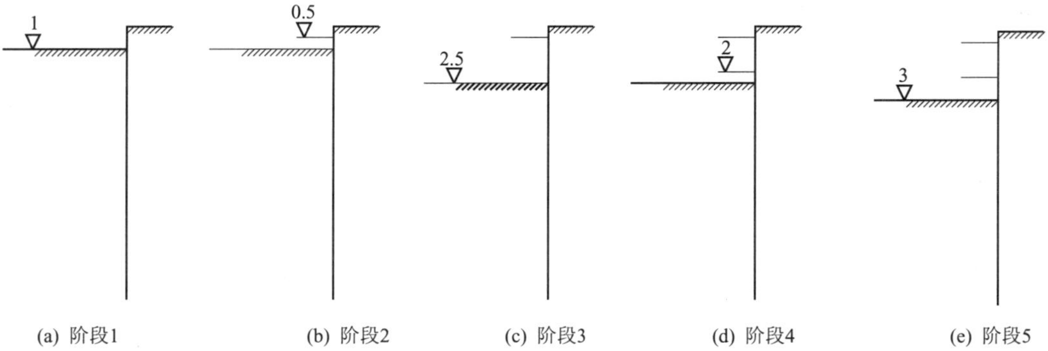

图 4-3-3　计算图式(单位:m)

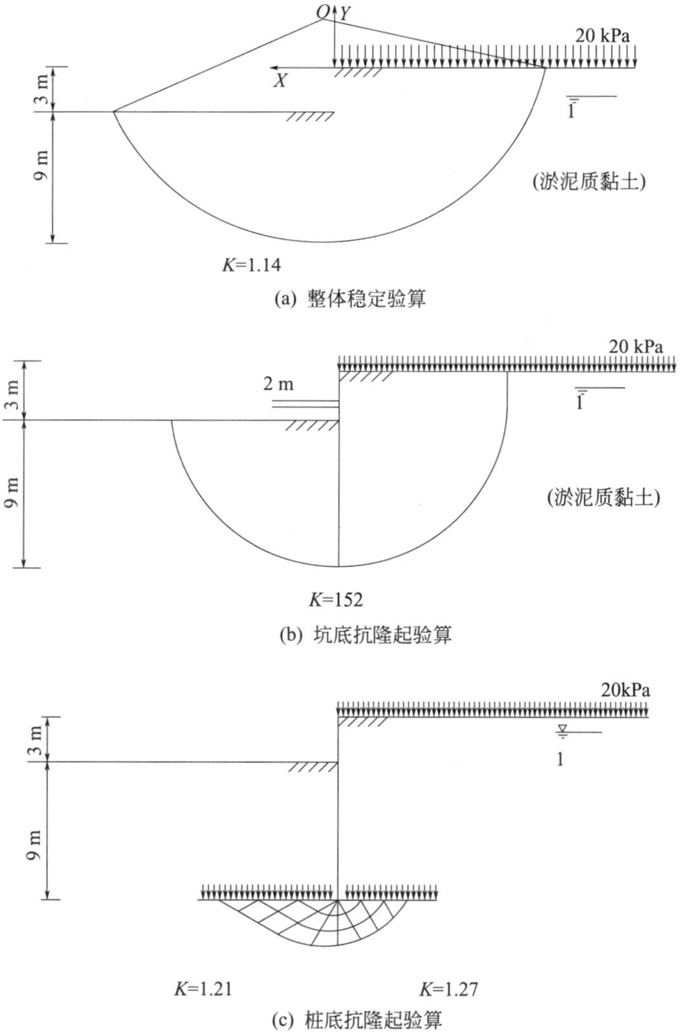

图 4-3-4　各项计算结果图(续)

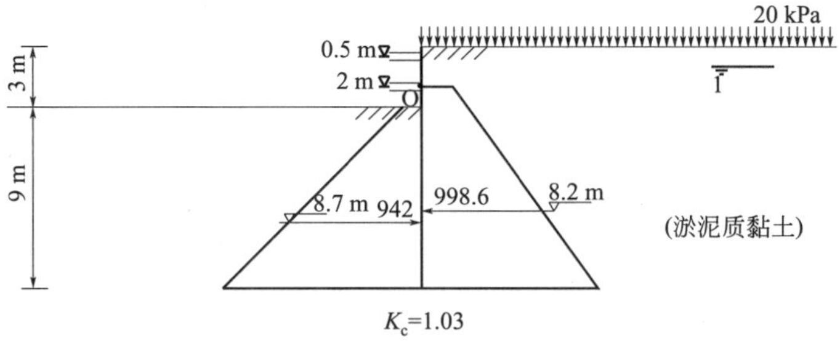

(d) 抗倾覆验算

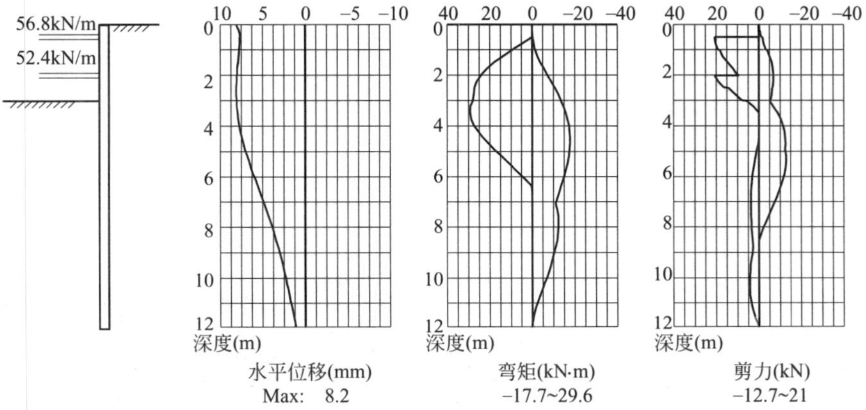

(e) 包络图

图 4-3-4　各项计算结果图

3. 计算结果汇总

计算结果汇总见表 4-3-4。

表 4-3-4　计算结果汇总表

安全系数	规范规定	工况一	工况二	工况三	工况四	工况五	工况六	工况七
整体稳定	1.08	1.7	1.15	1.15	1.7	1.59	1.14	1.35
基坑底抗隆起稳定	1.7	—	—	1.41	2.01	2.05	1.52	1.77
板底抗隆起稳定	1.7	1.46	1.28	1.28	1.46	1.41	1.27	1.34
抗倾覆稳定	1.05	—	—	1	1.25	1.2	1.03	1.12
抗渗或管涌稳定	2	5.8	5.8	5.8	5.8	6	6	4.68
最大水平位移(cm)	—	16.8	41.5	8.4	2.6	3.4	8.2	4.8

计算结果得出：

(1)以上各工况下，基坑整体稳定、抗涌稳定及抗倾覆稳定满足规范。

(2)坑底和板底抗隆起安全系数不满足规范要求，说明钢板桩长度偏短，如及时进行基坑封底(采用回填碎石或 C20 混凝土)，基坑可以弥补抗隆起的不足。

(3)钢板桩顶水平位移都较小，设置水平支撑可以明显改善钢板桩顶水平位移和自身受力。

4. 结论

软土基坑维护的钢板桩类型主要采用拉森Ⅳ型，设计桩长为 9 m 和 12 m 两种形式，或取基坑深度的 3 倍计算长度，即按 1∶2(坑深 1，打入土体内为 2)关系，钢板桩插打范围按承台平面外预留 1.0 m 工作空间计算数量，另加 10%～15%水平钢围檩或钢支撑数量。基坑底采用混凝土封底，其厚度一般为 0.5 m，基坑附近不允许堆土等超载。

一般设计为：

(1)基坑开挖深度 2.5 m 以内，采用拉森Ⅳ型钢板桩，桩长 9 m，设一道支撑。

(2)基坑开挖深度≤3.5 m，采用拉森Ⅳ型钢板桩，桩长 12 m，设二道支撑。

(3)对于基坑开挖深度超过 3.5 m 特别计算。

5. 工程实例

一般陆地上或沟塘中采用插打钢板桩围护，利用钢管进行水平支撑的桥梁基坑防护实例如图 4-3-5 所示。

(a) 水中钢板桩围堰　(b) 内支撑立面

(c) 前塘河中桥钢板桩　(d) 林桥头大桥基坑支护

图 4-3-5　现场基坑支护实例

瓯江特大桥 82 号～97 号墩、101 号墩位于深水中，常水位深 8.0 m，高潮位时水深 10 m，河床表层覆盖深厚淤泥。施工承台时围堰采用拉森Ⅳ型钢板桩防护，单根钢板桩长度为 18 m，内支撑仅在围堰顶下 0.3 m 位置设置一道，封底混凝土厚 2.0 m。

承台基坑钢板桩支护示意图如图 4-3-6 所示。现场施工如图 4-3-7 所示。

(二)钻孔桩防护

对于开挖较深的软土地区深基坑采用钻孔桩防护。

1. 基坑深度≥4.0 m

设置单排 ϕ80 cm 钻孔桩围护，设一道水平钢支撑。

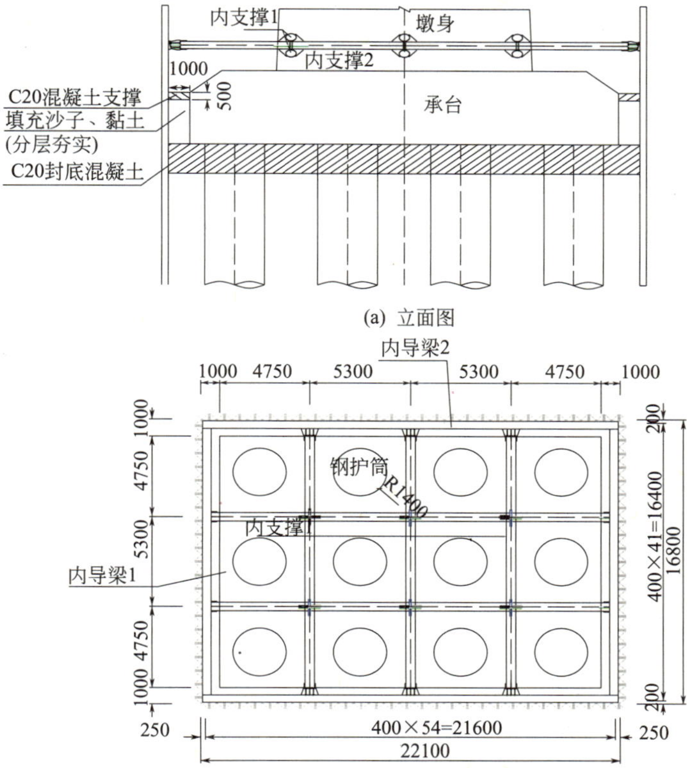

(a) 立面图

(b) 平面图

图 4-3-6　钢板桩基坑支护示意图(单位:mm)

2. 基坑深度≥6.0 m

一般采用单排 ϕ80 cm 或 ϕ100 cm 钻孔桩围护,另设两道水平钢支撑防护。当基坑较宽,设置支撑较为困难时,可取消内支撑,设置二排钻孔桩(内侧密打,外侧间隔设置)围护方案,如图 4-3-8 所示。

图 4-3-7　现场施工

(三)钢套(吊)箱围堰

1. 钢套箱围堰

以田螺大桥 3 号墩为例说明。高潮位时最大水深达到 20 m 以上。3 号墩附近水深 8.5 m,基岩裸露,基础采用 12ϕ2.8 m 钻孔桩,承台尺寸 22.0 m×16.2 m。3 号墩承台底位于河床以下平均 2.5 m,采用矩形双壁钢套箱围堰,围堰内侧尺寸 22.8 m×17.0 m,侧壁厚度为1.0 m,围堰高度为 11.766 m,面板采用厚 12 mm 钢板制作,采用∟100×100×10 mm 角钢加劲。围堰结构如图 4-3-9 所示。

2. 钢吊箱围堰

以白马河特大桥 11 号墩为例说明。该墩位于主通航区,高潮位时最大水深 21 m,基础采用 12ϕ2.0 m 钻孔桩,承台尺寸 14.2 m×19.2 m。11 号墩承台底位于河床以上约 12 m,采用矩形双壁吊箱围堰,围堰内侧尺寸与承台尺寸同,底部侧壁厚度为 1.5 m,上部侧壁厚度为0.6 m,围堰侧壁分三节,第一节高度为 6 m,第二节为 4.125 m,第三节为 3.125 m,围堰高度为 13.25 m。面

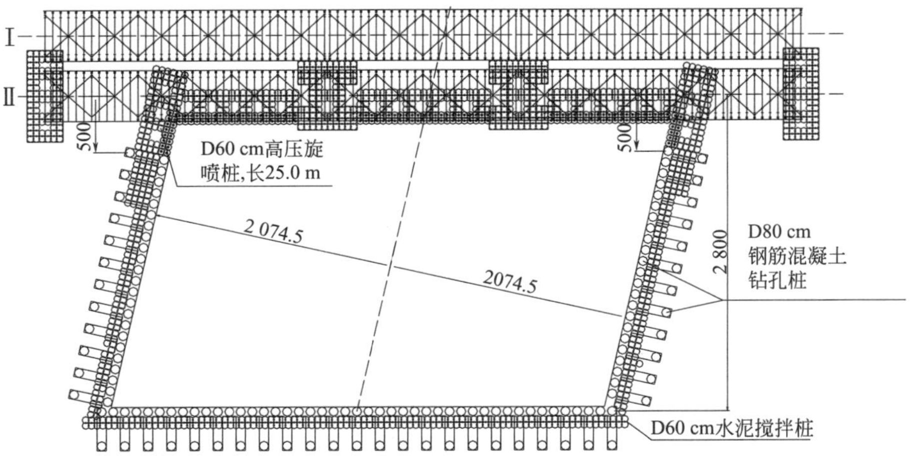

图 4-3-8 钻孔桩防护(单位:cm)

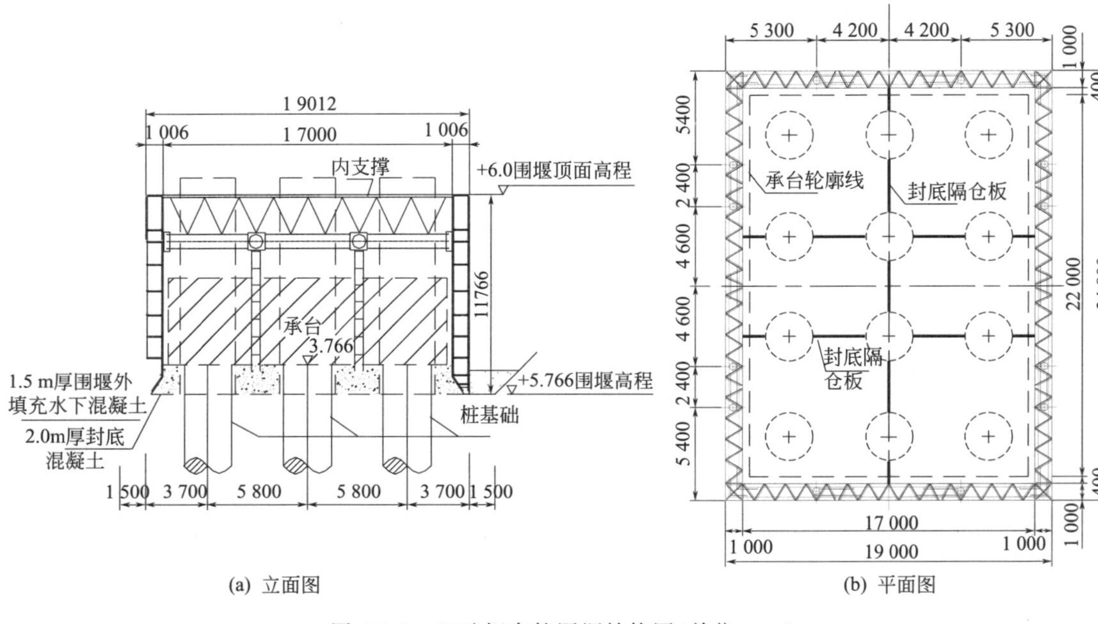

图 4-3-9 双壁钢套箱围堰结构图(单位:mm)

板采用厚 14 mm 钢板制作,采用∟75×75×8 mm 角钢加劲。围堰结构如图 4-3-10 所示。

3. 主要技术指标

围堰主要参数见表 4-3-5,主要技术指标见表 4-3-6。

表 4-3-5 围堰主要参数表

墩 号	围堰类型	承台长(m)	承台宽(m)	围堰尺寸(m)	围堰底面积(m^2)	封底混凝土厚度(m)	围堰高度(m)	封底混凝土数量(m^3)	围堰重(t)
瓯江特大桥 97 号	钢板桩	17.4	17.4	19.4×19.4	376.4	2.0	18.0	753	301
田螺大桥 3 号墩	钢套箱	22.0	16.2	22.8×17.0	387.6	2.0	11.77	1184	330
白马河特大桥 11 号墩	钢吊箱	19.2	14.2	19.2×14.2	272.6	1.5	13.25	407	313

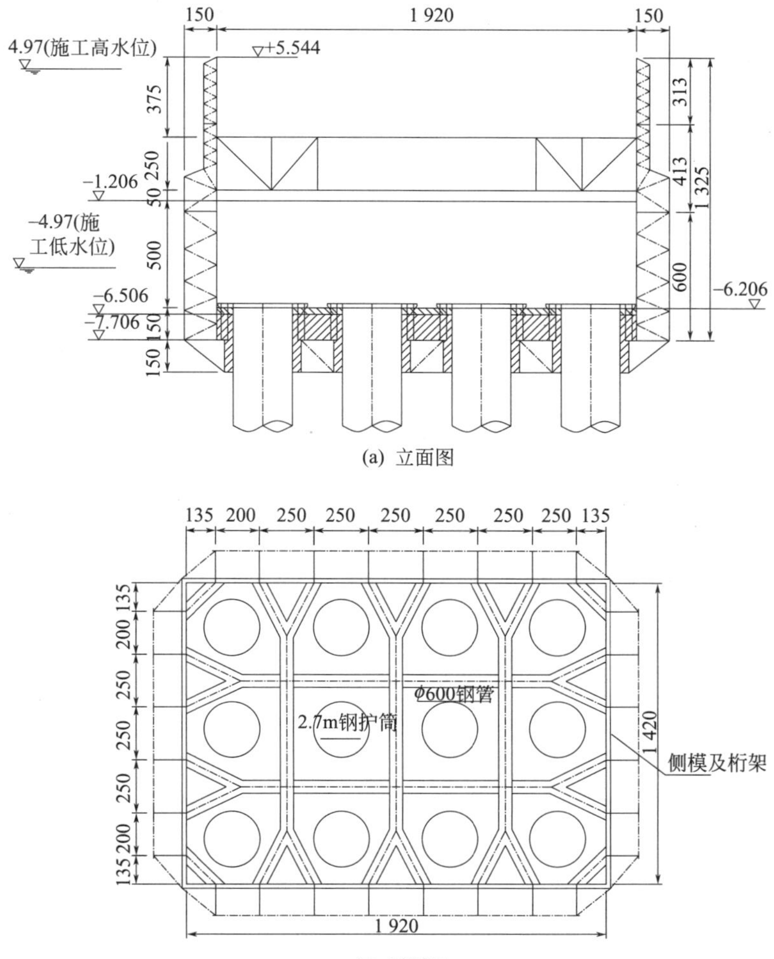

图 4-3-10 双壁钢吊箱围堰结构图(单位:cm)

表 4-3-6 围堰技术指标表

墩　　号	围堰类型	单位体积重(kg/m³)	单位面积重量(kg/m²)
瓯江特大桥 97 号墩	钢板桩	44	215
田螺大桥 3 号墩	钢套箱	73	352
白马河特大桥 11 号墩	钢吊箱	87	354

三、钻孔桩施工措施设计

(一)陆地上钻孔桩钢护筒

对位于陆地上桥梁钻孔桩的施工措施中,钢护筒的长度和壁厚的设计不仅关系到工程造价,同时还直接影响施工过程的安全和效率。陆地上钢护筒长度一般采用 2.0～3.0 m,并根据钻孔桩桩径的大小,选取不同的直径和壁厚,见表 4-3-7。

表 4-3-7 陆地上钻孔桩钢护筒设计原则

桩径(m)	钢护筒		
	直径(m)	壁厚(mm)	长度(m)
1.0	1.20	8	2～3.0
1.25	1.45	10	2～3.0
1.5	1.8	12	3.0

对于深厚淤泥质软土层，为确保钻孔桩成孔过程中孔壁的稳定性，桥梁钻孔桩钢护筒加长至 6～10 m，同时调整护壁泥浆的比重。

(二)水中钻孔桩钢护筒

根据钻孔桩成孔要求，对于位于水中的桥梁钻孔桩基础施工方法，可根据水深及地质条件，一般选择的钢护筒直径和壁厚见表 4-3-8。

表 4-3-8 水中基础钢护筒参数表

钻孔桩直径(m)	钢护筒直径(m)	钢护筒壁厚(mm)
1.0	1.2	8
1.25	1.45	10
1.5	1.8	12
2.0	2.3	14
2.5	2.8	16

当地质条件较好时，钢护筒应嵌入河床稳定土层内，并考虑水流的冲刷影响。对于淤泥质地基，钢护筒宜嵌入河床土中 10～15 m。

对于分布大量卵石夹淤泥层河床，由于其超强透水性，在不同的水位压力作用下，为保持钢护筒内泥浆的稳定，钢护筒长度须穿过强透水层，避免在潮汐水位的变化下护筒底部漏浆。图 4-3-11 为钢护筒工程实例。

图 4-3-11 钢护筒工程实例

四、钻孔平台及栈桥设计

为方便跨越宽浅海湾及滩涂地带桥梁施工基础，一般在水上架设施工栈桥运输施工机具和工程材料，栈桥长度应与河岸上的道路相接。利用栈桥在桥墩基础位置上再搭设钻孔桩施工平台，便于钻孔桩机具的安放和人员操作，在通航河流及深水区可采用船拼钻孔平台。以清江特大桥为例，介绍跨海湾桥梁施工栈桥和施工平台。

(一)栈桥设计

1. 设计标准

设计荷载：公路Ⅰ级；

施工控制活载：100 t 履带吊；

设计行车速度：15 km/h；

设计寿命：3.5 年。

2. 总体布置

栈桥设置于桥位下游，栈桥中心与大桥中心线距离 13.0 m，栈桥按 8.0 m 宽设计，栈桥桥面高程与钻孔平台面高程一致，栈桥顶面高程按 20 年一遇施工水位 5.02 m＋浪高 1.0 m＋栈桥结构高 1.72 m，梁底一般高于施工水位 1.0 m。

栈桥分为三部分：通车区、汇车区、管线区，管线区布置在护栏外侧，置于管桩端头的 I56b 工字钢上。栈桥立面布置如图 4-3-12 所示。

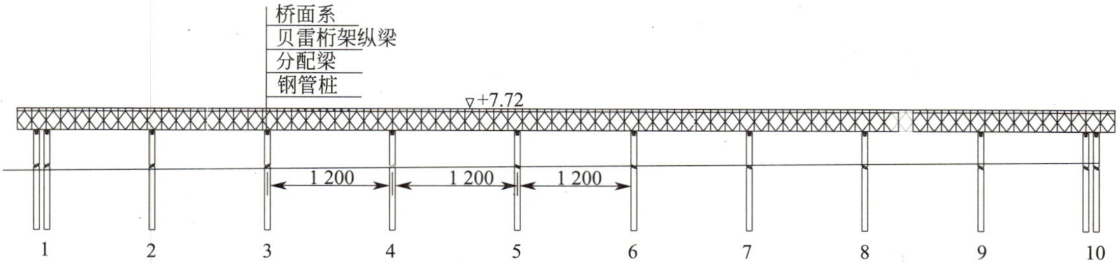

图 4-3-12　栈桥立面布置图(单位:cm)

3. 结构形式

栈桥上部结构采用装配式多跨连续梁方案,梁部结构为 9 排单层贝雷桁架,栈桥基本跨径采用 9×12 m 一联,梁高 1.7 m。横向联结采用横向联结系,顺桥向 3 m 一道。

栈桥下部结构采用打入钢管桩基础,中墩采用单排 4×ϕ550 mm 钢管桩(壁厚 δ16 mm),每联边墩采用双排 4×ϕ550 mm 钢管桩(δ16 mm),钢管桩顶设两根I56b 型钢分配梁,桩间焊接型钢剪刀撑,作为桩间联结系。

栈桥桥面系采用装配式正交异性板,每个标准块平面尺寸为 3 m×8 m,厚度 δ=18 mm,横梁采用槽钢[25 和I25b,纵肋采用槽钢[25。桥面两侧安装防护栏杆,并布设水电管路以及低压照明线路。栈桥结构如图 4-3-13 所示。栈桥现场实景如图 4-3-14 所示。

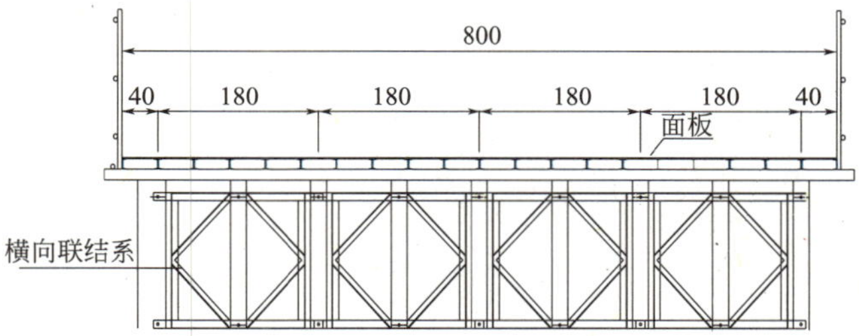

图 4-3-13　栈桥横断面图(单位:cm)

图 4-3-14　栈桥现场实景

(二)钻孔平台

1. 钻孔平台设置范围

除中间通航孔设置船拼钻孔平台外,其余水上各墩均搭设固定钻孔平台。钻孔平台分为四部分:钻孔区、通车区、钢筋加工及材料堆放区、人行通道及小料堆放区。单个平台面积约 500 m^2。

2. 钻孔平台面高程

为便于材料及机械设备运输,钻孔平台高程同栈桥桥面高程一致。

3. 钻孔平台结构

钻孔平台基础采用 ϕ550×16 mm 的打入钢管桩,桩顶设置I56b 工字钢分配梁,纵梁均采用贝雷桁架,横向联结采用槽钢加工的横向联结系,平台面板采用加工的定型模块。钻孔平台平面结构如图 4-3-15、图 4-3-16 所示。

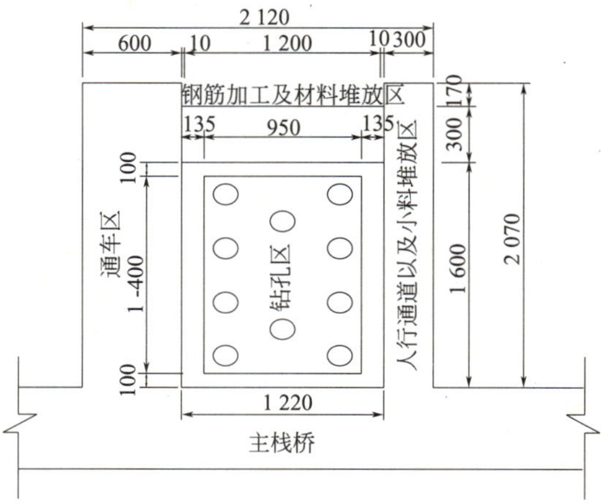

图 4-3-15　钻孔平台平面图(单位:cm)

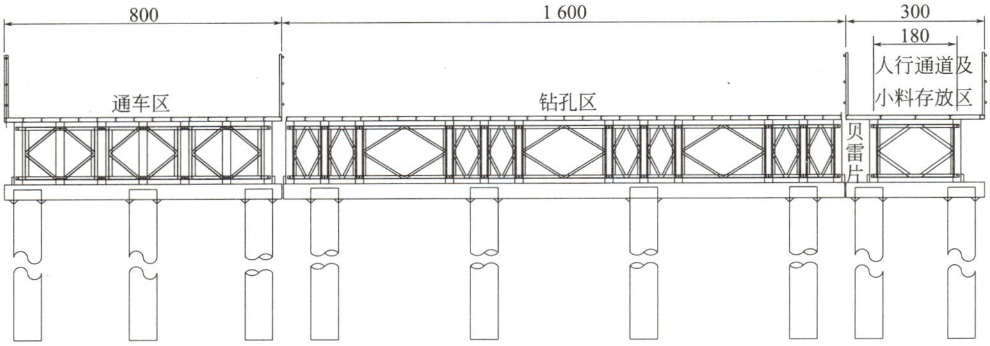

图 4-3-16　钻孔平台结构图(单位:cm)

(三)主要工程数量

设计钻孔平台平面尺寸一般为在承台四周加宽 2.5 m,每个钻孔平台由于选用定位支撑桩桩径不同,一般需要 8～12 根钢管桩,具体施工情况如图 4-3-17、图 4-3-18 所示。

栈桥宽度一般为 7～8 m,平均需要钢料 420～480 kg/m^2,其中贝雷梁 120 kg/m^2,钢管桩 180 kg/m^2,桥面 124 kg/m^2,万能杆件 36kg/m^2。

图 4-3-17　插打钻孔平台钢管桩

(a) 栈桥　(b) 施工平台

图 4-3-18　栈桥施工实景

第五章

桥梁耐久性设计

海洋环境中桥梁结构遭受破坏的主要原因是氯盐侵蚀导致的钢材锈蚀或钢筋锈蚀。对钢筋混凝土结构来说，钢筋锈蚀带来体积膨胀，最终导致混凝土剥落，从而使结构破坏。20 世纪八九十年代，在海洋环境中修建的钢筋混凝土结构，目前有许多出现了大面积混凝土开裂、钢筋严重锈蚀而急需修补，更有甚者，在不到 10 年的使用期后不得不报废拆毁，国内外土建结构因此发生的事故更是不胜枚举。以铁路混凝土梁为例，2003 年的秋检结果显示，全路有 3 345 孔发生顺筋方向开裂，3 390 孔发生大面积锈蚀。由于缺少必要的标准规范，使得一些对提高混凝土性能有利的技术手段不能被普遍采用，主体结构的耐久性状况不能预先把握。实际上，随着材料技术和施工技术的发展，抗压强度已经不是混凝土设计和施工中的主要问题，混凝土的耐久性则越来越被工程界所重视。

从大量调查的结果可以得出，我国东部沿海地区引起混凝土结构物中钢筋腐蚀的临界氯离子含量在 0.24%左右，当钢筋表面区氯离子浓度达到 0.314%时，就出现了严重腐蚀破坏，腐蚀破坏以处于浪溅区的结构最为严重。究其原因为环境条件恶劣、保护层不足、氯离子渗透导致的钢筋锈蚀是混凝土结构破坏的最主要原因，而碳化、硫酸盐、镁盐侵蚀等是导致混凝土结构破坏的次要原因。

为满足客运专线主体结构 100 年设计使用年限的要求，铁道部颁发了《铁路混凝土结构耐久性设计规范》(TB 10005—2010)及《铁路混凝土工程施工质量验收标准》(TB 10424—2010)，提出了混凝土结构的耐久性指标和相应的施工质量控制措施，并在客运专线上全面推广实施。我国铁路混凝土工程设计质量，从以强度控制为主向以控制耐久性指标为主迈出了重要一步。

第一节　重点桥梁环境类别

本线有多座位于海水环境的特大桥，本节重点分析桥梁海水侵蚀环境特点。

1. 环境水腐蚀性评价

依据《铁路混凝土工程施工质量验收标准》(TB 10424—2010)，根据土工试验室提交的水质检测结果，针对各个特大桥梁的桥址地表水、地下水腐蚀性进行分析及评价。

(1)飞云江特大桥，地表水及地下水腐蚀性分析评价见表 5-1-1、表 5-1-2。

结论：地表水、地下水对混凝土结构具有弱溶出型侵蚀。

(2)白马河特大桥，地表水及地下水腐蚀性分析评价见表 5-1-3。

表 5-1-1　地表水腐蚀性分析评价表

序号	侵蚀类型	环境条件特征		判定项目		侵蚀程度	综合评价
		地质条件	水质pH值	判定项目	含量		
1	硫酸盐侵蚀	石膏地层	6.9～7.7	SO_4^{2-} (mg/L)	0.5～150	无	弱溶出型侵蚀
		含盐地层					
2	镁盐侵蚀	含镁盐渍土、盐湖、盐田、海水		Mg^{2+} (mg/L)	0.65～24.98	无	
3	盐类结晶侵蚀	干旱地区盐渍土、碱土、滨海平原盐渍土		溶解盐类(g/L)	0.057～0.502	无	
4	硫酸型酸性侵蚀	煤系地层、黑色地层、有色金属、矿田、矿脉		pH 值	6.9～7.7	无	
				SO_4^{2-} (mg/L)	0.5～150	无	
5	溶出型侵蚀	富含有机质的淤泥和土壤，低矿化度河水和地下水		pH 值	6.9～7.7	无	
				HCO_3^- (mmol/L)	0.94～8.23	弱	

表 5-1-2　地下水腐蚀性分析评价表

序号	侵蚀类型	环境条件特征		判定项目		侵蚀程度	综合评价
		地质条件	水质pH值	判定项目	含量		
1	硫酸盐侵蚀	石膏地层	7.1～7.6	SO_4^{2-} (mg/L)	2.5～20	无	弱溶出型侵蚀
		含盐地层					
2	镁盐侵蚀	含镁盐渍土、盐湖、盐田、海水		Mg^{2+} (mg/L)	1.08～64.22	无	
3	盐类结晶侵蚀	干旱地区盐渍土、碱土、滨海平原盐渍土		溶解盐类(g/L)	0.059～0.51	无	
4	硫酸型酸性侵蚀	煤系地层、黑色地层、有色金属、矿田、矿脉		pH 值	7.1～7.6	无	
				SO_4^{2-} (mg/L)	2.5～20	无	
5	溶出型侵蚀	富含有机质的淤泥和土壤，低矿化度河水和地下水		pH 值	7.1～7.6	无	
				HCO_3^- (mmol/L)	0.83～8.23	弱	

表 5-1-3　地表海水腐蚀性分析评价表

序号	侵蚀类型	环境条件特征		判定项目		侵蚀程度	综合评价
		地质条件	水质pH值	判定项目	含量		
1	硫酸盐侵蚀	石膏地层	6.4～6.5	SO_4^{2-} (mg/L)	1 215.2～4 286.9	中	弱硫酸盐侵蚀、中等盐类结晶侵蚀、弱硫酸型酸性侵蚀、中等溶出型侵蚀
		含盐地层					
2	镁盐侵蚀	含镁盐渍土、盐湖、盐田、海水		Mg^{2+} (mg/L)	78.1～708.8	无	
3	盐类结晶侵蚀	干旱地区盐渍土、碱土、滨海平原盐渍土		溶解盐类(mg/L)	6 608.3～22 891.4	中	
4	硫酸型酸性侵蚀	煤系地层、黑色地层、有色金属、矿田、矿脉		pH 值	6.4～6.5	强	
				SO_4^{2-} (mg/L)	1 215.2～4 286.9		
5	溶出型侵蚀	富含有机质的淤泥和土壤，低矿化度河水和地下水		pH 值	6.4～6.5	无	
				HCO_3^- (mmol/L)	1.74～2.44		

结论:海水对混凝土结构具有弱硫酸盐侵蚀、中等盐类结晶侵蚀、弱硫酸型酸性侵蚀、中等溶出型侵蚀。

(3)云淡门1号特大桥,地表海水腐蚀性分析评价见表5-1-4。

表5-1-4 地表海水腐蚀性分析评价表

序号	侵蚀类型	环境条件特征		判定项目		侵蚀程度	综合评价
		地质条件	水质pH值	判定项目	含量		
1	硫酸盐侵蚀	石膏地层 含盐地层	6.4～6.5	SO_4^{2-} (mg/L)	2 994.6～4 462.7	强	强硫酸盐侵蚀、中等盐类结晶侵蚀、弱硫酸型酸性侵蚀、中等溶出型侵蚀
2	镁盐侵蚀	含镁盐渍土、盐湖、盐田、海水		Mg^{2+} (mg/L)	589.3～706.2	无	
3	盐类结晶侵蚀	干旱地区盐渍土、碱土、滨海平原盐渍土		溶解盐类 (g/L)	15.5665～18.5479	中等	
4	硫酸型酸性侵蚀	煤系地层、黑色地层、有色金属、矿田、矿脉		pH值	6.4～6.5	弱	
				SO_4^{2-} (mg/L)	2994.6～4462.7	无	
5	溶出型侵蚀	富含有机质的淤泥和土壤,低矿化度河水和地下水		pH值	6.4～6.5	弱	
				HCO_3^- (mmol/L)	0.29～2.56	中等	

结论:海水、地下水对混凝土结构具有弱硫酸盐侵蚀、中等盐类结晶侵蚀、弱硫酸型酸性侵蚀、中等溶出型侵蚀腐蚀性。

(4)田螺大桥,地表水及地下水腐蚀性分析评价见表5-1-5、表5-1-6。

表5-1-5 地下水腐蚀性分析及评价

序号	侵蚀类型	环境条件特征		判定项目		侵蚀程度	综合评价
		地质条件	水质pH值	判定项目	含量		
1	硫酸盐侵蚀	石膏地层 含盐地层	6.70	SO_4^{2-} (mg/L)	33.8	无	中等溶出型侵蚀
2	镁盐侵蚀	含镁盐渍土、盐湖、盐田、海水		Mg^{2+} (mg/L)	4.9	无	
3	盐类结晶侵蚀	干旱地区盐渍土、碱土、滨海平原盐渍土		溶解盐类 (g/L)	0.105	无	
4	硫酸型酸性侵蚀	煤系地层、黑色地层、有色金属、矿田、矿脉		pH值	6.70	无	
				SO_4^{2-} (mg/L)	33.8	无	
5	溶出型侵蚀	富含有机质的淤泥和土壤,低矿化度河水和地下水		pH值	6.70	无	
				HCO_3^- (mmol/L)	0.12	中等	

表 5-1-6　地表海水腐蚀性分析评价

序号	侵蚀类型	环境条件特征		判定项目		侵蚀程度	综合评价
		地质条件	水质pH值	判定项目	含量		
1	硫酸盐侵蚀	石膏地层	7.10	SO_4^{2-}(mg/L)	704.0	弱	弱硫酸盐侵蚀、中等硫酸酸性侵蚀、中等溶出型侵蚀
		含盐地层					
2	镁盐侵蚀	含镁盐渍土、盐湖、盐田、海水		Mg^{2+}(mg/L)	52.5	无	
3	盐类结晶侵蚀	干旱地区盐渍土、碱土、滨海平原盐渍土		溶解盐类(g/L)	3.872	无	
4	硫酸型酸性侵蚀	煤系地层、黑色地层、有色金属、矿田、矿脉		pH值	7.10	无	
				SO_4^{2-}(mg/L)	704.0	无	
5	溶出型侵蚀	富含有机质的淤泥和土壤，低矿化度河水和地下水		pH值	7.10	无	
				HCO_3^-(mmol/L)	0.23	中等	

结论：地下水对混凝土结构具有中等溶出型侵蚀，地表水对混凝土结构具有弱硫酸盐侵蚀、中等硫酸型酸性侵蚀及中等溶出型侵蚀。

(5)宁德特大桥，地表海水及地下水腐蚀性分析评价见表 5-1-7、表 5-1-8。

表 5-1-7　地下水腐蚀性分析评价表

序号	侵蚀类型	环境条件特征		判定项目		侵蚀程度	综合评价
		地质条件	水质pH值	判定项目	含量		
1	硫酸盐侵蚀	石膏地层	6.4～7.3	SO_4^{2-}(mg/L)	510.2～892.6	弱	弱硫酸盐侵蚀、中等硫酸型酸性侵蚀、中等溶出型侵蚀
		含盐地层					
2	镁盐侵蚀	含镁盐渍土、盐湖、盐田、海水		Mg^{2+}(mg/L)	28.9～54.9	无	
3	盐类结晶侵蚀	干旱地区盐渍土、碱土、滨海平原盐渍土		溶解盐类(g/L)	4.06～6.28	无	
4	硫酸型酸性侵蚀	煤系地层、黑色地层、有色金属、矿田、矿脉		pH值	6.4～7.3	弱	
				SO_4^{2-}(mg/L)	510.2～892.6	中等	
5	溶出型侵蚀	富含有机质的淤泥和土壤，低矿化度河水和地下水		pH值	6.4～7.3	弱	
				HCO_3^-(mmol/L)	0.35～1.28	中等	

表 5-1-8　地表海水腐蚀性分析评价表

序号	侵蚀类型	环境条件特征		判定项目		侵蚀程度	综合评价
		地质条件	水质pH值	判定项目	含量		
1	硫酸盐侵蚀	石膏地层 含盐地层	6.6～6.7	SO_4^{2-} (mg/L)	489.2～897.6	弱	弱硫酸盐侵蚀、弱硫酸型酸性侵蚀、中等溶出型侵蚀
2	镁盐侵蚀	含镁盐渍土、盐湖、盐田、海水		Mg^{2+} (mg/L)	32.3～102.3	无	
3	盐类结晶侵蚀	干旱地区盐渍土、碱土、滨海平原盐渍土		溶解盐类 (g/L)	4.04～5.63	无	
4	硫酸型酸性侵蚀	煤系地层、黑色地层、有色金属、矿田、矿脉		pH值	6.6～6.7	无	
				SO_4^{2-} (mg/L)	489.2～897.6	弱	
5	溶出型侵蚀	富含有机质的淤泥和土壤，低矿化度河水和地下水		pH值	6.6～6.7	无	
				HCO_3^- (mmoL/L)	0.29～0.46	中等	

结论：该场地地下水对混凝土结构具弱硫酸盐侵蚀、中等硫酸型酸性侵蚀及中等溶出型侵蚀。地表水(海潮水)对混凝土结构具弱硫酸盐侵蚀、弱硫酸型酸性侵蚀及中等溶出型侵蚀。

(6)飞鸾特大桥，地下水腐蚀性分析评价见表 5-1-9。

表 5-1-9　地下水腐蚀性分析评价表

按建筑材料分类项目		GS 50021—2001 评价标准				实测指标成果值	单项评价结果	综合评价结果
		类型	腐蚀介质	界限值				
				长期浸水	干湿交替			
地下水对混凝土结构腐蚀性	按环境类型	Ⅱ类环境	SO_4^{2-}	650～1 950	500～1 500	11C.9～628.9	弱	中
			Mg^{2+}	2 600～3 900	2 000～3 000	6.10～6.70	无	
			NH^{4+}	650～1 040	500～800	1.30～1.80	无	
			OH^-	55 900～74 100	43 000～57 000	0	无	
			总矿化度	26 000～65 000	20 000～50 000	444.7～2 351.0	无	
	按地层渗透性	A类	pH值	5.0～6.5		6.50	弱	
			CO_2	15～30		0.00～1.20	无	
			HCO_3^-	<0.5		0.29～0.64	中	
地下水对钢筋混凝土中钢筋腐蚀性			Cl^-	>5 000	500～5 000	270.9～1 841.7	中	中
地下水对钢结构腐蚀性			pH值　3～11 $(Cl^- + SO_4^{2-})>500$			6.5 354.1～2313.4	中	中

注：表中除 HCO_3^- 的单位为 mmol/L 外，余为 mg/L。

结论：地下水对混凝土结构存在中等腐蚀性，对钢筋混凝土中的钢筋存在中等腐蚀性，对钢结构存在中等腐蚀性。

沿线主要桥梁受海水侵蚀程度判定见表 5-1-10。

表 5-1-10 沿线主要桥梁受海水侵蚀程度判定

桥梁名称	海水侵蚀程度判定
飞云江特大桥	弱溶出型侵蚀
白马河特大桥	中等硫酸盐侵蚀、中等盐类结晶侵蚀、强硫酸型酸性侵蚀
云淡门 1 号特大桥	强硫酸盐侵蚀、中等盐类结晶侵蚀、强硫酸型酸性侵蚀、中等溶出型侵蚀
田螺特大桥	中等溶出型侵蚀、弱硫酸盐侵蚀(地表水)、中等硫酸型酸性侵蚀(地表水)
宁德特大桥	弱硫酸盐侵蚀、中等溶出型侵蚀、中等硫酸型酸性侵蚀
飞鸾特大桥	中等钢筋、钢结构腐蚀性

以上桥梁海水环境腐蚀性评价表明，在海水环境中普遍存在着多种混凝土侵蚀因素：氯离子渗透侵蚀、硫酸盐侵蚀、镁盐侵蚀、盐类结晶侵蚀、硫酸型酸性侵蚀、溶出型侵蚀等。耐久性设计必须综合各种因素全面考虑。

2. 环境类别

根据桥址与海岸线的距离远近，桥梁腐蚀环境可分成三大类：海水环境、近海环境和远海环境。根据本线环境及水质情况，结合《铁路混凝土结构耐久性设计规范》中的有关条文，全线归纳总结为三大类环境类别和八个作用等级，见表 5-1-11。

表 5-1-11 环境类别及作用等级

<table>
<tr><th>环境类别</th><th>环境条件</th><th>判断条件</th><th>作用等级</th><th>说　明</th></tr>
<tr><td rowspan="2">碳化引起钢筋腐蚀环境</td><td rowspan="2">一般环境</td><td>长期湿润环境</td><td>T2</td><td rowspan="2">不受海洋环境影响及地表水、地下水侵蚀的环境</td></tr>
<tr><td>干湿交替环境</td><td>T3</td></tr>
<tr><td rowspan="3">氯盐引起钢筋腐蚀环境</td><td rowspan="3">近海或海水环境</td><td>距离最高潮水位岸线 100～300 m 范围的陆地区、海水中</td><td>L1</td><td rowspan="3">桥梁处于近海或海水环境中，分为大气区、浪溅区、水位变化区和水下区</td></tr>
<tr><td>距离最高潮水位岸线 100 m 内的陆地区和海上区、海上大气区</td><td>L2</td></tr>
<tr><td>浪溅区、水位变化区</td><td>L3</td></tr>
<tr><td rowspan="3">环境水及化学侵蚀环境</td><td rowspan="3">陆地环境</td><td>弱侵蚀</td><td>H1</td><td rowspan="3">地下水或地表水对混凝土的侵蚀，如硫酸盐、含有机质淤泥等</td></tr>
<tr><td>中等侵蚀</td><td>H2</td></tr>
<tr><td>强侵蚀</td><td>H3</td></tr>
</table>

第二节 提高混凝土结构耐久性的主要途径

沿海铁路混凝土桥梁耐久性与海水、地下水、土壤和空气中的氯盐、硫酸盐、CO_2 等有害介质侵蚀、干湿交替、海浪撞击等各种环境因素的作用有关。从大量国内外沿海工程腐蚀破坏的实例及其原因分析，得出混凝土结构失效主要是由结构内钢筋腐蚀引起的。因此，提高沿海铁路桥梁耐久性，采取有效的防腐措施防止桥梁构件在设计服役寿命内破坏至关重要。为此我们对沿海铁路钢筋混凝土桥梁结构的耐久性问题进行了专题研究，形成了一整套的技术要求和设计规定。

为使混凝土能较大限度地阻止环境中的 Cl^- 到达构件内的钢筋表面，延缓混凝土保护层碳化，提高混凝土抗硫酸盐侵蚀的能力，必须采用有效的措施以达到防腐耐久的目的。为此需对混凝土结构中的钢筋保护层确定一个合理的厚度，以抵抗环境的侵蚀。

一、防腐耐久混凝土性能

混凝土的强碱性环境可保证结构中的钢筋表面钝化膜的长期稳定，同时要求混凝土必须有足够的抵抗环境中有害介质渗入的能力。普通混凝土是难以达到的，须采用具备下列性能的低渗透性的防腐耐久混凝土，同时要求海洋环境中的混凝土桥梁结构采用的混凝土具有足够的强度，以满足密实性的要求。

(1)Cl^-扩散系数、电通量和抗渗性指标要求，见表 5-2-1；

(2)满足结构耐久性要求的最低强度等级，见表 5-2-2。

表 5-2-1　100 年服役寿命混凝土的渗透性指标

服役寿命	100 年		
指标 \ 腐蚀程度	严重	非常严重	极端严重
ASTM1202　电量指标(56 d 龄期)(C)	<1 200	<800	<800
Cl^-扩散系数 D_{RCM} (28 d 龄期)($10^{-12}m^2/s$)	<8	<6	<4
抗渗等级	≥P12	≥P18	≥P20

表 5-2-2　海洋环境工程不同部位混凝土最低强度要求

区域	大气区	浪溅区	水位变动区	水下区
海港规范	C30	C40	C30	C25
铁路规范	C45	C50	C50	C40

对于防腐耐久混凝土还需具有以下性能要求：

①高体积稳定性，低收缩应变；②适宜的工作性，以满足浇灌成型密实的要求；③高抗硫酸盐侵蚀性；④无碱-骨料反应危害；⑤低碳化速度系数。

二、构造措施

保证沿海铁路钢筋混凝土桥梁结构耐久性的主要构造措施为：足够的钢筋混凝土保护层厚度；控制混凝土表面裂缝，同时在设计与施工中注意不形成尖的棱角。

1. 混凝土保护层厚度要求

适当加大钢筋混凝土保护层厚度，是提高沿海铁路桥梁结构耐久性，延长桥梁服役寿命的重要措施。针对各类环境，计算保护层厚度、氯离子扩散系数和混凝土结构中钢筋开始腐蚀的时间 t_S的关系见表 5-2-3。

表 5-2-3　混凝土保护层厚度、氯离子扩散系数混凝土结构钢筋开始腐蚀时间的关系

环境区域	构　件	环境作用等级	扩散系数($10^{-13}m^2/s$)	保护层厚度(mm)	钢筋开始腐蚀时间 t_S(年)
大气区	梁	L2	4.991	30	22
				35	29
				40	38
				45	49
				50	60

续上表

环境区域	构　件	环境作用等级	扩散系数 ($10^{-13}m^2/s$)	保护层厚度 (mm)	钢筋开始腐蚀时间 t_S(年)
大气区	桥墩	L2	4.991	35	28
				40	37
				45	46
				50	57
				55	69
				60	82
				65	96
				70	112
浪溅区和水位变化区	桥墩	L3	3.072	35	19
				40	25
				45	31
				50	38
				55	47
				60	55
				65	65
				70	75
				75	86
水下区	桥墩	L1	4.298	35	22
				40	29
				45	36
				50	45
				55	54
				60	64
				65	75
				70	88
				75	100

从耐久性角度来讲，钢筋混凝土保护层厚度越厚越好，但从受力的角度，则正好相反，保护层厚度越大，构件截面有效高度就越小，因此，确定保护层厚度应综合考虑耐久性及受力要求，在能保证耐久性的条件下，尽可能取较小的保护层厚度，以便处理好两者的矛盾。

2. 控制钢筋混凝土结构表面裂缝宽度

钢筋混凝土结构表面裂缝是海洋环境有害介质侵入混凝土的通道，裂缝宽度越大，有害介质越容易侵入。试验室和海洋中暴露试验证实，只要横向裂缝宽度不是太大（如不大于0.3 mm），对碳化引起的钢筋腐蚀没有大的影响，而沿着钢筋发生的顺筋纵向裂缝则相反，它能使水、氧等参与腐蚀反应的物质长驱直入，会极大地加快钢筋腐蚀的速度。

在氯盐环境下，横向宏观裂缝处的钢筋截面受氯盐侵蚀可形成坑蚀。研究表明：裂缝周围的氯离子渗入深度远大于从表面渗入深度，如裂缝宽度从0.1 mm增加到0.5 mm，渗入深度由 23 mm 增加到 35 mm。丹麦与瑞典之间的厄勒海峡大通道工程，规定浪溅区混凝土和沉管隧道构件不能有裂缝，其余部分裂缝宽度<0.2 mm。对于寿命 100 年以上的沿海铁路桥梁，裂缝宽度应控制在 0.15 mm 以内，预应力构件应按不允许开裂进行设计。

三、结构表面涂层措施

在钢筋混凝土结构表面涂覆保护涂层，能有效阻止海洋环境中的 Cl^-、空气中的 O^{2-}、CO_2 和土壤中一些侵蚀性离子向混凝土中渗透和扩散，延缓混凝土碳化和钢筋腐蚀等病害，是一项有效的附加防腐措施。

1. 结构表面涂层的防护作用机理

在钢筋混凝土结构表面涂覆一层涂层材料，形成一层“表皮”，产生“皮肤效应”，这样，环境中的氯离子向混凝土中的渗透扩散路径变得复杂，须先透过表面涂层，才能进入混凝土内，如图 5-2-1 所示。

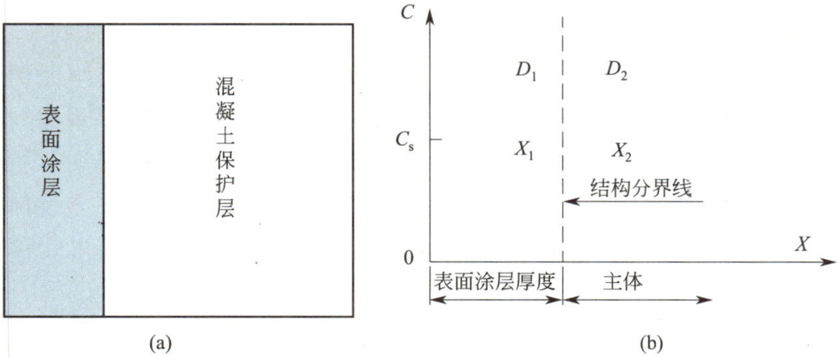

图 5-2-1　混凝土的表面“皮肤效应”对氯离子渗入的影响

设表面涂层厚度为 X_1，桥梁结构的混凝土保护层厚度为 X_2，总厚度为 X，其氯离子扩散系数分别为 D_1、D_2 和 D_C，根据 Fick 扩散定律，环境中的氯离子通过表面涂层和混凝土保护层的扩散有以下关系：

$$\frac{X}{D_C}=\frac{X_1}{D_1}+\frac{X_2}{D_2} \tag{5-2-1}$$

即：

$$R_C=R_1+R_2 \tag{5-2-2}$$

式中　R_1、R_2 和 R_C——分别为表面涂层、混凝土保护层和二者构成总保护层的氯离子扩散阻力。

可以看出，只要表面涂层具有一定厚度和足够低的氯离子扩散系数，表面涂层就可以增加桥梁结构抵御氯离子扩散阻力，延长氯离子扩散到钢筋表面的时间，延长桥梁结构的服役寿命。

2. 结构表面涂层抵御海洋环境氯离子渗入的效果

为了验证应用的各种涂层配套体系在海洋环境条件下的抗氯离子渗透性、耐候性及耐水性等实际防腐蚀效果，我国交通部四航院曾进行大量涂层混凝土海洋环境下暴露试验，结果表明：各区域采用不同涂层体系保护的混凝土试件中，各层深度范围的氯离子渗入量均比无涂层混凝土试件低 7 倍以上，并且氯离子含量值基本接近混凝土原有的初始浓度。即使在经过长达 9 年的暴露时间，有涂层的混凝土试件在 4～6 cm 深度范围的最大氯离子含量也只有 0.013%。大量工程实例证明防护效果明显，表面涂层可降低氯离子渗入量 7 倍以上。

由此可得，在钢筋混凝土结构表面进行涂层处理可以大幅度降低海洋环境中氯离子渗入量，提高桥梁构件的耐久性和服役寿命。但大气区及受阳光照射部位的混凝土构件，面层涂层易被老化，应该使用耐老化性能良好的面漆，浪溅区部位涂层应选用抗氯离子渗透性能良好、耐水、耐碱、耐磨损、耐冲击的涂料，表湿区混凝土涂层必须使用具有湿固化能力的涂料。由于涂层施工简便、涂层保护费用低，如对涂层配套进行科学、合理的设计，并严格控制施工质量，混凝土表面涂层是延长海洋环境下混凝土结构使用寿命较经济和有效的措施。

3. 结构表面涂层防止混凝土碳化的效果

北京水科所周子昌等人报道了不同涂层对混凝土的透气系数和碳化性能的研究结果，表明采用优良的涂层材料对混凝土表面进行涂层处理，可以降低混凝土的透气、透水系数和碳化速度系数。

所以，表面涂层不但可以提高桥梁结构的抗氯离子渗透能力，而且可提高其抗碳化、抗 O^{2-} 和海水的渗入能力。为达到混凝土表面防护较长寿命的目标，涂层的厚度至关重要；同时为了发挥不同涂层的功能和节约工程造价，不同涂层进行组合的结构体系最为合理，最常见的是底、中、面三层涂装组合。底涂层要求在混凝土表面有良好附着力（黏结力）、抗碱性好，金属表面的底涂层，要求有良好的防锈功能；中间涂层具有良好的附着力，抗渗透性能优秀；表面涂层结合力良好，抗腐蚀老化、耐紫外光，且具有良好的装饰性。表 5-2-4 列出几种涂装体系，可供桥梁各部分耐久性设计选用。

表 5-2-4 桥梁混凝土表面及钢结构表面涂装体系

体系序号	配套涂层体系				使用部位	造价（元/m²）	维修周期	说明
	底涂层	中间涂层	面涂层					
1	环氧封闭漆（30 μm）	环氧云铁漆（360 μm）	Ⅰ	氟碳树脂涂料（80 μm）	结构墩与实体墩中潮位±3 m 处表面	110	20 年	面涂料具有高耐候性，20 年仍有光泽，装饰性与耐蚀性寿命均为 20 年
			Ⅱ	丙烯酸聚氨酯涂料（80 μm）		100	面涂层 10 年	面涂料 10 年需维修，涂层体系耐蚀寿命 20 年
			Ⅲ	高氯化聚乙烯涂料（80 μm）		95	面涂层 8 年	面涂料 8 年需维修，涂层体系耐蚀寿命 15 年
2	湿表面环氧封闭漆（30 μm）	环氧云铁漆（360 μm）	Ⅰ	氟碳树脂涂料（80 μm）	结构墩与实体墩中潮位±3 m 处表面	110	20 年	底涂层对混凝土表面的干燥度要求较低，对施工进行有利，各配套涂层体系的耐蚀寿命如体系 1 的说明
			Ⅱ	丙烯酸聚氨酯涂料（80 μm）		100	面涂层 10 年	
			Ⅲ	高氯化聚乙烯涂料（80 μm）		95	面涂层 8 年	
3	环氧封闭漆（30 μm）	环氧云铁漆（250 μm）	Ⅰ	氟碳树脂涂料（80 μm）	结构墩与实体墩中潮位以上 3 m 处往上的外表面	100	20 年	同体系 1
			Ⅱ	丙烯酸聚氨酯涂料（80 μm）		90	面涂层 10 年	
			Ⅲ	高氯化聚乙烯涂料（80 μm）		85	面涂层 8 年	

续上表

体系序号	配套涂层体系				使用部位	造价（元/m^2）	维修周期	说明
	底涂层	中间涂层	面涂层					
4	湿表面环氧封闭漆（30 μm）	环氧云铁漆（250 μm）	Ⅰ	氟碳树脂涂料（80 μm）	结构墩与实体墩中潮位以上 3 m 处往上的外表面	100	20 年	同体系 2
			Ⅱ	丙烯酸聚氨酯涂料（80 μm）		90	面涂层 10 年	
			Ⅲ	高氯化聚乙烯涂料（80 μm）		85	面涂层 8 年	
5	环氧封闭漆（30 μm）	环氧沥青类涂料（350 μm）	环氧沥青类涂料（100 μm）		结构墩与实体墩中潮位 ±3 m 处表面	70	15 年	环氧沥青类涂料抗老化能力非常差，耐蚀寿命 15 年
6	湿表面环氧封闭漆（30 μm）	环氧沥青类涂料（350 μm）	环氧沥青类涂料（100 μm）		结构墩与实体墩中潮位 ±3 m 处表面	70	15 年	环氧沥青类涂料抗老化能力非常差，耐蚀寿命 15 年
7	RC-GUARD 水剂型无机渗透结晶涂料		RC-GUARD 水剂型无机渗透结晶涂料		沿海岸陆地上桥墩	80	20	抗渗、抗碳化好且具有渗透结晶作用，但质量不易控制
8	无机富锌涂料（60 μm）	厚浆型环氧云铁涂料（300 μm）	Ⅰ	氟碳树脂涂料（80 μm）	防撞沉箱	120	20 年	无机富锌涂料是一种阳极保护涂料具有很高的耐蚀性，各配套涂层体系的耐蚀寿命如体系 1 的说明
			Ⅱ	丙烯酸聚氨酯涂料（80 μm）		110	面涂层 10 年	
			Ⅲ	高化聚乙烯涂料（80 μm）		105	面涂层 8 年	
9	喷铝（160 μm）＋封闭涂层（30 μm）	环氧云铁涂料（80 μm）	Ⅰ	氟碳树脂涂料（80 μm）	海洋大气环境桥梁钢结构表面	150	20 年	喷铝层是一种耐蚀性非常高的阳极性涂层，各配套涂层体系的耐蚀寿命为 20 年
			Ⅱ	丙烯酸聚氨酯涂料（80 μm）		140	面涂层 10 年	
			Ⅲ	高化聚乙烯涂料（80 μm）		135	面涂层 8 年	
10	无机磷酸盐富锌涂料（60 μm）＋封闭涂料（30 μm）	环氧云铁涂料（300 μm）	Ⅰ	氟碳树脂涂料（80 μm）	海洋大气环境桥梁钢结构表面	120	20 年	同体系 8 的说明
			Ⅱ	丙烯酸聚氨酯涂料（80 μm）		110	面涂层 10 年	
			Ⅲ	高化聚乙烯涂料（80 μm）		105	面涂层 8 年	
11	无机磷酸盐富锌涂料（60 μm）＋封闭涂料（30 μm）	环氧云铁涂料（200 μm）	Ⅰ	氟碳树脂涂料（80 μm）	普通大气环境桥梁钢结构表面	110	20 年	由于是普通大气环境中间涂层的厚度要求有所降低，各配套涂层体系的耐蚀寿命如体系 2 的说明
			Ⅱ	丙烯酸聚氨酯涂料（80 μm）		100	面涂层 10 年	
			Ⅲ	高化聚乙烯涂料（80 μm）		95	面涂层 8 年	

四、涂层钢筋

尽管防腐混凝土具有较好的抗渗性，但仍然难免由于混凝土特性所决定的原始孔隙和收缩徐变等产生的裂缝。对于腐蚀环境恶劣，易受侵蚀的部位或钢筋混凝土构件，可采用涂层钢筋进一步提高构件的耐腐蚀性。在钢筋表面喷涂涂层形成涂层钢筋(图 5-2-2),如环氧树脂涂层、聚乙烯缩丁醛涂层、镀锌钢筋等,其中使用最广的是环氧涂层钢筋。从 20 世纪 70 年代起,美国联邦公路管理局(FHWA)就开始采用环氧涂层钢筋防止桥面板钢筋腐蚀。在欧洲、中东、日本等国也推荐在海洋环境、使用除冰盐及其他强腐蚀条件下使用环氧涂层钢筋。

大量研究和工程实践证明,环氧涂层钢筋可使钢筋混凝土结构在氯盐环境下的使用寿命延长 15～20 年。环氧涂层钢筋适用于浪溅区和水位变动区,国内浙江宁波大桥、杭州湾大桥等工程采用了涂层钢筋,但不得与外加电流阴极保护联合使用。施工中的环氧涂层钢筋如图 5-2-3 所示。

环氧涂层钢筋的原材料、加工工艺、质量检验及验收标准,应符合现行行业标准《环氧树脂涂层钢筋》(JG 3042—1997)的有关规定。环氧涂层钢筋选择在海湾桥梁钢筋混凝土桥墩浪溅区和水位变动区使用,如宁德特大桥、定头港特大桥、飞云江特大桥等。

图 5-2-2 涂层钢筋

图 5-2-3 施工中的环氧涂层钢筋

五、钢筋阻锈剂

钢筋阻锈剂(RI)的主要功能不是降低有害离子(如 Cl^-)的渗入量,而是使钢筋在混凝土中渗入高量 Cl^- 的情况下也能处于钝化状态。

常用钢筋阻锈剂有三种类型:阳极型、阴极型和复合型。阳极型作用于钢筋的阳极点,它与腐蚀产物反应形成致密保护膜,抑制阳极反应。因此,阳极型阻锈剂一般是铬酸盐和亚硝酸盐等氧化剂,亚硝酸钙是典型的阳极型。

阴极型作用于钢的阴极点,通过与液相中的离子反应,在阴极上形成水中溶解度很小的盐膜阻止氧化。这种化合物一般是碳酸盐、磷酸盐、硅酸盐和聚磷酸盐等,它们的用量比阳极型大,其效果也不如阳极型。

复合型阻锈剂,也称渗透迁移型钢筋阻锈剂,它们对混凝土的各项性能均无影响,同时保护钢筋的阳极区和阴极区,能够扩散迁移到邻近区,对周围的钢筋表面形成吸附膜,阻止与腐蚀性介质反应,适用于所有海洋中的钢筋混凝土结构。一般是含有极性亲水基 N^+、S^{2-}、OH^- 的有机化合物,如复合氨基醇类的用量为 0.6kg/m^3。将其直接加入混凝土搅拌机中,也可涂刷在混凝土基面上。

钢筋阻锈剂的阻锈效果除与种类有关外,还与其掺量有关,每种阻锈剂有一个适用掺量。阻锈剂适用掺量的实际意义在于,在设计寿命期内,混凝土中阻锈剂的拥有量与有害介质(Cl^-)的渗入总量保持一个比例关系(如 $RI/Cl^- \geqslant 1.2$),这样可望保证在设计服役寿命期内,不发生因钢筋腐蚀而引起的破坏,以获取最佳经济效益。图 5-2-4 给出阻锈剂适用掺量与不同环境下 Cl^- 渗入量、钢筋混凝土结构服役寿命间的关系。根据这个关系,可以得出不同设计寿命的钢筋阻锈剂适用掺量。

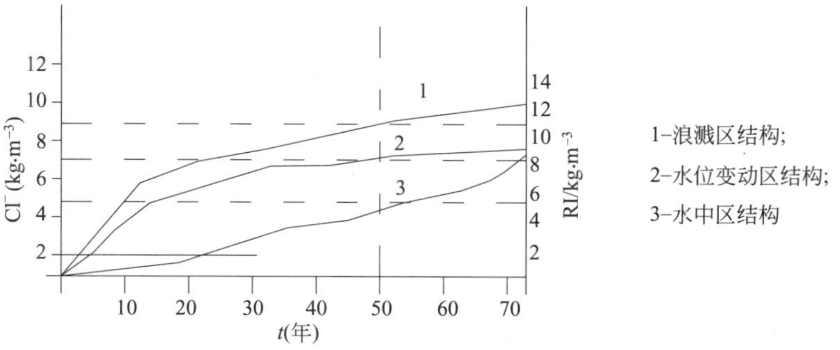

图 5-2-4　阻锈剂适用掺量与设计寿命和 Cl^- 渗透量的关系

综上所述，阻锈剂有较好的阻止钢筋腐蚀的作用，在氯盐严重侵蚀环境下宜采用阻锈剂，易遭腐蚀的桥梁伸缩缝部位混凝土、后张预应力孔道的灌浆和锚固端的封堵砂浆宜加入阻锈剂。

六、钢筋电化学保护

通常采用阴极保护法，又分为牺牲阳极和外加电流两种方式。

(1)牺牲阳极的阴极保护法，是采用电化学上比钢更活泼、电位更负的金属(铝合金，锌合金等)作为阳极，与被保护的钢筋相连接，以其本身的腐蚀提供自由电子，对被保护的钢筋实施保护，因不需要外接电源，施工简单不必经常保护管理，牺牲阳极的阴极保护法安装如图 5-2-5 所示。但由于提供的保护电流有限，这种方法不适用暴露于大气的混凝土结构中的保护。

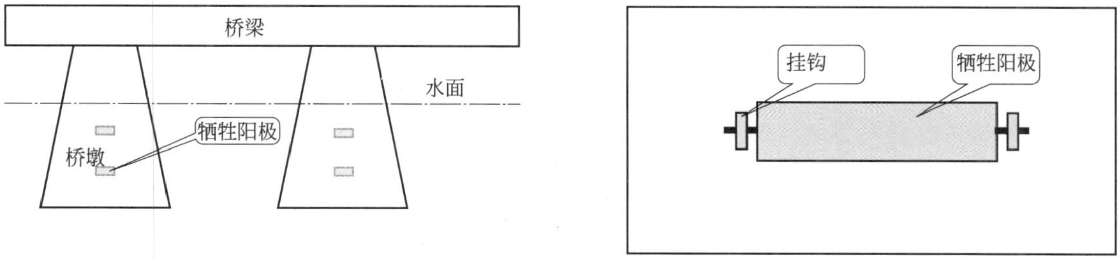

(a) 安装位置　　(b) 牺牲阳极结构图

图 5-2-5　牺牲阳极的阴极保护法安装示意图

(2)外加电流的阴极保护法，在电化学过程中只有阳极才腐蚀，采用外加电流方法使被保护的钢筋上所有阳极区均变成阴极区，免被腐蚀。一般做法是在混凝土表面涂一层导电涂料或埋设导电材料与直流电流正极相连，形成新的电位差，使原钢筋骨架转化为阴极，则可抑制钢筋腐蚀。

第三节　桥梁结构防腐与耐久性设计

各类环境对钢筋混凝土桥梁结构的腐蚀影响程度和运营养护条件等差异较大，要达到结构耐久性，设计应围绕着安全、可靠、方便操作及经济实用等原则，针对环境腐蚀特点的不同桥梁及部位，最终研究确定了桥梁构件的防腐技术方案，简述如下。

一、海水环境

大江河口、沿海滩涂和海湾地区海水及地下水环境可分成4个区域：大气区、水位变化区、水下区和地下区。

1. 大气区

大气区的桥梁结构主要有桥墩、桥台、支座、梁部及桥面板和栏杆等构件。引起桥梁构件腐蚀的主要原因有混凝土碳化和氯盐引起的钢筋锈蚀。环境作用类别为L1和L2，设计采用混凝土强度等级及耐久性指标见表5-3-1～表5-3-3。

表5-3-1 最低混凝土强度等级

作用等级	梁	框架桥涵	混凝土实体墩
L1	C50	C40	C40
L2	C50	C45	C45

表5-3-2 混凝土耐久性指标

环境作用等级	抗渗性	电通量(56 d)(C)	Cl^-扩散系数D_{RCM}，56 d ($10^{-12}m^2/s$)
L1	≥P12	≤1 200	<8
L2	≥P20	≤1 000	<4

表5-3-3 混凝土胶凝材料限值

环境作用等级	最大水胶比	最小胶凝材料用量(kg/m^3)	最大胶凝材料用量(kg/m^3)
L1	0.40	340	500
L2	0.36	360	500

设计沿海铁路桥梁及构件的防腐技术方案如下。

(1)梁部防腐技术方案

① 标准梁部

混凝土材料：采用高性能混凝土，其强度等级维持通用图设计标准。

梁部构造：本线标准梁采用部颁通用图，全预应力结构，最小钢筋保护层厚度3.5 cm。

附加表面防水涂层：采用涂装体系4方案Ⅱ，见表5-2-4。

灌浆材料要求：浆体中应掺入渗透型阻锈剂，防止预应力索锈蚀。严禁掺入铝粉或含氯盐类、亚硝酸盐类或其他对预应力筋有腐蚀作用的外加剂。

② 特殊设计梁部

混凝土材料：采用高性能混凝土，其等级应满足结构受力要求。

梁部构造：除满足暂规的保护层厚度外，同时应满足结构耐久性设计要求。箱梁顶板顶面保护层3.5 cm，其余保护层4.0 cm。

裂缝宽度控制：本线特殊结构梁部采用全预应力结构，最小压应力按1.0 MPa控制，最大裂缝宽度0.15 mm。施工时应加强混凝土养护，控制收缩裂纹及温度应力产生的裂纹。

附加表面防水涂层：采用涂装体系4方案Ⅱ，见表5-2-4。

灌浆材料要求：要求同标准梁部。

(2)桥墩防腐技术方案

混凝土材料：桥墩采用防腐耐久混凝土，混凝土强度等级要求见表 5-3-1。

裂缝的控制：桥墩属于偏心受压构件。墩身截面尺寸拟定时除考虑墩身刚度要求外，应按小偏心受压构件设计，控制结构裂缝。

墩身构造：采用普通钢筋，钢筋净保护层厚度为 5.0 cm。

附加表面防水涂层：采用涂装体系 4 方案Ⅱ，见表 5-2-4。

(3)附属构件防腐技术方案

对于一般桥梁的栏杆等附属构件，原则采用普通钢筋混凝土栏杆。

对于特殊大跨结构，推荐采用喷铝钢栏杆。

该区域桥梁构件用混凝土的主要耐久性指标和配合比参数限值见表 5-3-2、表 5-3-3。

2. 水位变化区和浪溅区

该区域主要构件有墩身、承台等，结构腐蚀环境作用类别为 L3，属于最危险区域。采用混凝土强度等级及耐久性指标见表 5-3-4～表 5-3-6。

表 5-3-4　最低混凝土强度等级

作用等级	框架桥涵	混凝土实体墩	承 台
L3	C50	C45	C40

表 5-3-5　混凝土耐久性指标

环境作用等级	抗渗等级	电通量(56 d)(C)	Cl^- 扩散系数 D_{RCM}，56 d (10^{-12} m^2/s)	抗冻等级
L3	P12	≤800	<4	F350

表 5-3-6　混凝土胶凝材料限值

环境作用等级	最　大水胶比	最小胶凝材料用量(kg/m^3)	最大胶凝材料用量(kg/m^3)	胶凝材料的耐蚀系数 K
L3	0.32	380	500	≥0.8

各构件的防腐技术方案如下。

(1)桥墩防腐技术方案

① 钢筋混凝土实体墩

混凝土材料：采用防腐耐久混凝土，混凝土强度等级要求见表 5-3-4。

裂缝控制：桥墩属于偏心受压构件，墩身截面尺寸拟订时除考虑墩身刚度要求外，应按小偏心受压构件设计，控制结构裂缝在 0.15 mm 以内，护面钢筋净保护层厚度取 5.0 cm。

钢筋混凝土实体墩钢筋防锈：研究了两套方案，①采用环氧涂层钢筋，②采用裸钢筋，墩身混凝土内掺钢筋阻锈剂，推荐采用环氧涂层钢筋。

附加表面涂层：采用涂装体系 2 方案Ⅱ，见表 5-2-4。

② 钢筋混凝土刚构墩

混凝土材料：采用耐久防腐混凝土，混凝土强度等级要求见表 5-3-4。

裂缝控制：桥墩属于偏心受压构件，刚构墩身截面尺寸受墩身刚度和强度条件的限制，为减少温度应力对结构的影响，设计中采用高配筋措施以控制结构裂缝，最大裂缝宽度 0.15 mm。

墩身构造：钢筋净保护层厚度取 5.0 cm，钢筋采用环氧涂层钢筋，同时辅以阴极保护措施。

附加表面涂层：采用涂装体系 2 方案Ⅰ，见表 5-2-4。

(2)承台防腐技术方案

混凝土材料：采用耐久防腐混凝土，混凝土强度等级及耐久性要求详见表 5-3-4～表 5-3-6。

裂缝控制：位于海水中的大跨桥墩承台结构体积大、内部应力复杂，采用六面体配筋，施工采取冷却管等降温措施，控制大体积混凝土温度裂缝的产生。

承台构造：采用环氧涂层钢筋，底面钢筋保护层厚度大于 15 cm，顶层和侧面钢筋净保护层厚度大于 7.0 cm。

附加防腐措施：无。

3. 水下区

水下区主要有桥墩、承台及桩身等构件。结构腐蚀环境作用等级属于 L1。该区域钢筋发生电化学腐蚀的条件不充分，钢筋锈蚀不占主导地位；相反混凝土长期浸泡在海水之中，采用防腐混凝土对提高结构的耐久性具有重要意义。设计采用混凝土强度等级及耐久性指标见表 5-3-7～表 5-3-9。

表 5-3-7 最低混凝土强度等级

作用等级	框架桥涵	混凝土实体墩	承台	桩
L1	C40	C40	C40	C40

表 5-3-8 混凝土耐久性指标

环境作用等级	抗渗等级	电通量(56 d)(C)	Cl^-扩散系数 DRCM,56 d (10^{-12} m^2/s)	抗冻等级
L1	P12	≤1 200	<8	F350

表 5-3-9 混凝土胶凝材料限值

环境作用等级	最大水胶比	最小胶凝材料用量(kg/m^3)	最大胶凝材料用量(kg/m^3)	胶凝材料的耐蚀系数 K
L1	0.40	340	500	≥0.8

各构件的防腐技术方案如下。

(1)桥墩防腐技术方案

① 钢筋混凝土实体墩

混凝土材料：采用耐久防腐混凝土，强度等级要求见表 5-3-7。

桥墩构造：钢筋净保护层厚度取 5.0 cm。

裂缝控制：桥墩属于偏心受压构件。墩身截面尺寸除考虑墩身刚度要求外，还要控制结构裂缝。

② 钢筋混凝土刚构墩

混凝土材料：采用耐久防腐混凝土，强度等级要求 C40。

桥墩构造：采用环氧涂层钢筋，钢筋净保护层厚度取 5.0 cm。

裂缝控制：采用高配筋措施以控制结构裂缝的宽度在 0.15 mm 以内。

(2)承台防腐技术方案

混凝土材料：采用耐久防腐混凝土，强度等级要求 C40。

承台构造：钢筋采用普通钢筋，钢筋净保护层厚度大于 7.0 cm。

(3)桩基防腐技术方案

混凝土材料的选择：采用耐久防腐混凝土，强度等级要求 C40。

桩基构造方面：采用普通钢筋，钢筋净保护层厚度取 7.0 cm，由于钢护筒的存在，对桩基也是较好的保护，增加了桩基钢筋净保护层厚度。

混凝土耐久性要求见表 5-3-8、表 5-3-9。

4. 地下基础

地下基础主要包括承台及桩身，结构腐蚀环境作用等级属于 H1 或 H2，该区域构件长期浸泡在地下水之中，采用防腐混凝土提高结构耐久性。

混凝土材料：采用耐久防腐混凝土，耐久性要求见表 5-3-10、表 5-3-11。

承台构造：钢筋采用普通钢筋，钢筋净保护层厚度大于 7.0 cm。

表 5-3-10　混凝土耐久性指标

环境作用等级	抗渗等级	电通量(56d)(C)
H1、H2	P12	≤1 200

表 5-3-11　混凝土胶凝材料限值

环境作用等级	最大水胶比	最小胶凝材料用量(kg/m³)	最大胶凝材料用量(kg/m³)	胶凝材料耐蚀系数 K
	钢筋混凝土	钢筋混凝土	钢筋混凝土	
H1	0.45	300	450	≥0.8
H2	0.40	330	450	≥0.8

二、近海环境

距离最高潮水位岸线 100～300 m 之间的陆地区，地表淡水对桥梁基本没有影响，但空气中的氯盐和地下水对结构可能存在腐蚀作用。环境区域可分成 2 个区域：大气区和地下区，各类环境中构件采用的防腐技术措施如下。

1. 大气区

近海环境大气区域主要构件有桥墩、支座、梁部及桥面栏杆等。腐蚀环境作用等级为 L1。

(1)梁部防腐技术方案

① 标准梁部

混凝土材料的选择：梁部采用高性能混凝土，其等级维持通用图设计标准。

梁部构造：本线标准梁设计保护层厚度仍维持通用图设计标准，最小钢筋保护层厚度 3.5 cm。

附加表面防水涂层：采用涂装体系 4 方案Ⅱ，见表 5-2-4。

灌浆材料要求：浆体中应掺入渗透型阻锈剂，防止预应力索锈蚀。严禁掺入铝粉或含氯盐类、亚硝酸盐类或其他对预应力筋有腐蚀作用的外加剂。

② 特殊设计梁部

混凝土材料：梁部采用高性能混凝土，其等级应满足结构受力要求。

梁部构造：除满足暂规的保护层厚度外，同时应满足结构耐久性设计要求。箱梁顶板顶面保护层 3.5 cm，其余保护层 4.0 cm。

裂缝宽度控制：本线特殊结构梁部采用全预应力结构，最小压应力按 1.0MPa 控制，最大裂缝宽度 0.15 mm。施工时应控制收缩裂纹及温度应力产生的裂缝。

附加表面防水涂层：涂装体系 4 方案Ⅱ，见表 5-2-4。

灌浆材料措施同标准梁部。

(2)桥墩防腐技术方案

混凝土材料：采用耐久防腐混凝土，各类环境中桥墩混凝土强度等级要求见表 5-3-12，混凝土耐久性要求见表 5-3-13、表 5-3-14。

表 5-3-12 最低混凝土强度等级

作用等级	框架桥涵	混凝土实体墩	承　台	桩
L1	C40	C40	C40	C40

表 5-3-13 混凝土耐久性指标

环境作用等级	抗渗性	电通量（56 d）(C)	Cl^- 扩散系数 D_{RCM}，56 d (10^{-12} m^2/s)
L1	≥P12	≤1 200	<8

表 5-3-14 混凝土胶凝材料限值

环境作用等级	最大水胶比	最小胶凝材料用量(kg/m^3)	最大胶凝材料用量(kg/m^3)
L1	0.40	340	500

墩身构造：采用普通钢筋，钢筋净保护层厚度为 5.0 cm。

附加表面防水涂层：采用涂层体系 4 方案Ⅱ或涂装体系 7，见表 5-2-4。

(3)附属构件防腐技术方案

对于一般桥梁的栏杆等附属构件，原则采用普通钢筋混凝土栏杆。

2. 地下基础防腐技术方案

地下基础结构主要包括承台及桩身，结构腐蚀环境作用等级属于 H1 或 H2。该区域构件长期浸泡在地下水之中，采用防腐混凝土提高结构耐久性。

混凝土材料：采用防腐耐久混凝土，强度等级要求见表 5-3-12，耐久性要求见表 5-3-15、表 5-3-16。

承台及桩基构造：采用普通钢筋，钢筋净保护层厚度大于 7.0 cm。

表 5-3-15 混凝土耐久性指标

环境作用等级	抗渗等级	电通量(56 d)(C)
H1	P12	≤1 200
H2	P16	≤1 200

表 5-3-16 混凝土胶凝材料限值

环境作用等级	最大水胶比	最小胶凝材料用量（kg/m³）	最大胶凝材料用量（kg/m³）	胶凝材料耐蚀系数 K
	钢筋混凝土	钢筋混凝土	钢筋混凝土	
H1	0.50	300	450	≥0.8
H2	0.45	320	450	≥0.8

三、远海环境

距离最高潮水位岸线 300 m 以外的地区，空气中的氯盐对桥梁结构腐蚀影响较小，但地下水对结构可能存在腐蚀作用。环境区域可分成 3 个区域：大气区、水位变化区和地下区，各类环境中构件采用的具体防腐技术措施如下。

1. 大气区混凝土桥梁防腐技术方案

远海环境大气区域主要构件有桥墩、支座、梁部及桥面栏杆等。腐蚀环境作用类别为 T2，引起结构腐蚀的原因为混凝土碳化，具体防腐技术措施如下。

(1)梁部防腐技术方案

① 标准梁部

混凝土材料：梁部采用高性能混凝土，其等级维持通用图设计标准。

梁部构造：采用部颁通用图，最小钢筋保护层厚度 3.5 cm。

浆体中应掺入渗透型阻锈剂，防止预应力索锈蚀。严禁掺入铝粉或含氯盐类、亚硝酸盐类或其他对预应力筋有腐蚀作用的外加剂。

② 特殊设计梁部

混凝土材料：梁部采用高性能混凝土，其等级应满足结构受力要求。

梁部构造：除满足暂规的保护层厚度外，同时应满足结构耐久性设计要求。箱梁顶板顶面保护层 3.5 cm，其余保护层 4 cm。

裂缝宽度控制：本线特殊结构梁部采用全预应力结构，最小压应力按 1.0 MPa 控制，最大裂缝宽度 0.15 mm。施工时应控制收缩裂纹及温度应力产生的裂缝。

灌浆材料：同标准梁部。

(2)桥墩防腐技术方案

混凝土材料：采用高性能混凝土，混凝土强度等级要求见表 5-3-17，耐久性要求见表 5-3-18、表 5-3-19。

表 5-3-17 最低混凝土强度等级

作用等级	梁	框架桥涵	混凝土实体墩	承 台	桩
T2	C40	C35	C30	C30	C30

裂缝控制：减少表面收缩裂纹，控制结构裂缝。

墩身构造：采用普通钢筋，钢筋净保护层厚度为 4.0 cm。

表 5-3-18 混凝土耐久性指标

环境作用等级	抗渗等级	电通量(56 d)(C)
T2	P12	<1 200

表 5-3-19　混凝土胶凝材料限值

环境作用等级	最大水胶比	最小胶凝材料用量(kg/m³)	最大胶凝材料用量(kg/m³)	胶凝材料耐蚀系数 K
	钢筋混凝土	钢筋混凝土	钢筋混凝土	
T2	0.50	300	450	≥0.8

(3)附属构件防腐技术方案

对于一般桥梁的栏杆等附属构件，原则采用普通钢筋混凝土栏杆。

2. 水位变化区结构防腐技术方案

远海环境的水位变化区域指受淡水浸泡的部位，该区域构件主要为桥墩。引起桥墩腐蚀的原因有混凝土碳化或溶出型侵蚀等，腐蚀环境作用类别主要为 T3、H1 和 H2。桥墩的防腐技术措施如下。

混凝土材料：对于有腐蚀性水质区域，采用耐久防腐混凝土，其他采用普通混凝土。各类环境中桥墩混凝土强度等级要求见表 5-3-20，耐久性要求见表 5-3-21、表 5-3-22。

表 5-3-20　最低混凝土强度等级

作用等级	梁	框架桥涵	混凝土实体墩	承 台	桩
T3	C40	C40	C40	C40	C30
H1	—	C35	C35	C30	C30
H2	—	C40	C40	C40	C30

表 5-3-21　混凝土耐久性指标

环境作用等级	抗渗等级	电通量(56 d)(C)
T3	P12	<1 200
H1	P12	<1 200
H2	P12	<1 200

表 5-3-22　混凝土胶凝材料限值

环境作用等级	最大水胶比	最小胶凝材料用量(kg/m³)	最大胶凝材料用量(kg/m³)	胶凝材料耐蚀系数 K
	钢筋混凝土	钢筋混凝土	钢筋混凝土	
T3	0.45	320	450	≥0.8
H1	0.50	300	450	≥0.8
H2	0.45	320	450	≥0.8

裂缝控制：控制结构裂缝，减少表面收缩裂纹。

墩身构造：采用普通钢筋，各类环境下墩身护面钢筋净保护层厚度见表 5-3-23。

表 5-3-23　墩身护面钢筋最小净保护层厚度　(单位：mm)

环境作用等级	墩、台
T3	4.5
H1	4.0
H2	4.0

3. 地下基础防腐技术方案

地下基础主要包括承台及桩身，引起该区域构件腐蚀的原因有硫酸盐、盐类结晶或溶出型侵蚀等，环境作用类别属于普通环境 T1 或 H1、H2。结构混凝土长期在水下或土中，腐蚀环境需要采用防腐混凝土提高结构耐久性。

(1)承台防腐技术方案

混凝土材料：腐蚀环境采取耐久防腐混凝土，各类环境中承台混凝土强度等级要求见表 5-3-24。

表 5-3-24 混凝土强度等级

作用等级	框架桥涵	混凝土实体墩	承 台	桩
T1	C35	C30	C30	C30
H1	C35	C35	C30	C30
H2	C40	C40	C40	C30

承台构造：采用普通钢筋，钢筋净保护层厚度大于 7.0 cm。

(2)桩基防腐技术方案

混凝土材料：采用耐久防腐混凝土，其强度等级要求见表 5-3-24。

桩基构造方面：采用普通钢筋，桩基钢筋净保护层厚度取 7.0 cm。

四、阴极保护

位于海洋环境中的白马河特大桥刚构主墩采用外加阴极保护系统，对主墩墩身及承台提供外加电流阴极预防保护。设计和施工执行欧洲阴极保护标准《混凝土中的钢筋的阴极保护》(EN 12696—2000)。

1. 设计要点

(1)系统对被保护钢筋表面的电流密度为 10 MA/m^2。

(2)所选用的阳极材料是活性钛网带，确保在额定电流密度下运行具有 100 年的设计寿命。

(3)安装采用两种型号的参比电极，设计寿命 20 年的银/氯化银参比电极和设计寿命 100 年的钛参比电极。

(4)所有阳极连接、钢筋连接、参比电极和参比电极钢筋的电缆应连接到与每个承台的中间接线箱内，并连接到控制单元的主接线箱中。

(5)系统安装应与钢筋和混凝土施工协调一致。

(6)系统采用 Savcor ART 的 RECON 系统监控。

2. 施工要点

(1)电连续性，系统安装所有的钢筋必须是连续的，连续性测试执行欧洲标准 EN 12696。

(2)所有阳极钛网必须与钢筋电绝缘。在钢筋施工和浇筑混凝土期间要不间断地监控以保证电绝缘，确保阳极和钢筋间没有发生电短路。

(3)所有参比电极应安装在混凝土覆盖层里面并且在混凝土外表面和第一层钢筋之间，用塑料系带绑扎在钢筋上，并且任何部分不能与钢筋接触。

(4)与电相关的安装。从承台出来的所有电缆应在混凝土构件里铺设，通过 PVC 导管连接到中间接线箱，并做好标记。

3. 调试和验收

系统调式和质量标准全部执行欧洲标准，在调试和运营期间，将依照欧洲规范定期进行性能评估，确保系统为钢筋提供设计寿命 100 年的保护环境。

4. 经济效益

(1)防腐工程初期费用从高到低依次是环氧涂层钢筋方案、外加电流方案、阻锈剂方案和表面涂层方案。

(2)由于环氧涂层钢筋方案、阻锈剂方案和表面涂层方案都需要进行维修和再涂层保护，这三种方案都存在着一定时期的非防护状态，增加了结构受腐蚀破坏的风险，而外加电流保护方案则使结构始终处于受防护状态。

(3)表面涂层初期费用少，相对经济，但防护期较短，环氧涂层钢筋的缺点是前期投入较大，易机械损害，在施工中容易产生缺陷，阻锈剂的作用很大程度上依赖产品的性能和施工质量。当结构的耐久性要求较高时，特别是在海洋环境下复杂桥梁的关键结构上，外加电流防腐技术具有一定的优势。

五、结　　语

沿海铁路为我国率先建设的高标准铁路之一，由于其特殊的地理环境，桥梁结构进行耐久性设计，必将成为沿海桥梁设计的重要组成部分。提高结构的耐久性，不仅要重视结构耐久性的设计工作，还要重视施工过程的质量控制在原材料品质和运营过程中养护维修有保证的前提下，选择合理的防腐方案，混凝土结构的耐久性可以达到预计使用年限。

第六章

桥梁施工技术

随着我国国民经济的飞速发展，铁路建设掀起了以客运专线建设为主的建设高潮，在工程施工方面要求采用先进的施工技术、工艺、设备，强调科学的检测手段，实现质量一流的建设目标。各项技术要求和指标较普通铁路有了很大的提高和更加严格的规定，如耐久混凝土、无砟轨道、大吨位预应力混凝土简支箱梁制运架、先进的实验检验设备等成套设备技术。使我国客运专线的建设水平与工程质量、装备能力等达到了世界一流水平。

第一节　基础围堰施工

以瓯江特大桥主桥基础为例，介绍在潮汐复杂水文、地质情况下，大型围堰在底板现浇、分块拼装、下放、分次封底等各主要工序中的施工技术，针对施工中的特点与难点，对现场施工工艺和细部设计进行介绍。

瓯江特大桥跨越瓯江干流，最大水深约 20 m，最高潮位＋5.47 m，最低潮位－2.40 m，最大潮差 6.06 m，最小潮差 1.07 m，平均涨潮历时 4 小时 45 分钟，平均落潮历时7 小时 40 分钟，水域的潮汐属非正规浅海半日潮，内涝水位＋5.57 m，施工水位＋4.87 m。桥址处位于弯道处，河面开阔，河床冲淤变化较大。

该桥深水主墩采用了圆形无支撑的双壁钢吊箱围堰及双壁钢套箱围堰两种方案。围堰结构在工厂加工，运至桥址墩位平台组装，整体起吊下沉，强导向定位，以保证倾斜度不大于 1%，中心偏移不大于 10 cm。对钢围堰结构进行模拟计算，确保在起吊下沉、水下混凝土封底、围堰内抽水和承台浇注四个施工阶段围堰侧壁、起吊系统、封底混凝土等结构的强度、刚度和总体稳定性。

（一）双壁钢套箱围堰

1. 围堰设计与下沉方案

98 号桥墩桩基采用 12 根 ϕ2.5 m 钻孔桩，行列式布置，桩距 6.6 m。承台构造尺寸 24 m×17.4 m×5 m，承台底高程－7.735 m，针对该基础设计了圆形钢套箱围堰，其构造平面、立面如图 6-1-1、图 6-1-2 所示，钢套箱围堰封底混凝土厚度 4.5 m。

双壁钢围堰轮廓外径 32.4 m，内径 30 m，内外壁距离 1.2 m，侧舱平面面积 117 m^2，高度 17.5 m，共分三节，底节高 6 m，中节 6 m，上节 5.5 m。墩位处河床履盖层均为细砂层底部设有钢刃脚以便克服土体阻力顺利下沉。钢围堰在着床后，采取往隔舱加水压重、围堰内取土、吸泥的方法使之下沉。

2. 钢围堰定位和安装

（1）水流冲击力的计算

经测试，施工期河水流速为 2.5 m/s。

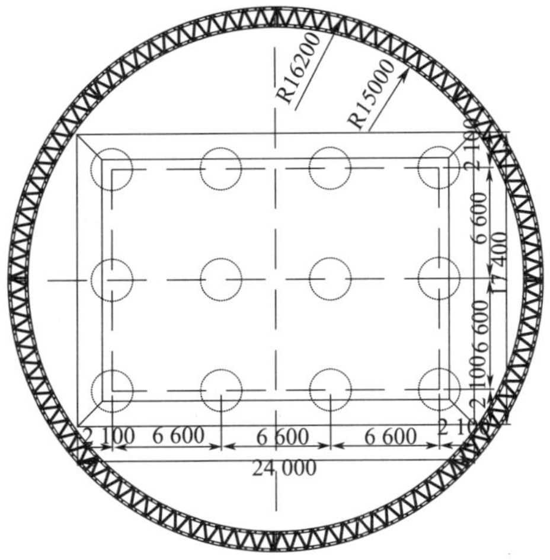

图 6-1-1　围堰平面布置图(单位:mm)

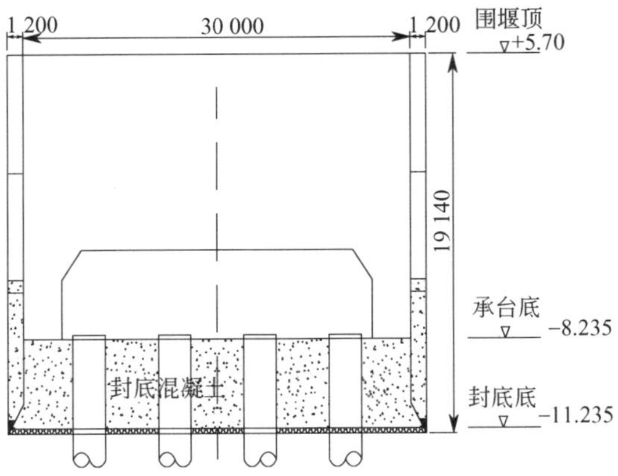

图 6-1-2　围堰立面布置图(单位:mm)

计算中采用桥墩动水冲击力计算公式:

$$F=\gamma kAV^2/2g \tag{6-1-1}$$

式中　γ——水容重(t/m^3);

k——体形系数,圆形取 0.8;

A——阻水面投影面积;

V——流速;

g——重力加速度。

经计算,水流冲击力为 81t。

(2)安装方案

为充分利用既有施工设施降低工程费用,双壁钢围堰采用工厂制造,每节按 45°弧角分片,弧长 12.723 m,高度分别为 3.5 m、2 m、3 m 用钢板焊接制造,共计 48 段单元,最大单段重 7 t,全部重量 585 t。围堰拼装平台平面、施工现场分别如图 6-1-3、图 6-1-4 所示。

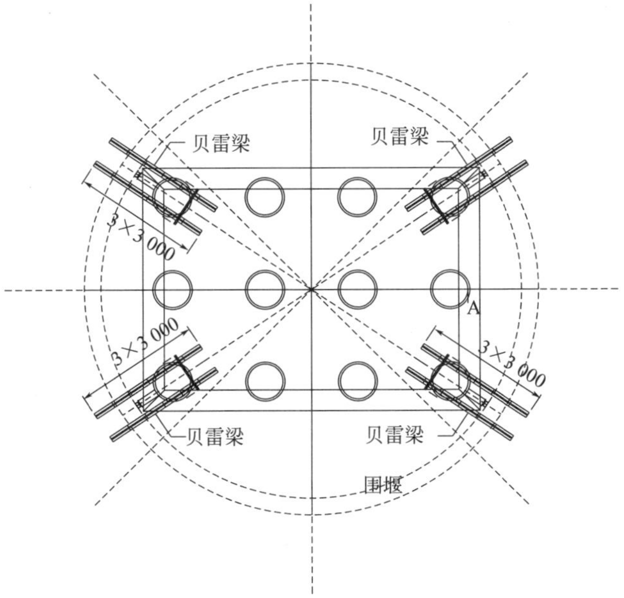

图 6-1-3　围堰拼装平台平面图(单位:mm)

将工厂制造完成片的弧形钢围堰单元运至工地，搁置在墩位平台上，按从上游向两侧对称安装的顺序，吊放第一节双壁钢围堰单元进行拼装焊接。按事先放测位置初调定位后，将其转换到搁置与吊挂系统。所有节段单元安装完成后，对各段的整体平面位置及垂直度进行调整，使用型钢将其与钢管桩、搁置平台进行暂时固定、支撑；对第一节段拼接缝进行全面、对称施焊，同时安装围堰定位导向系统。第一节段焊接成整体后，在双壁钢围堰上焊接吊点，利用吊挂系统同步整体起吊双壁钢围堰 50 cm。拆除搁置系统及临时固定支撑点，安装定位导向系统，整体下放第一节段双壁钢围堰 6 m，可采用边下放边对称、均匀向围堰内注水保持围堰平稳、缓慢下沉。为抵抗水流冲击力，采用将钢围堰的限位导向结构固定在四个角桩的钢护筒上的方法。

图 6-1-4　施工现场

采用同第一节段单元的安装方法，安装第二节段单元。焊接成整体后，利用吊挂系统整体下放，再次整体下放双壁钢围堰 6 m。重复以上过程，完成双壁钢围堰接高及整体拼焊成型。当双壁钢围堰刃角开始进入河床时，注意加强对围堰整体状态的监控与调整，采用吊挂系统与围堰侧舱内加水的方法控制围堰状态。

3. 围堰定位及下沉

围堰下放至承台施工位置，圆形围堰内侧与承台角点最小距离为 18cm，因而必须精确定位。首先在围堰下放前对围堰轮廓尺寸、平面位置及垂直度等进行详细测量，并与理论计算值进行对比。当需要调整平面位置时，利用预先设置的拉缆系统进行拉紧、收放；调整垂直度、平整度时，利用拉缆及吊挂系统控制。将拉缆系统设置在上、下游二侧各 45°方向的刃角及钢护筒焊接拉点，其间用 ϕ22 钢丝绳及 4 个 10 t 倒链收放。围堰拼装限位导向结构如图 6-1-5 所示。

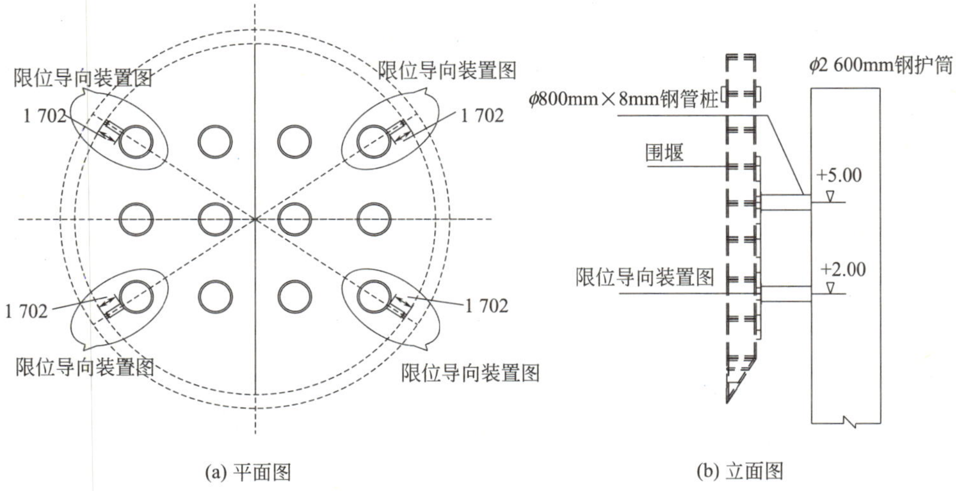

图 6-1-5　围堰拼装限位导向结构图（单位：mm）

下放钢围堰刃脚进入河床前，应准备必要的吸泥和射水设备，一旦出现下沉困难须及时对阻挡处进行射水、吸泥和对钢围堰内分仓灌水施压。

低潮位时，围堰内水头不足 5 m，采用抓泥斗对称取土；高潮位时，可改用吸泥机布置在围堰的中心附近同时对称吸泥，随钢围堰下沉深度的增加逐渐由中心向刃脚方向移动。吸泥过程中由于吸泥机排水量较大，可用水泵向围堰内补水，并在围堰内外壁之间设立连通管以保持内外水位差，防止水头差过大而引起刃脚翻砂。

钢围堰封底混凝土采用 C20 水下混凝土，灌注顺序从一端向另一端灌注以确保其连续性。由于河水泥沙含量高，围堰内泥沙沉积过快必须及时清理，以免影响封底质量。同时加强围堰外河床面的观测，对冲刷较大的地方应及时抛填砂袋或片石防护。

4. 围堰主要工程数量

主要工程数量及技术指标见表 6-1-1。

表 6-1-1 围堰主要工程数量表

承台长 (m)	承台宽 (m)	围堰内直径 (m)	围堰外直径 (m)	围堰双壁间面积 (m^2)	围堰底面积 (m^2)	封底混凝土厚度 (m)	围堰高度 (m)	封底混凝土数量 (m^3)	围堰内挖土方 (m^3)	围堰重 (t)
20.4	17.4	30.0	32.4	117.6	824	3.5	17.5	2474	4946.8	585

主要技术指标：围堰单位体积重 40.6 kg/m^3，围堰内径单位面积重量 355 kg/m^2。

（二）双壁钢吊箱围堰

99 号墩桩基采用 12 根 ϕ2.5 m 钻孔桩，行列式布置，桩距 5.3 m。承台构造尺寸 20.1 m×14.8 m×5 m，承台底高程－9.885 m。封底厚度 3 m，河床面－13.20 m。针对该基础设计了圆形钢吊箱围堰，其构造围堰平、立面图如图 6-1-6、图 6-1-7 所示。

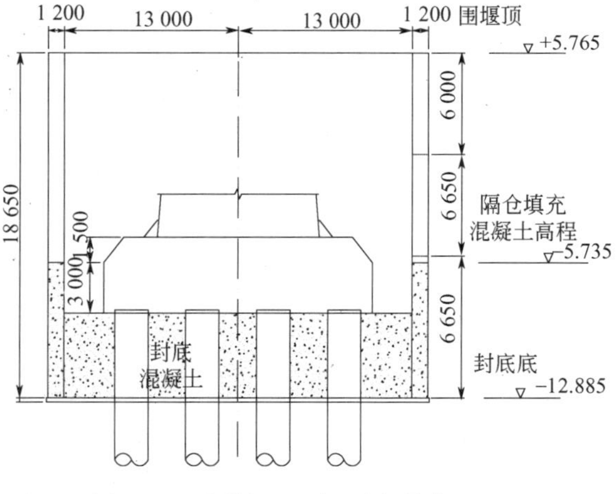

图 6-1-6 围堰立面布置图（单位：mm）

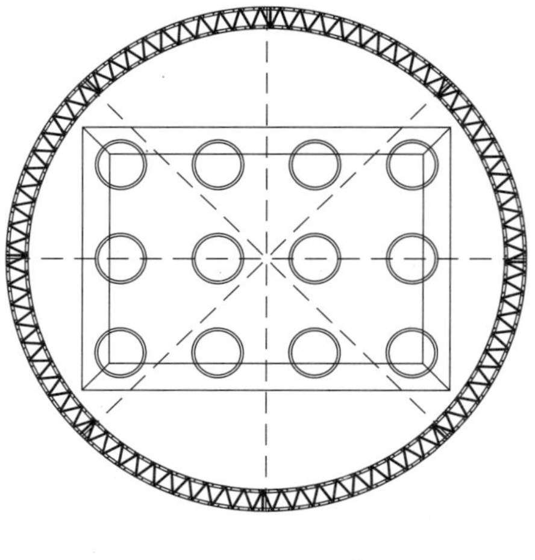

图 6-1-7 围堰平面布置图

吊箱围堰外径 28.4 m，内径 26.0 m，高 18.65 m，侧舱为双壁钢结构，宽度为 1.2 m，在高度上分为 3 节，底节高 6.65 m，其余 2 节每节高 6 m，工厂制造时每节按 45°弧角分为相同的 8 片，然后将焊接成型的钢围堰弧片运至工地拼装焊接成整体。围堰内隔梁及底板采用现浇钢筋混凝土结构，内隔梁宽 0.4 m×高 3.0 m，底板厚 0.4 m。隔仓梁将围堰分隔为 10 个仓，最大面积 61.5 m^2。为避免钢筋混凝土底板一次承受全部封底混凝土重量而破坏，故在进行围堰封底时需分隔仓分次进行。混凝土结构加大了结构的整体刚度，降低了结构的重心，确保钢吊箱围堰在大流速河流中下沉仍相对稳定。

具体实施过程介绍如下。

1. 第一节围堰拼装及底板浇筑

(1)钻孔桩施工完毕后，拆除钻孔桩施工平台，在平台支撑钢管桩上架设支撑纵梁 4 组，纵梁上面设置 6 组 2Ⅰ45 横梁，横梁上铺设Ⅰ20 分配梁，分配梁间距75 cm，上面铺设现浇钢筋混凝土板底模，对称浇灌底板混凝土。

(2)在混凝土底板上拼装第一节 6 m 高围堰，利用水上浮吊将工厂预制好的第一节段 8 块双壁钢围堰弧片从上游开始两侧对称吊放，按事先放样位置初步定位，利用围堰节段底部与侧面的角钢等设置进行临时支护。所有节段安装完成后，对第一节段拼接缝进行全面、对称施焊，同时接高钻孔桩护筒，如图 6-1-8 所示。

(3)第一节围堰拼焊完成后，在底板混凝土的主、次隔梁位置进行凿毛处理，然后扎钢筋、立模板、浇灌混凝土主、次隔梁，隔梁高 3m，采用 C40 混凝土。同时将底板预埋的“丁”字板同侧舱壁焊接，使底板、侧舱及主、次隔梁之间形成刚性整体。

2. 围堰下放

在钻孔桩钢护筒顶安装悬吊纵梁，纵梁共 4 组，由 6 片单层贝雷梁组成。贝雷梁在护筒顶支点及围堰下放吊点处，均需用[10 在竖向进行加强，在贝雷梁顶安放由 4Ⅰ56 组成的横梁，横梁共 3 组，在贝雷梁顶及中心线处横梁顶安装下放吊点系统，下放吊点共 13 个。其中主吊点 8 个，主吊点上部分配梁位于贝雷梁顶面，下部扁担梁锚固于主隔梁上，中间吊杆采用 4 根 ϕ32 mm 精轧螺纹钢筋；下放次吊点共 5 个，次吊点上部分配梁位于横梁顶，下部扁担梁锚固于次隔梁上，中间吊杆采用 2 根 ϕ32 mm 精轧螺纹钢筋。吊点结构如图 6-1-9 所示。

图 6-1-8　第一节围堰拼装实景

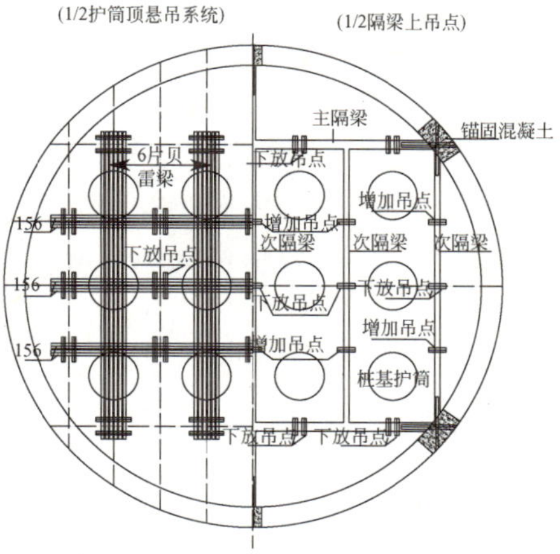

图 6-1-9　吊点结构图

根据围堰自重计算出每个吊点所应承受的力，第一节围堰下放时主吊点所承受的最大力为 112 t，次吊点所承受的最大力为 63 t，故确定主吊点采用 200 t 千斤顶起顶，次吊点采用 100 t千斤顶起顶。

安装上部悬吊系统的横梁，拆除围堰底板下纵梁，利用 13 个下放吊点准备围堰下沉，千斤顶统一分级起顶，统一回油，每次围堰整体下放 2 cm。如此循环，将围堰下放 3 m。

第一节围堰在入水前，为防止水流冲击对围堰平面位置的影响，在承台四角的四根钻孔桩上设置围堰下沉限位及导向装置，限位及导向装置由型钢及钢管桩焊制而成，一端同钻孔桩钢护筒焊连，一端同围堰侧舱保持约 2 cm 的间隙，以抵抗围堰受水流的冲击力，保持围堰平面位置及垂直度准确。

第一节围堰下放 3 m 后，在其上拼装、焊接第二节围堰，依照前述方法使围堰继续下沉，并用精轧螺纹钢筋连接套接长吊杆，直至围堰下放到位。

3. 围堰封底

(1)封底方案

围堰下放到位后，根据计算的各吊点的力，用千斤顶将 13 个下放吊点及 10 个增加吊点的吊杆紧固。围堰封底厚度设计为 3 m，如前述由于围堰底板是钢筋混凝土板，且底板下无悬吊分配梁，为防止封底混凝土将底板压坏，采用分次分隔仓封底方案。第一次浇筑封底混凝土厚度为 1 m，封底顺序为先中间 4 个矩形隔仓，后四周的 6 个扇形隔仓，对隔仓封底时应对称进行。待第一次封底混凝土达到设计强度后，再进行第二次 2 m 厚混凝土浇筑封底。同样是先封中间 4 个矩形隔仓，但周围 6 个扇形隔仓内的混凝土需等待中间隔仓内 2 m厚混凝土达到强度后再浇筑，否则可能造成第一次封底混凝土在承台四个角桩处的拉应力过大而破坏。

(2)封底过程中应注意的事项

①封底前，应安排潜水员下水检查底板及侧舱情况，重点要检查钻孔桩护筒同遮盖钢环的密封情况。对钢护筒与钢环之间的空隙采用麻袋内装水泥、砂及碎石混合物封堵，对封底范围内钢护筒上的铁锈及泥污等，应安排潜水员用钢刷清除干净，以保证封底混凝土同护筒壁之间有良好的黏结力，同时将底节围堰所设置的连通管进行封闭。

②围堰内因设置了隔仓，故局部地方钢护筒同隔梁之间的空隙较小，在水下混凝土浇灌过程中，此处应勤量测。必要时在此处布设导管，以确保封底厚度满足要求。

③封底开始的时间不能选择在涨潮或落潮流速最大时，应尽量选择在涨落潮之间的平潮时间。否则由于水流过快，在钢护筒与底板之间的缝隙中水冲击力很大，有可能将堵缝的麻袋冲掉，或者水流将封底混凝土的水泥冲洗掉，造成封底失败。

④在封底过程中，如发现存在混凝土面上升速度同浇灌方量不吻合的异常情况，应安排潜水员下水检查，看护筒同底板间的钢环及麻袋是否被水冲开，查明原因，及时采取处理措施。

⑤墩位处由于潮汐影响，水流中携带大量的泥沙，故在第二次封底前，应对第一次封底混凝土表面进行吸泥处理，并安排潜水员下水检查，确保封底混凝土表面无泥沙及松散碎石等杂物，以免影响封底质量。

⑥围堰内封底完成后，在双壁钢围堰的侧舱内浇灌 6m 高的水下混凝土，以防抽水时围堰内外压力差太大引起围堰壁破坏。

⑦围堰内封底混凝土达到设计强度后，方可开始围堰内抽水，拆除吊挂系统，进行承台施工。

4. 围堰主要工程数量

主要工程数量见表 6-1-2。

表 6-1-2　围堰主要工程数量表

承台长(m)	承台宽(m)	围堰内直径(m)	围堰外直径(m)	围堰双壁间面积(m^2)	围堰底面积(m^2)	封底混凝土厚度(m)	围堰高度(m)	封底混凝土数量(m^3)	围堰重(t)
20.1	14.8	26.0	28.4	102.5	633.5	3.0	18.65	1593	606

主要技术指标：围堰单位体积重 61.2 kg/m³，围堰内径单位面积重量 398 kg/m²。

第二节　基础钻孔桩施工

以瓯江特大桥水上桥墩桩基础施工为例介绍钻孔桩施工方法。

一、钻孔桩施工平台

设计钻孔桩施工平台面与栈桥桥面高程相同，高于施工水位 1.43 m。桥墩基础为 12ϕ250 cm 钻孔桩，承台尺寸为 20.1 m×14.8 m×5.0 m，河床表层为细砂层，承台顶位于河床面附近。

施工平台基础采用在承台范围外 2 m 处插打 ϕ800 mm×12 mm 定位钢管桩，根据墩位地质情况，采用管桩长度 32～35 m 不等，设计承载力 35 t。定位桩施工完成后在其上搭设贝雷梁，再在贝雷梁上搭设导向支架插打墩台基础钻孔桩的钢护筒，钢护筒上焊接牛腿摆放 I56b 型钢，I56b 型钢上间距25 cm，满铺 I22 型钢，I22 型钢上铺 12 mm 钢板形成钻孔平台面，平台面积625 m²，如图 6-2-1 所示。

施工平台钢管桩和钢护筒选用水上 65 t 打桩船插打，船上同时需配备 DZ120、DZ90、DZ60 型振动打桩锤及打桩导向架、液压夹持器等设备。

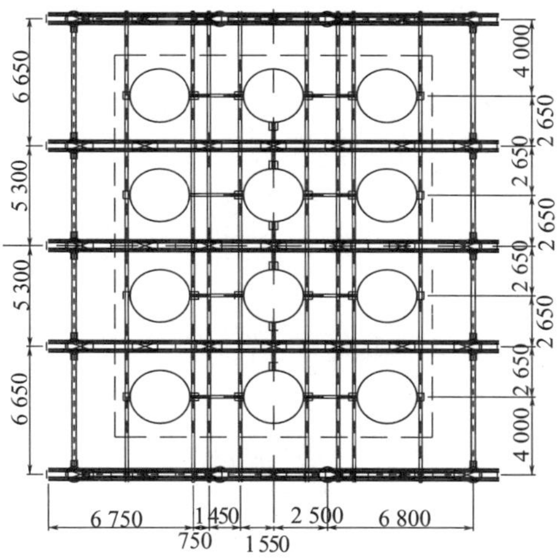

图 6-2-1　钻孔平台平面布置图(单位：mm)

二、定位桩施工

由于深水且为回旋冲击水流，流速大、施工工况复杂。施工平台设计定位钢管桩为单排 5 根，分列于墩位上下游侧，顺桥向布置，每侧各设一排，设计桩长33.36 m，河床高程－16.5 m，桩顶高程＋5.36 m，桩入土11.5 m。

施工初期利用打桩船和门式导向架，用 DZ60 型打桩锤采取常规的逐根插打的方式进行施工。由于墩位处水流流速较大，涨落潮时间间隔较短，在平潮时段只能插打和焊接两根钢管桩，对插打完成的钢管桩桩间联结系未完成焊接，潮水就开始涨、落，施工过程中钢管桩因受涨落潮及墩位处的回旋水流影响，焊缝多次被水流撕裂造成管桩断裂或变形过大失效。针对水流情况调整了方案，现场将每侧 5 根定位桩分成两组，每组增设一根同长度的辅桩，插打前预先将正式桩和辅桩成品字形布置，辅桩与正式桩之间焊接联结系，以增大钢管桩之间的稳定性，克服涨、落和回旋潮水对钢管桩的冲击。在品字形组合的管桩顶部设置异型扁担梁，扁担梁上部安装 DZ90 型振动打桩锤，用于插打管桩。组合钢管桩插打后在潮水的冲击下比较稳定，未发生单桩插打时出现的问题。

三、钢护筒插打

主墩钻孔桩直径为 2.5 m，设计钢护筒直径为 2.8 m，钢护筒沉入局部冲刷线以下 1.0 mm，单根护筒长度约 48 m，壁厚 16 mm。

护筒插打采用 DZ120 型振动打桩锤进行，钢护筒预先在水上平板驳上进行对接焊接，但由于受起吊设备起吊高度的限制，钢护筒只能采取最长节和短节进行焊接，护筒在起吊后若不能一次插入河床，在水流的冲击下将影响到平台的安全。

施工时为了尽量减少水流对护筒的冲击时间以确保平台的安全，钢护筒插打选择在高平潮和低平潮时间段进行，在低平潮时起吊焊接好的护筒插入定位框架内，利用钢护筒上部预先焊接反牛腿支撑在平台分配梁上，并与分配梁进行临时焊接以克服水流冲击影响，护筒与平台上部预留 1 m 高度以便于接高。第一节护筒定位后及时起吊第二节护筒，并进行精确对位和焊接，此时应安排足够的劳动力进行作业以确保在涨潮前完成焊接工作。焊接作业完成后立即去除临时牛腿并起吊护筒利用自重进行下沉，利用入土深度和平台处的定位框架的约束，护筒在涨、落潮的水流下可处于稳定状态，也未发生大的位移和晃动。钢护筒入土后应及时安装液压夹持器和 DZ120 型振动打桩锤，完成钢护筒的插打。

四、水上钻孔桩施工

瓯江特大桥水上主墩 ϕ250 cm 钻孔桩，最大孔深 90 余米，地质情况复杂，且钻孔过程中受潮汐影响较大。以 100 号墩为例，介绍在复杂地质和环境下，水上钻孔灌注桩施工技术及质量控制措施。

（一）地质情况

典型工程地质横断面如图 6-2-2 所示。覆盖层具有典型海陆交互沉积特征，地层在空间上具多样性，相变复杂、夹层多的特点。地层情况依次为粉砂、淤泥、粗圆砾土、淤泥质黏土、粉质黏土、粗圆砾土、粉质黏土、粗圆砾土、强风化凝灰质岩、弱风化凝灰质岩，受断面构造影响，岩面起伏较大，夹层多，粗圆砾土中卵石占 10%～30%，粒径一般 60～90 mm，粗圆砾约占 40%～60%，粒径 30～50 mm，岩性为弱风化状凝灰岩，亚圆状，充填物以砂为主，胶结性差。实际施工过程发现有的桩位粗圆砾土夹层多达4～5 层。

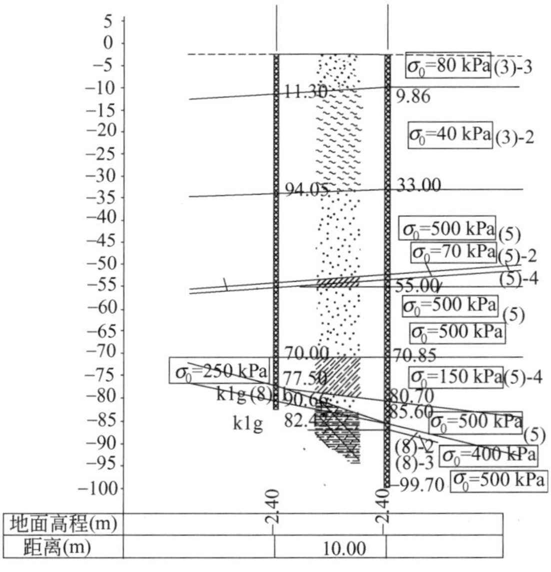

图 6-2-2　100 号墩工程地质横断面图

（二）钻孔桩施工

针对该桥桩基地层钻孔机具一般采用 ZSD-250 型反循环旋转钻机成孔，其优点是钻机有刮刀钻头和滚刀牙轮钻头，分别适合在不同地层钻进，可以加快施工进度。采用泥浆护壁，反循环排渣钻进成孔工艺，需用泥浆材料少，清孔时间短。另外也可采用冲击钻机成孔，并配泥浆正循环系统，即冲击正循环成孔，其优点是每座承台 12 根桩基可同时布置 6 台钻机钻孔，有利于保证工期，也能够克服遇到孤石时及在高强度凝灰岩中的钻孔难度，而且因冲击钻机钻进时，孔壁被挤压密实，可有效地避免因覆盖层厚和涨潮退潮时水压的变化导致坍孔现象发生。

1. 钻孔前的准备工作

(1)钻孔桩钢护筒施工控制

钻孔桩钢护筒的最小打入深度应根据地质情况和桥位处的潮差计算确定，其打入深度必须满足：①高潮时不致因孔内外水头差过高造成坍孔；②低潮时不致因孔内水位高出孔外水位太大造成护筒底口反穿孔而漏浆。钢护筒设计穿过 5 m 厚的粉砂层及淤泥层，入稳定土层 2～3 m，涨潮时孔内外水头差 0.5 m，退潮时孔内外水头差 1.0～1.5 m，保证在钻孔过程中不发生坍孔和护筒底口孔壁漏浆现象。

在钢护筒振动下沉过程中要精确定位，跟踪监测护筒的垂直度，发生倾斜要及时纠正调整满足规范要求，保证钻孔桩施工顺利进行。

(2)泥浆循环系统的设置

泥浆循环系统由出浆管、泥浆沉淀池、储池、泥浆泵、进浆管五大部分组成。在护筒上高出最高潮水位 0.5 m 位置开一孔安装控制阀，控制阀连接出浆管道，出浆管道经过沉淀池后进入储浆池，并通过高压泥浆泵将储浆池内的优质泥浆抽入孔内循环利用。为避免钻渣随泥浆流入储浆池内，在沉淀池与储浆池之间的泥浆管道上安装过滤筛网。

2. 钻孔工艺

(1)反循环钻孔

当一切准备工作就绪后，孔内注入泥浆，将钻头提离孔底约 30 cm，打开供风阀门使泥浆循环，待泥浆循环正常后，启动钻机缓慢放下钻头，钻机开始慢速→中速钻进。当一节钻杆钻完后，提起钻杆至转盘卡瓦处，停止转盘运转，泥浆继续循环 2～3 min，排净钻杆及孔底钻渣，防止关闭供风阀时，泥浆倒灌导致钻渣堵塞风包。

当钻机钻孔时，根据钻孔速度、垂直度、扩孔率、孔壁稳定性等综合因素，在整个钻孔过程中采用不同的钻头，对于粉砂和粗圆砾土地层，采用锥形的刮刀钻头；在钻进困难的密实圆砾土层或硬度较大的凝灰岩层开始采用滚刀钻头成桩。根据钻机工作状况和不同地质条件采用不同的钻进钻压、转速、进尺速度。由于本桥的地质主要为粉砂、淤泥、粗圆砾土(夹杂有部分粒径较大的卵石)和凝灰岩，一般情况下钻机采用如下的钻进参数进行钻进：钻压(10～20 t)、转速(5～7 r/min)、进尺速度(1～2 m/h)。如发现钻杆转盘运转不正常，钻架晃动较大或钻具跳动较大时，则表明钻压过大或孔底有异物，如遇有孤石，铁件或是钻具部件脱落等情况，可将钻具略向上提起，减小转盘运转速度。若钻机运转恢复正常，则说明钻压过大；若钻机还不能正常运转，则可再次将钻具向上略微提起，减小转盘运转速度钻进，待恢复正常后再缓慢加压钻进。若经过往返几次操作，钻机仍不能恢复正常工作，则需拆除钻具，弄清情况或打捞起异物后重新安装钻具继续钻进。

当钻头钻至护筒底口高程上下各 0.5 m 时，要减小钻压和降低转盘运转速度，仔细观察钻头与护筒是否有摩擦现象出现，若有则适当调整钻机的平面位置直至摩擦现象消失。否则，拆除钻具时可能导致钻头挂住护筒底口。

在反循环钻孔中，排除孔底岩渣所需泥浆的多少和速度，是反映孔底工作面洗净程度的重要标志。泥浆在孔底的流量愈大，流速愈高，工作面的孔底角愈大，则洗孔效果愈好。在钻进过程中，出浆量显著减少或管路被堵无流量，应停钻处理。

(2)冲击钻钻孔

冲击钻钻孔施工时，钻前宜在孔内少量投放黏土，并适量加入直径 15 cm 左右的片石，顶部抛平，为防止坍孔、黏钻或埋钻等事故的发生，采用 1.0～2.0 m 的低冲程高频率反复冲砸，将片石、泥膏挤入孔壁，确保孔壁坚实不致坍塌。在覆盖层中钻进时，一般泥浆较浓，其相对密度 1.20～1.40，黏度 20 s，胶体率 95%以上。并通过泥浆正循环排渣，在沉淀池出口处人工配合清渣。

在情况复杂的粗圆砾土层中钻进时，经常会发生歪钻、滑钻及卡钻等现象，给施工带来很多困难。处理类似问题通常的做法是回填片石，采用小冲程冲砸。通过泥浆正循环净化泥浆时，要求勤排渣，尽量将含砂率降低到10%以下，并保持泥浆相对密度1.20～1.30，胶体率95%以上，同时将黏度适当增大到22 s，以增强泥浆悬浮携带钻渣的能力，但黏度也不应过大，否则会影响泥浆泵的正常工作，增加泥浆净化难度。在该桥施工过程中，通过回填片石的处理办法取得了一定的效果。

在强度较高弱风化岩层中钻进时，为了使钻头以较大的能量冲击岩面，加快钻进速度，采用4～5 m冲程冲砸，此时冲程也不宜过大，否则，钻头磨损太快，甚至会发生钻头断裂现象，严重影响施工进度。

3. 泥浆的制备及清孔

钻孔泥浆由水、黏土（或膨润土）和添加剂组成，钻孔过程中泥浆在孔壁形成一层泥皮，阻隔孔内外渗流，保护孔壁；同时泥浆还能起到悬浮钻渣及时循环出渣的作用。

黏土以水化快、造浆能力强、黏度大的膨润土或地表土为好，当黏土性能较差时，可在泥浆中掺入适量纯碱 Na_2CO_3，增强泥浆的黏度和浮渣排渣的能力。

钻孔达到设计高程，经终孔检查后，应立即进行清孔，以达到降低泥浆的相对密度、黏度、含砂率等指标及清除钻渣，减少孔底沉淀厚度的目的，防止桩底沉渣过厚而降低桩基的承载力。

清孔要求孔底沉渣厚度<5 cm。

（三）水下混凝土质量控制

1. 防止导管漏水

水下混凝土灌注时，导管在使用前应做水密性实验和抗拔实验，检查是否有漏水现象。若有应先确定漏水位置和大小，若漏水位置在孔口附近且水量较小，可加快灌注速度，尽早拆除漏水导管。对于有缺陷的导管（如内壁凹陷，法兰盘丝扣不合），在使用前必须处理，消除隐患。

2. 预防导管堵塞

水下混凝土灌注过程中，因混凝土质量缺陷、机械设备故障、停电及埋深过大等原因，常出现后继混凝土不下落，导管堵塞现象。处理办法：加强混凝土拌制质量，对原材和成品混凝土实施全程监控，混凝土灌注时在漏斗口加设过滤网，防止过大的粗骨料和搅拌不均的水泥块进入导管。灌注中控制导管埋深，避免埋深过大。一旦发生堵管事故应迅速查明原因，采用导管提升设备反复小范围抖动导管并根据现场情况紧急处理。

3. 杜绝导管拔出混凝土面

水下浇筑混凝土过程中，如误将导管拔出混凝土面，必须及时处理。孔内混凝土面高度较低时，终止浇筑，重新成孔；孔内混凝土面高度较高时，可以用二次导管插入法。首先是导管底端加底盖阀，插入混凝土面1.0 m左右，导管料斗内注满混凝土时，将导管提起约0.5 m，底盖阀脱掉，即可继续进行水下浇筑混凝土施工。由于要克服泥浆对导管的浮力，混凝土面较深时，不宜采用。其次是用滑动球阀“二次拔球法”处理。对处理过的桩必须进行第三方检测，发现断桩无法补救时，应于废弃。

4. 避免钢筋笼上浮

水下混凝土灌注过程中，发现钢筋笼上浮现象时，应立即暂停浇筑，并准确计算导管埋深和已浇混凝土高程，将导管提至钢筋笼底端以上。提升导管后再进行浇筑，上浮现象即可消除。

(四)钻孔桩施工注意事项

(1)钢护筒必须有足够的强度和刚度。不同的护筒内径,选用适当的壁厚,并控制好圆度在±5 mm内。

(2)保证护筒插打的深度和精度。首先插打栈桥钢管桩及平台定位桩,拼装栈桥及施工平台。利用导向架严格进行钢护筒定位和插打,振动锤沉桩,控制垂直度不超过0.5%,中心偏差不大于30 mm。打入深度宜穿过流塑状淤泥层进入土体稳定地层,确保孔壁稳定及成孔精度。

(3)选择合适钻进设备和泥浆系统。泥浆原料优先选用膨润土进行泥浆拌制,保证正常钻进和清孔用泥浆供应要求。新制泥浆指标控制在:比重1.06～1.10,黏度18～26 s,胶体率不于98%,pH值8～10,根据地质情况进行调整,保证护壁质量。

(4)制定有合理的钻进工艺。钻进共分四个阶段,即护筒内覆盖层钻进、护筒口钻进、卵石层钻进和岩层钻进。根据不同阶段调整钻孔桩的泥浆指标、钻机钻压及转速。钻进过程中应保持护筒内外水头差基本不变,最大不超过2 m,避免护筒口及卵石层漏浆。

(5)确保清孔质量。检查钻孔桩的孔径、孔深、垂直度、桩的中心偏移量及孔底沉渣等指标。采用减压反循环钻进,钻孔桩垂直度均小于0.5%,大多24 h无沉渣,孔径扩孔率不大于5%(护筒内除外),无缩孔现象。

利用钻机反循环及泥浆分离器清孔,泥浆指标控制在:相对密度小于1.1,黏度17～20 s,含砂率小于1%。确保清孔质量。

(6)严格控制钢筋笼制作安装质量。防止钢筋笼起吊变型,防止钢筋笼在混凝土浇筑过程中下沉或上浮。

(7)合理的水下混凝土浇筑工艺及配合比。采用垂直导管法,管径280 mm的快装导管,在使用前应作水密试验,压力不小于1.5 MPa。

第三节　简支梁及连续梁施工

一、简支梁施工方案

沿海铁路的简支箱梁均为双线单箱单室预应力混凝土结构。32 m简支箱梁梁体混凝土体积为315.2 m^3、重830 t,24 m简支箱梁梁体混凝土体积为245 m^3、重650 t。

根据桥位处地质、地形环境、结构特点,从技术、安全、质量、工期及经济等方面考虑,沿海铁路简支箱梁施工采用了预制架设、支架现浇、移动模架等多种方法。本节着重介绍预应力混凝土简支梁施工方案。

(一)预制架设简支梁施工

对位于较厚软弱地基的预料梁场,由于梁体自重大,为保证制梁质量和存梁、运梁安全,必须对梁场及运输道路等进行软地基加固处理。为保证箱梁4个支点相对高差不大于2 mm,减少箱梁预制过程中台座的不均匀沉降,梁场预制梁台座采用ϕ0.8 m钻孔桩加固支承,存梁台座端部采用ϕ1.25 m钻孔桩加固支承,横纵移滑道基础采用ϕ1.5 m钻孔桩,箱梁提升吊机基础采用ϕ1.5 m钻孔桩。现场架梁如图6-3-1所示。

根据现场条件,预制梁场拟供应瓯江特大桥163孔/32 m、24 m预制箱梁。制梁场布置制梁台位6个,每个制梁台位对应布置4个存梁台位,计24个存梁台位。梁场最大存梁能

图 6-3-1 现场架梁

力 30 片。制梁区布置 4 台 40 t-38 m 跨的龙门吊机辅助起吊作业，在横移存梁区设 32 m 静载试验台位一个，场内设混凝土工厂 1 座，并设机具设备及材料存放场、钢筋加工和存放场、工具房及现场值班等临时房屋等。

简支梁架设采用 2 台 450 t 提升龙门吊机提梁，MBEC900 型轮胎式运梁台车运梁，JQ900 型架桥机架梁。简支箱梁在梁场内先横向移动至纵移滑道上，再纵移至跨线龙门吊机下，由龙门吊机提升至桥面，运梁台车运送至架桥机架梁。

简支箱梁制架工期安排，梁场建设从 2006 年 2 月 1 日开始，首片梁体试验取证、梁片生产、箱梁的架设，按每月 24 孔梁架设进度安排，从 2007 年 01 月 01 日开始试吊和梁体架设，在 2008 年 5 月底完成。

(二)移动模架现浇简支梁施工

1. 模架结构

简支箱梁移动模架现浇施工全部采用下承式 ZQM900A 型移动模架造桥机。该造桥机主要结构自下而上分为：墩旁托架、支承台车、前导梁、主梁及横联、底模、侧模及支撑，前、中、后扁担梁、卷扬机牵引装置、防台风装置、液压系统及梯子平台等组成。

2. 拼装方案

根据移动模架造桥机的特点，拼装前在两墩(台)间设 3 个临时支墩，在支墩顶安装钢制模架拼装平台，在模架拼装平台上组装移动模架造桥机，待移动模架安装全部完成后，即可进行第一孔箱梁施工，然后模架总体往前方移动，逐跨施工其余各孔箱梁。

3. 技术要点

移动模架设计应合理，强度、刚度及稳定性均应有一定的安全储备；模架加工制造尺寸与精度须符合设计要求，制造过程中应有专人监督检查；制造完成后，宜严格按照设计要求在工厂内进行组拼。模架底模面板厚度 $\delta \geqslant 12$ mm，外侧模板采用大块定型模板，面板厚度 $\delta \geqslant 8$ mm，确保模板系统刚度大，不易变形。

移动模架进场后，现场应严格按照设计要求进行拼装，拼装完成并经验收合格后，按有关要求严格试压，以消除模架的非弹性变形并保证使用中的安全。移动模架现场原位安装时，于梁底设置预拱度，梁体弹性压缩预拱度量值及梁体压缩量应严格按设计要求办理。模架前移时，应严格遵守施工程序和操作工艺，以策安全。纵移走行前，应仔细进行检查，确保解开处完全松脱，支点处支承牢靠，滑道光滑灵活，拽拉设备完好，千斤顶不漏油。

4. 施工工期

每孔梁施工周期按 15 天考虑，全桥箱梁施工至 2007 年 12 月，采用移动模架造桥机现浇简支箱梁方案施工，可以保证在 2008 年 2 月 29 日完成线下铺轨前的工作。

(三)施工方案的比选

1. 设置预制场的诸多不利因素

按正常施工考虑梁场布置，预制场及运输便道用地约需 90 亩以上。必将改移 104 国道并拆迁附近厂房和大量居民房屋，征地拆迁量很大，也十分困难，而且需对预制场和移梁通道区域内大量的乡村道路、地下管线、架空“三电”线路进行加固和改迁，涉及面广，难度大，建设周期长。该预制场位置、移梁通道和两台架梁用 450 t 提升吊机靠近马岙隧道出口，占用隧道施工场地和出渣必经的通道，施工相互影响。因梁体较长、场地中心线与桥轴线又成 45°夹角，梁体纵移和运输难度较大。由于梁体自重大，技术标准高，对于制梁台座、梁体存放台座以及运梁道路的沉降量要求严格，而该处地质为较厚的流塑状淤泥质软土，为保证制梁质量和存梁、运梁安全，必须大量施行软基加固，难度大，建造周期长，而且对环境影响大。该梁场占用的大部分场地为耕地，经软基加固后基本无法复耕，造成较大的土地资源浪费。

2. 采用预制架设方案不利于保证工期

箱梁预制架设进度受下部结构施工进度制约，而下部结构施工进度受“三电”及拆迁等不确定因素制约，拆迁难度极大，且迁改周期长，无法保证总工期。此外瓯江南岸 69 孔简支箱梁制架施工还受主桥施工工期控制和制约。而主桥施工难度大、周期较长。

3. 移动模架现浇箱梁方案的可行性

采用移动模架在原位现浇简支梁方案是传统的施工方法之一，可以开展多作业面施工；近年来又有所发展，技术可靠、工艺成熟。秦(皇岛)沈(阳)铁路客运专线、宜(昌)万(州)铁路万州长江大桥等工程上已成功采用。

4. 移动模架现浇箱梁方案的施工前期投入

因移动模架现浇箱梁方案充分利用红线内用地，承重支点设于主体结构承台上，在施工过程中不存在特大、重件运输，大幅度减少了施工临时用地和临时用地内的既有构筑物改迁、加固工程数量。尽管移动模架施工一次性投入大型机械数量较多，综合比较预制架设箱梁方案成本比移动模架原位现浇方案的成本稍高。

简支箱梁预制架设与移动模架原地现浇施工方案各项指标对比见表 6-3-1。

表 6-3-1 简支箱梁预制架设与移动模架原地现浇施工方案综合比较一览表

序号	项目名称	预制架设方案	移动模架现浇方案
1	技术可行性	制梁系传统常规方法，技术上可行，工艺成熟	技术上可行，国内已在多项工程中应用，系常规工艺，工艺成熟，为铁路、公路箱梁施工推广项目
2	征地拆迁及环保	(1)制、运、架各环节均有大型设备投入； (2)临时用地和拆迁加固、土地复耕数量大，难度高，程序流程长； (3)梁场软土地基加固处理数量大； (4)运梁便道较长，便道技术标准高，修建及日后复耕十分困难； (5)易造成环境破坏	(1)单孔梁施工环节少，移动模架自走行，无需大型起吊、运输设备； (2)充分利用永久征地，临时用地和拆迁加固数量甚少，无土地复耕之忧； (3)最大限度利用已完工的主体结构作支承，无需软基处理； (4)对环境无污染
3	施工管理	统一制梁、运梁和架梁，程序化作业，内容明析，工序简洁，各工序的工点集中，便于现场管理	多套模架同步平行作业，与下部结构及连续梁施工有一定交叉，现场协调难度稍大。但各工点工序简洁、单一

续上表

序号	项目名称	预 制 架 设 方 案	移动模架现浇方案
4	质量控制	(1)梁场集中制梁,程序化作业、规模化生产,集中管理,质量易于保证。 (2)成品梁纵、横移动,起吊、运输次数繁多,且属超大、超重件运输,易造成梁体损伤破坏	(1)施工程序及工艺复杂,施工环境与作业条件不及梁场,质量控制有一定难度。 (2)单孔梁一次成型、一步到位,工序单一,质量控制环节简单
5	安全风险	(1)箱梁在梁场预制属常规地面作业,工艺成熟,安全保障较好。 (2)箱梁架设系大型联合作业,且采用新型架桥机高空作业,存在一定安全风险。 (3)采用多台大型设备多次平移和起吊超大、超重箱梁,安全管理不利因素多	(1)高空作业量大且历时较长,模板、混凝土及预应力施工作业操作空间较小,施工环境相对较差,安全风险稍大。 (2)大临设备少,无超大、超重件起吊运输作业
6	工期保证	梁场建设过程周期长	受现场不确定因素影响较小,灵活性和主动性大,有利于保证工期
7	经济投入	一次性投入较大,大临和附属结构投入大,全桥简支箱梁摊销成本高,测算总成本为15 500万元(含主材费)	节省部分临时用地和梁场措施费用,成本略低,测算总成本为15 400万元(含主材费)

(四)结论和建议

从上述简支箱梁两种施工方案的各项指标比较结果可以看出:两种方案技术上均可行;在安全、质量保证方面各自存在着不同的优缺点,尽管都有一定风险,但可克服控制,完全可以保证;在节约用地、环境保护、工期保证和成本投入四个方面,移动模架现浇优于预制架设方案。本着从工程的实际出发,拟定沿海软土地区 32 m 和 24 m 简支箱梁制架多采用移动模架原地现浇方案施工。

二、简支梁移动模架施工

以下简要介绍客运专线双线 32 m 单箱单室预应力混凝土简支箱梁采用下行式移动模架施工主要施工工艺和技术要点。

(一)移动模架设计和制造

移动模架的设计制造应满足以下几方面要求:①开启结构尺寸满足施工红线;②移动模架可过不同桥墩;③模架支腿可适应不同墩高;④模架主梁整体刚度应小于 $L/700$;⑤移动模架的开启和前移液压系统应同步;⑥便于梁体安全施工;⑦通过预压确定模架的拱度预设值;⑧设计应考虑模架受力和温度变形;⑨移动模架制造完成出厂前应进行试拼装并验收。

(二)移动模架施工工艺

移动模架制梁主要工艺流程如图 6-3-2 所示。

1. 模架拼装

移动模架造桥机主要由墩旁托架、支承台车、主箱梁、导梁、梳形梁及活动门、前支撑门架、后支承门架、液压系统、施工平台等组成。移动模架造桥机主要构造如图 6-3-3 所示。

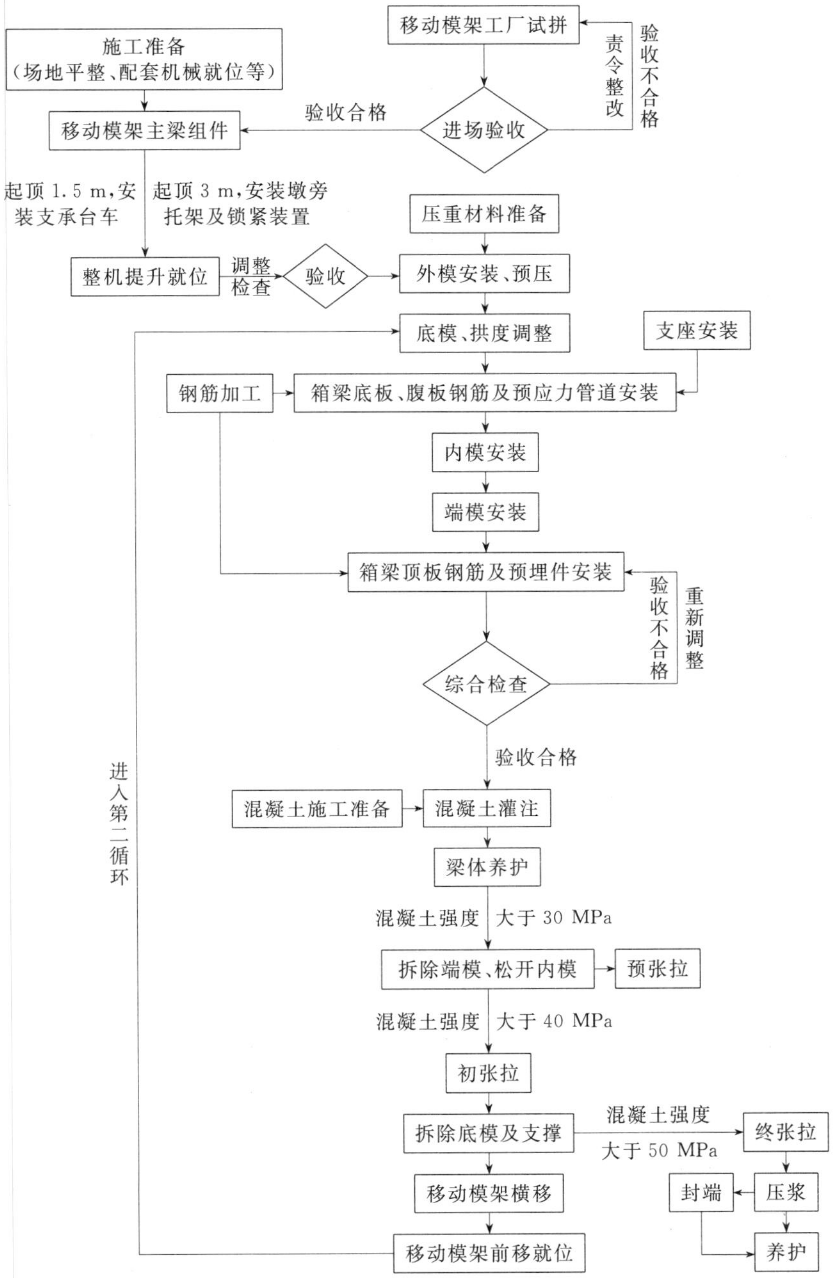

图 6-3-2　主要工艺流程图

移动模架拼装顺序为主梁拼装→梳形梁安装→整体起吊→墩旁托架及支承小车安装→底模安装→侧模安装→导梁安装→模架的开合调试→模架压重。

2. 模架预压

移动模架安装完毕制梁前应进行预压,其目的主要是消除模架的非弹性变形和测试模架的弹性变形值,为模架的预拱度设置提供参考依据,并通过预压检查结构的安全状态。压重可采用梁体及内模总重量 840 t,压重模拟施工过程加载。

3. 支座安装

标准简支箱梁支座类型分为固定(GD)和纵向活动(ZX)、横向活动(HX)、多向活动(DX)

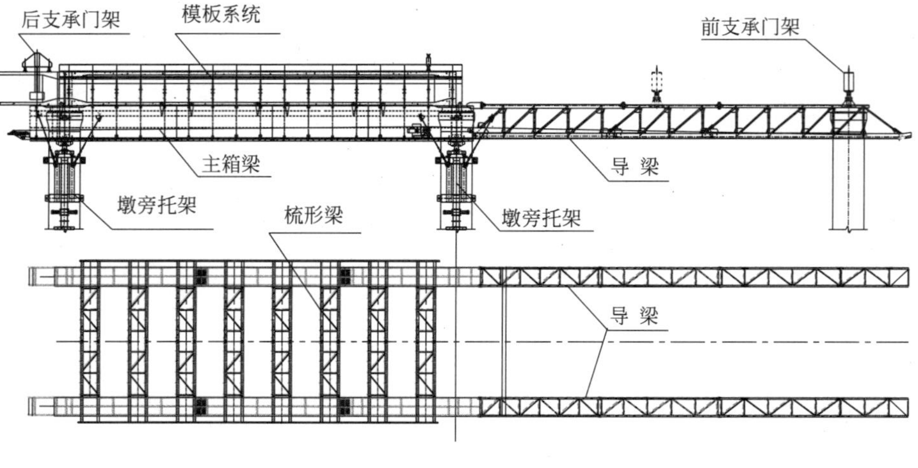

图 6-3-3 移动模架造桥机主要构造图

四种。纵向活动(ZX)支座、多向活动(DX)支座顺桥向设计位移为±60 mm。

首先在墩台支承垫石顶采用 C50 高性能水泥砂浆调平,支座安装采用座浆法,支座安装前应进行清理,做好清洁和密封;对 32 m 简支梁支座的纵向、多向活动支座应考虑梁体张拉压缩 16 mm 以及安装温度的影响。

4. 梁体施工

(1)混凝土施工

混凝土的技术指标包括:原材料质量、混凝土的拌和时间、混凝土的坍落度、混凝土的和易性和混凝土的初凝时间以及混凝土的入模温度控制等。

支架上现浇混凝土的灌注顺序:混凝土灌注顺序主要考虑满足支架"先变形、后合龙"的原则,同时应考虑梁体纵坡的影响,并确保梁体锚头及支座处不得积蓄水泥砂浆。如图 6-3-4 所示。

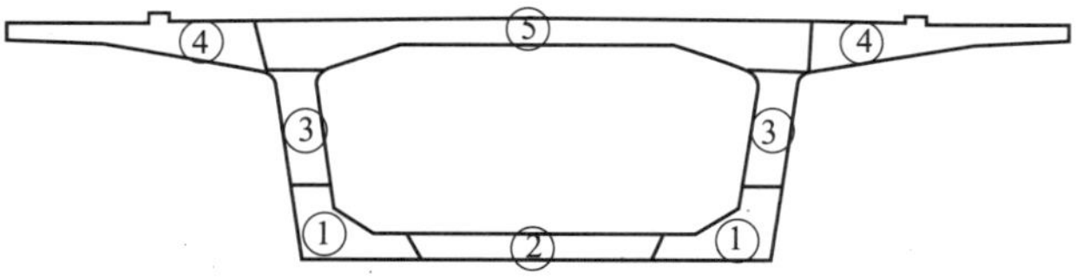

图 6-3-4 梁体横断面混凝土灌注顺序

混凝土灌注采用纵向分段、斜向分层连续灌注,由中间向两端循序渐进的施工方法,灌注厚度不得大于 30 cm。顶板混凝土灌注时分别从端头向跨中方向,从梁翼缘外侧向内灌注。混凝土的灌注应在初凝时间内一次灌注完成,并须考虑到现场温度下初凝时间的变化值。

(2)预应力施工要点

为防止箱梁产生早期裂缝对箱梁进行三次张拉,即预张拉、初张拉和终张拉。预张拉时混凝土强度应不小于 30 MPa,带模预张拉时须拆除端模、松开内模。初张拉时混凝土强度应不小于 40 MPa,初张拉后方可拆除底模及支撑。如果拆除端模时梁体强度已达到 40 MPa,可以直接进行初张拉。终张拉时梁体混凝土强度应不小于 50 MPa、弹性模量不小于设计值且龄期不少于 10 天。终张拉前应在梁位处进行孔道摩阻试验,根据相应数据修正张拉值。预应力孔道采用真空压浆。真空压浆主要是确保孔道的抽真空度。

(3)混凝土的养护及温度控制

混凝土的养护过程是进行温度控制的过程，对不同部位应采取相应的措施。

箱梁顶桥面板自然养护及保温，混凝土接近初凝时在桥面板上采用土工布覆盖，注意不得污染。为保证混凝土充分湿润，洒水次数应结合环境温度和湿度确定，养护从灌注完开始计时，夏天一般不少于10天，其他季节不宜少于14天。

混凝土箱梁箱室内养护，在底板混凝土灌注完毕后应立即将箱室两端封闭，以避免箱室形成风道，穿堂风会使箱内温度降低过快。混凝土初凝后采用喷雾器洒水养护，养护次数与顶板基本相同。混凝土初凝后应转动箱梁腹板通风孔处的成孔器，并在终凝后拔出，成孔器拔出后立即用湿润棉纱堵塞通风孔进行保温，防止通风孔处因温差过大而产生裂纹。应注意箱梁内模每单块牵引出后立即在箱梁腹板内侧及箱内顶板上喷水养护。

箱梁外侧腹板及底板混凝土养护，在外侧模板分开后须立即喷水；养护应设专人不间断洒水，洒水次数和数量应结合环境温度和湿度确定，以保持混凝土长期湿润为原则。必须注意低温季节用喷雾器在箱梁腹板内侧及顶底板面上喷洒专门的混凝土养护剂。

做好混凝土箱梁的温度控制以防止混凝土内部与表面、表面与外界环境温差过大产生开裂，按温差不大于15 ℃控制，混凝土内部水化热最高温度应低于65 ℃。施工中控制温度的措施除优化混凝土配合比外，降低混凝土的入模温度和在当天的低温时灌注混凝土也是关键措施之一。

一般情况下混凝土内部最高温度在浇筑后36 h左右发生，39 h后开始降温，大多情况下混凝土内部的最高温度为57 ℃～65 ℃，对于梁体来讲，最高温度产生在梁端顶腹板交界处。

三、简支梁现浇支架施工

混凝土简支箱梁采用拼装式贝雷桁架现浇施工，也是沿海铁路建设的重要措施之一。

该方法是利用桥梁墩台的承台拼装现浇支架的支墩，用组装式贝雷桁架形成支承梁。贝雷梁支承混凝土简支梁的模板，实现对混凝土箱梁原位现浇。为保证梁体美观，箱梁的侧模采用加工成型的钢板，该设备造价低、操作方便、占用施工场地少、可多点施工。

1. 现浇支架主要构造

现浇支架自下而上由钢管桩立柱、分配梁、砂箱、贝雷梁、锁紧装置、模板分配梁及底模、侧模与支撑、梯子平台等组成，如图6-3-5所示。一般钢管立柱支撑于桥梁墩台基础的承台上，由预埋钢板连接，立柱顶设置分配梁，立柱间采用横向连接系连接。

现浇支架的主梁支撑在立柱顶的分配梁上，主梁由两层叠合在一起的贝雷桁架组成。为增加贝雷梁抗剪能力安装有上下加强弦杆，两层贝雷梁之间采用连接螺栓连接，桁架间用特制花窗连接加强抗扭能力。在贝雷梁端支撑位置设置[10加强立柱，以便安全传递支反力。

设计32 m现浇贝雷梁重101.2 t，加上梁上侧模、分配梁及底模方木等，单孔全重168.4 t。

2. 支架拼装技术

钢管立柱的安装通过预埋钢板与承台连接，必须能够抵抗现浇梁体在施工过程的水平力及竖向荷载，安装时必须保证钢管柱的铅垂度，避免偏心受压，竖直安装好后应立即加焊连接

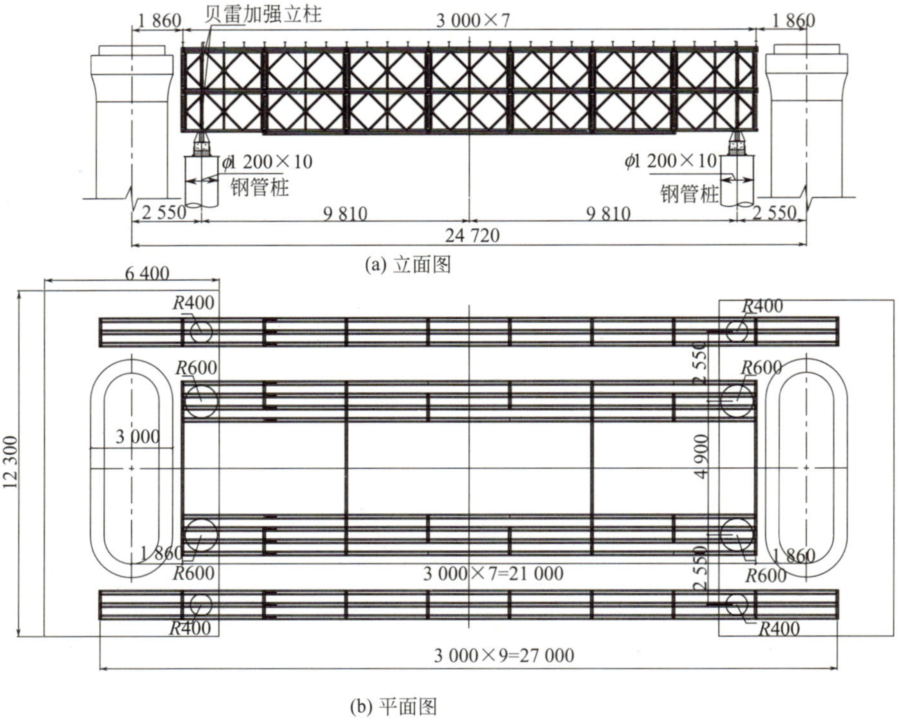

图 6-3-5　简支箱梁现浇支架立面和平面图(单位:mm)

板及横向连接系,以保证钢管柱整体稳定性。

钢管立柱安装好后,应用油漆在立柱上标示贝雷安装的位置,安装柱上分配梁时需注意加劲板与钢管桩立柱的位置对应,并及时复核调整高程。

分配梁安装完成后,将成品贝雷桁架逐片起吊安置在预先指定的位置,做好横向连接保证其稳定性,待全部起吊到位后,做好上述的竖向及横向联系形成完成的贝雷梁,然后即可在其上安装简支箱梁的外模板。模板安装完毕验收合格后,应根据设计要求进行压重检验。一般采用砂袋或钢料等荷载预压消除非弹性变形,对支架按照程序采用分级加载、分级观测变形量分级记录。压重完毕后分析数据,编制成果说明书,为后续的调整模板预拱度现浇施工提供依据。

图 6-3-6　支架现浇施工

支架的拆除涉及安全和机具设备的倒用亦应重视,一般用箱梁预留孔和 ϕ32 精轧螺纹钢筋对贝雷梁(包括底平台等)整孔原位下放落地,在地面上拆除。具体程序是利用千斤顶的行程逐步下放贝雷梁,操作办法为千斤顶置于已制好的梁面上,顶部放一根扁担,扁担两端各穿入一根用垫板及螺栓固定的 ϕ32 精轧螺纹钢筋,精轧螺纹钢穿过箱梁顶与底板预留孔,下端也用扁担托住贝雷梁底部,以使全孔贝雷梁原位下放落地。

四、连续梁施工

本节以(70+3-120+70)m 预应力混凝土连续箱梁为例,介绍连续梁施工过程。连续梁全长 501.4 m,梁体截面为单箱单室直腹板、变截面结构,梁体采用三向预应力体系,纵向预应力束采用 12ϕ15.2、15ϕ15.2 及 19ϕ15.2 钢绞线，横向预应力束采用 5ϕ15.2 钢绞线，竖向预应力采用 ϕ32 mm 螺纹钢筋。

主梁设计施工方案共分 133 个梁段，连续梁中支点 0 号梁段长度 13 m，一般梁段长度分成 3.0 m、3.5 m、4.0 m，合龙段长 2.0 m，边跨直线段及合龙段共长 7.70 m。连续箱梁采用悬臂现浇挂篮施工，8 套挂篮同步作业，同时采用墩旁托架及墩旁塔吊辅助施工，最大悬臂浇筑块重 1 991.2 kN。

（一）0 号块及墩旁托架的施工

墩旁托架是承受连续梁 0 号段大体积混凝土的关键支撑结构，0 号块长 13 m、高 9.09 m，混凝土总量为 500.3 m^3，采用全断面一次灌注。其设计与施工必须满足悬臂施工最不利工况的受力要求，即箱梁 T 构两端最大悬臂不平衡加载，同时考虑恒载和 30 年一遇风载等附加力作用，并在此基础上计入±5%施工误差进行强度、稳定性分析。检算最大不平衡力达 120 000 kN·m，墩旁托架采用了 4 根 ϕ800 mm 钢管混凝土柱及横向联接支撑组成。

（二）节段挂篮及悬臂施工

悬臂节段施工采用了三角架斜拉式挂篮，自重 46 t。挂篮在 0 号块施工完成后进行组拼，并按最不利荷载进行压重试验，以确定挂篮的弹性变形值。经检验合格后，应在已浇筑好的梁体上进行锁定，并准备下阶段的混凝土梁段浇筑工作。

预应力混凝土梁体节段混凝土浇筑前，钢筋笼整体入模后，应确保预应力管道定位正确，保证设计要求的直段定位钢筋间距不大于 80 cm，曲线段定位钢筋间距不大于 50 cm，并应有足够的防崩钢筋，以防止混凝土灌注过程中下沉或上浮，混凝土全断面必须一次对称灌注。

梁体节段混凝土浇筑完毕后，预应力筋张拉时混凝土强度、弹性模量及龄期要严格执行设计要求。预应力钢筋按先纵向、再横向、后竖向的顺序张拉，并遵循纵向先长束、后短束，横向先中间束后两边束，竖向从墩顶向合龙段方向，依次对称张拉的原则。预应力张拉完成应及时进行孔道压浆，纵向孔道采用真空压浆。进入大悬臂阶段梁体施工时，必须严格控制桥上施工荷载，并保证两侧伸臂同步施工，均衡加载。

（三）梁体合龙

梁体合龙段施工是预应力混凝土连续箱梁施工的关键环节，关系到整个连续梁的受力及线型状况。本梁有边跨和跨中两处合龙段，边跨合龙段采用现浇托架，中跨合龙段采用吊架施工。本梁设计的合龙顺序为先次边跨、再边跨、最后中跨全桥合龙。

跨中合龙段吊架施工法，是制作悬吊在合龙口梁体上的小型挂篮，并利用原挂篮底模、外侧模、内模作为合龙段模板以完成合龙段梁体混凝土的浇筑。

合龙段混凝土浇筑前应对合龙口进行临时锁定，由于气温的变化会引起已浇筑完成两 T 构悬臂的梁体产生伸缩，临时锁定措施要抵抗温度、T 构两端不平衡力等产生的变形，保证合龙段不出现混凝土收缩裂纹。合龙口临时锁定构造由刚性支撑及张拉合龙索组成，刚性支撑采用 50 号热轧轻型工字钢（双 I45）栓接或焊接而成。可在悬臂端部腹板两侧顶板、底板上各预埋 4 块60 cm宽、50 cm 长、2 cm 厚的钢板，钢板上按要求钻孔预埋 ϕ30 地脚螺栓，梁体内埋设加强钢筋与混凝土连接增加抗拔力。如图 6-3-7 所示。

合龙段刚性支撑安装时，先将支撑一端与梁端部预埋件栓接（焊接）锁死，另一端活动，然后利用体外临时撑杆调节合龙段间距，再迅速将外刚性支撑另一端与梁连接锁定后，再立即释放临时撑杆。合龙段刚性支撑固定应在当日最低气温条件下进行，构件两端的预埋钢板用千斤顶进行预压以减少构件本身的变形，支撑下料按合龙段的实际长度进行，支撑轴线应与箱梁中线平行，两侧与中线等距以免偏心受压。

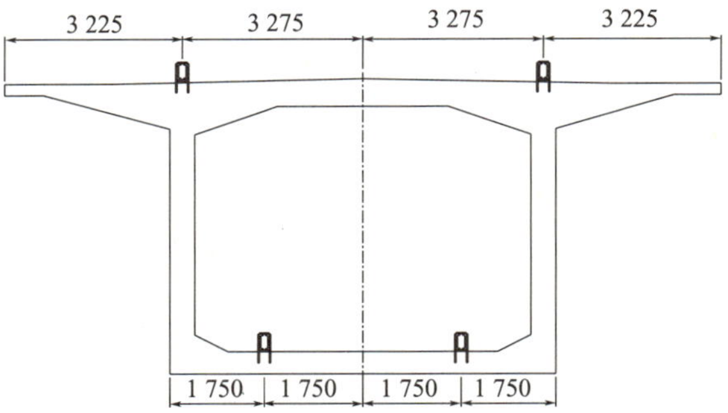

图 6-3-7 合龙段临时锁定(单位:mm)

合龙段混凝土浇筑时间宜选在日温差较小的阴天或选在一天中温度最低的时段,并在凌晨前完成,但气温亦不宜低于 0℃。合龙段混凝土宜采用补偿收缩混凝土,全断面一次灌注,保湿养护不少于 14 天。

当梁体合龙段混凝土强度达到设计强度的 85%时,应开始张拉合龙段的预应力束,张拉完成后才可脱底模。钢绞线束锚固后,封锚并及时采用真空辅助压浆。

梁体合龙是结构体系转换的过程,全桥设计共进行三次体系转换:第一次为次边跨合龙解除次边墩临时支座,第二次边跨合龙解除一侧中墩临时支座,最后为全梁合龙临时支座全部解除,完成体系转换,形成最终连续梁结构。本桥体系转换的过程应为 T 构到静定双悬臂、再到两侧两孔连续、最后到五孔连续。成桥实景如图 6-3-8 所示。

图 6-3-8 瓯江大桥成桥实景

(四)施工控制

连续梁施工主要控制梁体线形,同步分析结构内力。采用有限元计算程序,根据现场实桥的应力、温度、混凝土强度、密度、弹模、预应力及龄期计算及预测各施工阶段的挂篮立模高程,并及时调整,以核对设计的应力与现场是否一致,确保成桥线形满足设计要求。因此,实测数据的合理和准确性尤其重要,必须在规定的工况下完成数据的测定和采集。

箱梁挂篮立模高程计算式:

$$H_{施}=H_0-f_s+f_m+f_g \tag{6-3-1}$$

式中 $H_{施}$——主梁梁顶立模高程;

H_0——主梁梁顶设计高程,即成桥状态设计线型;

f_s——从梁段安装到成桥状态累计位移,向下为负;

f_m——主梁的活载预拱度,本桥考虑活载最大位移的 1/2;

f_g——挂篮变形产生的挠度。

第四节　钢箱系杆叠合拱桥施工

一、概　　述

雁荡山特大桥主桥为钢箱系杆叠合拱，设计为 2-90 m 全钢结构，钢箱梁梁顶宽 14.8 m，底宽 12.6 m，梁高 2.2 m，总长 184 m，总重（含拱座）2 396 t；主拱圈采用两榀平行钢箱结构，拱脚与钢箱梁固接，两榀拱为等高度箱形截面，横向中心距为 11.2 m，箱高 2.8 m，箱宽 1.2 m，辅助拱与主拱圈横桥向对应设置，拱肋总重 1 043 t；钢箱梁、钢箱拱的各构件之间为全焊接结构，焊接接头的力学性能原则上与基材等屈服、等强度、等韧性，施工前须根据结构中不同的接头形式作焊接工艺试验。

钢箱梁与主拱间每孔梁设 13 对吊杆，全桥共设 26 对柔性吊杆，顺桥向间距 6 m，吊杆上端锚于主拱箱内张拉底座，吊杆下端锚于钢箱梁内固定底座。雁荡山特大桥成桥全景如图 6-4-1 所示。

图 6-4-1　雁荡山特大桥主桥全景图

二、总体施工方案

1. 施工方案

雁荡山特大桥主桥跨越甬台温高速公路，为尽量减小对公路行车的影响，主桥施工采用在远离公路的线位上组拼钢箱梁，然后顶拉至桥位、拱肋在钢箱梁上拼装架设的施工方案。主要步骤如下：

（1）施工临时支墩及支架。拼装胎架平台设计为满堂支架，支架采用碗扣件搭设；

（2）在 31 号和 32 号墩顶安装 ZLD 连续千斤顶和反力架，各墩顶安装下滑道，并安装支座；

（3）在 27 号～30 号墩之间已经搭设好的平台胎架上组拼成第一轮次 98.25 m 钢箱梁；

（4）利用 31 号墩连续作用千斤顶顶拉第一节段钢箱梁至 31 号墩；

（5）拼装剩余 85.75 m 钢箱梁，安装拉锚器；

（6）利用 32 号墩顶千斤顶整体顶拉钢箱梁；

（7）钢箱梁顶顶拉至设计位置后，顶升钢箱梁，拆除上下滑道，在临时支墩顶安设砂筒临时支座，落梁至设计高程；

（8）在钢箱梁上搭设临时塔架，拼装主拱肋及横撑；拼装辅拱肋、斜腿及横撑；

(9)拆除钢箱梁上临时塔架;安装吊杆,按指定次序张拉吊杆,调整吊杆力;

(10)拆除桥下临时支墩;施工钢箱梁顶面的抗剪焊钉;钢箱梁顶面防腐涂装;

(11)施工混凝土桥面板;

(12)施工桥面系;检测并调整吊杆力到设计索力。

2. 施工技术难点

(1)结构新颖,同类桥梁亚洲第一

纵观世界拱桥设计及施工,采用钢箱梁和混凝土叠合、钢箱梁和钢箱拱叠合及钢箱主拱与钢箱辅拱叠合的设计结构新颖,无相关整套的设计、施工经验,相关技术难题需要在施工中不断摸索、解决。

(2)复杂环境下的等强度焊接技术难度巨大,加工制造组织复杂

在现场沿海海洋环境下必须采用的大批量等强度焊接施工、对焊接技术提出极大挑战,需研究针对性强的焊接工艺及结构防腐措施,并合理安排厂制与工地焊接任务量的划分,满足工程、质量需要。

(3)现场施工安全风险巨大,钢箱梁顶拉方案设计和实施影响因素复杂

根据桥址处条件,如何保证高速公路不间断行车下的施工、安全质量控制,选择最优的施工方案,安全、经济、快速地完成任务,是不可忽视的课题。

(4)全新的过程及成桥线性和内力监控技术

叠合拱桥结构的最终形成必须经历一个漫长而又复杂的施工与体系转换过程。必须对施工过程中每个阶段进行详细的变形计算和受力分析。本桥钢箱梁属超重超长结构,顶拉过程中应力、线形变化复杂、不仅要满足就位精度控制标准,确保顶拉过程的安全也是施工监控的关键所在。

三、施工关键技术及技术创新点

1. 叠合拱桥加工制造工艺

(1)创新点

① 大体积复杂线形钢结构单元分块技术;

② 异型钢结构单元块制造及焊接变形控制技术。

(2)关键技术

叠合拱桥为全焊接钢结构,规模大,构件多,2-90 m钢箱梁重量达2 400 t,四榀主拱、两榀辅拱及横斜撑等上部结构重达1 100 t。在结构制造方案的选取上,存在着工地焊接和工厂加工及运输之间的矛盾。在工厂加工制造的过程中,工厂条件成熟,检测手段和检测制度健全,采用胎架精确定位,对焊接工艺进行评定,实施焊接作业条件保护;采用超声波、X射线等检测技术,确保尺寸精度及焊缝质量,质量可以保证。工地焊接受海洋气候环境影响,施工环境恶劣,施工难度大、质量保证措施投入较大。

工地加工焊接量越大,相应的大型构件运输和吊装工作量就越小,但焊缝缺陷、尺寸精度等质量问题的离散性越大,现场工序组织以小型板材拼装为主,技术难点以局部线形控制和焊缝质量控制为主,施工周期长,临时工程量增加;反之,工厂加工焊接量越大,焊缝缺陷、尺寸精度等质量问题将出现的越少,但大型构件运输和吊装工作量增加。现场组织以大型结构吊装为主,技术难点为整体线形控制和吊装安全,工程周期短,临时工程量相对减少。

通过对运量、公路运力、工厂制造能力、工地环境、技术可行性、安全质量、经济效益等多方面进行分析，确定叠合拱桥加工制造方案为：工厂制造和预拼单元箱、单元拱，其尺寸和重量划分必须同时便于运输，尺寸一般不超出 16 m×3 m，自重均在 30 t 左右；再运至工地拼装为整体。

2. 箱梁拼装施工技术

(1)创新点

① 多箱室全焊接钢结构单元块组拼技术；

② 潮湿氯盐环境下钢结构焊接质量控制技术。

(2)关键技术

将 90 m 钢箱梁划分为 5 个单元区，每个单元区均采用左幅和右幅两个单元控制箱体进行定位。单元控制箱作为现场拼装的母胎，要求有极高的加工精度，均在后方厂制而成。运至现场后，用龙门吊吊装到预先搭设好的拼装胎架上就位，然后进行纵横隔板拼装焊接。各单元区相互独立，可作为不同的工作面展开流水施工，便于组织管理。针对沿海潮湿复杂氯盐环境下的焊接作业，实施首件试拼、试焊，对焊接质量进行评定，形成《焊接工艺试验评定报告》，进而研究工艺改进、科学合理的焊接顺序，并实施焊接作业条件保护；采用超声波、X 射线等质量检测技术。对成品、半成品结构进行消应处理，对于焊缝集中、焊接残余应力大且集中采用超声波高频振动锤击的方法进行残余应力的消除，以提高焊缝的疲劳强度。焊接变形控制及焊接作业条件保护如图 6-4-2 所示。

(a) 焊接变形控制　　(b) 活动式挡风棚

图 6-4-2　焊接作业现场

3. 钢箱梁顶拉施工

(1)创新点：ZLD 连续作用千斤顶顶拉系统

2-90 m 钢箱梁上跨甬台温高速公路，必须在不间断高速公路行车的情况下平稳、安全地过孔。铁路钢梁施工中，采用卷扬机顶拉施工最为常见，但很难满足钢梁平稳、精确就位，且钢绞线伸长和箱梁位移不能同步，钢梁启动时的静摩擦力时会有轻微震动。故本次钢箱梁就位考虑千斤顶牵引钢绞线作为钢梁过孔动力，以达到牵引设备行程与钢梁移动位移的同步。为此研发一种实用新型滑道系统及顶拉系统设计，即四氟滑板滑道系统和连续作用千斤顶顶拉系统，有效地减少顶拉过程中的工作量，显著地减小了摩擦力，解决了钢箱梁顶推过程中的平稳问题，保证了钢箱梁的定位精度。

总体技术方案是：滑道系统采用上滑道通长、下滑道支点式的结构形式，在钢箱梁梁底直接固定 2 mm 厚不锈钢板作为上滑道；利用固定在下支点上的聚四氟乙烯滑板橡胶支座作为下滑道，使不锈钢板和四氟滑板接触面作为滑动面，达到减小摩擦力的目的，如图 6-4-3 所示。在既有的桥墩上设置反力架，平衡连续作用千斤顶的反力，在钢箱梁尾部设置拉锚器，用钢绞线连接，利用连续作用千斤顶油缸的运动实现顶拉作业。

图 6-4-3　上下滑道设计

(2)创新点：可调式下滑道支座

叠合拱箱梁为单箱多室钢箱梁，横向刚度大，因为高速公路的影响，下滑道支点不能按照临时支墩横梁对称设置，且因临时支墩横梁变形影响，各支点受力差别较大，一个断面上的 4 个下滑道及一个滑道长度方向反力分布极不均匀，导致钢箱梁局部应力不能满足规范要求。通过研究分析，将悬臂端支点采用可调液压支点，如图 6-4-4 所示，通过油顶的自动调节，将支点反力比较均匀的分配到各个下滑道支点上，并且在顶拉过程中可以通过向下调节支点高度，减小支点反力从而减小钢箱梁的局部应力和水平力，以保证顶拉过程中梁体结构的安全和临时支墩的安全。

总体技术方案是：下滑道支点采用液压千斤顶代替，同一截面的所有千斤顶通过并联的方式连接，采用一台油泵控制其反力。在顶拉过程中，通过油压表读数的控制达到控制反力，而且达到同一截面各个支点反力均匀的目的，从而达到控制钢箱梁局部应力的目标。

图 6-4-4　可调液压支点

图 6-4-5　动态滚动纠偏作业

(3)创新点：过程动态纠偏技术

钢箱梁移位过程中保证其前进方向不偏离设计位置尤其重要。为了实现钢箱梁一次性连续顶拉并准确就位，必须对钢箱梁顶拉的偏向进行控制，如图 6-4-5 所示。工程中采用过程动态滚动纠偏方法，在临时支墩上设置纠偏反力架，为纠偏千斤顶提供反力，在千斤顶与钢箱梁之间增加一个滚轴结构，以减小千斤顶所受水平力的作用。当 ZLD 连续作用千斤顶启动时，匀速运动的钢箱梁处于动力平衡中。由于滑道支座间高程误差、滑板质地不匀等原因，钢箱梁必然发生转动。此时，对直线运动中同时发生转动的梁体进行很小的侧向施力，即可实现对前进方向的动态控制，保证动态纠偏条件下的可靠性及安全性，从而达到可以随时进行纠偏操作，以保证钢箱梁精确就位的目标。

4. 钢箱拱拼装施工技术

(1)创新点

大吨位叠合钢箱拱精确吊装合龙技术。

(2)关键技术

钢箱拱根据设计方案在工厂内加工成箱形节段运输，在钢箱梁梁面上采取原位支架拼装的方式组织施工。拼装作业必须满足以下两个条件：第一，构件能够方便、快速、精确的吊装到位。第二，拼装完成的构件不受或尽量少受后拼构件的影响，能够方便调整到设计位置，故拼装方案经过缆索吊机、汽车吊及龙门吊三种方案比选，从安全、质量、经济、吊装速度上综合评定，选择现场安装50t龙门吊进行拼装主拱作业，辅拱最后阶段采用汽车吊机配合龙门吊完成吊装作业；拱肋支架上选择钢管架组合成支点式支架，方便安装拱肋阶段微调及定位装置，对不符合拱轴线要求的拱段需要进行微调，确保拱肋拼装精度。微调及定位装置如图6-4-6所示。拱肋吊装及合龙现场作业分别如图6-4-7、图6-4-8所示。

图6-4-6　微调及定位装置

图6-4-7　辅拱吊装

图6-4-8　主拱合龙

5. 施工监控技术

(1)创新点

钢箱梁多支点顶拉应力-应变监测与控制，叠合钢箱拱柔性吊索索力和线形监测与控制。

(2)关键技术

根据结构有限元分析软件ANSYS的建模计算结果，确定出钢箱梁在顶拉最不利工况下的控制应力点的位置和数值，对其进行顶拉全过程的应力监测，及时提供比对数据，指导施工，确保钢箱梁应力安全。同时，对顶拉中钢箱梁的中线和挠度、主墩及临时墩变形等进行观测，为过程动态纠偏提供参考数据，确保顶拉施工安全。

拱肋拼装过程中的线形应力监控：该阶段的应力状况监测目的是观测叠合拱桥在拼拱施工阶段的应力变化情况，以便与理论计算值进行比较，对结构的实际状态作出合理的判断，如有问题及时采取适当的补救措施，确保施工过程安全，并通过位移-温度监测实现对拱轴线线形精度的控制。

吊杆体系张拉过程中的线形与应力监控：对设计提供的成桥线形和张拉索力进行计算复核，并根据张拉方案，计算出每级荷载对应的梁拱线形，用以指导施工，实现应力-应变双控。同时，根据实测索力-张拉力记录，及时调整应力-应变公式参数，修正实际张拉力，并分析应力-应变误差，对梁拱体系进行结构评估。

四、钢箱梁顶拉施工

1. 顶拉方案

钢箱梁采用旁位拼装、顶拉就位的方法组织施工，具体施工步骤为：在一侧的拼装区先拼装第一节钢箱梁 98.25 m，顶拉第一节钢箱梁至 31 号墩，接续拼装第二节钢箱梁，将钢箱梁整体顶拉至设计位置。

在 30 号墩和 31 号墩之间设置 1 号、2 号、3 号临时支墩，在 31 号墩与 32 号墩之间设置 4 号、5 号、6 号临时支墩，跨度为(23＋22＋22＋23＋23＋22＋22＋23)m，临时支墩布置如图 6-4-9所示，临时支墩墩顶的滑道布置如图 6-4-10 所示。拼装区每个支墩上设置 4 个滑道，主桥区每个支墩上设置 6 个滑道，滑道结构形式从上到下分别为钢箱梁底板、不锈钢板、四氟乙烯滑板和橡胶支座，顶拉过程中不锈钢板在四氟乙烯板上滑动，钢箱梁和不锈钢板一起运动。在钢箱梁前、后端各设 4.5 m 的导梁，并为了减少钢横盖梁变形引起的滑道高差，对 L2 号～L5 号 4 个临时墩的滑道经优化计算后作不同程度的预抬高。

2. 顶拉施工计算

顶拉过程中，钢箱梁的受力状态在不断变化。由于梁体的上拱度、梁体变形、临时墩横盖梁变形等原因，滑道范围内的梁体受力并不均匀，前端对应位置的钢箱梁底板、腹板会出现应力集中，而且横向 6 个滑道受力亦很不均匀。为了保证顶推时 6 个滑道均能起作用且受力较均匀，通过空间仿真理论分析，在实施过程中，当钢箱梁上墩后采取临时墩盖梁远端及中间 4 个滑道适当抬高的措施，使顶推过程中钢箱梁受力均匀。

同时提出了前端支点设计为液压可调支点，并在 5 号临时支墩上试验了本设计方案。液压可调支点通过油路并联的方式，使油顶的高度自动调节，以适应结构变形，保证支点反力比较均匀地分配到各个下滑道支点上，并且在顶拉过程中可以通过调节支点高度，减小支点总反力从而减小钢箱梁的局部应力。

(1)计算方法

采用通用有限元软件 ANSYS 对钢箱梁顶拉过程进行仿真分析。钢箱梁全部采用板壳单元模拟，临时墩的横盖梁采用空间梁单元模拟，滑道橡胶支座采用弹性连杆模拟。

计算中考虑的因素如下：①滑道橡胶支座的变形。②钢箱梁的变形，钢箱梁变形后与滑道不一定全接触，滑道后端可能会脱空，且滑道前端受力明显比后端大。③钢箱梁的预拱度，钢箱梁最大的预拱度有 48 mm。④横盖梁的变形。横盖梁的变形使得横盖梁上的各个滑道横向高低不一致，受力不均匀。

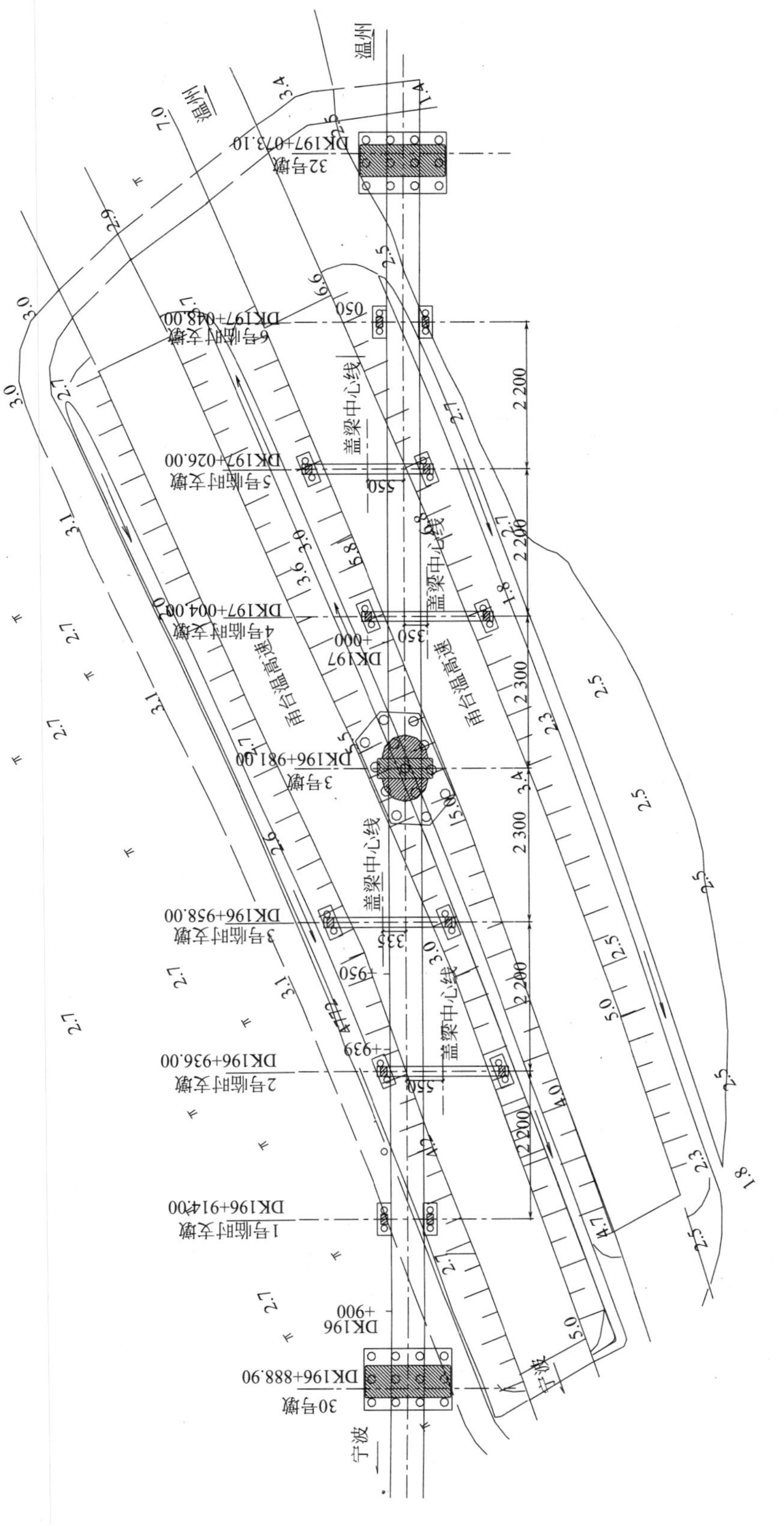

图 6-4-9　临时支墩布置平面图(尺寸单位:cm)

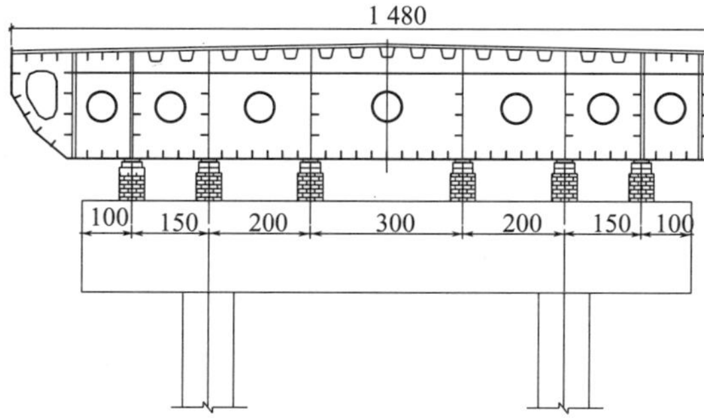

图 6-4-10　1 号、6 号临时墩墩顶滑道布置图(单位:cm)

(2)计算结果

① 第一轮次顶拉的计算结果及分析

第一轮次顶拉第一节 98.25m 钢箱梁从 30 号到 31 号墩,中间经过 1 号、2 号、3 号临时支墩,跨度为(23+22+22+23)m,导梁长为 4.5 m,滑道长为 1.4 m,钢箱梁最大悬臂长度为 17.8 m。最不利的工况发生在钢箱梁最大悬臂时。

从 30 号临时墩顶拉到 31 号墩过程中,钢箱梁的最大等效应力为 276 MPa,发生在最大悬臂 17.8 m 时前端墩滑道上方钢箱梁底板的局部很小区域,小于 Q345 钢材的屈服应力。

② 第二轮次顶拉的计算结果及分析

钢箱梁全部拼装好后第二轮次顶拉,钢箱梁前端从 31 号墩顶拉到 32 号墩,中间经过 4 号、5 号、6 号临时支墩,跨度为(23+22+22+23)m,钢箱梁最大悬臂长度为 17.8 m。

从 31 号墩顶拉到 32 号临时墩过程中,钢箱梁最大等效应力为 272 MPa,发生在最大悬臂 17.8 m 时前端墩滑道上方钢箱梁底板的局部很小区域,小于 Q345 钢材的屈服应力。

(3)稳定分析

顶拉过程中钢箱梁最大等效应力发生在钢箱梁前端从 L3 号临时墩顶拉至 31 号墩最大悬臂 17.8 m 时,对这个状态做稳定性分析,得到钢箱梁第一阶失稳定系数 $K=8.87>4.0$,失稳模态表现为滑道上腹板局部弯曲失稳,钢箱梁在顶拉过程中稳定性符合要求,不会发生局部失稳。

3. 顶拉牵引系统

采用两点连续顶拉的施工方案,主力墩可设定在 31 号墩和 32 号墩,其上各固定 2 台 ZLD-150 型穿心式自动连续顶拉千斤顶。两台连续作用千斤顶工作线对称分布于钢箱梁中轴线两边,利用钢绞线顶拉梁底拉锚器使钢箱梁均匀连续向前移动。拉锚器分别设在钢箱梁端部和尾部。连续作用千斤顶及拉锚器布置如图 6-4-11 所示。

在顶拉过程中方向的控制是施工难点之一,在前端及后端均设置作用点,一方面为顶拉施工提供作用点;另一方面对钢箱梁横向位置进行了约束。使用前端牵引、后端配合顶拉的方式组织施工,顶拉的油泵压力控制原则为前后两组连续作用千斤顶油表读数基本相等,既能保证施工安全,又能有效地防止千斤顶不同步对顶拉产生的影响和保证钢箱梁的就位精度。

4. 滑道系统

(1)滑道结构

利用钢箱梁梁底作为上滑道,为减小钢箱梁与聚四氟乙烯滑板的摩擦力且减少焊接对钢箱梁受力的影响,在钢箱梁梁底采用环氧树脂粘贴 50 cm 宽的不锈钢板作为上滑道。不锈钢板接长时其之间的接缝处理成 45°斜角进行搭接,最大限度地减小摩擦系数并减少对下滑道的损坏。下滑道设计为支点式,设置在桥墩墩顶和临时支墩墩顶,结构设计为橡胶板式聚四氟乙烯滑板支座,其通过与支撑结构的摩擦力自平衡。滑道的平面布置及结构设计如图 6-4-12 所示。

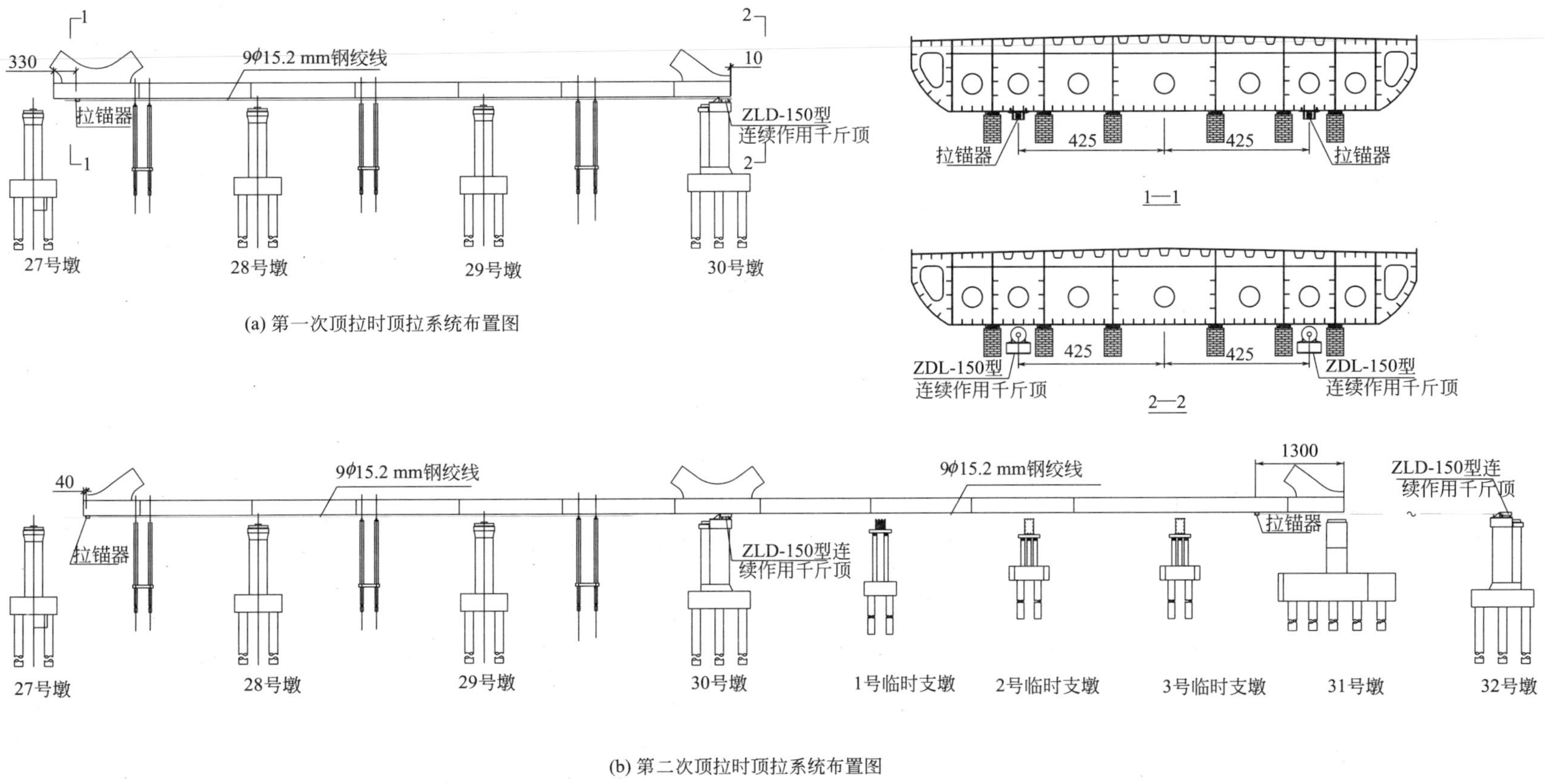

图 6-4-11 连续作用千斤顶及拉锚器布置图(单位:cm)

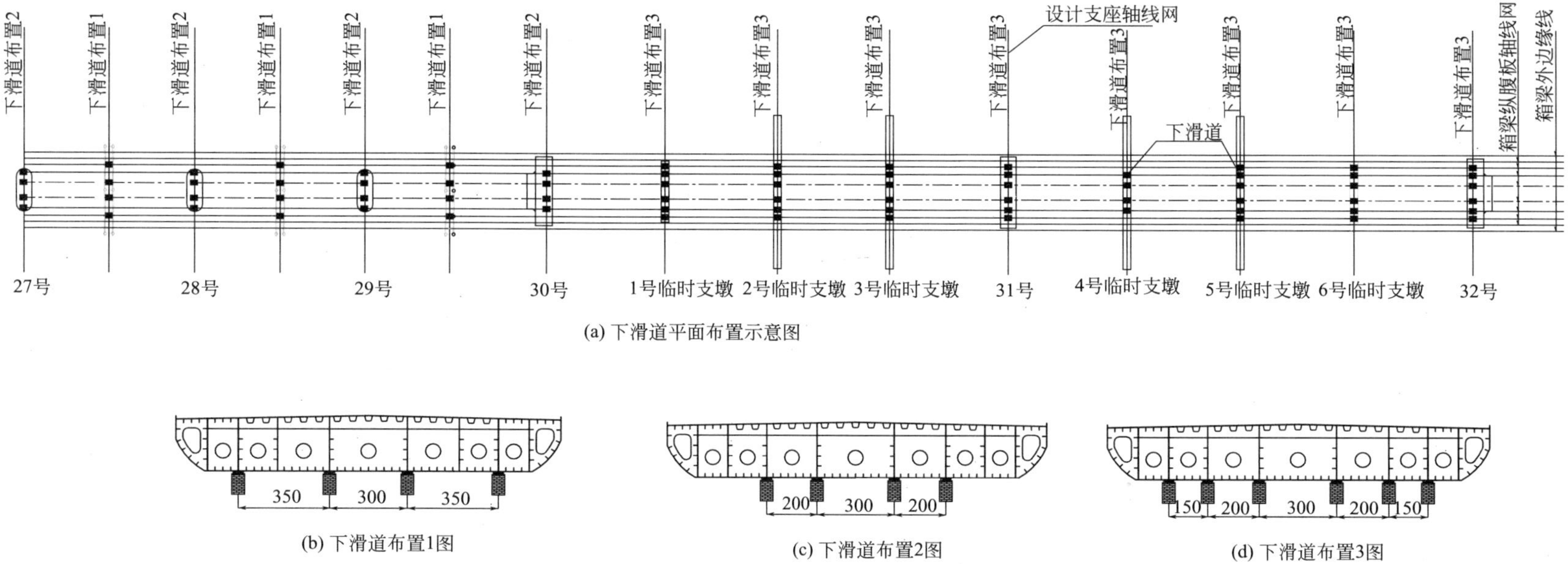

说明：1.本图尺寸以cm计；

2.下滑道支架采用10号槽钢制作，并与墩顶形成可靠连接(与钢盖梁焊接、与混凝土盖梁采用膨胀螺栓连接),防止倾覆；

3.直接利用利用环氧树脂将2mm厚不锈钢板固定在钢箱梁梁底作为上滑道,不锈钢板之间采用45°倒角搭接。

图 6-4-12 滑道的平面布置及结构设计图

(2)现场模拟试验

为保证钢箱梁顶拉施工顺利进行,在现场通过室内和室外模拟试验,如图 6-4-13、图 6-4-14 所示。进一步对此种形式的上、下滑道系统的动、静摩擦系数取值、环氧树脂粘结的可靠度以及不锈钢板对接接头的处理方式进行验证,以保证现场施工的可行性,并对设计计算的相关取值进行验证。通过现场室内、外试验分析可得:滑道静摩擦系数约为 0.034,动摩擦系数约为 0.020,接头上墩后动摩擦系数约为 0.022。

试验证明不锈钢板与钢板之间黏结牢固,未出现脱落现象;不锈钢板有约 0.3 mm 的错台,对下滑道产生了一定的影响,有刮伤的痕迹。

为保证不锈钢板与钢箱梁之间的黏结力能够满足施工的需要,在常温下制作了测试黏结力的试件,通过万能试验机进行了黏结力的测试试验,根据试验得出:在常温下环氧树脂黏结力约为 0.2 MPa。

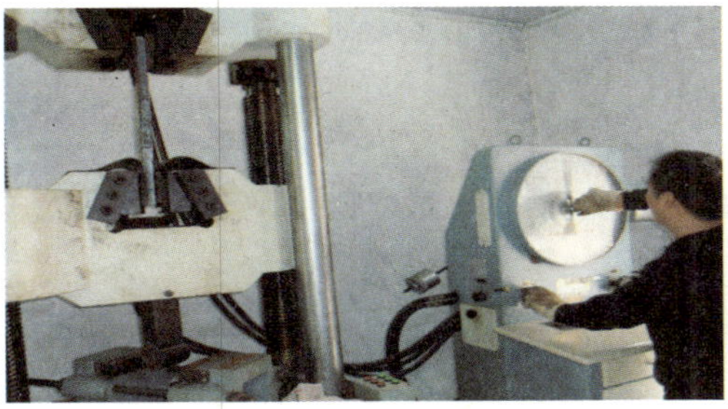

图 6-4-13 室内试验

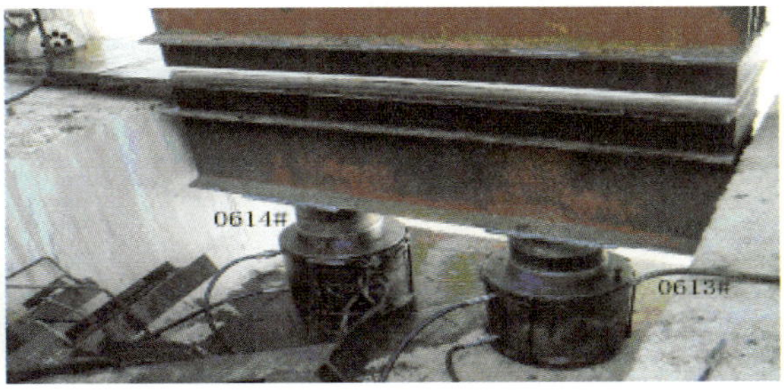

图 6-4-14 室外试验

5. 纠偏限位系统

为保证钢箱梁的就位精度,除在顶拉系统上采取措施外,必须在钢箱梁纵、横两个方向上设置纠偏限位系统,以保证钢箱梁的就位精度。纠偏限位系统结构如图 6-4-15 所示。

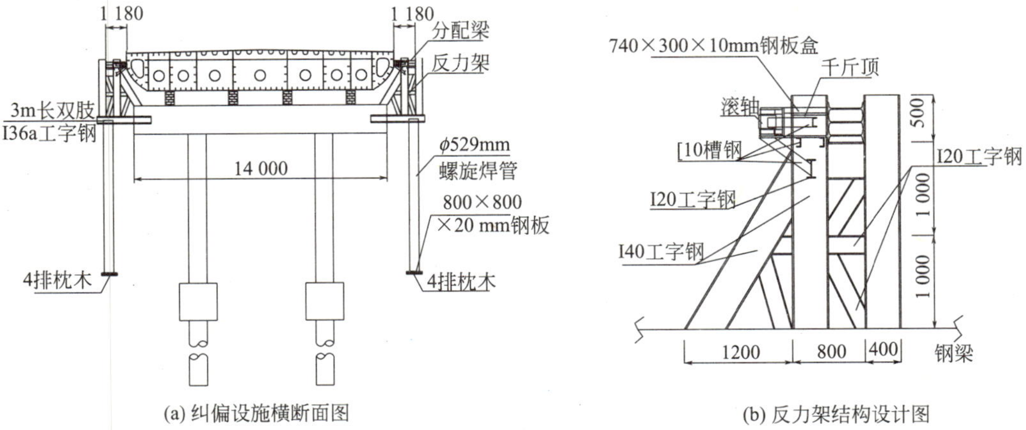

图 6-4-15 纠偏限位设施结构图(单位:mm)

横向方向上控制措施为:在钢箱梁顶板上沿中线部分设置清晰的标志,并设专人在主桥 32 号墩墩顶架设全站仪观察钢箱梁顶推过程中中线标志,发现标志和全站仪视线不在一线上,立即联系顶拉指挥人员进行调整。调整措施如下。

(1)将主动纠偏措施和被动纠偏措施整合,滚轴放置在液压千斤顶和钢箱梁之间,在进行纠偏时,形成滚动摩擦,使主动纠偏能够做到连续动态纠偏,为勤纠偏奠定了坚实的基础,以确保钢箱梁的就位精度。

(2)在纠偏过程中只采用主动纠偏措施进行纠偏,连续作用千斤顶不做纠偏运动,钢箱梁偏位误差控制在 30 mm,使梁体做蛇形运动,保证轴线位置。

纵向方向上控制措施为:在 32 号～33 号简支箱梁的端头根据设计尺寸设置限位块,限位块采用简支梁作为后背,当钢箱梁顶拉就位后自动限位,保证纵向就位精度。

6. 钢箱梁上、下墩措施

为保证钢箱梁能够顺利上、下墩,在钢箱梁前后端对应滑道的位置安装 4.5 m 长的小导梁,在导梁前端 0.8 m 范围设置船头坡,其坡率约为 1∶4,实现自动上下墩功能。导梁采用 321 型贝雷片加工制作而成,如图 6-4-16 所示。

为保证上下墩作业的平顺性,在加工下滑道时将四氟滑板支座倒了半径为 16 mm的圆弧,使上下墩能够做到平稳过渡,顺利实施上下墩作业。

7. 顶落梁

当钢箱梁全部顶拉就位后即进行落梁作业,总体方案采用千斤顶进行落梁,并采取五支点、逐段下落的方式组织施工。

图 6-4-16　前导梁上墩

在落梁过程中,按分段逐步落梁的方式组织施工。落梁支点的位置选择在 30 号墩、2 号临时支墩、31 号墩、4 号临时支墩及 32 号墩,每次落梁的高度为 2 cm,每个轮次落梁顺序为 32 号墩(2 cm)→31 号墩(2 cm)→30 号墩(2 cm)→4 号临时支墩(4 cm)→2 号临时支墩(4 cm),如此反复直至钢箱梁下落到设计位置。

8. 总结

顶拉方案选用有限元分析软件 ANSYS 进行仿真计算,进而了解对钢箱梁结构在顶拉过程中每个阶段在受力和变形方面的状态,从而指导施工,确保了施工过程的安全和质量。

顶拉施工中采用了目前国内最先进的顶推设备 ZLD-150 型连续作用千斤顶,既加快了施工进度,又能保证顶拉施工平稳进行,避免主力墩频繁在动-静摩阻交替作用下而产生摆动,有利于墩台的稳定。在钢箱梁前后端布置作用点进行约束,为顶拉过程中的精度控制提供了保证。

滑道系统创造性的设计了可调式液压支座,在顶拉过程中通过调节下调支点高度,从而实现钢箱梁的力控,进而达到钢箱梁应力控制,保证了钢箱梁顶拉过程中受力要求。

纠偏限位采用过程动态纠偏法,在钢箱梁行进区间的两侧设置千斤顶动力系统。当连续作用千斤顶启动时,钢箱梁处于动力平衡中。由于滑道支座间高程误差、滑板质地不匀等原因,钢箱梁必然发生转动。此时,对匀速运动中同时发生转动的梁体进行很小的侧向施力,即可实现对前进方向的动态控制,保证顶拉进度,提高作业效率,实现钢箱梁一次性连续顶拉并准确就位。

五、工程进度和质量

第一跨 90 m 钢箱梁于 2008 年 12 月焊接完成，12 月 25 日顺利完成第一跨 90 m 钢箱梁顶拉，总共历时 75 天。

第二跨 90 m 钢箱梁于 2009 年 2 月接拼完成，并于 2 月 26 日完成第二次 180 m 钢箱梁顶拉，总共历时 60 天。

主、辅拱于 2009 年 3 月 10 日开始拼装，4 月 15 日成功合龙最后一榀辅拱；4 月 25 日开始体系张拉，4 月 30 日成桥，总共历时 50 天，确保了业主工期。经专业检测，叠合拱成桥线形与应力均符合设计要求，钢吊索应力满足设计要求。雁荡山特大桥桥梁实景如图 6-4-17 所示。

全桥钢结构焊缝累计 98 000 余米，其中厂制焊缝约 75 000 m，工地焊缝约 23 000 m。经探伤统计，一次性合格率达 99.9%以上，返修加工率不到 0.1%。

随着国家“十一五”中长远期铁路建设发展规划，大量客运专线即将开工建设，公铁交叉、大跨度钢梁等结构势必增多，该桥所取得的众多技术成果均将有宝贵的借鉴、参考和应用价值，必将为今后的铁路建设和其他行业作出重要贡献。如：钢箱拱柔性吊索索力施工监控技术可拓宽到斜拉桥施工，多箱室单元块组拼技术、长大钢结构顶拉应力监测与状态控制开创了施工智能化发展的方向。

图 6-4-17　雁荡山特大桥桥梁实景

第五节　大跨度提篮拱桥施工

一、桥址概况

奉化江大桥位于宁波市，跨越奉化江，江面宽 145 m，主跨布置为 1-128 m 钢筋混凝土提篮拱。甬江口潮差大，潮流强，属强潮河口，高潮平均涨潮潮差 2.27 m，平均落潮潮差 2.24 m。本桥设计潮水位 3.45 m。

奉化江现为Ⅵ级航道，远期规划为Ⅳ级航道，最高通航水位 1.83 m，通航净空 5.00 m。

主桥为 128 m 钢筋混凝土系杆尼尔森体系提篮式钢管混凝土拱桥，梁全长132 m，主墩位于奉化江中，基础采用 18-ϕ1.5 m 钻孔桩基础。奉化江大桥主桥全景如图 6-5-1 所示。

结构体系为刚性系梁刚性拱，系梁设计为单箱三室预应力混凝土箱形截面，系梁横桥向宽度 17.8 m，拱脚局部加宽至 18.8 m，梁高 2.5 m。拱肋截面为哑铃型，设计为 2ϕ1 200 mm×

图 6-5-1　奉化江大桥主桥全景图

18 mm 钢管,钢管内填充无收缩混凝土。拱肋与系梁设尼尔森体系的交叉吊杆,间距为 8 m,吊杆由 127 根 ϕ7 平行钢丝索组成,冷铸镦头锚。两拱肋之间共设五道横撑,拱顶处设 X 形撑,拱顶至两拱脚间设 4 道 K 形横撑。

二、总体施工方案

主桥采用"先梁后拱"施工方法,主要施工步骤如下:利用膺架现浇主梁;在桥面架设支架,拼装钢管拱肋,焊接合龙;依次灌注拱肋上弦管、下弦管、缀板内混凝土;按指定次序张拉吊杆,调整吊杆力;张拉主梁后期钢索;调整吊杆力到设计索力。

1. 梁部施工

系梁梁部混凝土采用膺架现浇的方法施工,膺架的搭建是利用栈桥和平台在桥下设置,膺架下设四个临时支墩,如图 6-5-2 所示。每个支墩采用 6ϕ150 cm 钻孔桩,同时利用废弃的既有桥墩基础,膺架的主梁利用既有桥上拆下来的钢板梁和贝雷片。主桥钢筋混凝土系梁分三段现浇。

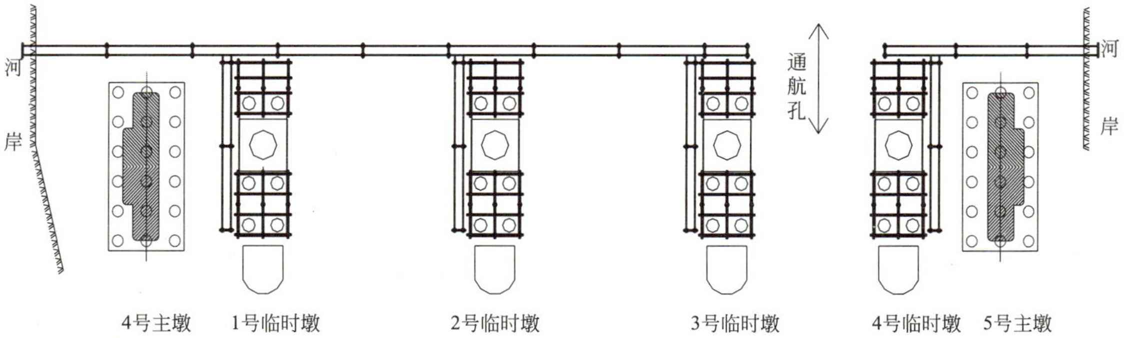

图 6-5-2　平面布置图

2. 拱肋施工

拱肋钢管截面为哑铃形,截面高度 3.4 m,拱弧线长度(中线)为 127.50 m,拱肋制造在工厂分段集中生产,然后运至桥面上利用万能杆件支架分段卧拼。拼装完成后,用设在桥面上的龙门吊进行竖转,两片拱肋竖转完成后进行合龙段的焊接施工。

拱肋钢管内填充泵送 C55 无收缩混凝土,管内混凝土的技术性能应具有高强、缓凝、早强及良好的可泵性以及自密实和收缩补偿性能(即微膨胀性)。

3. 拱脚施工

拱脚大体积混凝土分两次现浇，在拱肋钢管、加劲钢材及竖转轴座等安放到位后，浇筑第一次，待二期恒载施工完成后浇筑第二次混凝土。

三、主要施工工艺

水上栈桥、钻孔平台、钢护筒的制作和埋设、钻孔桩施工以及承台施工，按常规施工方案施工，这里不多赘述。重点介绍系梁和拱肋施工。

1. 系梁现浇施工

系梁采用膺架现浇，如图 6-5-3 所示，膺架主梁由既有桥 32 m 钢板梁和贝雷梁组成，共分三次浇筑。第一次浇注 4 号主墩到 2 号临时支墩间系梁，长度 50.5 m，第二次浇筑 5 号主墩到 4 号临时支墩间系梁，长度 50 m，最后浇注 2 号～3 号临时支墩间系梁，长度 29.5 m。钢板梁采用浮运法由临时存梁平台浮运至浇筑地点。

图 6-5-3　系梁现浇施工

系梁现浇施工支架应有足够的强度和刚度，支架搭设完成后要根据设计要求进行预压，预压采用砂袋加载，预压重量为梁体自重的 120%，以消除支架非弹性变形，并要求在支架沉降稳定后方可卸载。根据设计要求和预压结果调整底模高程，预留混凝土徐变量和地基及支架系统沉降量，确保梁顶面高程满足设计要求。

支架顶上铺设横向 I32 工字钢分配梁，间距 40 cm，横向铺设 20 cm×20 cm 方木，间距 20 cm，顶铺设底模，底模高程利用钢楔块调整。

2. 拱肋制作和安装

(1)拱肋分段

拱肋矢跨比为 $f/l=1/5$，拱肋平面内矢高 25.6 m，拱肋采用悬链线线型。拱肋结构如图 6-5-4所示。

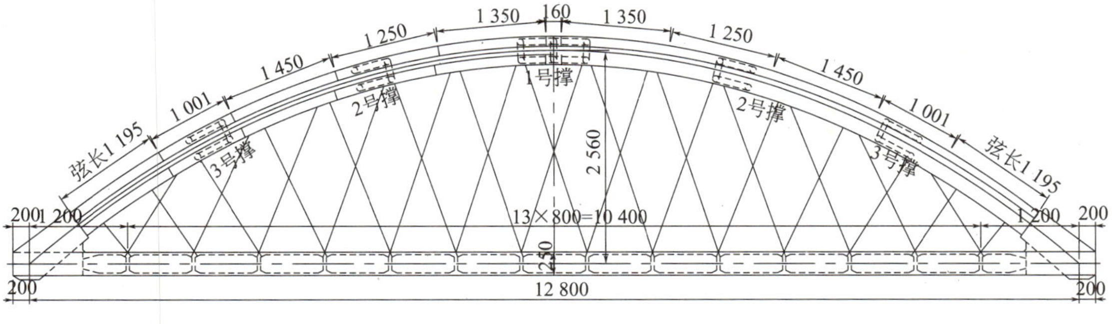

图 6-5-4　拱肋结构图(单位:cm)

拱肋横截面采用等高度哑铃形钢管混凝土截面，截面高度 $h=3.4$ m，钢管直径为 1 200 mm，由厚 18 mm 的钢板卷制而成，每根拱肋的两钢管之间用 $\delta=16$ mm 的缀板连接。拱肋在横桥向内倾 9°，形成提篮式。拱顶处两拱肋中心距 8.190 m，拱脚处两拱肋中心距 16.20 m。拱肋如图 6-5-5 所示。

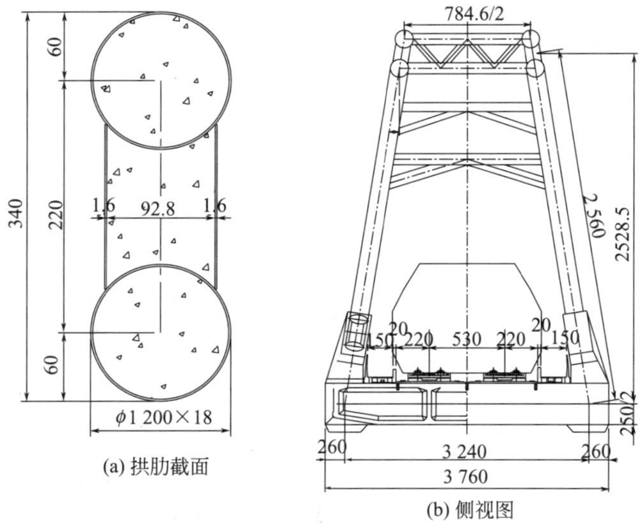

(a) 拱肋截面

(b) 侧视图

图 6-5-5　拱肋(单位:cm)

拱肋钢管在工厂制作加工后,运至现场拼装,为便于运输,每榀拱肋划分为 11 运输节段(不含预埋段),节段重量控制在 20 t 左右,节最长段 14.5 m,重 20.5 t。拱肋管节接口须避开吊杆位置。制作拱肋钢管时,可调整管节长度和运输节段长度。

(2)吊杆

吊杆采用 OVMLZM7-1 型吊杆系统,吊杆布置采用尼尔森体系。在吊杆平面内,吊杆水平夹角在 52.39°～71.18°之间;横桥向水平夹角为 81°。吊杆间距 8 m,两交叉吊杆之间的横向中心距为 341 mm。吊杆均采用 127 根 $\phi7$ 高强低松弛镀锌平行钢丝束,冷铸镦头锚,索体采用 PES(FD)低应力防腐索体,并外包不锈钢防护。

(3)横撑

两拱肋之间共设五道横撑,拱顶处设 X 形撑,拱顶至两拱脚间设 4 道 K 形横撑。横撑由 $\phi600$ mm、$\phi500$ mm 和 $\phi360$ mm 的圆形钢管组成,钢管内部不填混凝土,其内外表面均需作防腐处理。1 号拱顶横撑如图 6-5-6 所示。

(4)钢结构防腐及防护

防腐设计选用长效防腐方案,寿命按 25 年以上考虑。

全桥钢材进厂后在下料前,要求进行一次表面预处理——喷砂除锈到 Sa2.5 级,并喷涂无机硅酸锌底漆 20 μm。

钢结构表面涂装采用以下防腐方案。

钢结构外表面:

涂装前要求二次除锈——喷砂到 Sa3,粗糙度要求达到 Rz40～80 μm

水性无机富锌防锈底漆	2 道 100 μm
棕红云铁环氧中间漆	1 道 40 μm
氟碳面漆	2 道 80 μm

钢结构的内表面(不灌混凝土):

涂装前用配套清洗剂清洗内表面

复合铁钛防锈层	一道 100 μm

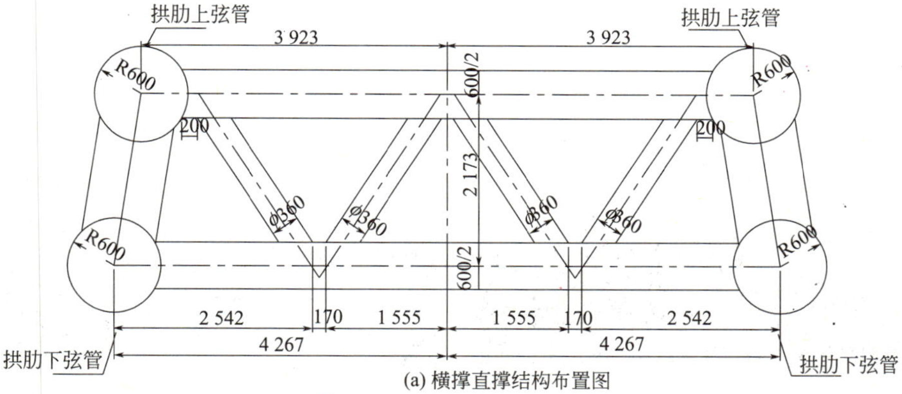

(a) 横撑直撑结构布置图

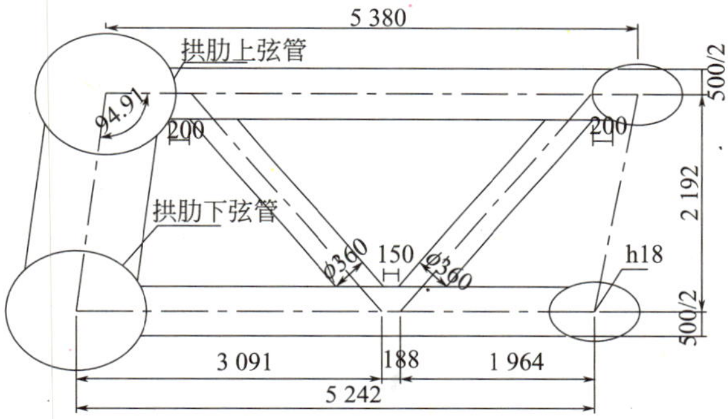

(b) 横撑斜撑结构布置图

图 6-5-6 横撑结构布置图(单位:mm)

钢结构的内表面(灌混凝土):出厂前用配套清洗剂清洗内表面。

(5)拱肋制作与安装精度

拱肋钢结构的制作标准、精度要求遵照《铁路钢桥制造规范》(TB 10212—2009)和《建筑钢结构焊接规程》(JGJ 81—91)及《钢结构工程施工及验收规范》(GB 50205—95)的有关规定执行。

将每榀拱肋划分为 11 运输节段(不含预埋段),要求拱肋钢管按照施工拱轴线在工厂 1∶1 放样加工制作,并经过试拼后,再运至现场拼装。拱肋管节接口须避开吊杆位置。制作拱肋钢管时,可据运输条件、加工材料规格调整管节长度和运输节段长度。

拱肋弦管采用直缝焊接钢管,折线起拱,横撑采用直缝焊接管。弦管和横撑的纵缝、对接环缝要求采用自动焊、全熔透;缀板与弦管、缀板的对接焊缝为全熔透焊,有条件的采用自动焊;横撑主管与弦管、横撑连接短管与横撑主管之间,均为全熔透的对接和角接组合焊缝,有条件的可采用自动焊。缀板的横焊缝与弦管的环焊缝不要处于同一截面,宜错开100 cm以上。

钢结构焊接接头的力学性能原则上应与基材等强度、等韧性、等塑性,焊缝质量要求达到 GB 50205—95 的一级标准。

钢结构焊缝要求作 100%的超声波探伤,对 T 形焊缝和超声波检测有疑问之处应进行 X 射线拍片检测,对所有焊缝需作不少于 10%的 X 射线抽样检测。

拱肋吊装就位后,宜自拱脚向拱顶调整拱肋线形及高程。

(6)钢管拱分段架设

钢管拱分段架设顺序为:从拱脚至拱顶顺序,两岸对称依次进行,最后进行合龙段的架设施工,按照起吊→对位→临时固结→调整线型→正式焊接合龙→拱段前端高程设置的顺序吊装。拱肋吊装现场施工如图 6-5-7 所示。

(a)　　(b)

图 6-5-7　拱肋吊装现场施工

3. 拱肋混凝土的灌注

拱肋混凝土的灌注采用从低处往高处的泵送顶升法，弦管内混凝土采用一级泵送，缀板内混凝土采用两级泵送。泵送混凝土除要有合理的配合比与恰当的外加剂外，灌注前宜压入清水，润湿管壁，再压入一定数量的水泥浆作先导，然后再泵送微膨胀混凝土。

泵送混凝土的速度应协调一致，遵循对称、均匀的原则。泵送顺序为先上管、后下管、再缀板，当上一循环混凝土达到设计强度 50%后，方可泵送下一环混凝土。

上、下弦管及缀板混凝土分别采用分仓压注，其中上、下弦管单管分四仓，腹板单管分八仓。管内混凝土压注时按设计要求从两侧四个拱脚同时对称、均匀压注。

泵送过程中，专业质检人员可用敲击法判断管内混凝土的填充情况，如有空隙应及时用体外加震法解决。拱肋混凝土达到设计强度后，应用超声波探查填充情况，不符合规范要求的必须采用钻孔压浆法补强。

4. 吊杆张拉

吊杆按照设计提拱的顺序均匀对称张拉。吊杆施加初张力后，需经过多次调整，以达到施工桥面前吊杆索力目标值，每次调整吊杆力幅度不宜过大。拱肋合龙及吊杆张拉现场施工如图 6-5-8 所示。

(a)　　(b)

图 6-5-8　拱肋合龙及吊杆张拉现场施工

在桥面防水层、人行道、道砟、线路设备等桥面系全部铺设完成后，吊杆方可进行最后阶段的张拉，将吊杆力调整到设计索力目标值。

第七章

桥梁检测与试验

第一节　桩基静载试验

一、概　　述

由于沿海铁路位于我国东南沿海地区，分布大量深厚海相沉积的淤泥软土，地质条件较差，桥梁基础多采用桩基础。根据沿线地质特点，如何正确选择各地层设计参数、保证钻孔桩的成孔质量、验证桥梁结构对海相软土地质环境的适应性，现场试验是最客观、有效的方法，具有重要的借鉴意义。

为节约费用，桩基静载试验与工程相结合，选择5处典型地质工点，每处抽取3根桩进行研究，见表7-1-1。

表7-1-1　试桩工点表

工点名称	桩径	类型	工程地质特点
宁波特大桥	ϕ1.25 m	摩擦桩	陆地软土地基，表层深厚淤泥层
定头港特大桥	ϕ1.25 m	摩擦桩	跨海湾，海相沉积层，分布深厚淤泥层
瓯江特大桥	ϕ1.25 m	摩擦桩	陆地软土地基，表层深厚淤泥层
平阳特大桥	ϕ1.25 m	摩擦桩	陆地软土地基，表层深厚淤泥层
宁德特大桥	ϕ1.25 m	摩擦桩	跨海湾，海相沉积层，分布深厚淤泥层

二、试验目的

桩基静载试验是获得不同地质条件下不同桩长的荷载传递、位移特性及相关参数，测定单桩在竖向荷载作用下的变形特性、桩的分层土侧阻力和端阻力，目的是验证全线桥梁基础设计可靠性。

1. 单桩轴向承载力试验

确切地了解静荷载作用下土层中桩的工作状态，了解土层中静荷载沿桩身的传递规律、合理的侧阻、端阻值。

2. 单桩水平承载力试验

通过试验，验证单桩在水平静荷载作用下的工作状态，推求桩的水平极限承载力和容许承载力、侧向地基系数的比例系数，以确定桩在水平荷载作用下的受力特性。

三、试验内容

1. 单桩轴向承载力试验

(1)通过单桩轴向极限荷载的测试及研究,绘制 P-S 曲线,确定单桩轴向极限承载力。

(2)通过测定桩身应力、应变和桩端反力,分析轴力分布、摩阻力分布和桩端反力与各级荷载的关系。

(3)根据单桩轴向极限荷载,划分桩侧总极限摩阻力和总极限端承力,并由此求出桩侧平均极限摩阻力(当分层测试时,应求出各层土的极限摩阻力)和极限端承力。

2. 单桩水平承载力试验

(1)通过单桩水平荷载与水平位移曲线的测试及研究,绘制 H-S 曲线,推求单桩容许承载力和水平极限承载力。实测各级荷载作用下沿桩身的应力分布以及桩身弯矩分布。

(2)推求桩侧土的地基系数的比例系数 m 值。

四、试验方法

(一)单桩轴向承载力试验

单桩轴向承载力试验采用自平衡试验方法。

1. 测试原理

自平衡测试法是利用试桩自身反力平衡的原则,在桩身某截面处预先埋设单层(或多层)荷载箱,加载时荷载箱以下将产生端阻或向上的侧阻以抵抗向下的位移,同时荷载箱以上将产生向下的侧阻以抵抗向上的位移,上下桩段的反力大小相等、方向相反,从而达到试桩自身反力平衡加载的目的,如图 7-1-1 所示。试验时,在地面上通过油泵加压,随着压力的增加,荷载箱伸长,上下桩段产生弹(塑)性变形,从而促使桩侧和桩端阻力逐步发挥。荷载箱施加的压力可通过预先标定的油泵压力表测得,荷载箱顶底板的位移可通过预先设置的位移棒,用位移传感器测得。由此可测得上下桩段两条 Q～S 曲线及相应的 S～$\lg t$ 曲线,采用合理的测试数据等效转换方法和承载力确定方法,即可确定基桩的极限承载力、桩侧、桩端阻力分担情况等。

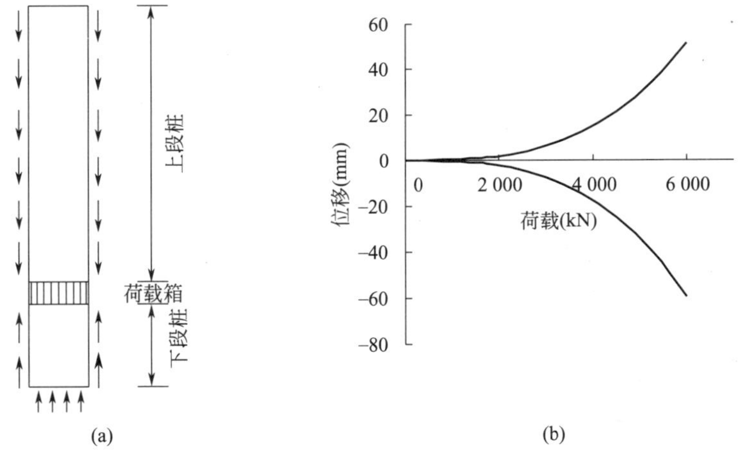

图 7-1-1 自平衡加载受力示意及试验典型曲线

2. 测试系统

(1)加载系统

自平衡试桩法的主要装置是特别设计的液压千斤顶式的荷载箱,根据试验桩径和试验荷载的大小,荷载内设置一个或多个千斤顶并联而成,为使荷载箱两端的桩身受力均匀,便于和钢筋笼焊接，在千斤顶上、下分别用适当厚度的钢板连接，它按不同的桩型、截面尺寸和荷载大小设计制作。它主要由活塞、顶盖、底盖及箱壁四部分组成。为保证垂直受力，荷载箱平放于试桩中心，荷载箱的轴线应尽量与桩身轴线保持一致；荷载箱位移方向与桩身轴线夹角≤5°，荷载箱极限加载能力应大于预估极限承载力的 1.2 倍。

(2)数据采集系统

采用基桩测试仪全自动实时观测并自动记录测试数据，采集精度高。自动判稳并提醒进行下级荷载的测试，在意外断电的情况下能自动保存数据。每根桩使用 6 只位移传感器，通过磁性表座固定在基准钢梁上，2 只用于量测桩身荷载箱处的向上位移，2 只用于量测桩身荷载箱处的向下位移，2 只用于量测桩顶向上位移，测试示意图如图 7-1-2 所示。

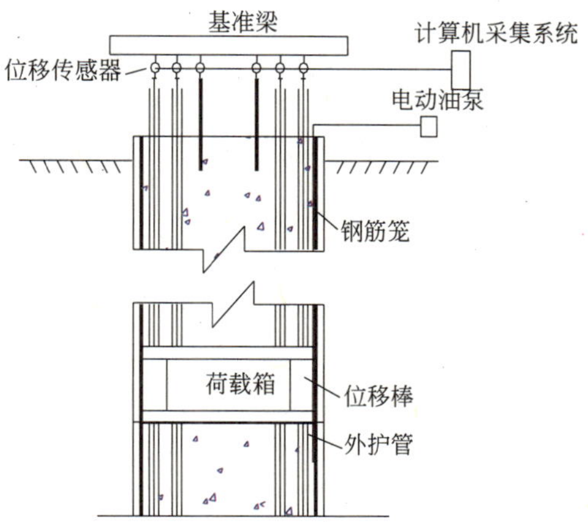

图 7-1-2 自平衡测试系统示意图

(3)荷载与位移的量测装置

采用连于荷载箱输压管的压力表测定油压，根据荷载箱标定曲线换算荷载。位移测试采用位移传感器测量，在桩顶设置测点测量桩顶位移；并通过伸出桩顶的位移棒测量荷载箱顶底板的向上和向下位移。

固定和支承位移传感器或百分表的基准梁采用一端固定一端竖向约束的方式，且与试桩保持一定的距离，以保证不受气温、振动及其他外界因素影响其竖向变位。基准梁仅起到安放磁性表座的作用，可采用 I40a 工字钢。试桩与基准桩之间的中心距离不小于 4.0 m。基准桩应打入地下一定的深度，一般不小于 1.0 m。

(4)桩身受力观测

为进行单桩荷载传递分析，即在桩顶荷载作用下桩身轴力沿深度的变化，在钢筋笼不同深度位置埋设应变传感器。当桩进行静载荷试验时，用专用测试仪测出频率值，通过换算公式，即可得出桩身轴力，相邻两测试截面的轴力之差即为该段桩身侧阻力。

桩身轴力测试与加压荷载及沉降观测同步进行，在每级荷载加载完毕和稳定时，通过测试仪测读加载过程桩身各断面的受力，同时可通过计算反映各段桩身桩侧摩阻力的发展情况。

(5)测试方法

试验采用慢速维持荷载法，即逐级加载，每级荷载达到相对稳定后方可进行下一级加载，直至试桩破坏(或达到预定的最大加载量)，然后分级卸载至零。

试验最大荷载控制在设计最大承载力的 1.5 倍，每级加载为试验最大荷载的 1/10，第一级可按 2 倍分级荷载施加。对于预估荷载的最后几级，可根据实际情况适当加密，对判断极限承载力精度有所帮助。

每级加载完毕后按 0 min、5 min、10 min、15 min 各测读一次，以后每隔 15 min 测读一次，累计 1 h 以后每隔 30 min 测读一次。

在每级荷载作用下，若桩身位移量在每小时内小于 0.1 mm，或试桩的位移速率虽未达到小于 0.1 mm/h，但在连续观测的 30 min 位移量中，出现相邻三次平均位移速率(由 1.5 h 内连续观测的 4 次位移量计算)呈现衰减，即可认为该级荷载的位移已经稳定。

(6)终止加载条件

当出现下列情况之一时,即可终止加载:

①总位移量虽未达到 40 mm,但已达到极限加载能力;

②总位移量大于或等于 40 mm,本级荷载下的位移量等于或大于前级荷载下位移量的 5 倍;

③总位移量大于或等于 40 mm,本级荷载加上后 24 h 未达稳定;

④总位移量达到 40 mm,继续增加二级或二级以上荷载仍无陡变;

⑤达到预定的最大加载量。

(二)水平承载力试验

采用接近于水平受力桩的实际工作条件的试验方法确定单桩的水平承载力和地基土的水平抗力系数,对工程桩的水平承载力进行检验和评定。采用单向多循环加载法。

1. 试验装置

试验装置如图 7-1-3 所示,试验采用千斤顶施加水平力,水平力作用线通过地面高程处(地面高程与实际工程桩基承台底面高程一致)。在千斤顶与试桩接触处宜安置一球形铰座,以保证千斤顶作用力能水平通过桩身轴线。桩的水平位移用大量程百分表测量,每一试桩在力的作用水平面上安装百分表测量水平位移。固定百分表的基准桩设于试桩侧面靠位移的反方向,与试桩的净距不少于 1 倍试桩直径,搁置在基准桩上的基准梁要有一定的刚度,以减少晃动,整个基准装置系统应保持相对独立。

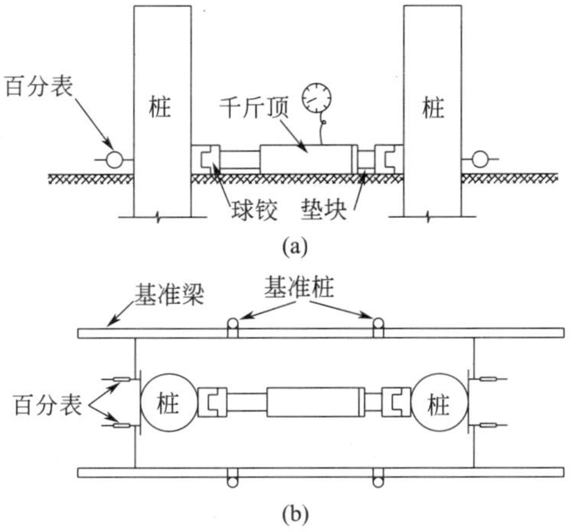

图 7-1-3 水平静载试验装置

2. 加载程序

(1)荷载分级:由于是工程检验性试桩,最后综合确定最大加载量稍大于设计极限水平承载力,统一取为 220 kN,并取试验最大加载量的 1/10 作为每级荷载的加载增量。

(2)加载程序与位移观测:每级荷载施加后,恒载 4 min 测读水平位移,然后卸载至零,停测 2 min 读残余水平位移,至此完成一个加卸载循环,如此循环 5 次便完成一级荷载的试验观测。加载时间应尽量缩短,测量位移的间隔时间应严格准确,试验不得中途停歇。

(3)终止试验的条件:当出现下列情况之一时,即可终止加载:①桩身水平推力达到预定最大加载量;②水平位移超过设计值。

3. 试验设备

基准梁(6 m 长)2 根、电动油泵 1 台、压力表(0～60 MPa)1 只、50 t 级千斤顶 1 台、百分表(0～50 mm)4 只、磁性表座 4 个、高压油管 3 根。

五、试验工点概况

仅介绍定头港特大桥、瓯江特大桥和宁德特大桥 3 个试验工点概况。

(一)定头港特大桥

竖向承载力选取 15 号墩的 3 根试桩 2 号、7 号、10 号进行试验,水平承载力选取该墩的 3 根试桩 7 号、11 号、12 号进行试验,桩位布置及地质剖面如图 7-1-4 所示。试桩参数见表 7-1-2。

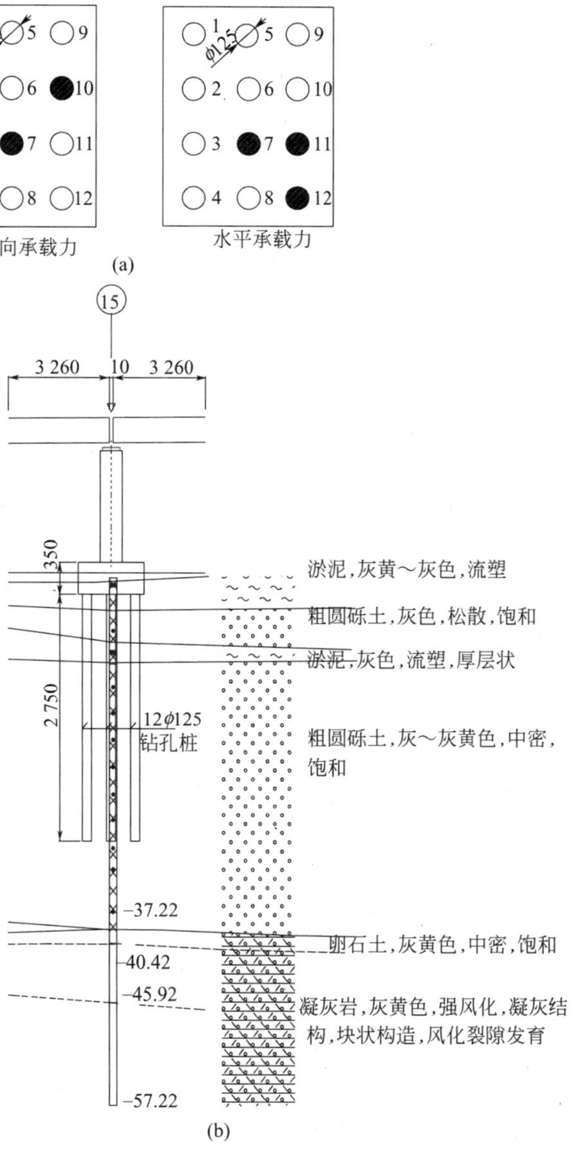

图 7-1-4　15 号墩桩位分布及立面图(单位：cm)

表 7-1-2　15 号墩试桩参数表

墩号	跨度(m)	桩径(m)	类型	桩长(m)	设计竖向承载力(kN)	容许竖向承载力(kN)	设计水平承载力(kN)
15	32+32	1.25	摩擦桩	27.5	4 243	4 365	100

(二)瓯江特大桥

竖向承载力选取 148 号墩的 3 根试桩 2 号、6 号、8 号进行试验，水平承载力选取该墩的 3 根试桩 1 号、2 号、7 号进行试验，桩位布置及地质剖面如图 7-1-5 所示。试桩参数见表 7-1-3。

表 7-1-3　148 号墩试桩参数表

墩号	跨度(m)	桩径	类型	桩长(m)	设计竖向承载力(kN)	容许竖向承载力(kN)	设计水平承载力(kN)
148	32+32	φ1.25 m	摩擦桩	59	4 541.5	4 716.8	96.3

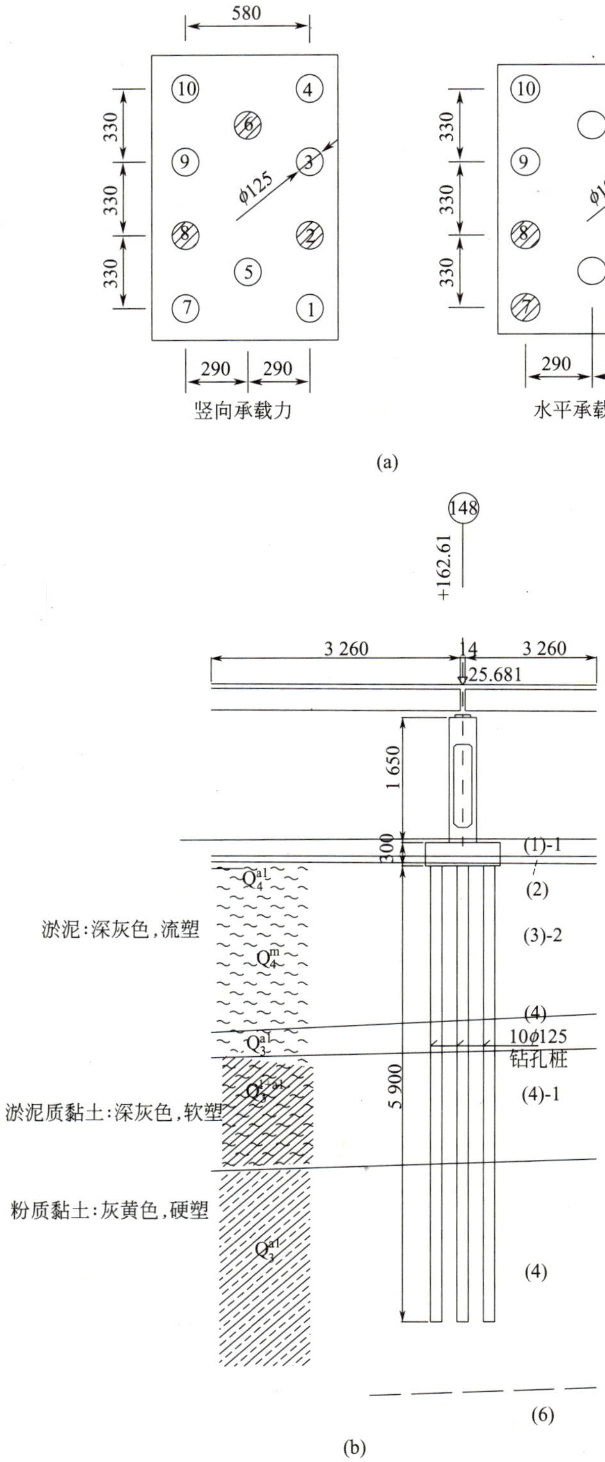

图 7-1-5　148 号墩桩位分布及立面图(单位:cm)

(三)宁德特大桥

选取 231 号墩的 3 根试桩 2 号、6 号、7 号进行竖向和水平承载力试验,桩位布置及地质剖面如图 7-1-6 所示。试桩参数见表 7-1-4。

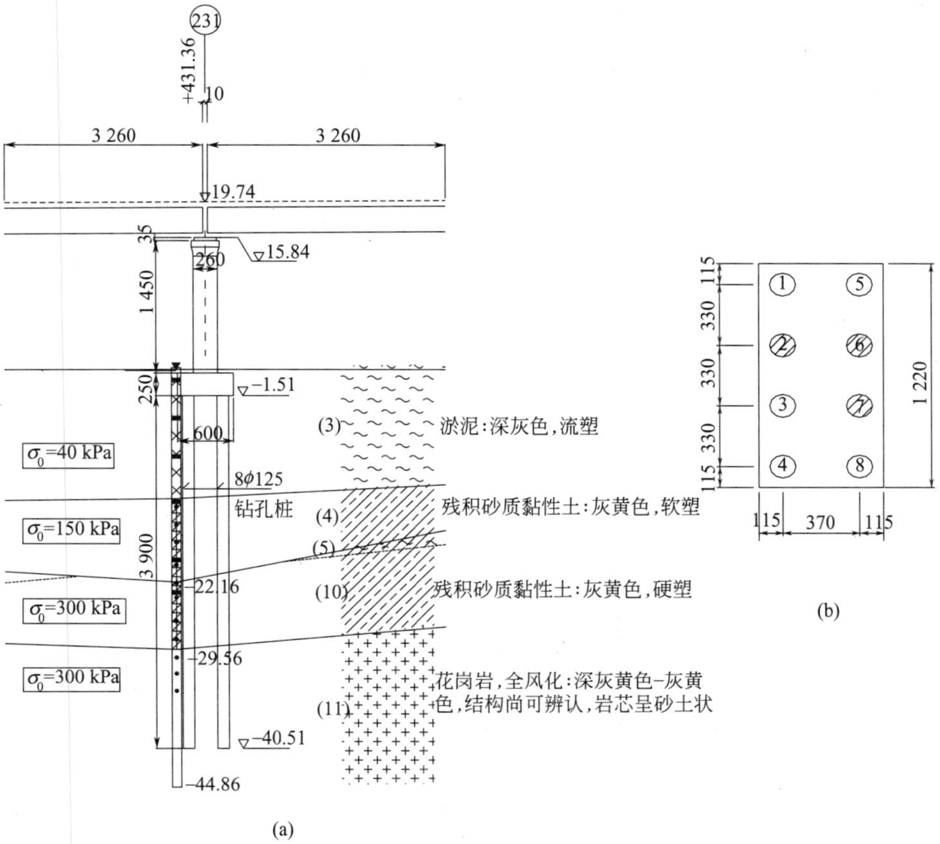

图 7-1-6　231 号墩桩位分布及立面图(单位:cm)

表 7-1-4　231 号墩试桩参数表

墩号	跨度(m)	桩径	类型	桩长(m)	设计竖向承载力(kN)	容许竖向承载力(kN)	设计水平承载力(kN)
231	32＋32	ϕ1. 25 m	摩擦桩	39	5 224	5 247	100

六、试桩数据分析及结果

(一)定头港特大桥

1. 竖向承载力

3 根试桩的整个测试过程正常,试验加载至 2×3 182 kN 中止加载。试验采集各级荷载下荷载箱向上、向下位移及桩顶位移,并同步测试各级荷载下桩身应力分布。3 根试桩的自平衡测试 $Q \sim S$ 曲线如图 7-1-7 所示。按照等效转换原理,将试验分段 $Q \sim S$ 曲线转换至桩顶加载下的单一 $Q \sim S$ 曲线,如图 7-1-8 所示,$Q \sim S$ 曲线为典型的缓变型,曲线全程主要受桩侧摩阻力的控制,表现出摩擦桩的特征。根据实测数据直接转换的桩顶最大荷载为 5 529 kN,相应的 3 根试桩的桩顶位移分别为 2 号试桩 8. 91 mm,7 号试桩 6. 34 mm,10 号试桩 7. 58 mm,极限承载力按桩顶沉降为 40 mm 取值,3 根试桩的极限承载力分别为 2 号试桩8 661 kN,7 号试桩 8 869 kN,10 号试桩 8 575 kN。

由于桩侧摩阻力的作用,桩身轴力随距荷载箱的距离增加而减小。上段桩桩身轴力自荷

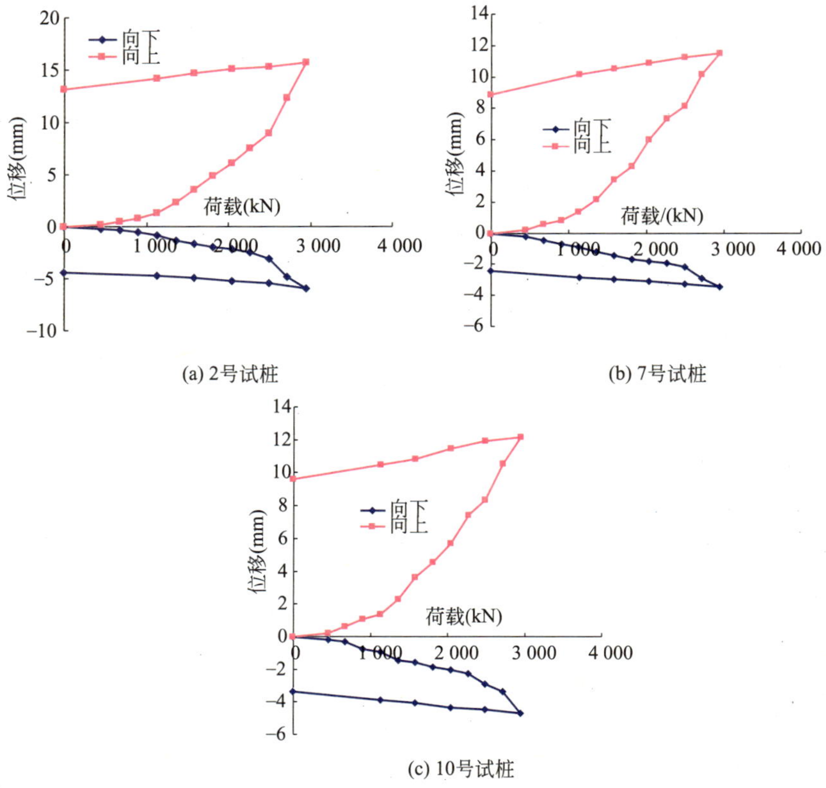

图 7-1-7　试桩自平衡测试 $Q\sim S$ 曲线

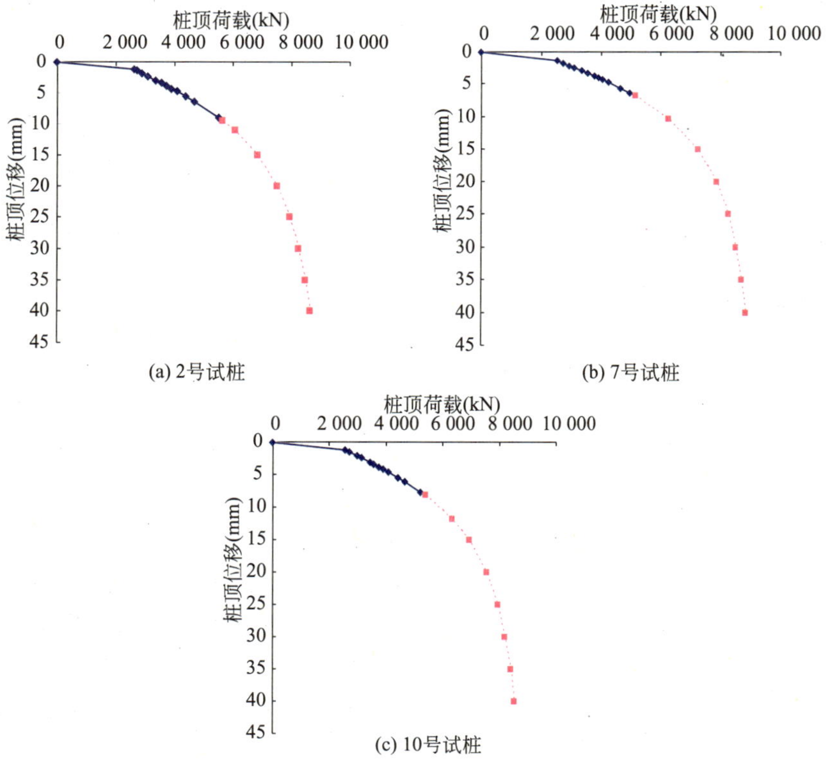

图 7-1-8　等效转换 $Q\sim S$ 曲线图

载箱向桩顶递减至 0，下段桩桩身轴力自荷载箱向桩端递减。随着荷载的增加，桩身压缩量和位移量增大，桩侧摩阻力随之调动起来，靠近荷载箱的岩土层摩阻力首先发挥作用，然后远处的土层摩阻力逐渐发挥，桩侧摩阻力的发挥与桩土相对位移有关，如图 7-1-9 所示。桩侧总阻力和桩端阻力随桩顶荷载的变化如图 7-1-10 所示，桩顶荷载主要由桩侧总阻力分担，3 根试桩桩端阻力占总荷载的比例分别为 2 号试桩 10.9%，7 号试桩 11.2%，10 号试桩 10.9%。

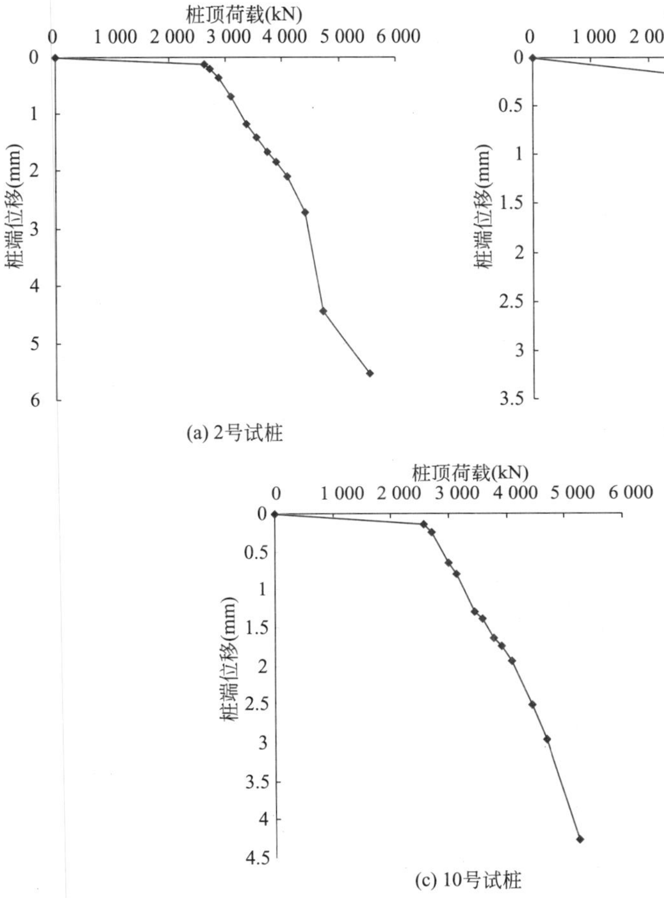

(a) 2号试桩　　(b) 7号试桩

(c) 10号试桩

图 7-1-9　桩顶荷载-桩端位移关系曲线

通过对定头港特大桥 15 号墩 3 根试桩的测试及数据分析，可得出如下结论：

(1)3 根试桩的轴力分布、桩侧摩阻力分布和端阻发挥基本一致，说明试桩的施工质量水平是相同的，在地质情况基本相同的情况下，3 根试桩的承载性状一致。

(2) 2 号试桩的极限承载力为 8 661 kN，7 号试桩的极限承载力为 8 869 kN，10 号试桩的极限承载力为 8 575 kN。3 根试桩的实际竖向极限承载力均大于设计最大承载力 2 倍，基本为设计容许承载力的 2 倍。

(3)转换结果表明，桩顶荷载达到设计荷载 4 243 kN 的 1.5 倍时，试桩处于正常承载状态。

2. 水平承载力

整个测试过程正常，试验加载至 220 kN 中止加载。试验采集了各级荷载下千斤顶作用水平面桩顶位移，$H\sim t\sim Y_0$ 曲线分别如图 7-1-11、图 7-1-13、图 7-1-15 所示，$H\sim \Delta Y_0/\Delta H$ 曲线分别如图 7-1-12、图 7-1-14、图 7-1-16 所示。当荷载加至 220 kN 时，7 号桩顶水平位移为

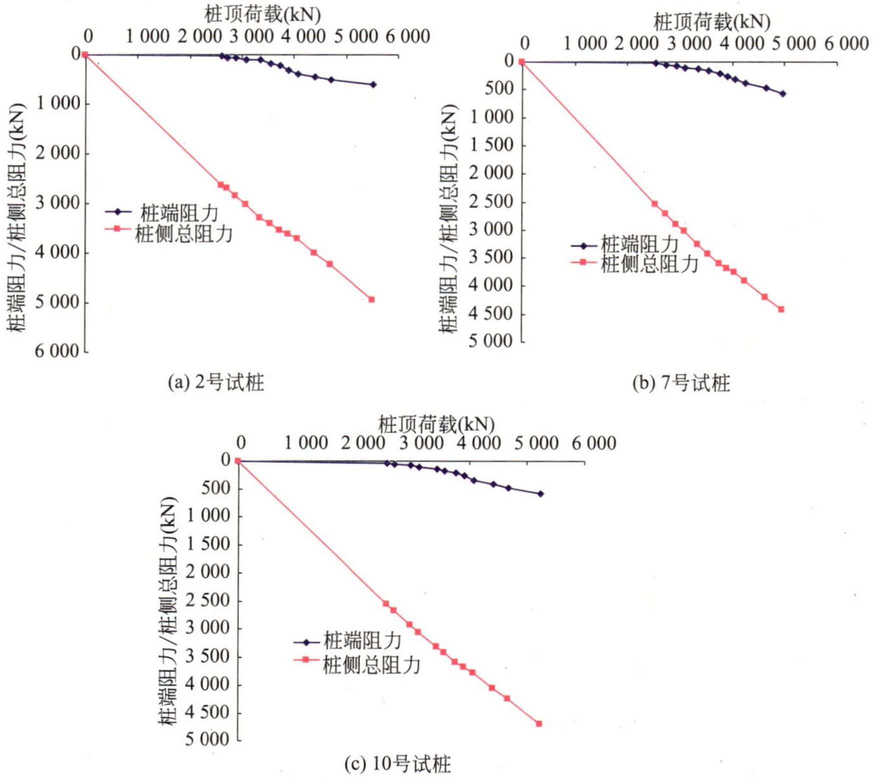

(a) 2号试桩　　(b) 7号试桩

(c) 10号试桩

图 7-1-10　桩侧摩阻力与桩端阻力变化图

3.86 mm，11 号桩顶水平位移为 6.39 mm，12 号桩顶水平位移为 3.41 mm。

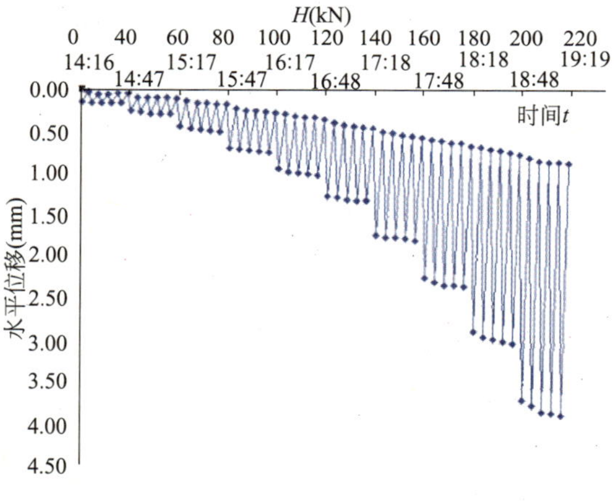

图 7-1-11　7 号试桩 $H\sim t\sim Y_0$ 曲线

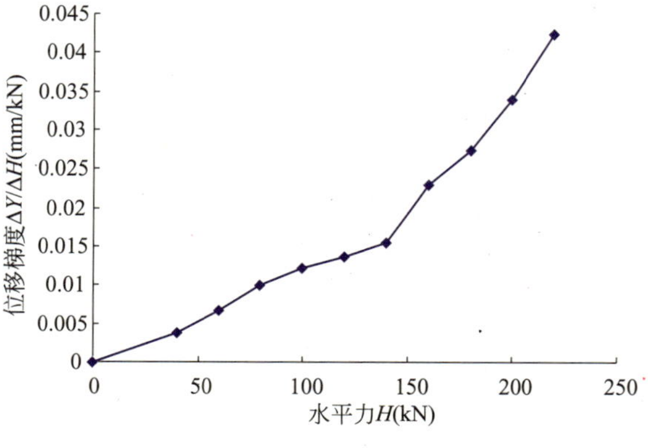

图 7-1-12　7 号试桩 $H\sim \Delta Y_0/\Delta H$ 曲线

单桩水平临界荷载即当桩身产生开裂时所对应的水平荷载。3 个试桩的单桩水平临界荷载取 $H\sim t\sim Y_0$ 曲线出现拐点的前一级水平荷载值均为 140 kN，或取 $H\sim \Delta Y_0/\Delta H$ 曲线上第一拐点对应的水平荷载值也为 140 kN。单桩水平极限承载力是对应于桩身折断或桩身钢筋达到屈服时的前一级水平荷载，可取 $H\sim t\sim Y_0$ 曲线产生明显陡降的起始点对应的水平荷载值，或取 $H\sim \Delta Y_0/\Delta H$ 曲线上第二拐点对应的水平荷载值。但是，当加载至 2 倍设计承载力 220 kN 时，$H\sim t\sim Y_0$ 曲线的陡降起始点和 $H\sim \Delta Y_0/\Delta H$ 曲线上第二拐点均不明显，故该桩水平极限

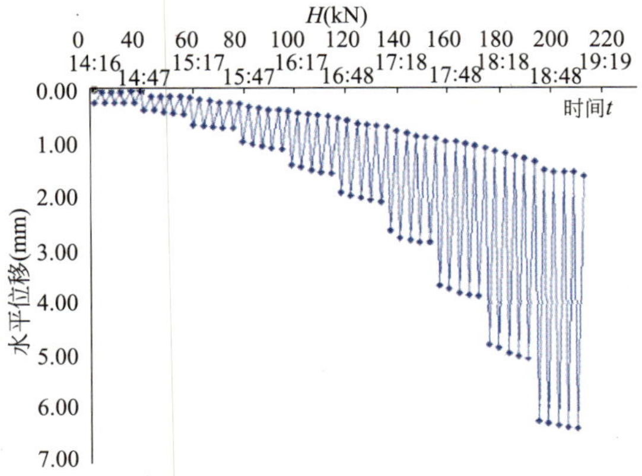

图 7-1-13　11 号试桩 $H\sim t\sim Y_0$ 曲线

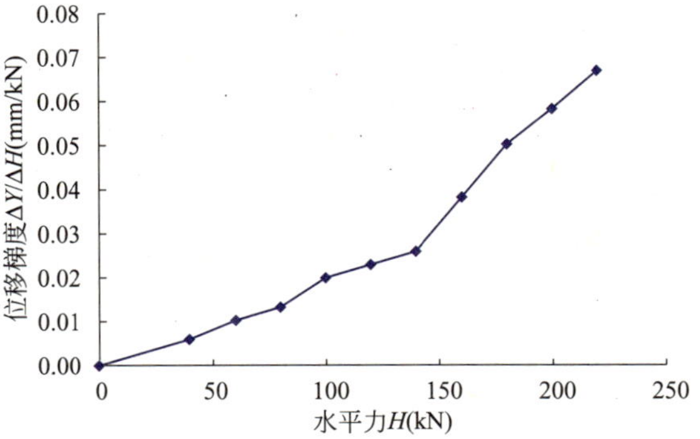

图 7-1-14　11 号试桩 $H\sim\Delta Y_0/\Delta H$ 曲线

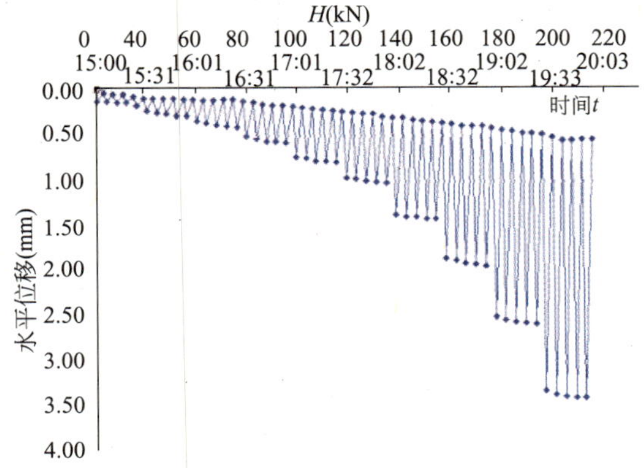

图 7-1-15　12 号试桩 $H\sim t\sim Y_0$ 曲线

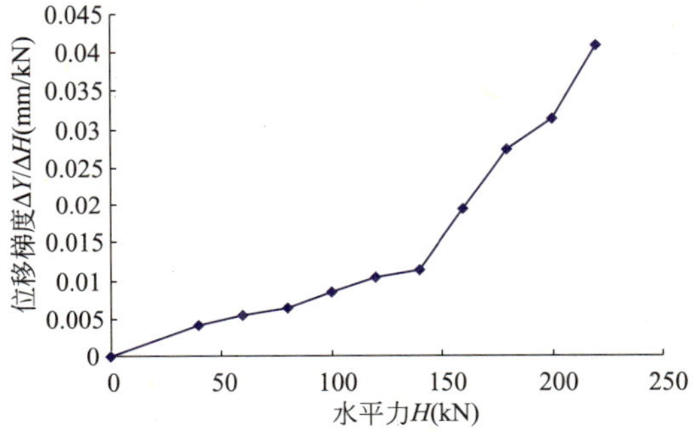

图 7-1-16　12 号试桩 $H\sim\Delta Y_0/\Delta H$ 曲线

承载力应大于最大加载值 220 kN。

水平力与地基土系数的比例系数的对应关系曲线 $H\sim m$ 曲线如图 7-1-17～图 7-1-19 所示，当该试桩水平临界荷载 H 为 140 kN 时，7 号桩水平抗力系数的比例系数 m 值为 22 129 kN/m^4，11 号桩 m 值为 10 207 kN/m^4，12 号桩 m 值为 34 008 kN/m^4。

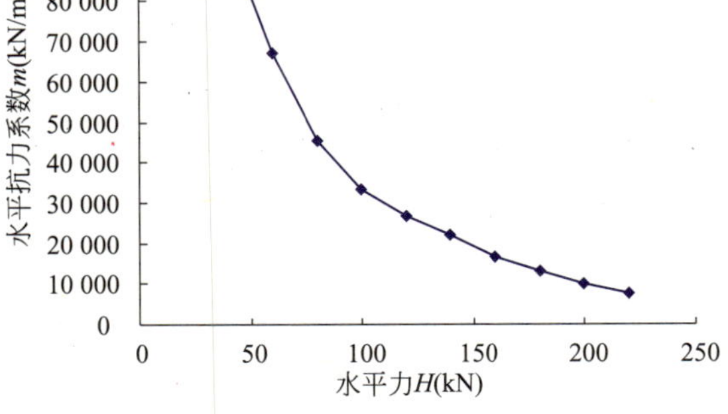

图 7-1-17　7 号试桩 $H\sim m$ 曲线图

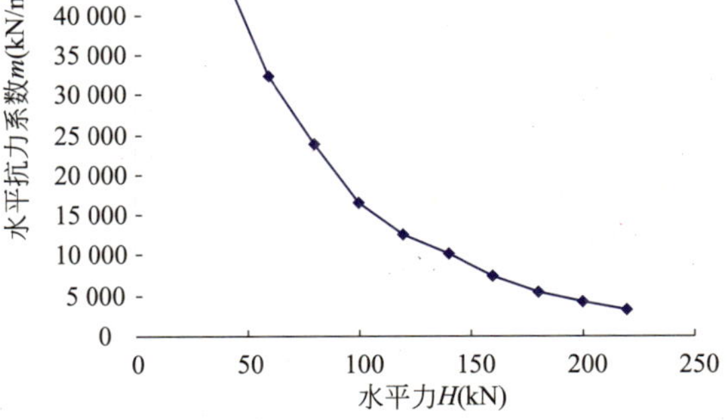

图 7-1-18　11 号试桩 $H\sim m$ 曲线

通过对定头港特大桥 21 号墩三根试桩的水平承载力测试及数据分析认为：

(1)7 号、11 号及 12 号试桩的单桩水平临界荷载为 140 kN；水平极限承载力均大于 220 kN。

(2)7 号、11 号及 12 号试桩处地基土水平抗力系数的比例系数 m,在水平临界荷载作用下分别为 22 129 kN/m^4、10 207 kN/m^4 及 34 008 kN/m^4,远大于实际设计取值。

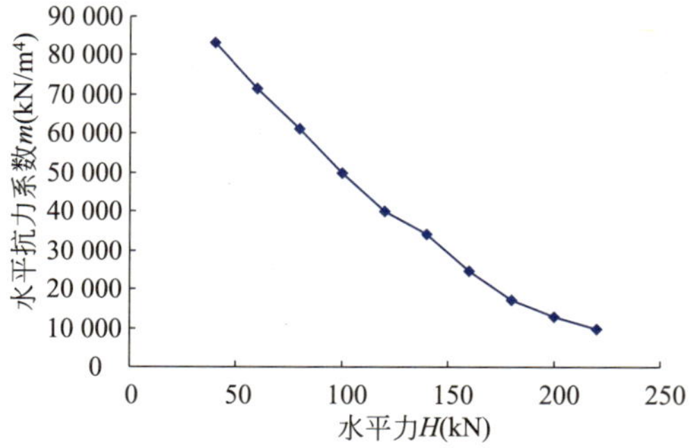

图 7-1-19　12 号试桩 $H\sim m$ 曲线图

(二)瓯江特大桥

1. 竖向承载力

3 根试桩的整个测试过程正常,试验加载至 2×3 410 kN 中止加载。试验采集了各级荷载下荷载箱向上、向下位移及桩顶位移,并同步测试了各级荷载下桩身应力分布。3 根试桩的自平衡测试 $Q\sim S$ 曲线如图 7-1-20 所示。按照等效转换原理,将试验分段 $Q\sim S$ 曲线转换至桩顶加载下的单一 $Q\sim S$ 曲线,如图 7-1-21 所示,$Q\sim S$ 曲线为典型的缓变型,曲线全程主要受桩侧摩阻力的控制,表现出摩擦桩的特征。在设计荷载(4 541.5 kN)作用下 3 根试桩的桩顶位移分别为 8 号试桩 4.52 mm,6 号试桩 4.17 mm,2 号试桩 4.26 mm,极限承载力按桩顶沉降为 40 mm 取值,3 根试桩的极限承载力分别为 8 号试桩 10 463 kN,6 号试桩 9 978 kN,2 号试桩 10 426 kN。

由于桩侧摩阻力的作用,桩身轴力随距荷载箱的距离增加而减小。上段桩桩身轴力自荷载箱向桩顶递减至 0,下段桩桩身轴力自荷载箱向桩端递减。随着荷载的增加,桩身压缩量和位移量增大。当加载至 2×3 410 kN 时,荷载箱以下的岩土层已达到极限摩阻力。桩侧总阻

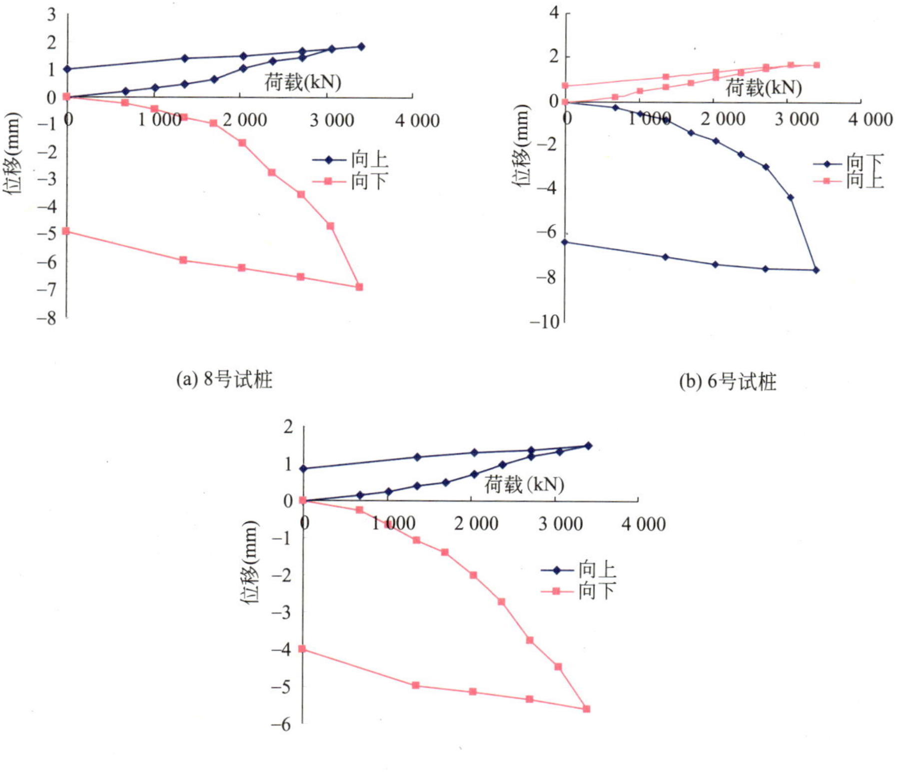

图 7-1-20　试桩自平衡测试 $Q\sim S$ 曲线

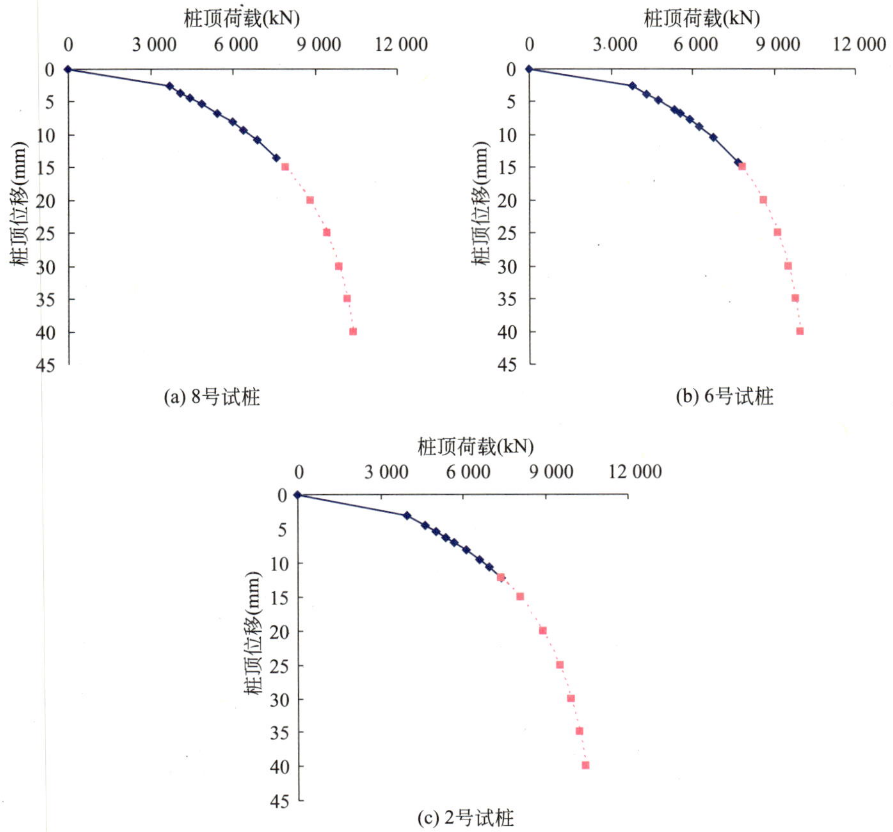

(a) 8号试桩　(b) 6号试桩　(c) 2号试桩

图 7-1-21　等效转换 $Q\sim S$ 曲线图

力和桩端阻力随桩顶荷载的变化如图 7-1-22 所示，桩顶荷载主要由桩侧总阻力分担，3 根试桩桩端阻力占总荷载的比例分别为 8 号试桩 5.8%，6 号试桩 5.4%，2 号试桩 7.0%。

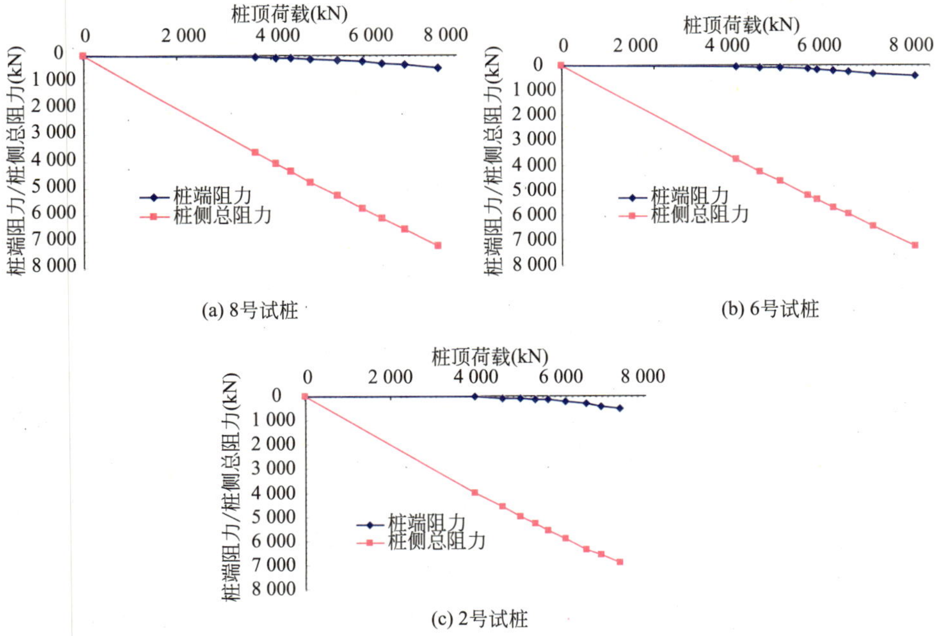

(a) 8号试桩　(b) 6号试桩　(c) 2号试桩

图 7-1-22　桩侧摩阻力与桩端阻力变化图

结果表明：

(1)3 根试桩的轴力分布、桩侧摩阻力分布和端阻发挥基本一致，说明试桩的施工质量水平是相同的，除荷载箱上下两分段土层摩阻力进入弹塑性状态外，其他土层皆处于弹性状态；

(2)8 号试桩的竖向极限承载力为 10 463 kN，6 号试桩的竖向极限承载力为 9 978 kN，2 号试桩的竖向极限承载力为 10 424 kN，3 根试桩的实际竖向极限承载力均大于设计最大承载力和设计容许承载力的 2 倍。

2. 水平承载力

整个测试过程正常，试验加载至 220 kN 中止加载。试验采集了各级荷载下千斤顶作用水平面桩顶位移，$H\sim t\sim Y_0$ 曲线分别如图 7-1-23、图 7-1-25、图 7-1-27 所示，$H\sim \Delta Y_0/\Delta H$ 曲线分别如图 7-1-24、图 7-1-26、图 7-1-28 所示。当荷载加至 220 kN 时，1 号桩顶水平位移为 3.87 mm，2 号桩顶水平位移为 3.86 mm，7 号桩顶水平位移为 2.84 mm。

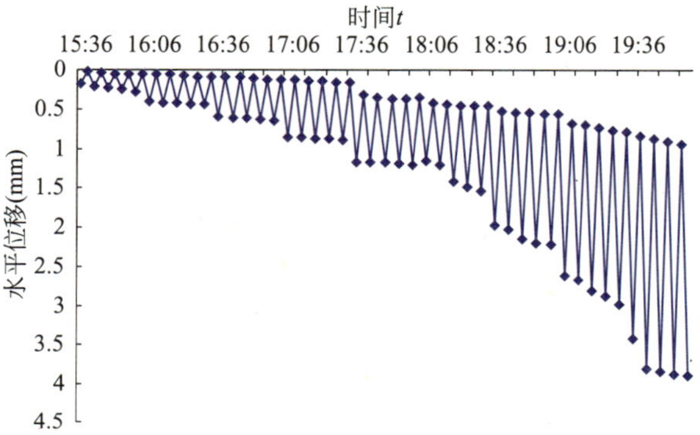

图 7-1-23 1 号试桩 $H\sim t\sim Y_0$ 曲线

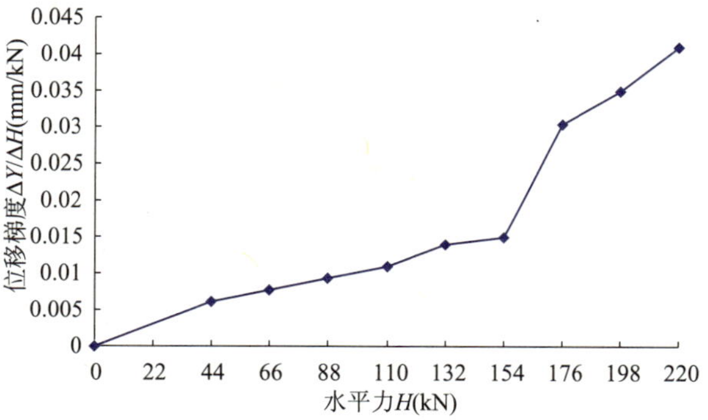

图 7-1-24 1 号试桩 $H\sim \Delta Y_0/\Delta H$ 曲线

单桩水平临界荷载即当桩身产生开裂时所对应的水平荷载。可以看出，3 根试桩的单桩水平临界荷载取 $H\sim t\sim Y_0$ 曲线出现拐点的前一级水平荷载值或取 $H\sim \Delta Y_0/\Delta H$ 曲线上第一拐点对应的水平荷载值 154 kN，两者是基本一致的。单桩水平极限承载力当加载至 2 倍设计承载力 2×96.3 kN 以上时，$H\sim t\sim Y_0$ 曲线的陡降起始点和 $H\sim \Delta Y_0/\Delta H$ 曲线上第二拐点均不明显，故该桩水平极限承载力应大于最大加载值 200 kN。

分析认为：1 号、2 号及 7 号试桩的水平极限承载力均大于 200 kN，而试桩的设计水平承载力为 96.3 kN，3 根试桩的实际水平极限承载力均大于设计水平承载力的 2 倍。

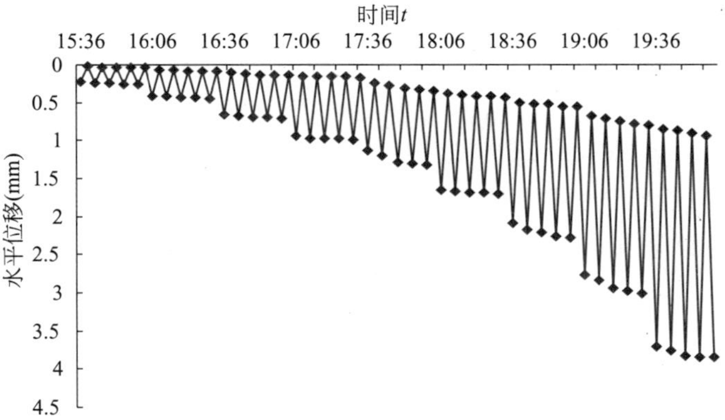

图 7-1-25　2 号试桩 $H \sim t \sim Y_0$ 曲线

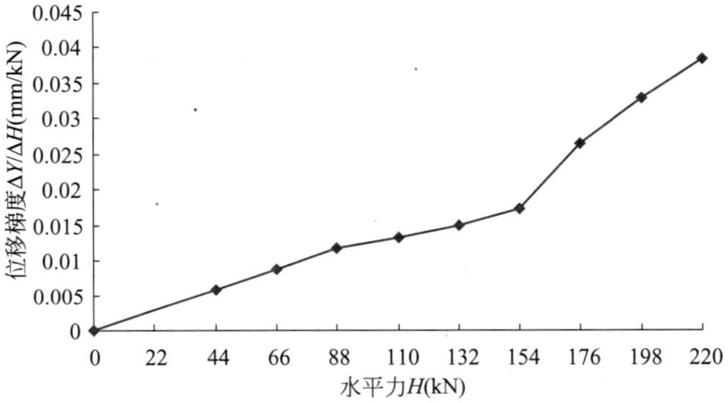

图 7-1-26　2 号试桩 $H \sim \Delta Y_0/\Delta H$ 曲线

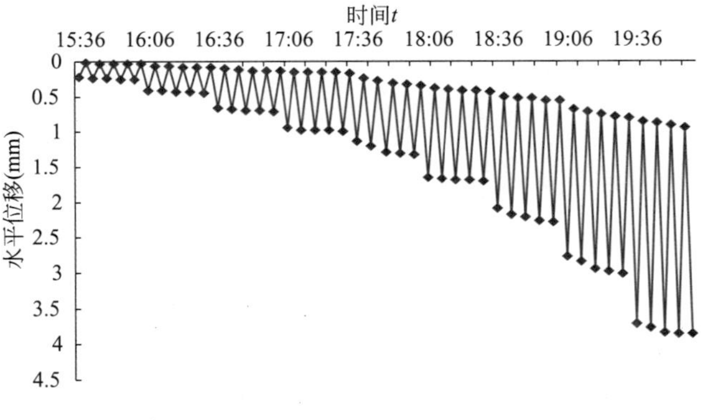

图 7-1-27　7 号试桩 $H \sim t \sim Y_0$ 曲线

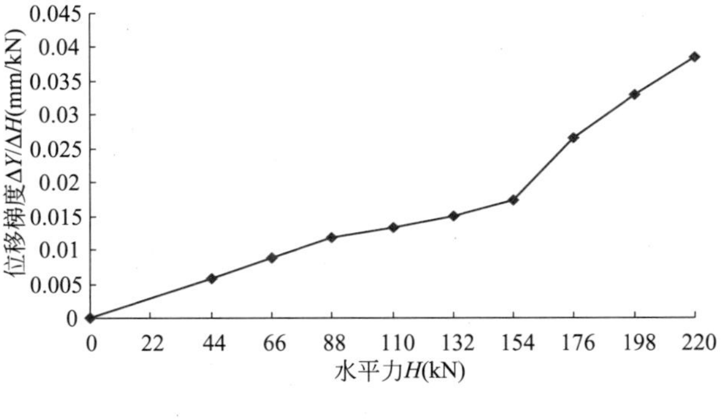

图 7-1-28　7 号试桩 $H \sim \Delta Y_0/\Delta H$ 曲线

(三)宁德特大桥

1. 竖向承载力

(1)2 号试桩数据分析

试验加载至 2×3 048 kN 时,荷载箱下底板位移由上一级荷载的 7.89 mm 突然增加到 33.59 mm,故终止加载。试验采集了前六级荷载下荷载箱向上、向下位移及桩顶位移,并同步测试了各级荷载下桩身应力分布。荷载箱向上最大位移量为 0.53 mm,残余位移为 0.31 mm;荷载箱向下最大位移量为 33.59 mm,残余位移为 26.90 mm。Q~S 曲线如图 7-1-29 所示。

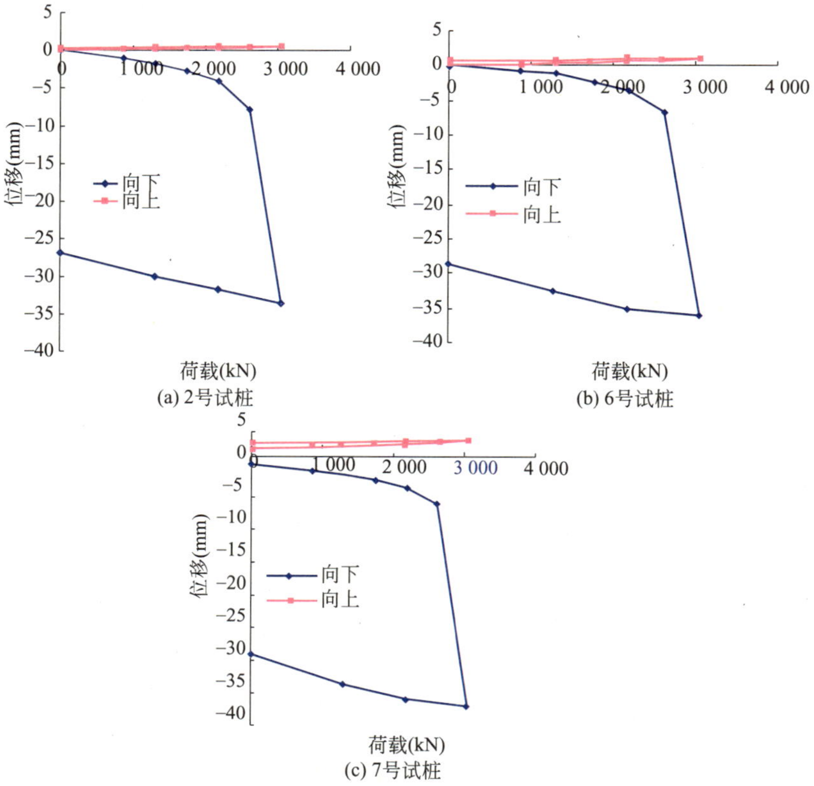

图 7-1-29 试桩自平衡测试 Q~S 曲线

由于桩侧摩阻力的作用,桩身轴力随距荷载箱的距离增加而减小。上段桩桩身轴力自荷载箱向桩顶递减至 0;下段桩桩身轴力自荷载箱向桩端递减。随着荷载的增加,桩身压缩量和位移量增大,加载至 2×3 048 kN 时,荷载箱以下的岩土层已达到极限摩阻力。

(2)6 号试桩数据分析

试验加载至 2×3 048 kN 时,荷载箱下底板位移由上一级荷载的 6.76 mm 突然增加到 35.87 mm,故终止加载。试验采集了前六级荷载下荷载箱向上、向下位移及桩顶位移,并同步测试了各级荷载下桩身应力分布。荷载箱向上最大位移量为 1.11 mm,残余位移为 0.67 mm;荷载箱向下最大位移量为 35.87 mm,残余位移为 28.57 mm。Q~S 曲线如图 7-1-29 所示。当加载至 2×3048kN 时,荷载箱以下的岩土层已达到极限摩阻力。

(3)7 号试桩数据分析结果

试验加载至 2×3 048 kN 时,荷载箱下底板位移由上一级荷载的 6.06 mm 突然增加到 37.05 mm,故终止加载。试验采集了前六级荷载下荷载箱向上、向下位移及桩顶位移,并同步测试了各级荷载下桩身应力分布。荷载箱向上最大位移量为 1.25 mm,残余位移为 0.82 mm;荷载箱向下最大位移量为 37.05 mm,残余位移为 29.10 mm。$Q \sim S$ 曲线如图 7-1-29 所示。加载至 2×3 047 kN 时,荷载箱以下的岩土层已达到极限摩阻力。

按照等效转换原理,将试验分段 $Q \sim S$ 曲线转换至桩顶加载下的单一 $Q \sim S$ 曲线,如图 7-1-30 所示。转换结果为:2 号试桩桩顶沉降为 38.30 mm 时,承载力为 11 132 kN,6 号试桩桩顶沉降为 39.98 mm 时,承载力为 10 625 kN,7 号试桩桩顶沉降为 40.96 mm 时,承载力为 10 589 kN。

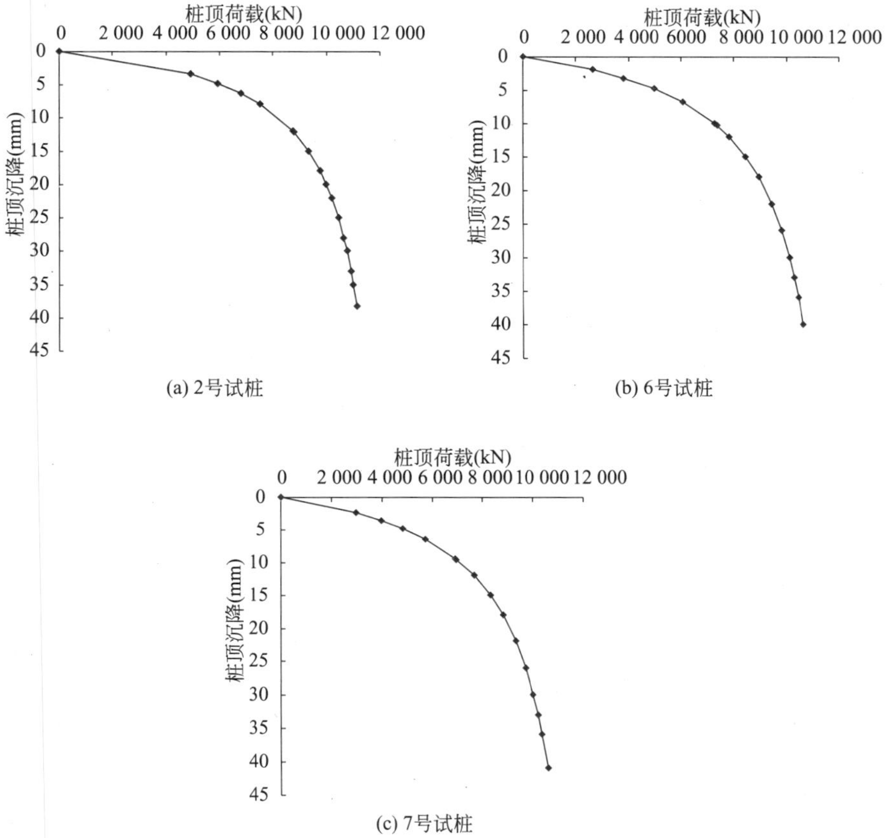

图 7-1-30　等效转换 $Q \sim S$ 曲线图

分析结果如下。

(1)3 根试桩的轴力分布和桩侧摩阻力分布发挥基本一致,3 根试桩的承载性状基本一致。但是 3 根试桩均加载至 2×3 048 kN 时出现桩底沉降陡增,表明桩底沉渣过厚,不利于桩端承载力的发挥。

(2)2 号试桩的竖向极限承载力为 11 132 kN,6 号试桩的竖向极限承载力为 10 625 kN,7 号试桩的竖向极限承载力为 10 589 kN。3 根试桩的实际竖向极限承载力均为设计最大承载力和设计容许承载力的 2 倍。

2. 水平承载力

3 根桩整个测试过程正常,试验加载至 225 kN 中止加载。试验采集了各级荷载下千斤顶作用水平面桩顶位移,$H \sim t \sim Y_0$ 曲线如图 7-1-31、图 7-1-33、图 7-1-35 所示,$H \sim \Delta Y_0/\Delta H$ 曲线如图 7-1-32、图 7-1-34、图 7-1-36 所示。当荷载加至 225 kN 时,力作用点高程的 2 号桩顶水平位移为 6.19 mm,6 号桩顶水平位移为 6.07 mm,7 号桩顶水平位移为 5.68 mm。

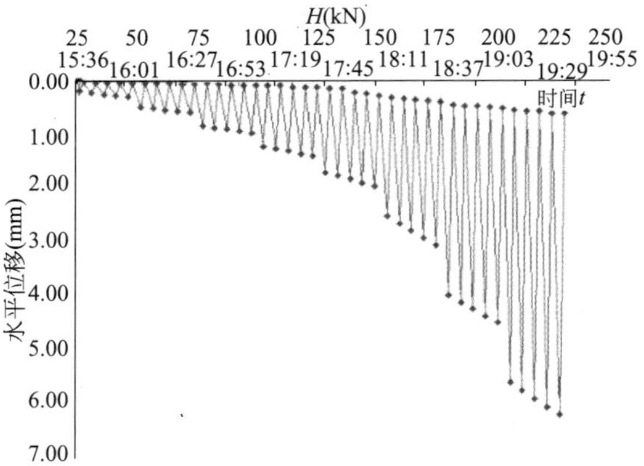

图 7-1-31　2 号试桩 $H \sim t \sim Y_0$ 曲线

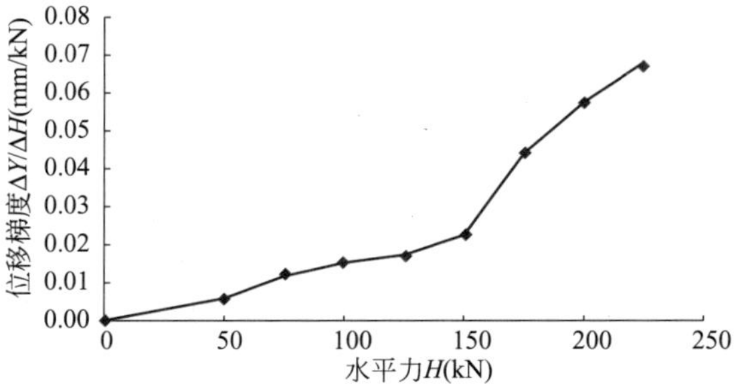

图 7-1-32　2 号试桩 $H \sim \Delta Y_0/\Delta H$ 曲线

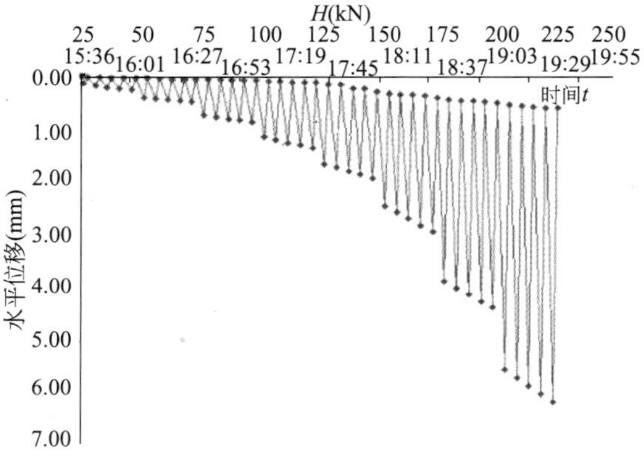

图 7-1-33　6 号试桩 $H \sim t \sim Y_0$ 曲线

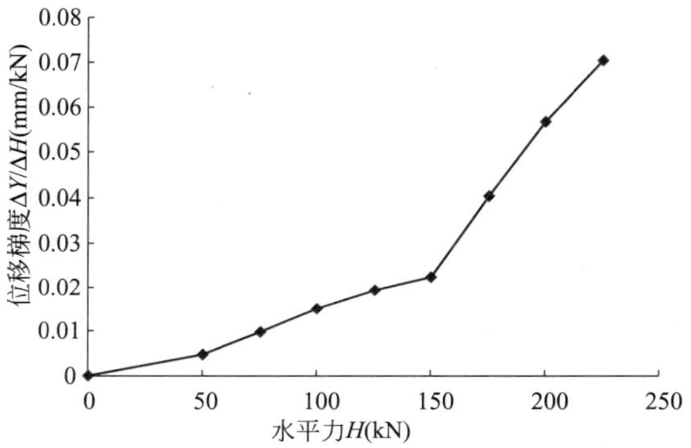

图 7-1-34　6 号试桩 $H \sim \Delta Y_0/\Delta H$ 曲线

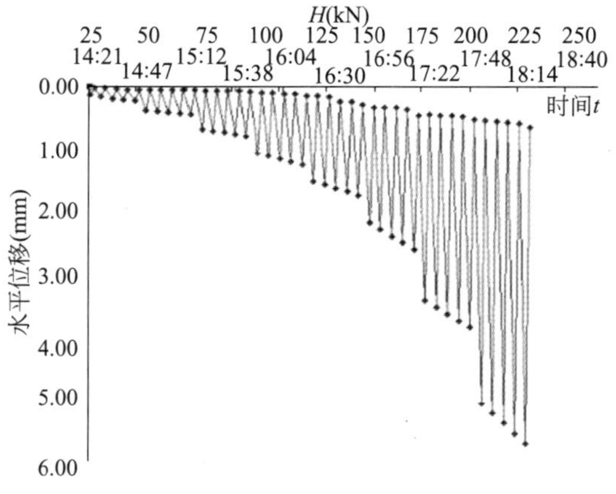

图 7-1-35　7 号试桩 $H \sim t \sim Y_0$ 曲线

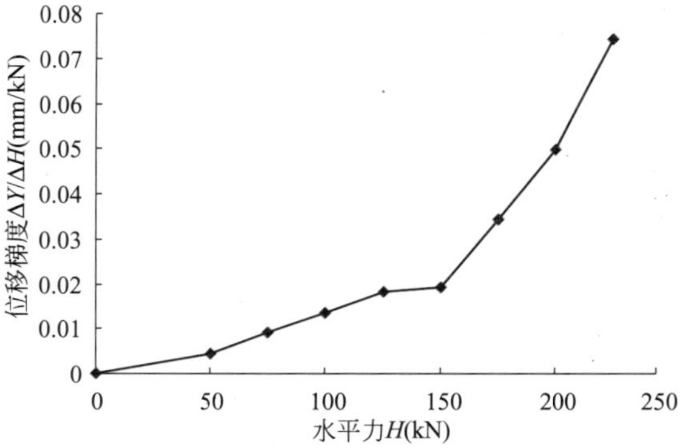

图 7-1-36　7 号试桩 $H \sim \Delta Y_0/\Delta H$ 曲线

单桩水平临界荷载即当桩身产生开裂时所对应的水平荷载。由图可以看出,3 个试桩的单桩水平临界荷载取 $H \sim t \sim Y_0$ 曲线出现拐点的前一级水平荷载值或取 $H \sim \Delta Y_0/\Delta H$ 曲线上第一拐点对应的水平荷载值为 150 kN。单桩水平极限承载力取 $H \sim t \sim Y_0$ 曲线产生明显陡降的起始点对应的水平荷载值，或取 $H\sim\Delta Y_0/\Delta H$ 曲线上第二拐点对应的水平荷载值，但是当加载至 2 倍设计承载力 225 kN 时，$H\sim t\sim Y_0$ 曲线的陡降起始点和 $H\sim\Delta Y_0/\Delta H$ 曲线上第二拐点均不明显，故该桩水平极限承载力应大于最大加载值 225 kN。

通过对宁德特大桥 231 号墩 3 根试桩的测试及数据的分析认为：2 号、6 号和 7 号试桩的单桩水平临界荷载为 150 kN；水平极限承载力均大于 225 kN。

七、结　语

试验结论表明沿海铁路桩基设计选用的参数可以满足工程需要，并有一定的安全储备。

第二节　孔道摩阻试验

一、概　述

预应力张拉是后张法预应力混凝土梁施工的一道极为重要的工序，施工过程中如何准确将设计张拉力施加于梁体，将直接影响梁的结构安全性。后张梁孔道摩阻是引起预应力损失的主要因素（混凝土收缩徐变、钢筋松弛、锚头变形及钢筋回缩、孔道摩阻、混凝土弹性压缩）之一。由于沿海铁路的温度和湿度状况与内陆不同，及施工过程中诸多不确定因素，故张拉前应对梁部结构进行孔道摩阻现场测试，并根据结果对张拉力进行调整。

沿海铁路采用大量的有砟轨道后张法预应力混凝土简支箱梁、预应力混凝土连续梁和连续刚构等。本试验选择常用的 32 m 简支箱梁进行孔道摩阻试验。

二、主要材料及技术参数

预应力筋采用低松弛高强钢绞线，标准强度为 $f_{pk}=1\ 860$ MPa，$E_y=1.95\times10^5$ MPa，公称直径 15.2 mm，公称截面积 139 mm^2，锚下控制张拉应力 $\sigma_{con}\leqslant0.75f_{pk}$；锚固体系采用自锚式拉丝体系，张拉设备采用内卡式千斤顶系列设备，管道形式采用内径为 90 mm 波纹管成孔。预应力损失设计参数为：锚口及喇叭口损失按预应力钢束张拉控制力的 6%，孔道摩阻系数 $\mu=0.26$，孔道偏差系数 $k=0.003$。

三、试验内容

32 m 箱梁预应力束有两种形式：12-7ϕ5 和 13-7ϕ5。试验对每种类型预应力束选择 1 组，每组选择不同角度的 1 束直筋和弯筋。为了解箱梁预应力钢束与孔道壁的摩擦系数、孔道每米局部偏差对摩擦的影响系数，选取不同形式的预应力钢束 N11、N9、N1a 以及 N1b 进行孔道摩阻损失测试，孔道编号见表 7-2-1，分布如图 7-2-1 所示。

表 7-2-1　孔道摩阻试验预应力筋孔道编号

组号	预应力钢束号	数量	单孔钢绞线数量	索长(m)	转角(°)	终张拉应力(MPa)	锚外张力 Pk(kN)
1号	N11	1	12-7ϕ5	31.715	20	1 211.79	2 035.81
	N1a	1		31.600	0	1 209.00	2 031.12
2号	N9	1	13-7ϕ5	31.668	20	1 211.79	2 205.40
	N1b	1		31.600	0	1 209.00	2 200.38

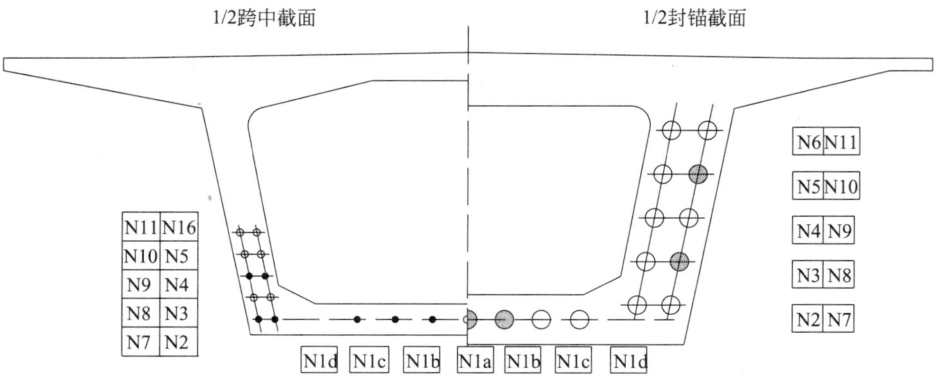

图 7-2-1　预应力筋试验孔道分布图

根据试验实测数据确定实桥预应力管道的摩阻系数、锚固回缩损失、锚圈口摩阻损失。

四、孔道摩阻损失试验

孔道摩阻试验传感器及千斤顶的安装方法如图 7-2-2 所示。试验预应力束两端均安装压力传感器和张拉千斤顶，压力荷载传感器控制张拉荷载，按照 $0.1P_k$、$0.3P_k$、$0.5P_k$、$0.7P_k$、$0.8P_k$、$0.9P_k$、$1.0P_k$的次序进行分级张拉。

试验前，压力传感器在 MTS-6000kN 电液伺服万能试验机上进行了严格的标定，仪器为采用 YJR-5 静态应变测试仪测试。实验时所用的张拉设备油磅和千斤顶相互配套，严格标定。

试验中一端主动张拉，一端设为被动，主、被动端荷载传感器的差值即为孔道摩阻损失，据此可以计算预应力钢束与孔道壁的摩阻系数及孔道对设计位置的偏差系数。重复进行两次，即完成该根预应力钢束的孔道摩阻测试。

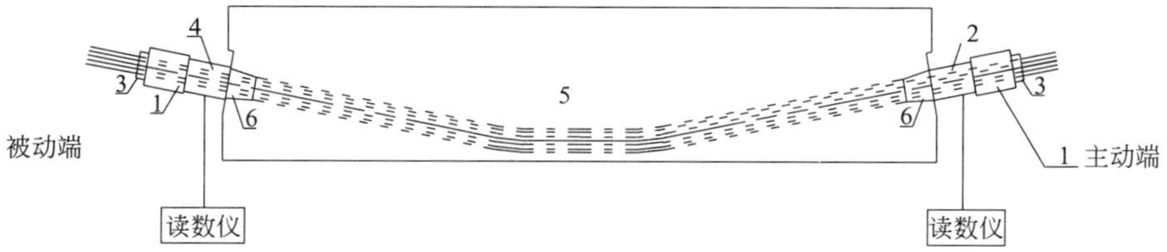

图 7-2-2　孔道摩阻损失试验示意图

1—千斤顶；2—8 号传感器；3—工具锚；4—11 号传感器；5—梁体；6—喇叭口

孔道摩阻的计算：

张拉时，预应力钢束距被动端距离为 x 的任意截面上有效拉力为：

$$P_x = P_k e^{-(\mu\theta + kx)} \tag{7-2-1}$$

式中　P_x——计算截面预应力钢束的拉力；

P_k——张拉端预应力钢束的拉力；

θ——从张拉端至计算截面的孔道弯角之和，以弧度计；

x——从张拉端至计算截面的孔道长度(m)；

μ——预应力钢束与孔道壁的摩擦系数；

k——考虑每米管道对其设计位置的偏差系数。

由式(7-2-1)有：

$$A=P_x/P_k=e^{-(\mu\theta+kx)}$$

则有：$-\ln A=\mu\theta+kx$，令 $Y=-\ln A$，

由此，对于不同孔道的测量可得一系列方程式：

$$\mu\theta_1+kx_1-Y_1=0$$
$$\mu\theta_2+kx_2-Y_2=0$$
$$\cdots\cdots$$
$$\mu\theta_n+kx_n-Y_n=0$$

由于存在测试上的误差，上列方程式的右边不等于零，假定：

$$\mu\theta_1+kx_1-Y_1=\Delta F_1$$
$$\mu\theta_2+kx_2-Y_2=\Delta F_2$$
$$\cdots\cdots$$
$$\mu\theta_n+kx_n-Y_n=\Delta F_n$$

根据最小二乘法原理，则有：

$$(\mu\theta_1+kx_1-Y_1)^2+\cdots+(\mu\theta_n+kx_n-Y_n)^2=\sum_{i=1}^{n}(\Delta F_i)^2$$

当$\dfrac{\partial\sum(\Delta F_I)^2}{\partial\mu}=0$ 且$\dfrac{\partial\sum(\Delta F_i)^2}{\partial k}=0$ 时，$\sum(\Delta F)^2$ 取得最小值，

由此可得：

$$\begin{cases}\mu\sum\theta_i^2+k\sum x_i\theta_i-\sum Y_i\theta_i=0\\ \mu\sum x_i\theta_i+k\sum x_i^2-\sum Y_i x_i=0\end{cases}$$

解方程组即可得 μ、k 值。

将预应力钢束两端压力荷载传感器测得的数据通过标定曲线换算成对应的荷载值后，即可计算得到各级荷载作用下张拉主动端至被动端的有效系数 A 及其相对应的 Y 值。在此基础上，将表 7-2-1 中各预应力钢束对应的转角 θ 和孔道长度 x 值代入上述求解 μ、k 值的线性回归方程组中，解之得到：

第 1 组：12 索

预应力钢束与孔道壁的摩擦系数　$\mu=0.298\ 0$

孔道每米局部偏差对摩擦的影响系数　$k=0.001\ 9$

第 2 组：13 索

预应力钢束与孔道壁的摩擦系数　$\mu=0.257\ 9$

孔道每米局部偏差对摩擦的影响系数　$k=0.001\ 8$

《铁路桥涵钢筋混凝土和预应力混凝土结构设计规范》(TB 10002.3—2005)表 6.3.4-1 中给定的设计参考值，对于金属波纹管管道 $\mu=0.2\sim0.26$，$k=0.002\ 0\sim0.003\ 0$。表 7-2-2 给出孔道摩阻系数 μ、k 值，实测值、规范值、设计值的比较。

表 7-2-2　孔道摩阻系数的实测值、规范值和设计值

项目	实测均值	规范参考值	设计值
μ	0.278 0	0.2～0.26	0.26
k	0.001 85	0.002 0～0.003 0	0.003

试验表明，实测均 μ 值比规范参考值略大，实测 k 值比规范参考值略小。说明设计中预应

力钢束与孔道壁的摩擦系数 μ 应取规范上限值，孔道每米局部偏差对摩擦的影响系数 k 可取规范下限值。

五、锚圈口损失测试

选取试验束 N11 和 N9 进行锚圈口损失试验。在张拉端安装 2 个传感器，一个在锚板内，一个在锚板外。张拉时两个传感器的荷载示值之差即为锚圈口摩阻损失，试验张拉两次。锚圈口摩阻损失传感器的安装如图 7-2-3 所示，试验结果见表 7-2-3。

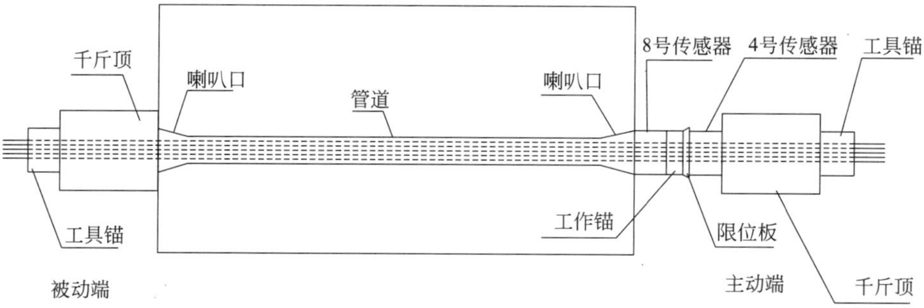

图 7-2-3　锚圈口摩阻损失测试传感器布置

表 7-2-3　锚圈口摩阻损失试验结果

钢束号	试验次数	锚具外 4 号传感器荷载(kN)	锚具内 8 号传器荷载(kN)	锚圈口摩阻损失荷载(kN)	锚圈口摩阻损失	均值
N11	第 1 次	2 045.2	2 022.5	22.7	1.11%	1.34%
	第 2 次	2 078.1	2 045.6	32.5	1.56%	
N9	第 1 次	2 238.9	2 186.6	52.3	2.34%	2.14%
	第 2 次	2 233.1	2 189.8	43.3	1.94%	
锚圈口摩阻损失均值						1.74%

注：锚圈口摩阻损失＝(锚具外传感器荷载－锚具内传感器荷载)/锚具外传感器荷载×100%

从表 7-2-3 中结果可以看出，钢束 N9 锚圈口摩阻损失均值 2.14%，钢束 N11 损失均值 1.34%，两类索相比锚口摩阻损失有一定的偏差。分析其原因主要：(1)两次测试安装调整传感器、千斤顶以及锚具位置时有一定的误差；(2)刚束锚口摩阻损失比较小，存在一定的测量误差。

六、锚固回缩损失试验

选取试验束 N1a 和 N1b 进行锚固回缩损失试验。试验与孔道摩阻试验同时完成，一端张拉。

试验时在预应力钢束两端的工作锚具与锚垫板之间各安装一个压力荷载传感器。张拉过程为：0→20%的张拉控制力→40%的张拉控制力→100%的张拉控制力→锚固。测量压力传感器锚固前和锚固后的数值，换算成对应的拉力，两端传感器各自锚固前、后测得的拉力差值即为两端的锚固回缩损失。锚固回缩损失传感器布置如图 7-2-4 所示，试验结果见表 7-2-4。

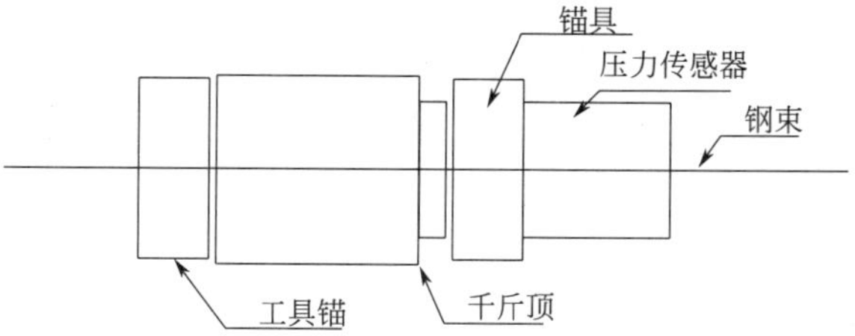

图 7-2-4　锚固回缩损失传感器布置图

表 7-2-4　预应力钢束锚固回缩损失试验结果

钢束号	测试端	锚固前荷载(kN)	锚固后荷载(kN)	锚固回缩损失
N1a	主动端	2 225.0	2 039.1	8.35%
N1b	主动端	1 999.5	1 843.4	7.81%
平均锚固回缩损失均值				8.08%

注：锚固回缩损失=(锚固前荷载－锚固后荷载)/锚固前荷载×100%

从表 7-2-4 中结果可以看出，采用一端张拉时钢束平均锚固回缩损失均值为 8.08%，与规范值有一定误差。

七、结　论

现场试验结果表明，实测预应力管道的摩阻系数、锚固回缩损失、锚圈口摩阻损失，与设计取值有一定的误差，根据试验结果对后张法预应力混凝土梁张拉力进行调整，对确保梁部受力性能、施工质量和安全运营有非常重要的意义。

第三节　施 工 监 控

沿海铁路大于百米跨度特殊桥梁较多，如 128 m 钢筋混凝土尼尔森体系钢管混凝土提篮拱桥、(60＋2-112＋60)m 连续梁、2-90 m 钢箱系杆叠合拱桥、(70＋3-120＋70)m 连续梁、(64＋136＋64)m 连续梁拱、(80＋3-145＋80)m 刚构连续梁、(88＋160＋88)m 连续刚构以及(64＋108＋64)m、(70＋130＋70)m 连续梁等。如何保证工程建成后可以满足铁路运营的需求，不仅要有一个合理的设计，施工质量也是非常关键的步骤，因此过程中施工监控是重要的环节之一，要求对大跨度悬臂施工的连续梁等特殊结构加强施工控制，确保主梁线型、应力等符合建设标准。

一、概　述

1. 施工监控目的

施工监控是一个预告→施工→量测→识别→修正→预告的循环过程，其实质就是使施工按照预定的理想状态(主要是施工高程)顺利推进。实际上不论是理论分析得到的理想状态，还是实际施工都存在误差，所以，施工控制的核心任务就是对各种误差进行分析、识别、调整，对结构未来状态作出预测。

大跨桥梁结构施工是一个复杂的过程，在施工过程中如何保证主梁竖向线型偏差及横向偏移不超过容许范围，保证合龙后的桥面线型良好，避免施工过程中主梁出现过大的应力问题，如何保证施工状态与设计状态最大程度吻合等，均需进行施工监测监控来解决。此外，设计是在对结构初始状态等其他参数作出假定的情况下进行的，事先设计时难于精确估计结构的实际状态。实际施工时，各种施工误差(如截面误差、材料容重误差、弹性模量误差、张拉误差等)和施工环境的变化以及施工荷载的作用，都会引起桥梁结构线型与内力的改变，影响结构在施工和成桥时的状态和结构安全。施工监测监控是根据施工现场实测结果所得的结构参数真实值进行施工阶段计算，确定每个施工阶段控制参数，并在施工过程中根据施工监测成果进行误差分析、预测和对下一施工工序进行调整，从而保证成桥后线型、合龙精度及结构内力符合规定值的要求。

2. 施工监控流程

施工监测监控实施体系如图 7-3-1 所示，其主要工作内容包括阶段施工前的预测计算、施工过程中的控制测量、实测结果与计算预测结果的偏差分析及优化分析三个方面的内容。

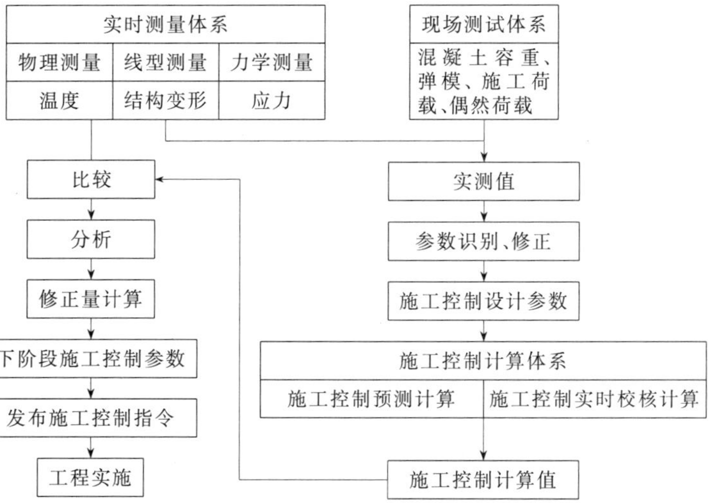

图 7-3-1 施工监控实施体系

以下简要介绍(70＋3-120＋70)m 连续梁、2-90 m 钢箱叠合拱以及(80＋3-145＋80)m 刚构连续梁的施工监控。

二、(70＋3-120＋70)m 连续梁

1. 概述

(70＋3-120＋70)m 预应力混凝土变截面连续梁，共分 133 个节段。施工方案为：4 个 T 构对称悬臂施工，先合龙次边跨，再合龙边跨，最后合龙中跨。

对于预应力混凝土连续梁桥来说，施工监控即测定各个施工阶段主梁线型、混凝土应变和温度场，根据施工现场实测结构参数真实值进行阶段计算，确定每个节段的预拱度，并在过程中根据监测成果进行误差分析、预测和对下节段预拱度进行调整，从而保证成桥后线型、合龙精度及结构内力符合设计要求。

2. 监控计算

(1)计算参数

选择构件所用材料的弹模、构件自重、施工荷载、结构温度场和施工周期等作为计算参数。

实桥悬臂施工时挂篮、模板等临时荷载按 659 kN 计(其中挂篮重 441 kN，模板重 218 kN)，作用点距悬臂最前端 0.5 m。合龙支架及模板重量按 2×200 kN(每悬臂端各 200 kN)考虑，如施工中超出重量要求，应重新计算。桥位处最大悬臂时主梁承受的升举风载：q_v＝7.313 kN/m (50 年一遇风速，v＝31.3 m/s)。收缩、徐变按实际施工过程考虑混凝土的龄期，设定收缩徐变计算模式为中国公路规范，强度发展模式为 CEB-FIP，计算结构 3 年后的收缩徐变量。

(2)计算模型

监控计算采用 Midas6.71 建立平面杆系模型，如图 7-3-2 所示，全桥共计 182 个梁单元，边界条件模拟实际施工过程：设定临时固结，4 个 T 构对称悬臂施工至 15 号块；去除 101 号墩和 98 号墩临时固结水平约束，次边跨合龙张拉预应力；边跨 5.7 m 直线段现浇，边跨合龙；中

跨合龙，去100号墩和99号墩临时固结，成桥边界，形成5跨连续梁。

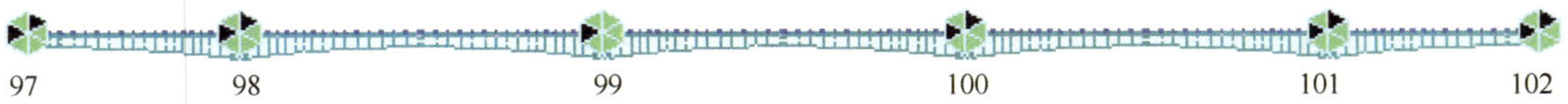

图 7-3-2　计算模型图式

(3)内力计算结果及分析

根据前面建立的计算模型和确定的计算参数，结合施工工况，进行正装迭代计算，得到各工况下的计算位移和内力。

施工阶段主梁正截面最大压应力为13.59 MPa(施工完二期恒载前，中跨支座附近)，最大拉应力为0.65 MPa(施工13号块时前端下缘)。《铁路桥涵钢筋混凝土和预应力混凝土结构设计规范》(TB 10002.3—99)第6.4.13条规定：预应力混凝土构件，在运送和安装阶段，混凝土最大拉应力不得超过 $0.8f_{ct}=218$ MPa，最大压应力不得超过 $0.8f_c=32$ MPa，主梁施工阶段受力满足规范要求。

二恒施工完成后，主梁全截面受压，下缘应力6～9 MPa，最大值为8.94 MPa。上缘应力6～10 MPa，最大值为10.48 MPa，满足规范要求。主梁主要施工阶段截面正应力如图7-3-3～图7-3-6所示。

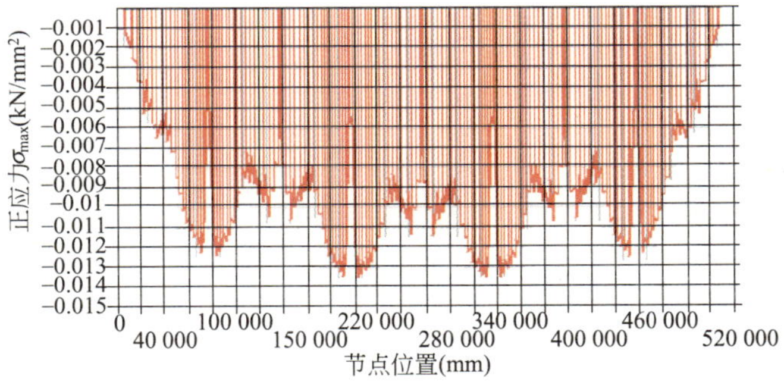

图 7-3-3　施工阶段主梁上缘最大正应力

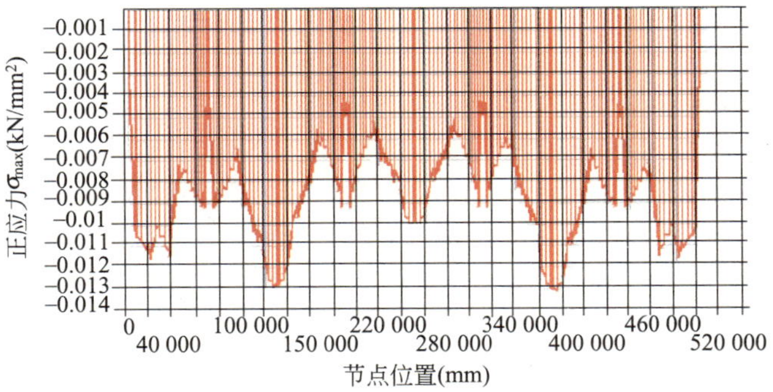

图 7-3-4　施工阶段主梁下缘最大正应力

(4)主梁预拱度计算

主梁悬浇各节段立模高程可按下式确定：

$$H_{施}=H_0-f_s+f_m+f_g \tag{7-3-1}$$

式中　$H_{施}$——主梁梁顶立模高程；

H_0——主梁梁顶设计高程，即成桥状态设计线型；

f_s——从梁段安装到成桥状态累计位移，向下为负；

f_m——主梁的活载预拱度，活载最大位移的 1/2；

f_g——挂篮变型产生的挠度。

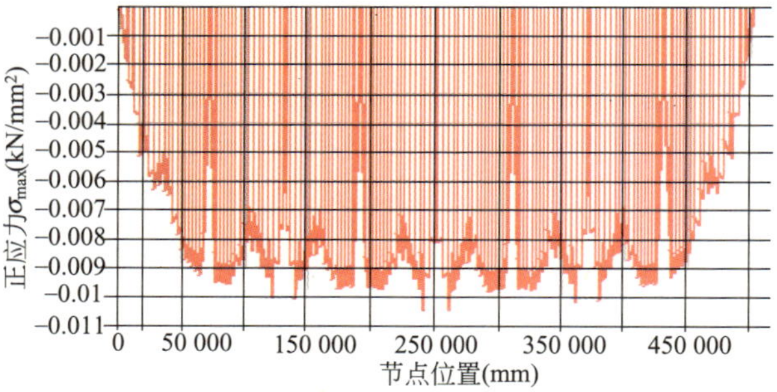

图 7-3-5　成桥 3 年后主梁上缘正应力

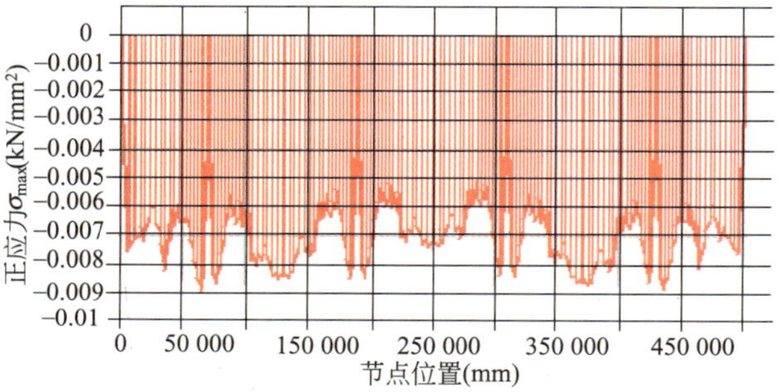

图 7-3-6　成桥 3 年后主梁下缘正应力

成桥状态设计线型为考虑 3 年收缩徐变后的成桥线型，挂篮变形产生的挠度通过挂篮加载试验获得。理论施工预拱度最大值为 76.5 mm，位于边跨 16 号施工时，施工预拱度理论计算结果如图 7-3-7 所示。

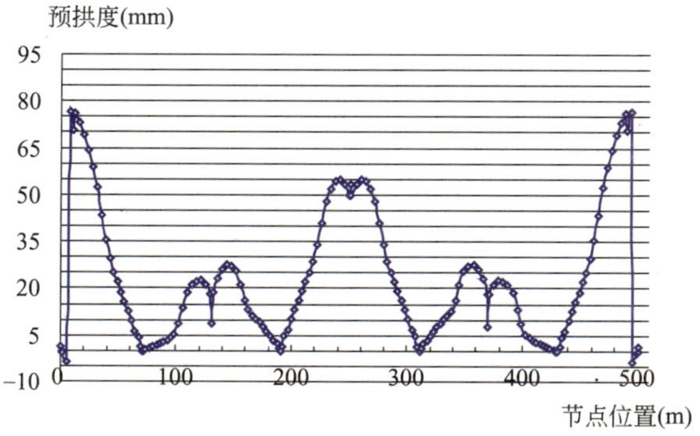

图 7-3-7　主梁施工预拱度

(5)支点竖向反力

支点竖向反力是衡量模型计算状态与结构实际状态是否吻合的一个直接指标，表 7-3-1 列出了典型施工工况支座反力，与主梁混凝土及施工荷载重量相符合。

3. 线型控制

(1)线型监测主要内容

线型测量主要内容包括：主梁线型控制网的测定及高程控制基准点的定期复测；主梁立模高程及截面尺寸的放样监测；中线偏位测量；主梁高程测量；主墩沉降定期测量；合龙前后线型 24 h 联测；成桥线型测量。

悬臂每节段各工况施工完成后，测量该节段的高程及相邻 3 节段的高程变化，测点布置节段前端，共布设 5 个测点：顶板 3 个，包括中线测点和腹板测点，间距 8.0 m；底板 2 个，间距 5.0 m，其中底板测点为校核点。测点采用圆型螺帽，浇筑混凝土时埋入顶板，且与顶面平齐，后用油漆标做记号。

表 7-3-1　支点竖向反力　单位:kN

墩号	97 号	98 号	99 号	100 号	101 号	102 号
施工 10 号块	—	52 972.2	52 972.2	52 972.2	52 972.2	—
15 号块(最大双臂)	—	69 138.1	69 138.1	69 138.1	69 138.1	—
全桥合龙	7 343.2	68 868.0	68 779.2	68 779.2	68 868.0	7 343.2
施工二期荷载	10 547.9	88 779.5	90 793.6	90 793.6	88 779.5	10 547.9
成桥 3 年	10 642.8	88 483.0	90 995.5	90 995.5	88 483.0	10 642.8

(2)主梁线型修正

将计算目标值与实测结果进行比较,根据比较结果对线型进行修正。

检验节段施工的几何尺寸都在容许误差内,而且监控指令执行无误后,比较结构在本阶段增加的位移和当前阶段末端所累积的位移;如果发现比较结果中有偏差值超出误差范围,确定几何尺寸测量数据及计算荷载无误的情况下,应当对变异较大的参数(如混凝土收缩徐变等)进行参数敏感性分析。可以用最小二乘法来计算实际增加位移与预测增加位移之间的差值,再对模型的参数进行修正。这样,就可以减少模型的误差。在更新参数的条件下对以上三个方面的目标数值进行重新比较,确定更新的计算模型,并以此模型进行目标几何线型及下一阶段预测。

线型调整按以下基本原则:小于施工控制误差范围±5 mm 误差不作调整,大于施工控制误差±5 mm 的误差,在后续节段调整一半。调整具体过程如图 7-3-8 所示。

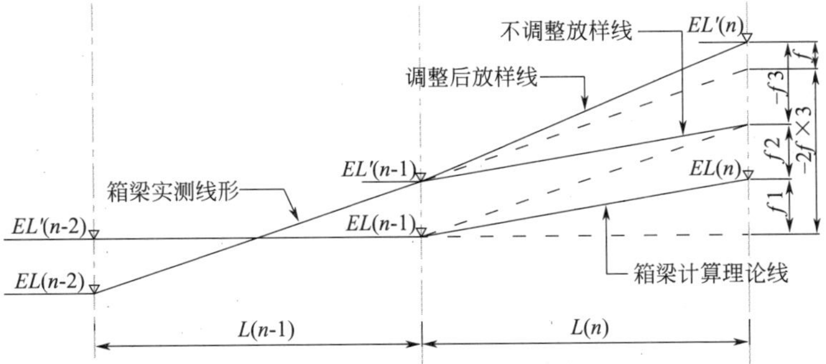

$f1$—结构预拱值　　$f1=EL(n)-EL(n-1)-(EL(n-1)-EL(n-2))\cdot L(n)/L(n-1)$

$f2$—挂篮预拱值　　$f3=-[(EL'(n-1)-EL(n-1)]+[(EL'(n-1)-EL(n-1)]-[EL'(n-2)-EL(n-2)]\cdot[L(n)/L(n-1)]/2$

$f3$—预拱调整值

f—总预拱值　　$f=f1+f2+f3$

$L(n)$—n 号节段长度　　$EL'(n)=f+EL'(n-1)+(EL'(n-1)-EL'(n-2))\cdot L(n)/L(n-1)$

$EL(n)$—n 号节段计算理论高程

$EL'(n)$—n 号节段实测高程

图 7-3-8　线型偏差及其处理方法示意图

三、2-90 m 钢箱系杆叠合拱桥

(一)施工监控的目的

钢箱梁属超重超长结构,顶拉过程中应力、线形变化复杂。重点对顶拉过程、箱梁安装及

吊杆张拉过程进行控制。施工监控目的：

(1)确保施工过程中的结构安全，应力、应变在设计控制范围内。

(2)保证梁体的线形在设计误差范围之内。

(3)保证在钢箱梁顶拉过程中，应力和变位控制在设计误差范围之内，确保安全精确顶拉到位。

(4)保证在钢箱拱肋安装过程中，应力和变位控制在设计误差范围之内，确保顺利合龙。

(5)确保成桥后的梁体、钢箱拱应力、线形在设计误差范围之内。

(二)理论计算分析

1. 基本参数

对施工过程中每个阶段进行详细的变形和受力分析计算，是施工监控中最基本的内容之一。分析采用 ANSYS、MIDAS/CIVIL 有限元软件。

材料参数取值：钢箱梁：质量按 7 850 kg/m^3计算，弹性模量取 2.1×10^5 MPa；

滑道橡胶支座：橡胶板的厚度为 10 cm，弹性模量为 500 MPa。

钢箱梁全部采用板壳单元模拟，临时墩的横盖梁采用空间梁单元模拟，橡胶滑块采用弹性连杆模拟，钢箱梁底板与滑道接触的部位为接触非线性问题，需反复迭代计算。计算过程中必须考虑钢箱梁的上拱度、钢箱梁及临时墩的横盖梁变形。

2. 顶拉方案

钢箱梁的顶拉采用在桥下增加 6 个临时支墩，无导梁顶拉钢箱系梁至桥位方案。临时支墩立面示意图如图 7-3-9 所示。在 30 号墩和 31 号墩之间设置 1 号、2 号、3 号临时支墩，在 31 号墩与 32 号墩之间设置 4 号、5 号、6 号临时支墩，跨度为(23＋22＋22＋23＋23＋22＋22＋23)m。箱梁底板纵向腹板下设置 4 个或 6 个滑道，同时支撑受力，钢箱梁顶拉由宁波向温州方向前进。

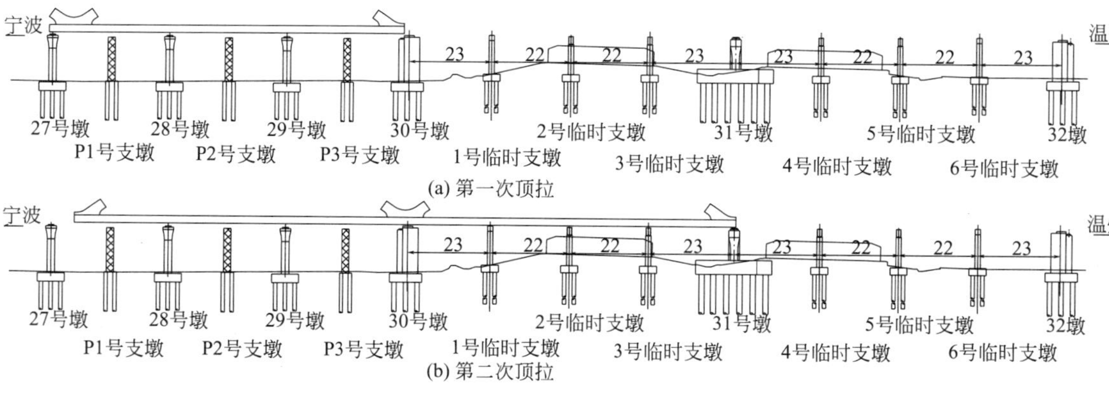

图 7-3-9 临时支墩布置及编号图(单位：m)

3. 顶拉施工过程的分析计算及结果

顶拉过程中钢箱梁的受力状态在不断变化，墩顶上方梁体受力不均匀，墩身最前端滑道对应位置的钢箱梁底板、腹板会出现应力集中。要求在顶拉过程中钢箱梁局部应力不超过设计值、不出现局部失稳是确保施工安全和顺利进行的必要条件，因此对钢箱梁顶拉过程进行精细的有限元分析，为顶拉过程的监控提供依据。

将顶拉过程分成许多子步，对每一子步采用大型通用有限元软件包 ANSYS 做全桥仿真分析。

第一次：顶拉 98.25 m 钢箱梁从 30 号墩顶拉至 31 号墩，计算结果见表 7-3-2。

表 7-3-2　第一节段 98.25 m 钢箱梁顶拉过程的计算结果

顶拉过程	悬臂长度(m)	钢箱梁最大等效应力(MPa)			前端竖向位移(mm)	各墩支反力(kN)								
		腹板	底板	底板纵肋		L3 号	L2 号	L1 号	30 号	p1 号	29 号	p2 号	28 号	总反力
30 号到 L1 号	17.8	82	263	122	18	—	—	—	5 946	0	848	1 710	4 713	13 217
L1 号到 L2 号	16.8	64	243	116	2	—	—	5 661	426	1 123	3 196	2 811	—	13 217
L2 号到 L3 号	1	30	72	30	0	—	2 519	2 026	2 422	754	4 509	987	—	13 217
	10	66	196	85	−12	—	4 247	1 249	1 970	2 566	3 185	—	—	13 217
	16.8	70	251	125	2	—	5 668	422	1 732	4 545	850	—	—	13 217
L3 号到 31 号	1	28	76	34	0	2 532	1 972	2 262	2 273	4 178	—	—	—	13 217
	10	60	185	82	−12	4 274	1 128	1 818	4 451	1 546	—	—	—	13 217
	17.8	86	276	124	16	5 860	332	1 999	5 026	—	—	—	—	13 217

注：L1、L2、L3 为临时墩，P1、P2 为支架支墩。

分析表明，在钢箱梁的顶拉过程中，大部分区域的应力水平都较低，而在滑道上方由局部受压引起的应力较大，顶拉过程中局部最大等效应力为 276 MPa，发生在钢箱梁前端从 3 号墩顶拉悬臂 17.8 m 时，前端墩滑道上方梁底板的局部应力较大，但小于 Q345 钢材的屈服应力。

第二次：整体顶拉钢箱梁从 31 号墩顶拉至 32 号墩计算结果见表 7-3-3。

表 7-3-3　雁荡山桥钢箱梁第二轮次整体顶拉过程的计算结果

顶拉位置	悬臂长度(m)	钢箱梁最大等效应力(MPa)			悬臂端竖向挠度(mm)	支反力(kN)			
		腹板	底板	底板纵肋		L6 号	L5 号	L4 号	31 号
31 号到 L4 号	17.8	97	272	117	11	—	—	—	6 050
L4 号到 L5 号	0	30	79	32	0	—	—	2 535	1 971
	10	65	196	74	−12	—	—	4 270	1 128
	16.8	69	259	110	4	—	—	5 627	599
L6 号到 32 号	17.8	87	271	115	7	6 011	0	2 266	5 018

从该表可知：顶拉过程中前端墩为 31 号、4 号临支墩、6 号临时墩时，钢箱梁最大 Mises 等效应力分别为 272 MPa、259 MPa、271 MPa，最大值发生在最大悬臂时前端墩滑道上方钢箱梁底板的很小区域，均小于 Q345 钢材的屈服应力。

4. 顶拉过程临时支墩的受力变形分析

钢箱梁顶拉过程中，临时支墩受竖向荷载和水平荷载作用，采用有限元软件 MIDAS 对顶拉过程中各临时支墩的受力进行分析。临时支墩的立柱、盖梁、承台和桩基础采用空间梁单元模拟如图 7-3-10 所示。

计算得出，在最不利荷载工况下，临时支墩的钢箱盖梁的最大压应力分别为 198.9 MPa 和 −198.9 MPa，小于容许应力；C35 钢筋混凝土盖梁及立柱钢筋的最大拉应力为 70.9 MPa，小于容许应值，L2 号～L5 号临时支墩墩顶的顺桥向位移和横桥向位移都较大，最大顺桥位移为 3.7 cm，最大为横桥向位移 3.1 cm。

5. 叠合拱线形的确定

(1)钢箱梁及钢箱拱预拱度的计算

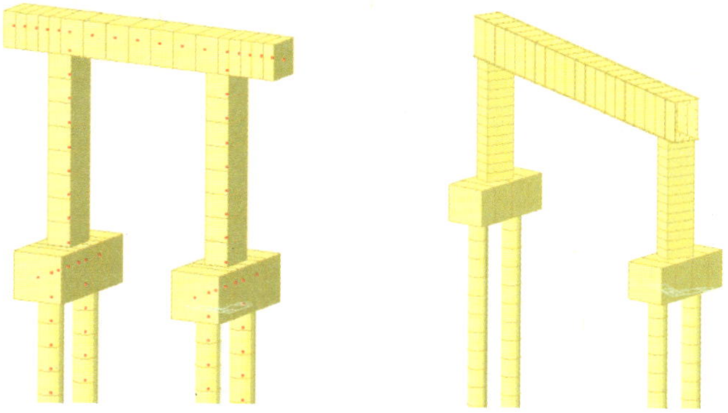

图 7-3-10　临时支墩有限元模型图

主要分为以下几个步骤计算：拆除桥面拼拱支架；张拉吊杆索力至设计值 250 kN；拆除桥下临时支墩；桥面板混凝土施工；铺装桥面二恒；列车活载的最不利工况。

经计算，主梁和主拱肋施工过程中的预拱度如图 7-3-11、图 7-3-12 所示。

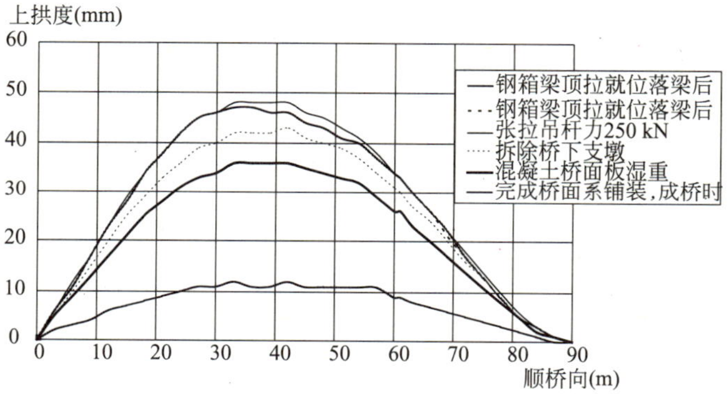

图 7-3-11　施工过程中主梁预拱度曲线

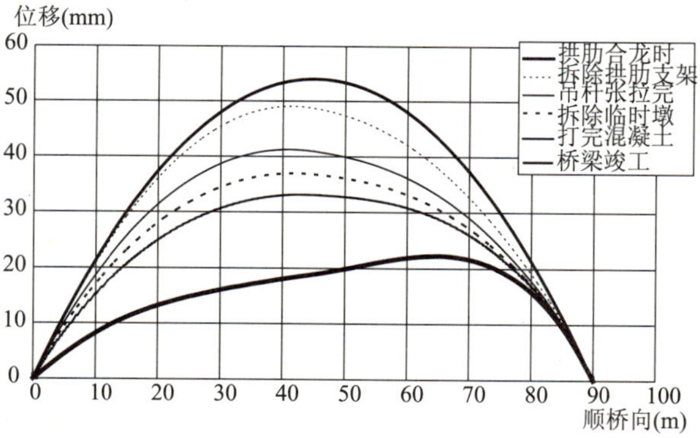

图 7-3-12　施工过程中主拱预拱度曲线

(2)主、辅拱施工拱轴线坐标的计算

施工拱轴线的方程为：$Y=-0.089\ 16X^2+0.802\ 4X$，在施工过程中，对拱肋各接口处的顶板和底板进行监测。因此，先将拱肋顶、底板的坐标算出，结合桥面线形对计算得出的拱肋顶、底板坐标进行修正。

6. 拱肋拼装过程中钢箱梁受力状态分析

钢箱拱采用龙门吊车在钢箱梁上原位拼装，拼装钢箱拱时，钢箱梁支撑在主墩和临时支墩上。龙门吊在钢箱梁上走行，自重 65 t，最大起重构件重量 41.4 t，合计作用在钢箱梁上的最大荷载为 106.4 t。根据龙门吊车走行轨宽度 14.2 m，前后支点轮距为 13.8 m。对钢箱梁上拼装钢箱拱时的受力状态进行有限元分析得出以下结果：

在钢箱梁自重及龙门吊车最不利工况共同作用下，钢箱梁的最大 Mises 等效应力不超过 120 MPa，强度满足要求。

7. 吊杆终张拉值的计算

首先根据二期恒载总量 19.43 t/m 来确定终张拉完成后的索力目标值，再根据目标值，对整个终张拉过程进行模拟，计算出终张拉各吊杆索力的张拉值，见表 7-3-4。

表 7-3-4　终张拉各吊杆索力的张拉值和目标值　　单位：kN

桥跨	张拉顺序	吊杆编号	张拉值	目标索力	
				调整值	原设计值
30—31	1	D01	730	612	620
	5	D02	832	797	829
	2	D03	1 061	891	935
	6	D04	979	929	967
	3	D05	1 175	942	967
	7	D06	944	944	963
	4	D07	1 144	949	962
	7	D06'	944	944	957
	3	D05'	1 144	940	954
	6	D04'	972	922	948
	2	D03'	1 041	900	915
	5	D02'	836	808	818
	1	D01'	681	611	619
31—32	1	D01'	709	611	619
	5	D02'	853	808	818
	2	D03'	1 086	900	915
	6	D04'	987	922	948
	3	D05'	1 181	940	954
	7	D06'	944	944	957
	4	D07	1 166	949	962
	7	D06	944	944	963
	3	D05	1 172	942	967
	6	D04	983	929	967
	2	D03	1 032	891	935
	5	D02	823	797	829
	1	D01	695	612	620

注：按表中的张拉顺序和张拉值一次张拉到位，同一编号的 4 根索必须同时张拉。

（三）施工监控主要内容

1. 施工过程结构的位移、线形监测

（1）顶拉过程中钢箱梁前后端的挠度监测

钢箱梁顶拉过程中，需严密监测钢箱梁前后端和悬臂端，挠度过大或突然增大都是危险信号。

根据理论计算结果，顶拉施工过程中，监测的钢箱梁前、后悬臂端的挠度若达到 10 cm，则应暂停施工，并分析原因。

（2）顶拉过程中临时支墩的横位移监测

顶拉过程中，临时支墩及横盖梁的变形不能太大，必须对竖向挠度和水平位移进行监测。

根据理论计算结果，顶拉施工过程中，临时支墩及横盖梁的竖向位移限值为 5 cm，水平方向位移限值为 4 cm。

（3）顶落梁时的位移监测

当钢箱梁全部顶拉就位后即需进行落梁作业。在落梁过程中，按分步骤同步落梁的方式组织施工。每次落梁后，使用水准仪对钢箱梁顶板上各测点的高程进行测量，确保落梁至设计高程。同时，使用全站仪测量钢箱梁顶板上中线位置处测点的平面坐标，确保落梁不偏位。

（4）安装拱肋时的位移监测

拱肋安装时必须保证拱肋轴线，采用测量仪器同步监测，使拱肋轴线控制在精度之内。

（5）吊杆张拉时的位移监测

吊杆张拉时，钢箱梁与拱肋的线形会发生变化。因此，每次张拉吊杆时，都要对钢箱梁与拱肋上的主要位移测点进行测量，确定钢箱梁与拱肋的线形，与理论值进行对比，并作为吊杆调整的依据。

（6）拆除临时支墩的位移监测

完成成桥施工，对顶拉过程中使用的临时支墩进行拆除后，应测量、复核全桥线形。

2. 施工过程结构的应力监测

（1）顶拉过程中钢箱梁的应力监测

经理论分析计算，顶拉过程中，梁体受力变形复杂，尤其在滑道上方的梁承受很大的荷载，受力复杂且应力很大，特别是钢箱梁处于最大悬臂状态时，为避免出现局部失稳或应力过大而产生塑性变形，需对受力进行严密实时监测，以便及时调整施工措施。

应力限值：顶拉施工过程中，监测的单向应力或等效应力若达到 276 MPa，则应暂停施工，并分析原因。

（2）顶拉到位后至成桥时各施工阶段的应力监测

对顶拉到位后的各个施工阶段的应力进行监测，观测叠合拱桥在各个施工阶段的应力变化情况，与理论计算值进行比较，对结构的实际状态作出合理的判断，如有问题及时采取适当的补救措施。

3. 柔性吊杆索力监测

吊杆张拉的顺序是均匀对称张拉，需经过多次调整，以达到临时支墩拆除前索力目标值，成桥时检测并调整吊杆力到设计索力。

（四）结构应力监测

1. 应力应变测点布置

根据理论计算，在钢箱梁顶拉过程中，滑道上方钢箱梁板件的应力最大。

2. 测量应变片的布设

第一轮顶拉时，在距钢箱梁前端 14 m、16 m、18 m、84 m、86 m 处 5 个截面布置了应变片控制点；第二轮顶拉时，在钢箱梁前端 14 m、16 m、18 m、170 m、172 m 处 5 个截面布置了应变片控制点。各控制截面腹板位置上的应变计应尽量靠近底板腹板附近；最后将各应变计导线引到桥面上，用振弦读数仪对顶拉过程中的应力进行监测。应变计及应变片布置如图 7-3-13 所示。

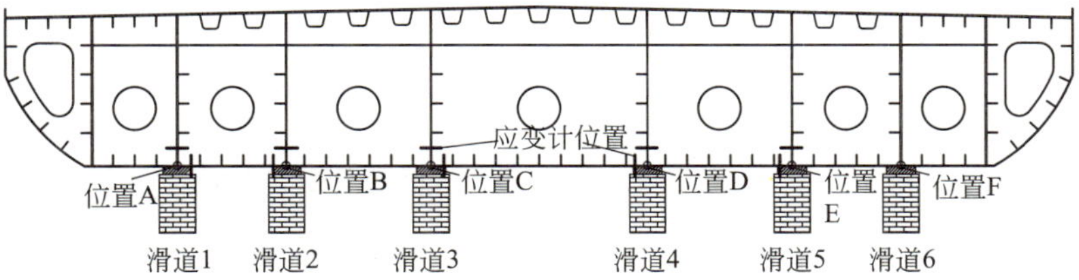

图 7-3-13　应变计和应变片布置位置示意图

现场埋设如图 7-3-14、图 7-3-15 所示。

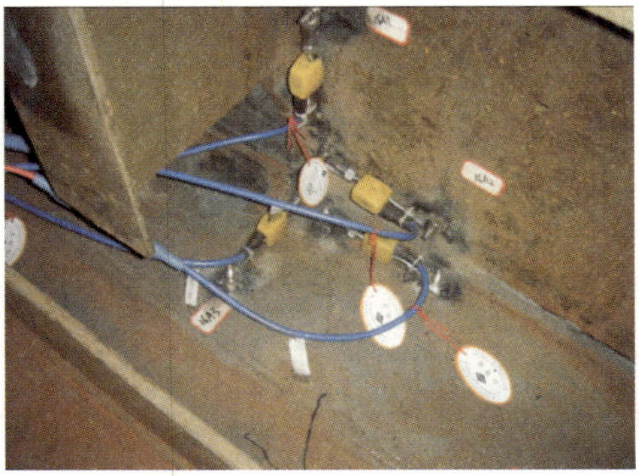

图 7-3-14　16 m 截面 A 位置应变计

图 7-3-15　16 m 截面 C 位置应变片

同时，在钢箱梁、钢箱拱上的其他控制截面布置应变计应力测点，观察在施工过程中这些截面的应力变化与应力分布情况。由有限元仿真计算的结果可知，拱肋上最不利截面位置基本对应于拱脚、$L/4$、拱顶截面，即图 7-3-16 中的 G1 至 G5 处，每个截面均在拱肋的顶面及底面外侧各布置一个钢弦式表面应变计，测试钢箱拱肋的应力应变情况，如图 7-3-17、图 7-3-18 所示。

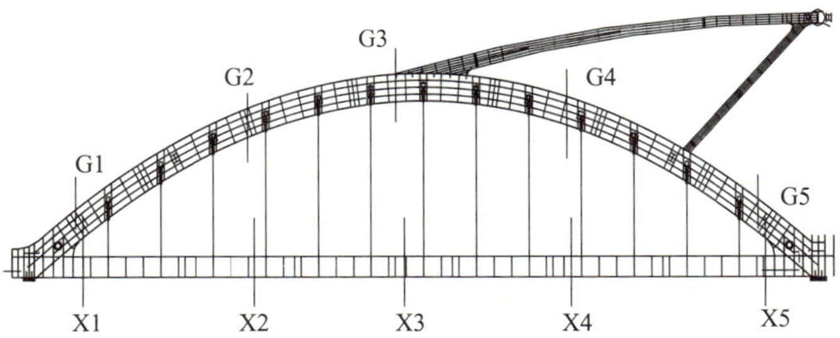

图 7-3-16　应力测点布置截面示意图

钢箱梁上应力测点布置在拱脚、跨中和 $L/4$ 处共 5 个截面上，即图 7-3-16 中的 X1 至 X5 处(其中在顶拉施工中已布置的不需再布置)，每个截面均在钢箱梁的底板各滑道位置处布置一个钢弦式表面应变计，并在每个腹板上各布置一个钢弦式应变计。

3. 第一轮顶拉应力监测结果及分析

(1)应变计监测结果

整个顶拉过程中，钢箱梁后端应变计监测得到的单向应力均较小，最大值为－41 MPa，发生在钢箱梁从3号临时墩顶拉至31号墩钢箱梁悬臂14 m的时候，为腹板的竖向应力。

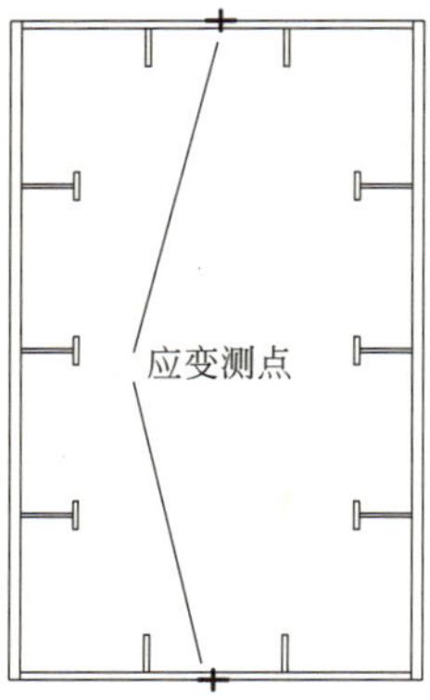

图 7-3-17　拱肋上应变测点

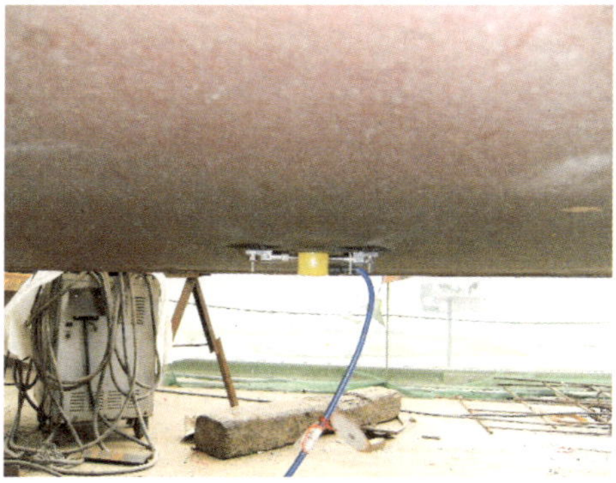

图 7-3-18　装在拱肋上的应变计

与钢箱梁顶拉的理论计算最大值对比，应变计监测的钢箱梁控制截面应力都较理论值的最大值小许多。钢箱梁顶拉过程中应力集中明显，应力梯度很大。

(2)应变片监测结果

整个顶拉过程中，监测得的钢箱梁后端的应力均小于276 MPa，其最大Mises等效应力为242 MPa，发生在钢箱梁后端离P2号支墩中心8 m时84 m截面的底板上，以及后端离2号中支墩中心7 m时86 m截面的腹板上。应变片实测应力值与理论值比较接近，且实测最大等效应力比理论值稍小。

4. 第二轮顶拉应力监测结果及分析

(1)应变计监测结果

整个顶拉过程中，钢箱梁前端应变计监测得到的单向应力均较小，当钢箱梁前端距31号墩上滑道前端18 m时，18 m截面处C位置处的底板横向应力最大，为－48.1 MPa；

与钢箱梁顶拉的理论计算最大值对比，应变计监测的钢箱梁控制截面应力都较理论值小许多。

(2)应变片监测结果

在钢箱梁从31号墩顶拉到32号墩的过程中，由前端和后端各控制截面处应变片监测结果换算出每位置等效应力。钢箱梁底板和腹板的顺桥向应力都较小，绝对值在100MPa以内，底板横桥向应力和腹板竖向应力在大部分区域都很小，在前端墩滑道上方的区域较大，底板和腹板的Mises等效应力也在滑道上方的区域较大，分别为240MPa和124MPa。

应变片监测的应力值与理论值接近，实测最大等效应力比理论值稍小。

5. 钢箱梁落梁过程的应力监测结果

钢箱梁落梁作业采用千斤顶进行，间隔交错整体下落，工作共分6个轮次，最大位移4 cm，初步落梁后，精调至设计高程。

整个落梁过程中，测得钢箱梁各控制截面的应力及应力变化幅度均较小，最大值为43.6 MPa。

6. 拱肋拼装及桥面施工阶段应力监测结果

拱肋拼装至施工完成的各个过程中钢箱梁、钢箱拱肋的应力监测结果均与理论值较接近，应力实测最大值没有超过限值，结构安全，满足要求。

（五）结构位移及线形监测

1. 顶拉过程中竖向位移监测及结果分析

在钢箱梁顶拉前和过程中用精密水准仪测量，详细并密切地观测、记录了箱梁前、后端的高程变化，包括桥梁纵坡、刚体位移、预拱度和梁的挠度，通过计算消去前 3 种因素的影响，得最大悬臂时挠度最大，各个阶段的最大挠度见表 7-3-5，均在设计要求以内。

表 7-3-5　顶拉过程中，各阶段钢箱梁前端最大挠度　　单位：mm

顶拉阶段	前端		后端	
	实测值	理论值	实测值	理论值
30 号→L1 号	23	18	2	2
L1 号→L2 号	1	2	1	1
L2 号→L3 号	6	2	1	1
L3 号→31 号	12	16	3	2
31 号→L4 号	4	11	2	2
L4 号→L5 号	6	4	2	1
L5 号→L6 号	7	5	1	1
L6 号→32 号	4	7	3	2

2. 顶拉过程中临时墩横盖梁位移监测及结果

在钢箱梁顶拉过程中荷载传到临时墩，临时墩及盖梁会发生竖向不均匀变形，引起各滑道受力分配不均导致钢箱梁的局部应力增大。因此，需对临时墩横盖梁的位移进行监测，以控制墩上各滑道在同一水平面上，尽量使梁受力均衡。

具体做法是，在 P1 号、P2 号中支墩和 L1 号、L2 号、L3 号临时墩均布置了电子尺，以监测横盖梁的水平和竖向位移，如图 7-3-19、图 7-3-20 所示。

图 7-3-19　临时墩横盖梁纵向位移监测

图 7-3-20　临时墩横盖梁竖向位移监测

(1)第一轮顶拉监测结果及分析

在钢箱梁从开始顶拉到尾端导梁下 P1 号中支墩之前，对尾端临时墩横盖梁的纵向位移监测，表明仅为 1.5 mm，符合设计要求。

表 7-3-6 列出了在钢箱梁顶拉过程中前端临时墩的纵向和竖向位移，监测表明各临时墩竖向位移与理论值比较接近，而纵向位移则小于理论值。

表 7-3-6　顶拉 L1 号、L2 号、L3 号临时墩横盖梁的最大竖向和纵向位移

前端临时墩	最大竖向位移(mm)		最大纵向位移(mm)	
	理论值	实测值	理论值	实测值
L1 号	4.0	3.67	6.0	2.34
L2 号	11.0	10.41	10.0	6.85
L3 号	13.0	12.14	12.0	−3.32

注：表中竖向位移向下为正；纵向位移正方向与顶拉方向一致。

(2)第二轮顶拉监测结果及分析

在钢箱梁从开始顶拉到尾端导梁下 P1 号和 P2 号支墩之前，对其纵向和竖向位移进行监测显示，P1 墩纵向位移都较小，最大值为 5.42 mm，P2 号支墩的纵向位移最大为 3.38 mm，竖向位移最大值为−3.96 mm，比理论值稍小，符合设计要求。

钢箱梁从 31 号墩顶拉至 32 号的过程中，对前端 L4 号、L5 号、L6 号临时墩的纵向和竖向位移监测最大值与理论值的比较见表 7-3-7，由表可见实测最大值都比理论值稍小，符合设计要求。

表 7-3-7　顶拉 L4 号、L5 号、L6 号临时墩横盖梁的最大竖向和纵向位移

前端临时墩	最大竖向位移(mm)		最大纵向位移(mm)	
	理论值	实测值	理论值	实测值
L4 号	12.0	—	4.0	1.6
L5 号	11.0	—	5.0	3.4
L6 号	2.0	0.3	3.0	1.2

注：表中竖向位移向下为正；纵向位移正方向与顶拉方向一致。

3. 钢箱梁线形监测

钢箱梁落梁后至辅拱合龙后的线形监控结果表明：钢箱梁的线形基本上没有变化。

桥面混凝土至全桥竣工钢箱梁线形监测结果显示：施工过程中钢箱梁的线形实测值与理论值基本吻合，两者差值最大在 1 mm 左右；桥梁竣工后钢箱梁最大上拱度实测值为 15 mm，设计值为 12 mm，两者比较接近，桥梁最终线形满足设计要求，如图 7-3-21 所示。

4. 拱肋线形监测

拱肋拼装过程中，拱肋的中线和高程均采用全站仪来监测，其中顶板的监测方法是在其中线位置处贴一反射片，测量反射片的位置；底板则在中线位置处立一棱镜测出其空间位置；最后将实测结果与理论值相比较，并及时将数据反馈给施工单位。

图 7-3-22 为拱肋合龙后的各施工过程中左线和右线拱肋的线形。从图中看出：

(1)拱肋的轴线的偏差值大部分控制在 1 cm 之内。

(2)拱肋各节段接口处顶板和底板的高程大部分控制在 1 cm 之内。

(3)拱肋各节段接口处顶板和底板的里程均控制在 3 cm 之内。

(4)各施工过程中拱肋的线形与计算值基本吻合。

上述结果显示各施工过程中结构位移及线形监测与理论值符合，满足设计要求。

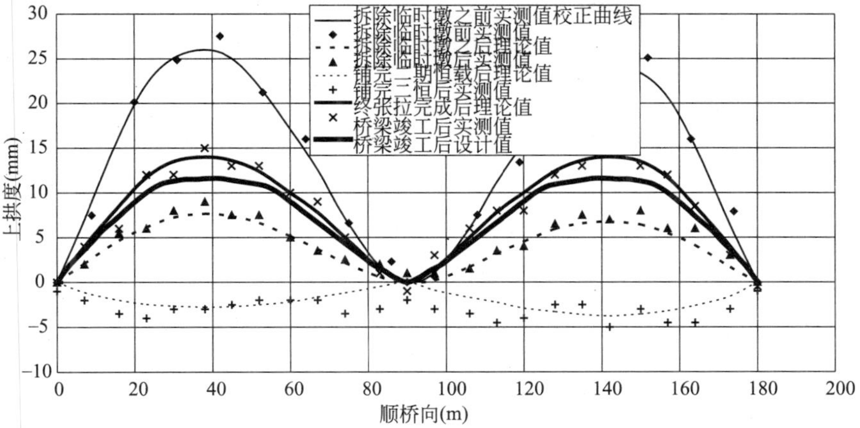

图 7-3-21　施工过程中钢箱梁线形图

注:图中拆除临时墩之前的曲线为根据实测值校正的曲线,此后各施工过程的理论值曲线均以此条曲线为基准来计算。

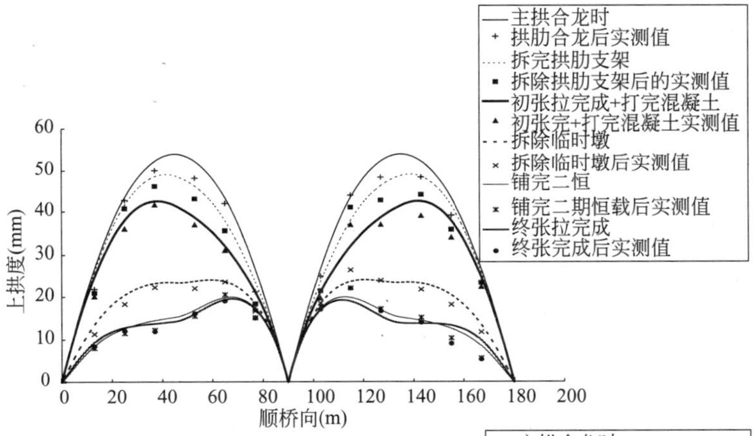

(a) 左侧拱肋

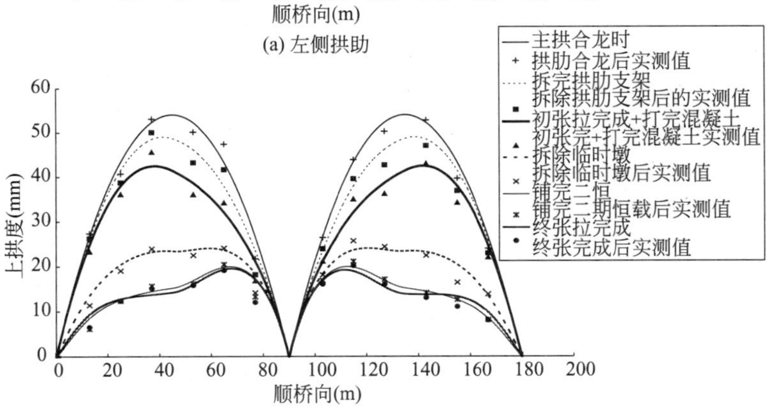

(b) 右侧拱肋

图 7-3-22　施工过程中拱肋线形

(六)柔性吊杆监测

1. 吊杆索力测试方法

对吊杆力的测试采用千斤顶液压测定和频率法相结合。频率法是利用精密拾振器,拾取拉索在环境振动激励下的振动信号,经过滤波、放大和频谱分析,再根据频谱图来确定拉索的自振频率,然后根据自振频率与索力的关系确定索力,该方法既可以在施工过程中测量,也可以在千斤顶锚固回油后和成桥检测时重复使用。

具体测试方法为：索力张拉时，用安装在吊杆拉索上的传感器和动力测试仪拾取吊杆拉索的振动信号，并经配套软件频谱分析(FFT)，获得各阶自振频率，并计算出索力。

2. 实测吊杆力

在吊杆终张拉完成以后，经过调整索力，最终全桥索力实测值见表 7-3-8。

表 7-3-8 张拉后吊杆索力实测值 单位：kN

跨度	张拉顺序	吊杆编号	张拉值	目标索力		实测值	
				原设计值	调整值	左侧	右侧
30—31跨	1	D01	730	620	612	612	633
	5	D02	832	829	797	797	806
	2	D03	1 061	935	891	927	928
	6	D04	979	967	929	913	933
	3	D05	1 175	967	942	934	981
	7	D06	944	963	944	967	949
	4	D07	1 144	962	949	933	952
	7	D06'	944	957	944	945	932
	3	D05'	1 144	954	940	963	958
	6	D04'	972	948	922	927	950
	2	D03'	1 041	915	900	925	946
	5	D02'	836	818	808	828	805
	1	D01'	681	619	611	625	611
31—32跨	1	D01'	709	619	611	636	636
	5	D02'	853	818	808	803	815
	2	D03'	1 086	915	900	898	896
	6	D04'	987	948	922	930	937
	3	D05'	1 181	954	940	954	950
	7	D06'	944	957	944	945	938
	4	D07	1 166	962	949	990	964
	7	D06	944	963	944	964	949
	3	D05	1 172	967	942	984	984
	6	D04	983	967	929	925	914
	2	D03	1 032	935	891	908	887
	5	D02	823	829	797	811	797
	1	D01	695	620	612	624	644

注：表中"调整值"是按二期恒载为 19.43 t/m 计算的；"原设计值"是按二期恒载为 21.44 t/m 计算的；表中结果均为晚上的测量结果。

经分析在初张拉过程中，用螺帽固定吊杆后引起的索力损失在 10～30 kN 之间；拆除临时墩后大部分索力实测与计算的差值在 50 kN 之内。

二期恒载后各吊杆索力的实测值均小于计算值，索力调整以后，各吊杆索力的实测值与调整值相比，最大低了 16 kN，最大高了 42 kN；左右两侧吊杆索力基本上平衡，最大值相差 47 kN。由此可见，各吊杆索力的实测值与调整值基本上是吻合的。

(七)监测成果总结

施工监控工作历时 7 个多月，现将各监测结果汇总如下。

1. 线形

顶拉过程中，钢箱梁前、后端的挠度都较小，且与理论相符。

第一次顶拉到位后钢箱梁中线前端左偏 2 mm，后端左偏 4 mm；第二次顶拉到位后钢箱梁前端左偏 3 mm，后端左偏 1 mm。

落梁后至临时墩拆除以后，钢箱梁的线形实测值与理论值基本吻合；全桥竣工后，钢箱梁最大实测上拱度值为 15 mm，设计最大上拱度值为 12 mm，二者相差不大；拱肋施工过程中，左右拱轴线的偏差值均控制在 7 mm 以内，各施工过程中，两榀拱肋的上拱度实测值与计算值基本吻合，符合设计要求。

2. 应力

顶拉过程中钢箱梁应力监测结果与理论计算值比较符合，最大等效应力在控制范围内；钢箱梁落梁至桥梁竣工后，钢箱梁底板最大应力为 47.0 MPa，腹板最大应力为 33.4 MPa，二者均远远小于应力限值。

拱肋施工过程中，拱肋应力实测值均远远小于应力限值，辅拱合龙后至全桥竣工后拱肋应力实测值与理论值比较接近，拱肋应力最大值为－70.6 MPa 小于应力限值，符合设计要求。

吊杆终张拉完成后，各吊杆索力实测值与调整值之间的差值均在 5%以内，与设计吊杆力基本上是吻合的。

四、(80＋3-145＋80)m 刚构连续梁

(80＋3-145＋80)m 刚构连续梁，全长 596.6 m，主桥全部位于直线平坡上。施工控制内容包括施工过程模拟结构分析、监测(变形与应力)、误差分析以及后续施工状态预测等。

(一)仿真计算分析

1. 计算模型

利用 MIDAS/Civil 软件进行施工过程仿真分析，考虑了混凝土收缩徐变以及预应力筋的作用。全部施工过程划分为 47 个施工阶段，每个悬臂梁段的施工模拟为：挂篮、混凝土浇筑、预应力张拉三个阶段。

2. 计算结果

计算得出各个施工节段永久荷载效应、预应力效应、施工荷载效应等。在施工过程中，将此计算结果作为桥梁结构的理想状态，预测下一施工段的预拱度，确定立模高程，同时判断桥梁结构施工是否安全。

设计 T 构悬臂施工各梁段的过程始终处于受压状态，并且随着工程进度，梁部上下缘应力不断变化。上缘压应力在浇筑混凝土湿重作用下压应力减小，在张拉预应力钢束时压应力增加。

T 构各施工阶段梁体位移如图 7-3-23 所示。在张拉 12 号预应力钢束之前，梁体位置都是高于设计高程，浇筑 13 号梁段之后，梁体前端位移开始转为下挠，开始在设计高程以下，但张拉预应力钢束之后梁体最前端仍然在设计高程之上。13 号梁段之后的施工阶段，梁体变形有一个凹槽，梁体位移突变发生在 12 号梁段附近。

(二)施工监测及试验数据分析

1. 施工控制的原则与方法

本桥施工控制的原则是稳定性、内力和变形综合考虑。在施工中控制策略为全桥控制截面应力和主梁挠度应在施工过程中实时监测并反馈，以主梁高程作为主要控制指标，应力为

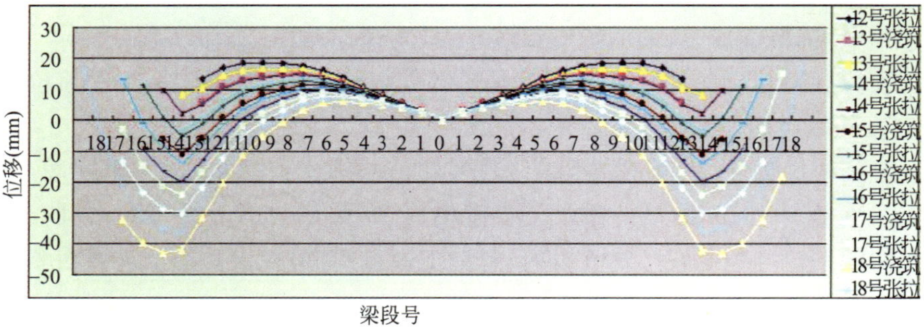

图 7-3-23 T 构各施工阶段梁体的位移

辅,确保全桥控制截面应力在安全范围内,使成桥线形和设计线形相一致。

与斜拉桥不同,连续梁桥、连续刚构桥在梁段浇筑完成后出现的误差,除张拉备用预应力索外,基本没有调整的余地,而只能针对已有误差在下一浇筑梁段的立模高程上作出必要的调整。要保证控制目标的实现,最根本的是对立模高程作出尽可能准确的预测。

2. 主梁应力监测分析

主梁应力/应变的测试断面分别选择在桥墩顶部截面变化段(D1)、桥墩顶部截面(D2);每跨的支点附近、1/4 跨、跨中截面,如图 7-3-24 所示。分别在梁部各测试断面的顶板、底板上布设观测点,预埋观测元件。在每个标准梁段的施工过程中,对挂篮就位后、混凝土浇筑完成、预应力张拉完成后、挂篮移动等 4 个工况下各观测点的应力值进行测试。采用智能型混凝土埋入式应变传感器(钢弦式应变计)同时测量应变和温度。

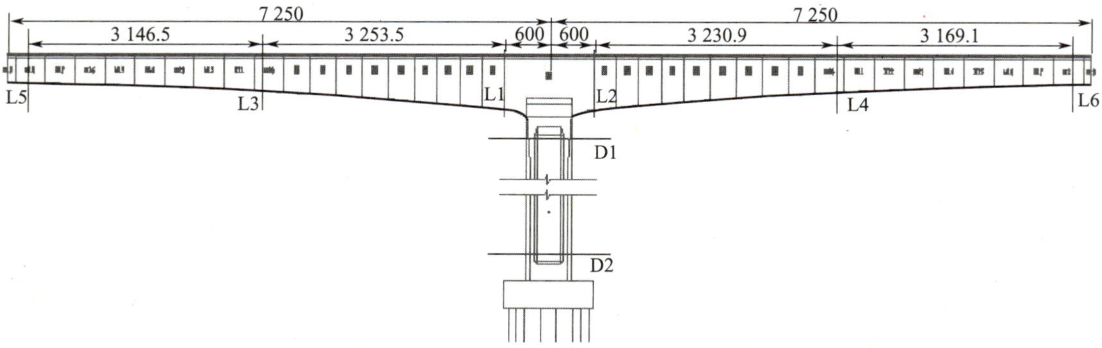

图 7-3-24 混凝土埋入式应变计布置截面位置示意图(单位:cm)

通过在主梁、主墩的控制断面处布设应力测试元件,以观测在施工过程中这些截面的应力变化和应力分布情况,结合其他监测结果能更全面地判断全桥的内力变形状态,形成一个较好的预警机制,从而保障桥梁的安全和质量。

3. 立模高程的确定

在监控之前做好箱梁设计线形、目标线形和预拱度线形的计算。设计线形由设计单位提供;目标线形是在设计线形的基础上,计入活载和长期徐变的作用得到;预拱度线形的计算则要在大桥施工图中施工阶段的基础上进一步细化得到。箱梁每一节段预拱度值的设定与下列因素相关:

第一,悬臂浇筑节段自身重量、预应力及施工荷载影响。

第二,挂篮的变形和自重影响。挂篮对挠度的影响体现在两个方面:一方面是湿混凝土重量使挂篮自身产生的变形，导致底模达不到期望高程，因此在预拱度设置中要计算变形产生的影响；另一方面，由于挂篮等施工荷载作用在桥梁的悬臂端，使桥梁产生整体的挠曲变形，这部分变形又会由于施工荷载的移除而恢复，因此在预拱度设置中要扣除这部分影响。

第三，为保证成桥后在二期恒载、1/2 汽车活载以及一定时间收缩徐变影响下的桥梁达到设计线型，必需设置使用阶段的预拱度。

综上所述，悬臂施工阶段立模高程的计算公式如下：

$$H_l = H_s + H_y + \Delta h \tag{7-3-2}$$

式中　H_l——立模高程；

H_s——设计高程；

H_y——计算得到预拱值；

Δh——挂篮变形值。

根据设计高程建模，进行正装计算，计算出各施工状态下的理论挠度，根据这些数据可以分别计算出梁段自重、预应力、二期恒载以及收缩徐变等在节段 i 引起的挠度，将这些挠度进行累积叠加，其负值就是预拱度值。图 7-3-25 为所计算全桥立模预拱度曲线。

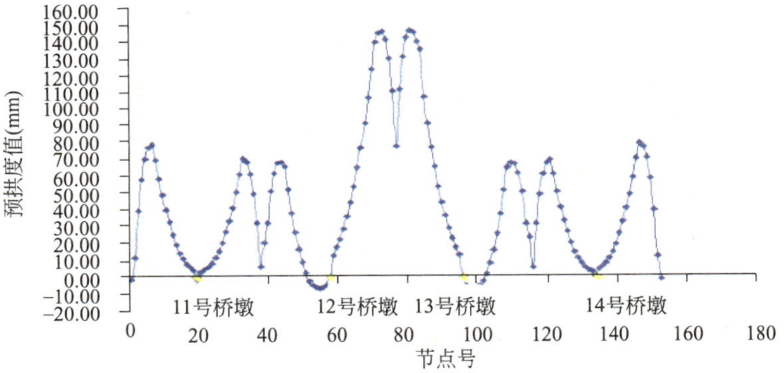

图 7-3-25　全桥立模预拱度曲线图

从图 7-3-25 中可以看到，在 12 号墩或 13 号墩的两边的预拱度值相差比较大，在靠近中跨一侧几乎是次边跨的 2 倍，这主要是因为在中跨的下挠量远大于次边跨，后期的徐变造成的影响也是中跨偏大，这些都决定了中跨立模时要多拱高一定的值，在 11 号墩或 14 号墩两端的预抛高值基本相等，对于各个桥墩两端的预拱度值都是先升后降，在靠近合龙段时预抛高值又减小了，这是因为在合龙段附近的梁段，后期没有积累的梁段自重造成它的下挠，相反还会出现由于合龙刚度变大，往上反弹的现象。

悬臂施工预拱度值与成桥二期恒载引起的挠度值及 1/2 活载引起的挠度值负值叠加得到总的预拱度值，将该值叠加到设计高程上，再加上挂篮的弹性变形以及误差调整值，得到该梁段的立模高程。实际的竣工高程可能与计算预测值略有差别，如果差别较大则需要进行正装叠加。以 14 号墩边跨梁段施工为例，图 7-3-26 为对应各梁段的预拱度曲线图。

对于悬臂浇筑施工的刚构桥，每一个悬浇梁段要进行 4 种工况的线形控制观测法，即：①挂篮就位，②混凝土浇筑后，③预应力钢束张拉前，④预应力钢束张拉完成后。

四阶段的观测方法中：阶段①、②的测量数据之差反映箱梁节段自重产生的挠度效应，阶段②、③的测量数据之差反映箱梁在这段时间内由收缩徐变产生和环境影响的挠度效应，阶段③、④的测量数据之差反映箱梁节段张拉预应力产生的挠度效应，本节段④和下节段①的测量

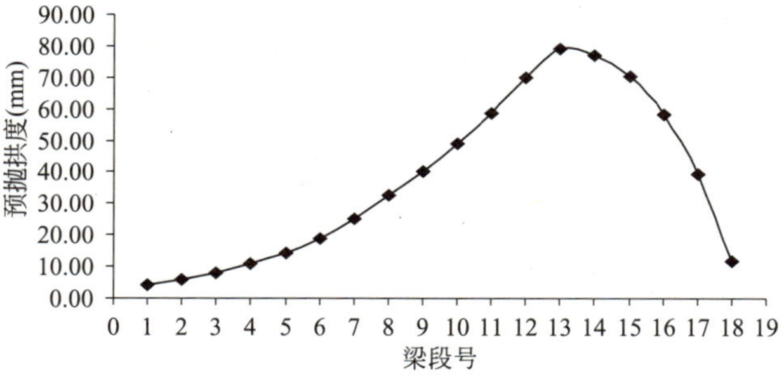

图 7-3-26　14 号墩边跨梁段施工预拱度值

数据之差反映了挂篮移动产生的挠度效应。

4. 实测与理论数据对比分析

实际监测的主梁上翼缘的高程线形和设计要达到的高程线形做比较，如图 7-3-27 所示。

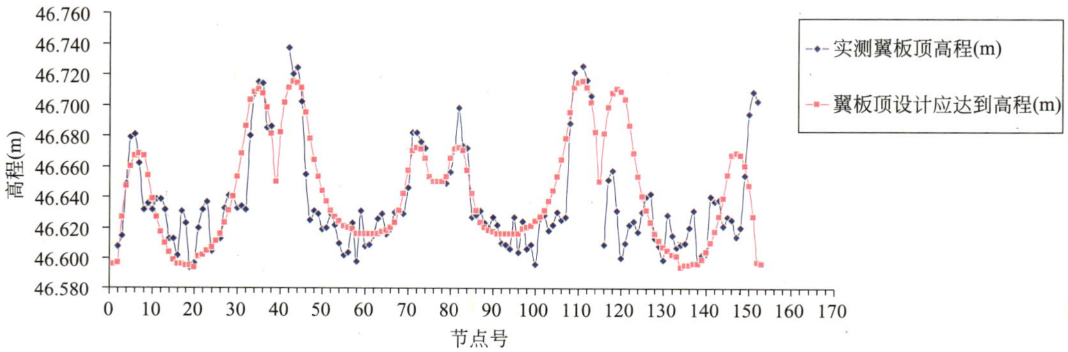

图 7-3-27　翼板顶实测高程与设计高程对比图

由图 7-3-27 可以得知，实际高程的控制中，整体来说符合设计预期的线形。但是 14 号墩次边跨的高程未能及时调整到设计预期线形上，稍低于设计值。对于相应的 11 号墩的控制就比较完美，略高于设计线形，12 号墩和 13 号墩两侧悬臂施工的节段高程控制也符合设计高程。

鉴于目前连续刚构桥普遍存在跨中下挠过大的现象，一般根据“宁高勿低”的原则，要使跨中段主梁实际高程高于设计高程。

（三）施工控制参数敏感性分析

1. 控制参数

大跨度连续刚构桥施工过程复杂，影响因素多，在设计阶段，参数为理想值，施工过程中结构设计参数的改变能导致结构的内力变化和形状的改变。因此，在大跨径桥梁施工控制中，必须对结构设计进行识别和修正，主要设计参数包括以下几个方面。

（1）结构几何形态；

（2）截面特性；

（3）与时间相关的参数；

（4）荷载；

（5）材料特性。

2. 敏感性分析

（1）梁段结构

①梁体自重

梁段自重误差主要来源于混凝土的容重误差和梁段成型尺寸误差。在计算模型中，取 $\gamma_0=26.5\ kN/m^3$ 作为初值进行计算。假设所有梁段混凝土容重均超出规范幅度为±10%进行敏感性分析（其他参数取理论值），分析主梁在最大悬臂状态下的挠度影响。

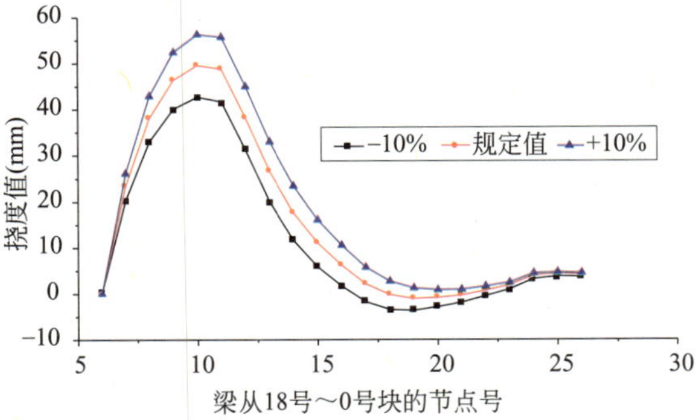

图 7-3-28 容重引起最大悬臂挠度变化曲线

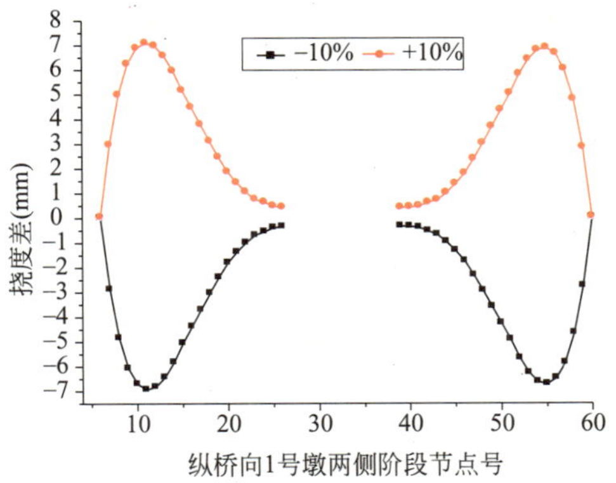

图 7-3-29 容重引起最大悬臂挠度变化量

从图 7-3-28 和图 7-3-29 可以看出，梁段混凝土容重对主梁最大悬臂状态下的挠度影响是比较明显的，混凝土容重偏大导致主梁在最大悬臂状态时向下挠度变大，而且主梁悬臂越长，梁段混凝土容重的影响也越明显，挠度最大变化量为 7 mm。

由于施工中挂篮模板发生胀模现象以及顶板厚度控制不准等问题，易使主梁存在尺寸误差，根据经验，这种误差可能高达 5%左右。

超重 5%时，次边跨和主跨下挠度增大，次边跨跨中下挠增量最大约为 6.86 mm，主跨跨中下挠增量约为 4.54 mm。而在边跨从 11 号和 14 号墩向两侧上拱量增大，但不明显，最大增量 0.49 mm。超重 5%时，主梁上缘应力增量约在−0.45～0.64 MPa。

②弹性模量

在结构构件长度不变的情况下，结构刚度主要取决于构件材料的弹性模量 E 和几何特性 A 和 I 以及支承条件的弹性状态。主梁混凝土为 C60，其弹性模量 E 规范取值为 3.65×10^4 MPa，使主梁混凝土弹性模量 E 波动 10%，计算得到主梁在最大悬臂状态时的挠度影响。

通过研究 11 号墩左半跨来研究弹性模量 E 波动 10%时的敏感性。

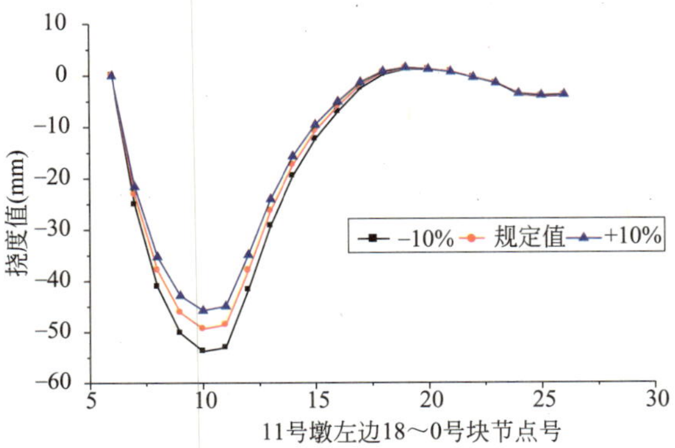

图 7-3-30 11 号墩最大悬臂挠度

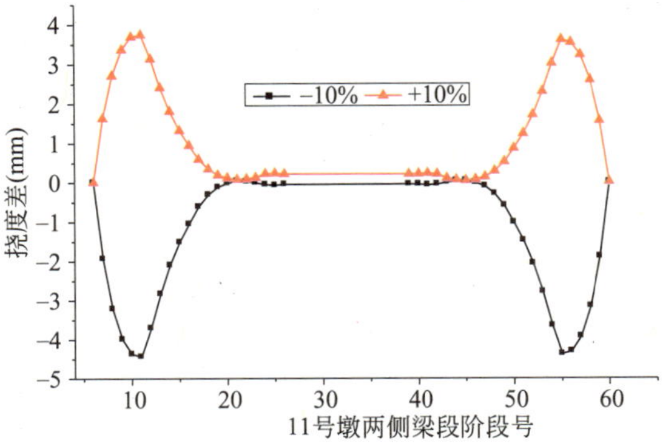

图 7-3-31 最大悬臂挠度差

由图 7-3-30 和图 7-3-31 中可以看出，弹性模量 E 增大时，主梁挠度值变小，反之则变大。

同时通过对主梁最大悬臂状态下挠度影响进行比较,可以看出梁段混凝土弹性模量对主梁最大悬臂状态下的挠度影响没有容重的影响明显,挠度变化量最大值为 4 mm。

(2)温度

悬臂浇筑的连续刚构在施工过程中,由于桥面铺装尚未施工,因此梁体直接暴露在阳光下,日照会引起桥梁向阳与背阳部位的温度差异,昼夜温差还会引起箱梁内部与外壁的温差。研究表明,对于大跨度预应力混凝土箱梁桥,温度应力影响甚大。

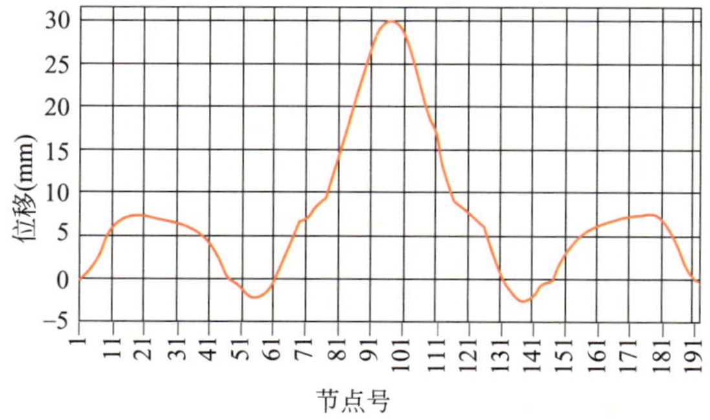

图 7-3-32 整体升温 20 ℃对位移的影响

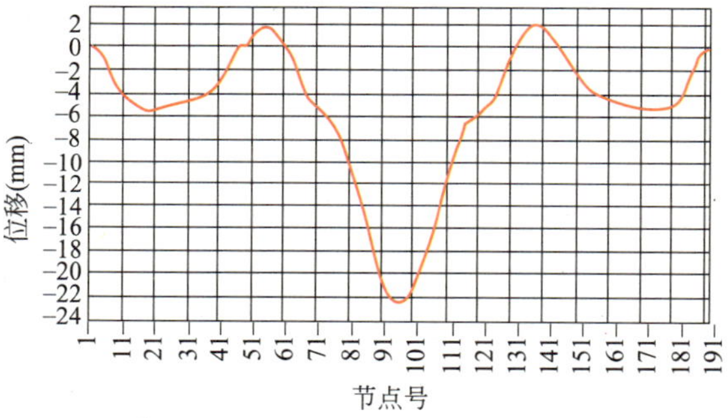

图 7-3-33 整体降温 15 ℃对位移的影响

由图 7-3-32 和图 7-3-33 可以看出温度对桥梁挠度影响很大,在桥梁整体升温 20 ℃时,跨中上拱 30 mm,而在整体降温 15 ℃时,主跨跨中下挠 22 mm。所以在设计和施工过程中要充分考虑到温度对桥梁的线形及其应力的影响。

(3)预应力张拉与损失

对于悬臂施工的预应力混凝土连续刚构桥,采用的是后张法施加预应力,梁体中最终的永存应力与初始张拉力及预应力的损失有关,预应力损失与管道摩阻、偏差系数、锚具变形量以及钢筋回缩量等很多因素有关,较难控制。这里主要对管道摩阻系数和管道偏差系数进行分析。

①管道摩阻系数 μ 敏感性分析

预应力钢束为钢绞线且管道成型方式是预埋塑料波纹管时,管道摩阻系数均取值为 0.14,在此假定管道摩阻系数 μ 波动±10%(其他参数取理论值)计算得出主梁在最大悬臂状态时的挠度影响。

从图 7-3-34 和图 7-3-35 可以看出,摩阻系数 μ 波动 10%时,对主梁最大悬臂状态下的挠度影响很小,只有 0.04 mm,相对于容重和弹模,在相同的变化范围内摩阻系数的影响较小。

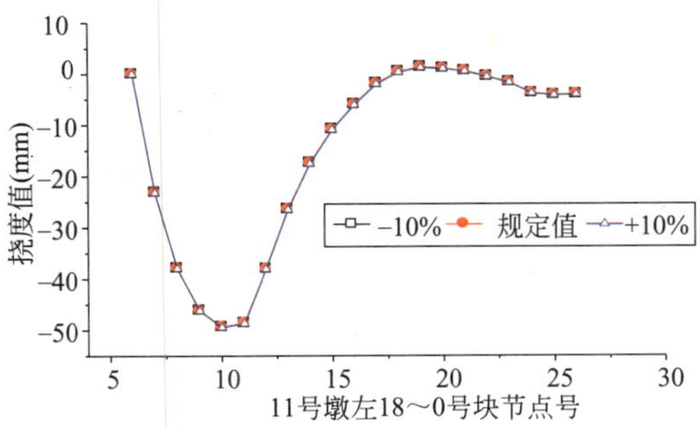

图 7-3-34　最大悬臂时挠度图

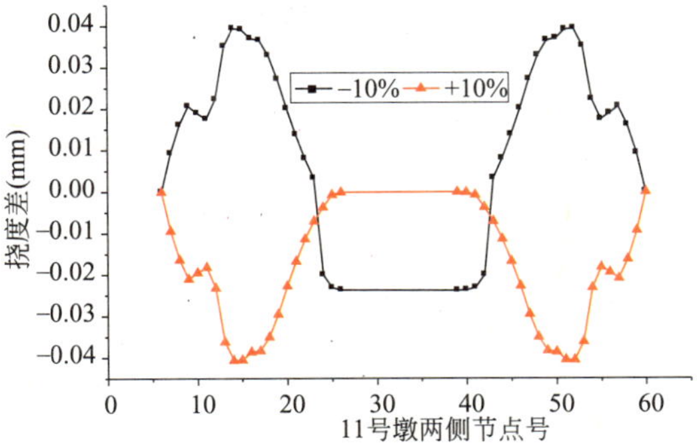

图 7-3-35　最大悬臂挠度差

②管道偏差系数 k 敏感性分析

预应力钢束为钢绞线且管道成型方式为预埋塑料波纹管时，管道偏差系数 k 取值为 0.003。在此将该系数波动 10%（其他参数取理论值），计算得出主梁在最大悬臂状态时的挠度影响。从图 7-3-36 和图 7-3-37 可以看出，对主梁最大悬臂状态下挠度影响和摩阻系数 μ 波动 10%的影响程度相当，最大挠度影响量为 0.4 mm，相对容重和弹性模量产生的影响小的多。

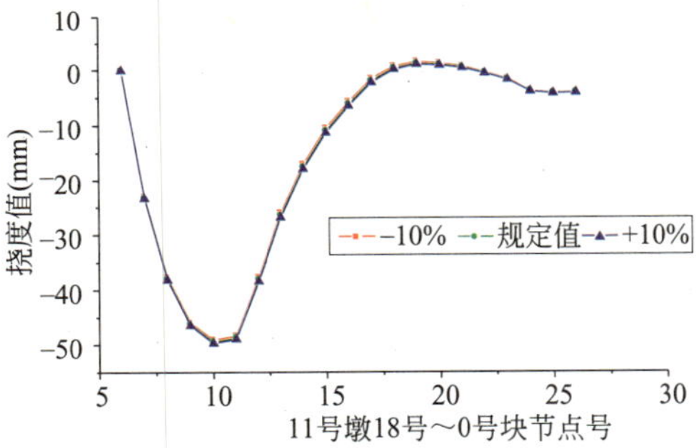

图 7-3-36　最大悬臂挠度细部分析图

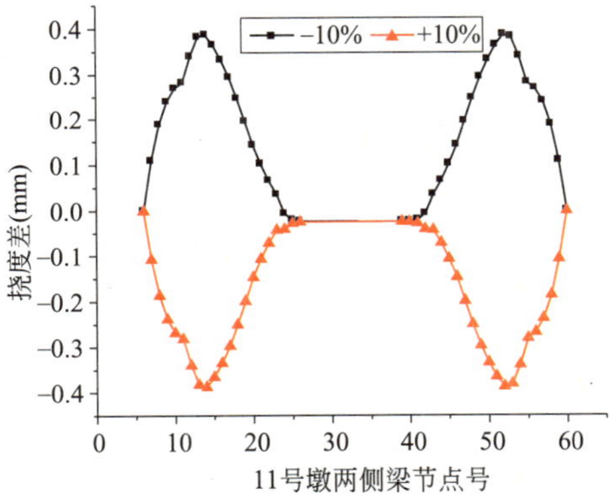

图 7-3-37　管道偏差系数 k 波动 10%挠度差

③混凝土收缩与徐变

在桥梁的施工过程中，由于混凝土龄期短，混凝土收缩、徐变影响较大。通过在相对湿度 80%、相对湿度 55%和不考虑收缩徐变 3 种情况下观察主梁挠度、应力和内力影响。结果表明环境相对湿度越大，收缩徐变对主梁的挠度、应力和内力影响越大，反之环境相对湿度越小。

加载龄期对混凝土徐变有非常显著的影响。加载龄期愈小，水泥的水化愈不充分，混凝土的强度愈低，混凝土的徐变也愈大。当加载龄期取值在 6 个月时对结构内力和变形的影响相对混凝土徐变的总影响要小的多。

第四节　桥梁动态检测

按照《铁路客运专线竣工验收暂行办法》（铁建设〔2007〕183 号）、《客运专线铁路工程竣工验收动态检测指导意见》（铁建设〔2008〕7 号）和《关于铁路客运专线开通・运营有关工作的指导意见》（铁运〔2008〕197 号），开展沿海铁路（甬台温、温福）桥梁检测工作。

一、检测目的

通过测试桥梁自振特性和试验货物列车、250 km/h CRH2-010A 综合检测车以各种速度通过典型桥梁时的动力响应，包括竖横向自振频率、阻尼比、动应变、动挠度、动力系数、支座竖横向动位移、竖横向振幅、强振频率、竖向振动加速度，据以判断结构在动载作用下的工作状态，判断桥梁是否具有足够的竖向和横向刚度，分析、评价试验货物列车和 250 km/h CRH2-010A 综合检测车通过桥梁时的安全性。

二、检测内容和评判标准

1. 检测内容

(1)梁体控制截面的动应变及动力系数

测试列车以 5 km/h 和其他速度通过桥梁时梁体控制截面的动应变，一方面分析动应力的大小，另一方面分析应变动力系数，以评定是否满足设计动力系数和运营动力系数的要求。

(2)梁体控制截面动挠度及动力系数

测试列车以 5 km/h 速度通过桥梁时的梁体控制截面准静态竖向挠度(扣除橡胶支座竖向位移)，换算至中-活载和 ZK 活载，得到竖向挠跨比，以评定桥跨竖向刚度。通过测试列车以其他速度通过桥梁时测试得到的动挠度，分析挠度动力系数，以评定是否满足设计动力系数和运营动力系数的要求。

(3)梁端竖向转角

测试列车以 5 km/h 速度通过桥梁时的梁端竖向转角，换算至中-活载和 ZK 活载下的梁端竖向转角，以评定是否满足梁端转角限值的要求。

(4)梁体竖向振动(含振幅、强振频率、自振频率、阻尼比)

测试列车通过桥梁时梁体竖向振动(含强振频率、振幅)，分析竖向激励特征和梁体是否产生竖向共振现象；通过用环境微振动法或余振法测试梁体竖向固有特性(含自振频率、阻尼比)，以评定梁体竖向刚度。

(5)梁体横向振动(含振幅、强振频率、自振频率、阻尼比)

测试列车通过桥梁时梁体横向振动(含强振频率、振幅)，以分析横向激励特征和评定梁体横向刚度；通过用环境微振动法或余振法测试梁体横向固有特性(含自振频率、阻尼比)，以评定梁体横向刚度。

(6)桥面竖向振动加速度

测试列车通过桥梁时桥面竖向振动加速度，以评定桥上道砟是否能保持良好状态。

(7)桥墩横向振动(含振幅、强振频率、自振频率)

测试列车通过桥梁时墩顶横向振动(含强振频率、振幅)，以分析横向激励特征和评定桥墩横向刚度；通过用环境微振动法或余振法测试桥墩横向自振频率，以评定桥墩横向刚度。

(8)支座的横向和竖向位移

测试列车通过桥梁时支座的横向和竖向位移，以评定支座的横向位移是否过大和计算扣除支座竖向位移后的竖向挠度。

(9)列车速度和位置

测试列车速度和位置，以分析在某些测试参数超标时列车在桥上的排列，找出产生异常激励的车辆。

2. 评判标准

试验数据评判主要依据《客货共线铁路工程竣工验收动态检测指导意见》(铁建设〔2008〕133 号)、《新建时速 200～250 公里客运专线铁路设计暂行规定》(铁建设〔2005〕140 号)和《新建时速 200 公里客货共线铁路设计暂行规定》(铁建设函〔2005〕285 号)，并参考《铁路桥梁检定规范》(铁运函〔2004〕120 号)。

(1)梁体竖向参数评价标准

①挠度限值

《新建时速 200～250 公里客运专线铁路设计暂行规定》规定梁体在 ZK 活载静力作用下的竖向挠度(扣除支座竖向位移)不应大于表 7-4-1 所列数值。

表 7-4-1　200～250 km/h 客运专线铁路桥梁梁体的竖向挠度限值

跨度 L(m)	$L\leqslant 24$	$24<L\leqslant 40$	$40<L<96$
单跨	$L/1\ 300$	$L/1\ 000$	$L/1\ 000$
多跨	$L/1\ 800$	$L/1\ 500$	$L/1\ 200$

《新建时速 200 公里客货共线铁路设计暂行规定》规定梁体在中-活载静力作用下的竖向挠度(扣除支座竖向位移)不应大于表 7-4-2 所列数值。

表 7-4-2　200 km/h 客货共线铁路桥梁梁体的竖向挠度限值

跨度 L(m)	$L\leqslant 20$	$20<L\leqslant 50$	$50<L\leqslant 70$	$70<L\leqslant 96$
单跨	$L/1\ 000$		$L/900$	
多跨	$L/1\ 400$	$L/1\ 200$	$L/1\ 000$	$L/900$

②转角限值

《新建时速 200～250 公里客运专线铁路设计暂行规定》规定在 ZK 活载静力作用下，有砟轨道桥梁梁端竖向转角不应大于 2‰。《新建时速 200 公里客货共线铁路设计暂行规定》规定，在中-活载静力作用下，路基与桥梁过渡处梁端转角不应大于 3‰，两梁之间的转角不应大于 6‰。

③自振频率

《新建时速 200～250 公里客运专线铁路设计暂行规定》和《新建时速 200 公里客货共线铁路设计暂行规定》规定简支梁竖向自振频率(Hz)不应小于 n_0：

$$n_0=\begin{cases}\dfrac{80}{L} & 4\ \text{m}\leqslant L\leqslant 20\ \text{m}\\ 23.58L^{-0.592} & 20\ \text{m}<L<96\ \text{m}\end{cases}\tag{7-4-1}$$

④加速度

《新建时速 200～250 公里客运专线铁路设计暂行规定》和《新建时速 200 公里客货共线铁路设计暂行规定》规定道砟桥面强振频率不大于 20 Hz 的竖向振动加速度不应大于 $0.35g$。

⑤动力系数

动力系数有运营动力系数和设计动力系数。

实际运营列车的动力系数与列车速度、梁体的跨度和竖向自振频率以及实际的轨道状态有关。国内外的大量理论和试验研究表明，在不出现共振条件下，运营列车的动力系数可用下式表示：

$$1+\mu_{运营}=1+\mu'+0.5\mu'' \tag{7-4-2}$$

$$\mu'=\frac{K}{1-K+K^4},K=\frac{v}{2L_\varphi\cdot n_0}$$

$$\mu''=\frac{\alpha}{100}\left[56\cdot e^{-\left(\frac{L_\varphi}{10}\right)^2}+50\cdot\left(\frac{L_\varphi n_0}{80}-1\right)\cdot e^{-\left(\frac{L_\varphi}{20}\right)^2}\right],\begin{cases}\alpha=V/22 & v\leqslant 22\ \text{m/s}\\ \alpha=1 & v>22\ \text{m/s}\end{cases}$$

式中 v——列车速度(m/s)；

n_0——桥梁竖向固有频率(Hz)；

L_φ——跨度(m)。

实测动力系数不宜大于运营动力系数，即：

$$1+\mu_{实测}\leqslant 1+\mu_{运营} \tag{7-4-3}$$

设计动力系数是在制定设计荷载图式时考虑各种运营的机车车辆的轴重和速度，根据实际列车的动力作用大小，按设计动力作用与实际动力作用等效的原则确定设计动力系数。

《新建时速200～250公里客运专线铁路设计暂行规定》规定设计弯矩动力系数按下式计算：

$$1+\mu_{设计}=\frac{1.494}{\sqrt{L_\varphi}-0.2}+0.851 \tag{7-4-4}$$

式中 L_φ——加载长度(m)。

其中 $L_\varphi<3.61$ m时按3.61 m计；简支梁时为梁的跨度；n 跨连续梁时取平均跨度乘以下列扩大系数：$n=2$ 时，1.20；$n=3$ 时，1.30；$n=4$ 时，1.40；$n\geqslant 5$ 时，1.50。动力系数计算值小于1.0时取1.0。当计算 L_φ 小于最大跨度时，取最大跨度。

《新建时速200公里客货共线铁路设计暂行规定》规定钢梁设计动力系数按下式计算：

$$1+\mu_{设计}=1+\frac{28}{40+L} \tag{7-4-5}$$

混凝土梁的设计动力系数按下式计算：

$$1+\mu_{设计}=1+\alpha\left(\frac{6}{30+L}\right) \tag{7-4-6}$$

L 以m计，除承受局部活载的杆件为影响线加载长度外，其余均为桥梁跨度，$\alpha=4(1-h)\leqslant 2$，填土厚度 $h<1$ m(从轨底算起)。

由于运营荷载的竖向动力作用不应大于设计荷载的竖向动力作用，所以实测 $\mu_{实测}$ 乘以试验列车静荷载竖向效应($P_{运营}$)不宜大于 $\mu_{设计}$ 乘以设计活载竖向效应($P_{设计}$)，即：

$$\mu_{实测}\times P_{运营}\leqslant\mu_{设计}\times P_{设计} \tag{7-4-7}$$

(2)梁体横向参数评价标准

①横向振幅

《铁路桥梁检定规范》规定预应力混凝土梁横向刚度的通常值：跨中横向振幅：$L/7.0B$(mm)(货车：$v\leqslant 80$ km/h)，$L/14.7B$(mm)(客车参考值：160 km/h$<v\leqslant$200 km/h)。

②桥墩横向参数评价标准

《铁路桥梁检定规范》规定的墩顶横向振幅通常值和桥墩横向自振频率通常值见表 7-4-3。

表 7-4-3　墩顶横向振幅和桥墩横向自振频率通常值表

<table>
<tr><th rowspan="2">墩身构成</th><th rowspan="2">墩身尺寸特征</th><th colspan="2">基础与地基土</th><th>墩顶横向振幅（mm）</th><th rowspan="2">横向自振频率 f(Hz)</th></tr>
<tr><th>基础类型</th><th>地基土</th><th>$v>60$ km/h</th></tr>
<tr><td rowspan="8">混凝土或石砌墩身</td><td rowspan="4">低　墩：
$H_1/B<2.5$</td><td>扩大基础</td><td>岩石</td><td rowspan="2">$\frac{H}{25}+0.1$</td><td rowspan="4">—</td></tr>
<tr><td>沉井基础</td><td></td></tr>
<tr><td>桩基础</td><td></td><td rowspan="2">$\frac{H}{25}+0.4$</td></tr>
<tr><td>扩大基础</td><td>黏土或砂、砾</td></tr>
<tr><td rowspan="4">中高墩：
$H_1/B\geqslant2.5$</td><td>扩大基础</td><td>岩石</td><td rowspan="2">$\frac{H_1^2}{100B}+0.2$</td><td rowspan="2">$\geqslant\frac{24\sqrt{B}}{H_1}$</td></tr>
<tr><td>沉井基础</td><td></td></tr>
<tr><td>桩基础</td><td></td><td>$\frac{(H+\Delta h)^2}{100B}+0.2$</td><td>$\geqslant a_1\frac{24\sqrt{B}}{H}$</td></tr>
<tr><td>扩大基础</td><td>黏土或砂、砾</td><td>$a_2(\frac{H_1^2}{100B}+0.2)$</td><td>$\geqslant a_3\frac{24\sqrt{B}}{H_1}$</td></tr>
</table>

注：H 为墩全高（自基底或桩承台底至墩顶）(m)；H_1 为墩高（自基顶或桩承台顶至墩顶）(m)；B 为墩身横向平均宽度(m)。

③支座横向位移评价标准

《新建时速 200 公里客货共线铁路设计暂行规定》规定支座横向位移不大于±1 mm。

三、测点布置和测试方法

1. 测点布置

根据检测目的，检测桥梁主要选择新型结构、特殊结构，结合设计资料，分析典型桥梁的分布状况，以雁荡山特大桥和瓯江特大桥为例说明，见表 7-4-4。

表 7-4-4　试验桥梁特点

<table>
<tr><th>序号</th><th>检测工点</th><th>中心里程</th><th>结构特点</th><th>测试范围</th><th>选择目的</th></tr>
<tr><td>1</td><td rowspan="3">雁荡山特大桥</td><td>K515+931</td><td rowspan="3">30-32 m 简支梁+2-90 m 叠合拱+4-32 m 简支梁+2-24 m 简支梁+(32+48+32)m 连续梁+4-32 m 简支梁</td><td>2-90 m 叠合拱</td><td>特殊结构</td></tr>
<tr><td>2</td><td>K516+117</td><td>32 m 简支箱梁</td><td>常用结构</td></tr>
<tr><td>3</td><td>K516+253</td><td>(32+48+32)m 连续梁</td><td>特殊结构</td></tr>
<tr><td>4</td><td rowspan="4">瓯江特大桥</td><td>K581+459</td><td rowspan="4">1-24 m 简支梁+3-32 m 简支梁+(48+80+48)m 连续梁+4-32 m 简支梁+2-28 m 简支梁+22-32 m 简支梁+1-24 m 简支梁+9-32 m 简支梁+2-24 m 简支梁+50-32 m 简支梁+(70+3-120+70)m 连续梁+16-32 m 简支梁+(40+64+40)m 连续梁+10-32 m 简支梁+1-28 m 简支梁+(37+74+37)m 刚构连续梁+15-32 m 简支梁+(48+80+48)m 连续梁+4-32 m 简支梁+1-24 m 简支梁+(32+48+32)m 连续梁+1-24 简支梁+10-32 m 简支梁+2-24 m 简支梁</td><td>(70+3−120+70)m 连续梁</td><td>特殊结构</td></tr>
<tr><td>5</td><td>K582+248</td><td>(40+64+40)m 连续梁</td><td>特殊结构</td></tr>
<tr><td>6</td><td>K582+336</td><td>32 m 简支梁</td><td>常用结构</td></tr>
<tr><td>7</td><td>K582+776</td><td>(37+74+37)m 连续刚构</td><td>特殊结构</td></tr>
</table>

测点布置见表 7-4-5～表 7-4-7。

表 7-4-5　雁荡山叠合拱测点布置

检测项目	部位	检测位置	
动位移	梁体	跨中	
	支座	活动支座横、竖向；固定支座竖向	
动应变	梁体	跨中混凝土下缘	
转角	梁体	梁体端部	
振幅（自振频率）	梁体	横向	跨中、梁端
		竖向	跨中
	墩顶	横向	墩顶
加速度	梁体	竖向	跨中

表 7-4-6　简支梁测点布置

检测项目	部位	检测位置	
动位移	梁体	跨中	
	支座	活动支座横、竖向；固定支座竖向	
动应变	梁体	跨中混凝土下缘	
振幅（自振频率）	梁体	横向	跨中
		竖向	跨中
	桥墩	横向	墩顶
加速度	梁体	竖向	跨中

表 7-4-7　预应力混凝土连续梁和连续刚构测点布置

检测项目	部位	检测位置	
动位移	梁体	中跨、边跨控制截面	
	支座	活动支座横、竖向；固定支座竖向	
动应变	梁体	中跨、边跨控制截面	
振幅（自振频率）	梁体	横向	中跨、边跨、梁端、支点处
		竖向	中跨、边跨
	桥墩	横向	墩顶
加速度	梁体	竖向	中跨、边跨

检测桥梁测点布置图如图 7-4-1～图 7-4-6 所示。

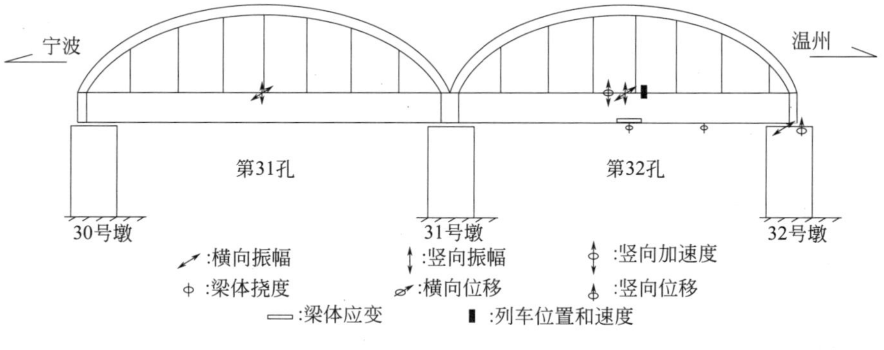

图 7-4-1　雁荡山特大桥 2-90 m 叠合拱测点布置图

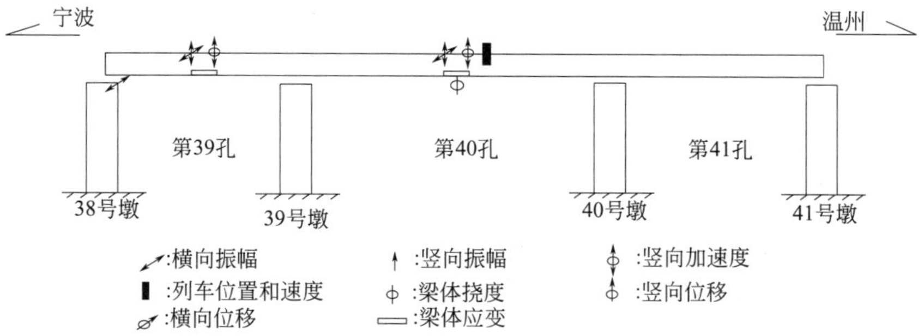

图 7-4-2　雁荡山特大桥(32＋48＋32)m 连续梁测点布置图

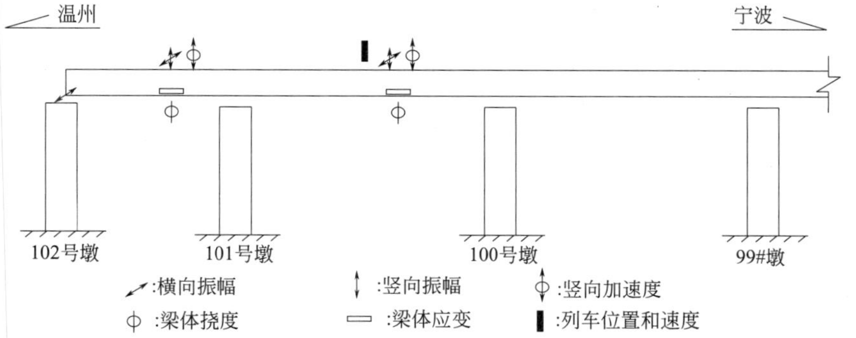

图 7-4-3　瓯江特大桥(70＋3-120＋70)m 连续梁测点布置图

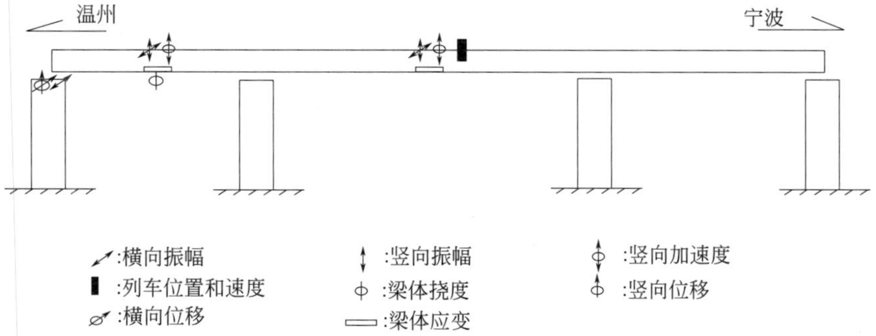

图 7-4-4　瓯江特大桥(40＋64＋40)m 连续梁测点布置图

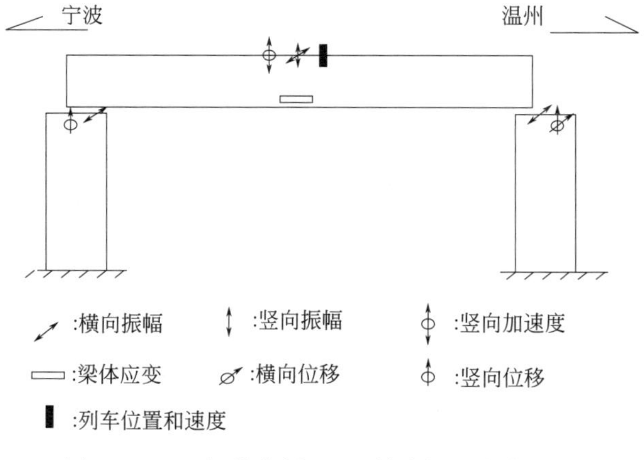

图 7-4-5　瓯江特大桥 32 m 简支梁测点布置图

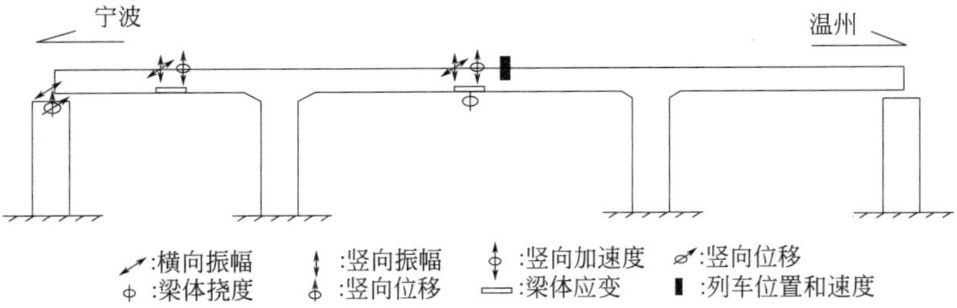

图 7-4-6 瓯江特大桥(37＋74＋37)m 连续刚构桥测点布置图

2. 测试数据分析方法

(1)关于时域数据处理的规定

对记录的测试数据应进行奇异项、零点飘移、趋势项、记录波形和记录长度的检验；被测试结构的自振频率，可在无载时间段记录曲线上比较规则的波形段内取有限个频率的平均值；被测试结构的阻尼比，可按自由衰减曲线求取；被测试结构各点的幅值，应记录信号幅值除以测试系统的增益，并按此求得振型。应消除系统误差，舍弃因过失误差产生的可疑数据。

(2)关于频域数据处理的规定

采样间隔应符合采样定理的要求，对频域中的数据应采用滤波、零均值化方法处理；被测试结构的自振频率，可采用自谱分析或傅立叶谱分析方法求取；被测试结构的阻尼比，宜采用自相关函数分析、曲线拟合法或半功率点法确定。被测试结构的振型，宜采用自谱分析、互谱分析或传递函数分析方法确定。进行谱分析时，应合理选择时间窗函数，以减少泄漏，在桥梁检测的实际运用中可选择汉宁(Hanning)、哈明(Hamming)、凯塞一贝塞尔(Kaiser-Bessel)或其他合适的时间窗函数。

(3)分析轨对的激励与结构的瞬时响应关系。

(4)直接从动挠度、动应力实测波形获得其相应的动力系数。

从动挠度波形：

$$1+\mu=\frac{\delta_{\mathrm{dmax}}}{\delta_{\mathrm{smax}}} \tag{7-4-8}$$

式中 δ_{dmax}——实测最大动挠度值；

δ_{smax}——取低速(准静态)最大挠度值。

从动应变波形：

$$1+\mu=\frac{\sigma_{\mathrm{dmax}}}{\sigma_{\mathrm{smax}}} \tag{7-4-9}$$

式中 σ_{dmax}——实测最大动应变值；

σ_{smax}——取低速(准静态)最大应变值。

从动挠度获取的动力系数为结构的整体动力系数；从应力波形获得的动力系数为该应力点具体结构的动力系数。

(5)对振动波形应进行下列分析

①桥梁振动时域波形的判读

对预检后的桥梁振动时域波形样本进行判读，目视检查或结合频谱分析，确认结构的各种特征频率。

②桥梁振幅

a. 基线两侧基本对称的振动波形，振幅可由任一方向的单峰值得出。

b. 基线两侧很不对称的振动波形，振幅应由较大的单峰值得出。注意波形必须是经过预检，去掉奇异项，修正零线飘移、趋势等误差，并经正确滤波后确认非失真的波形。

③结构各阶振动的自振频率和阻尼比特性

a. 由实测时域余振波形的自由振动衰减曲线确定：

自振频率
$$f_0=\frac{m}{mT} \tag{7-4-10}$$

阻尼比
$$D=\frac{1}{2\pi}\frac{1}{m}\ln\frac{A_n}{A_{n+m}} \tag{7-4-11}$$

式中 m——自由振动衰减波形图上量取振幅的整周期波数。

b. 由环境微振动频谱分析确定：

自振频率
$$f_0=\frac{\omega_0}{2\pi} \tag{7-4-12}$$

阻尼比
$$D=\frac{\Delta\omega}{2\omega_0} \tag{7-4-13}$$

式中 $\Delta\omega$——$X_{max}/\sqrt{2}$处的频带宽；

X_{max}——功率谱峰值；

ω_0——自振频率。

④结构强迫振动频率

截取振动时域波形样本中铁路机车和车辆的最大振幅时段的波形段，分别作最大熵法频谱分析，求取机车和车辆对结构产生的强迫振动频率。当该时域波形呈共振形态时，最大熵法频谱分析得出的强迫振动频率即为结构在该荷载下的有载自振频率。

(6)GPS 时间对准

通过 GPS 测试绝对时钟，以进行同一时刻桥梁动力响应与试验列车上测试数据综合分析。

3. 试验速度

试验货列、CRH_2-010A 综合检测车通过测试桥梁时的试验速度见表 7-4-8。

表 7-4-8 试验速度

单位：km/h

序号	桥梁名称	中心里程	测试范围	试验货列	CRH_2-010A 综合检测车
1	雁荡山特大桥	K515＋931	2-90 m 叠合拱	79.4～119.4	180.0～251.2
2		K516＋117	32 m 简支梁	81.0～121.2	180.0～251.2
3		K516＋253	(32＋48＋32)m 连续梁	79.8～120.3	180.1～251.2
4	瓯江特大桥	K581＋459	(70＋3-120＋70)m 连续梁	79.0～120.4	172.8～254.1
5		K582＋248	(40＋64＋40)m 连续梁	79.1～121.2	172.8～254.1
6		K582＋336	32 m 简支梁	79.1～121.2	172.8～254.1
7		K582＋776	(37＋74＋37)m 连续刚构	77.5～121.2	170.1～254.2

四、数据分析

1. 横向自振频率和横向振动阻尼比

实测横向自振频率和横向振动阻尼比汇总见表 7-4-9，横向振动阻尼比均与国内外原型桥梁试验结果吻合。

表 7-4-9 梁体横向自振频率和横向振动阻尼比汇总表

孔跨	梁型	横向自振频率(Hz)	横向振动阻尼比(%)
雁荡山特大桥	2-90 m 叠合拱	墩梁一体：2.90	2.04
	32 m 简支梁	墩梁一体：2.32	1.92
	(32+48+32)m 连续梁	墩梁一体：2.11	1.56
瓯江特大桥	(70+3-120+70)m 连续梁	墩梁一体：2.21	3.48
	(40+64+40)m 连续梁	墩梁一体：1.75	3.34
	32 m 简支梁	墩梁一体：2.10	3.39
	(37+74+37)m 连续刚构	墩梁一体：2.43	3.42

2. 竖向自振频率和竖向振动阻尼比

实测梁体竖向自振频率和竖向振动阻尼比汇总见表 7-4-10，梁体竖向振动阻尼比均与国内外原型桥梁试验结果吻合。

表 7-4-10 梁体竖向自振频率汇总表和竖向振动阻尼比汇总表

孔跨	梁型	竖向自振频率(Hz)		竖向振动阻尼比(%)
		实测值	限值	
雁荡山特大桥	2-90 m 叠合拱	2.75	—	2.51
	32 m 简支梁	5.88	3.08	1.97
	(32+48+32)m 连续梁	3.75	—	2.01
瓯江特大桥	(70+3-120+70)m 连续梁	1.14	—	2.38
	(40+64+40)m 连续梁	2.70	—	3.20
	32 m 简支梁	5.89	3.08	4.46
	(37+74+37)m 连续刚构	3.09	—	4.51

3. 跨中竖向挠跨比和挠度动力系数

换算至中-活载和 ZK 活载的跨中竖向挠跨比汇总分别见表 7-4-11 和 7-4-12。试验货列、CRH_2-010A 综合检测车以 5 km/h 准静态通过时，实测挠度(扣除盆式橡胶支座竖向位移)推算试验货列、CRH_2-010A 综合检测车双线加载时跨中最大挠度，换算至中-活载的跨中竖向挠跨比，均满足《新建时速 200 公里客货共线铁路设计暂行规定》的限值要求；换算至 ZK 活载的跨中竖向挠跨比，也满足《新建时速 200～250 公里客运专线铁路设计暂行规定》的限值要求，且均有较大裕量。

表 7-4-11 换算至中-活载梁体竖向挠跨比汇总表

孔跨	梁型	挠跨比(换算至中-活载)	《新建时速 200 公里客货共线铁路设计暂行规定》限值
雁荡山特大桥	2-90 m 叠合拱	试验货列：1/4170 CRH_2-010A 综合检测车：1/4811	1/900
	(32+48+32)m 连续梁	试验货列：1/4676 CRH_2-010A 综合检测车：1/5242	1/1200

续上表

孔跨	梁型	挠跨比 (换算至中-活载)	《新建时速 200 公里客货共线铁路设计暂行规定》限值
瓯江特大桥	(70+3-120+70)m 连续梁 70 m 跨	试验货列:1/8342 CRH2-010A 综合检测车:1/8665	1/1000
	(70+3-120+70)m 连续梁 120 m 跨	试验货列:1/3859 CRH2-010A 综合检测车:1/4365	—
	(40+64+40)m 连续梁 40 m 跨	试验货列:1/9983 CRH2-010A 综合检测车:1/10320	1/1200
	(37+74+37)m 连续刚构 74 m 跨	试验货列:1/7324 CRH2-010A 综合检测车:1/7461	1/900

表 7-4-12　换算至 ZK 活载梁体竖向挠跨比汇总表

孔跨	梁型	挠跨比 (换算至 ZK 活载)	《新建时速 200～250 客运专线铁路设计暂行规定》限值
雁荡山特大桥	2-90 m 叠合拱	试验货列:1/4956 CRH2-010A 综合检测车:1/5718	1/1200
	(32+48+32)m 连续梁	试验货列:1/5640 CRH2-010A 综合检测车:1/6323	1/1200
瓯江特大桥	(70+3-120+70)m 连续梁 70 m 跨	试验货列:1/10347 CRH2-010A 综合检测车:1/10748	1/1200
	(70+3-120+70)m 连续梁 120 m 跨	试验货列:1/5679 CRH2-010A 综合检测车:1/5261	—
	(40+64+40)m 连续梁 40 m 跨	试验货列:1/12126 CRH2-010A 综合检测车:1/12638	1/1500
	(37+74+37)m 连续刚构 74 m 跨	试验货列:1/8803 CRH2-010A 综合检测车:1/8967	1/1200

4．梁端转角

试验货列、CRH2-010A 综合检测车准静态双线加载时两梁之间的转角，换算到中-活载满足《新建时速 200 公里客货共线铁路设计暂行规定》两梁之间的转角不应大于 6‰的要求；试验货列、CRH2-010A 综合检测车准静态双线加载时梁端竖向转角，换算到 ZK 活载均满足《新建时速 200～250 公里客运专线铁路设计暂行规定》对有砟轨道桥梁梁端竖向转角不应大于 2‰的要求。具体见表 7-4-13～表 7-4-15。

表 7-4-13　试验列车、CRH2-010A 综合检测车作用下竖向动力作用与设计荷载下竖向动力作用比较

孔跨/梁型	试验列车	《新建时速 200 公里客货共线铁路设计暂行规定》	CRH2-010A 综合检测车	《新建时速 200～250 公里客运专线铁路设计暂行规定》
	$\mu_{实测} \times P_{运营}$	$\mu_{设计} \times P_{设计}$	$\mu_{实测} \times P_{运营}$	$\mu_{设计} \times P_{设计}$
雁荡山特大桥 2-90 m 叠合拱第 32 孔 90 m 跨跨中	$0.03P_{中活}$(110.3)	$0.22P_{中活}$	$0.03P_{ZK}$(251.2)	—
雁荡山特大桥 2-90 m 叠合拱第 32 孔 90 m 跨 1/4 处	$0.03P_{中活}$(119.4)	$0.22P_{中活}$	$0.04P_{ZK}$(251.2)	—
雁荡山特大桥(32+48+32)m 连续梁 48 m 跨	$0.03P_{中活}$(99.9)	$0.15P_{中活}$	$0.01P_{ZK}$(200.0)	$0.07P_{ZK}$
永嘉高架站特大桥 6-32 m 连续梁 32 m 跨	$0.04P_{中活}$(120.3)	$0.20P_{中活}$	$0.03P_{ZK}$(254.3)	$0.07P_{ZK}$

续上表

孔跨/梁型	试验列车	《新建时速 200 公里客货共线铁路设计暂行规定》	CRH2-010A 综合检测车	《新建时速 200～250 公里客运专线铁路设计暂行规定》
	$\mu_{实测}\times P_{运营}$	$\mu_{设计}\times P_{设计}$	$\mu_{实测}\times P_{运营}$	$\mu_{设计}\times P_{设计}$
瓯江特大桥(70＋3-120＋70)m 连续梁 70 m 跨	0.05$P_{中活}$(120.3)	0.12$P_{中活}$	0.02P_{ZK}(254.1)	—
瓯江特大桥(40＋64＋40)m 连续梁 40 m 跨	0.05$P_{中活}$(120.3)	0.17$P_{中活}$	0.04P_{ZK}(254.1)	0.04P_{ZK}
瓯江特大桥(37＋74＋37)m 连续刚构 74 m 跨	0.05$P_{中活}$(121.2)	0.13$P_{中活}$	0.03P_{ZK}(232.1)	0.03P_{ZK}

注：括号内为行车速度(km/h)。

表 7-4-14　换算到中-活载梁端转角汇总表

孔跨	梁型	梁端转角(‰)(换算至中-活载)	《新建时速 200 公里客货共线铁路设计暂行规定》限值(‰)
雁荡山特大桥	2-90 m 叠合拱(两 90 m 跨之间)	试验货列：1.53 CRH2-010A 综合检测车：1.33	6

表 7-4-15　换算至 ZK 活载梁端转角汇总表

孔跨	梁型	梁端转角(‰)(换算至 ZK 活载)	《新建时速 200～250 公里客运专线铁路设计暂行规定》限值(‰)
雁荡山特大桥第 32 孔	2-90 m 叠合拱	试验货列：0.65 CRH2-010A 综合检测车：0.56	2
雁荡山特大桥第 40 孔	(32＋48＋32)m 连续梁 48 m 跨	试验货列：0.57 CRH2-010A 综合检测车：0.51	2
瓯江特大桥	(70＋3-120＋70)m 连续梁 70 m 跨	试验货列：0.31 CRH2-010A 综合检测车：0.30	2
	(70＋3-120＋70)m 连续梁 120 m 跨	试验货列：0.56 CRH2-010A 综合检测车：0.61	2
	(40＋64＋40)m 连续梁 40 m 跨	试验货列：0.26 CRH2-010A 综合检测车：0.25	2
	(37＋74＋37)m 连续刚构 74 m 跨	试验货列：0.36 CRH2-010A 综合检测车：0.36	2

5. 跨中横向振幅

梁体跨中最大横向振幅汇总见表 7-4-16，实测试验货列、CRH2-010A 综合检测车作用下，实测梁体跨中横向振幅远小于《铁路桥梁检定规范》横向振幅通常值的要求。在试验车速范围内，均未发生共振现象。

表 7-4-16　梁体跨中横向振幅汇总表(mm)

孔跨	梁型	试验货列	《铁路桥梁检定规范》货车通常值	CRH2-010A 综合检测车	《铁路桥梁检定规范》客车通常值
雁荡山特大桥第 31 孔	2-90 m 叠合拱 90 m 跨	0.330(119.4)	—	0.032(180.0)	—
雁荡山特大桥第 32 孔	2-90 m 叠合拱 90 m 跨	0.239(119.4)	—	0.031(251.2)	—
雁荡山特大桥第 35 孔	32 m 简支梁	0.187(90.2)	0.95	0.037(248.3)	0.45
雁荡山特大桥第 36 孔	32 m 简支梁	0.108(121.2)	0.95	0.046(248.3)	0.45

续上表

孔跨	梁型	试验货列	《铁路桥梁检定规范》货车通常值	CRH2-010A 综合检测车	《铁路桥梁检定规范》客车通常值
雁荡山特大桥第 39 孔	(32+48+32)m 连续梁 32 m 跨	0.087(79.8)	0.95	0.030(249.2)	0.45
雁荡山特大桥第 40 孔	(32+48+32)m 连续梁 48 m 跨	0.118(90.2)	1.67	0.062(249.2)	0.80
瓯江特大桥	(70+3-120+70)m 连续梁 70 m 跨	0.144(120.4)	1.56	0.020(242.7)	0.74
	(70+3-120+70)m 连续梁 120 m 跨	0.108(81.0)	2.79	0.047(254.1)	1.33
	(40+64+40)m 连续梁 40 m 跨	0.185(79.1)	1.24	0.028(254.1)	0.59
	(40+64+40)m 连续梁 64 m 跨	0.144(79.1)	2.08	0.031(254.1)	0.99
	32 m 简支梁	0.176(99.9)	0.95	0.022(242.7)	0.45
	(37+74+37)m 连续刚构桥 37 m 跨	0.111(100.5)	1.12	0.038(254.2)	0.54
	(37+74+37)m 连续刚构桥 74 m 跨	0.057(118.5)	2.25	0.035(254.2)	1.07

注:括号内为行车速度(km/h)。

6. 跨中竖向振幅

梁体跨中最大竖向振幅汇总见表 7-4-17,在试验车速范围内雁荡山 2-90 m 叠合拱在 235～250 km/h 的速度下出现竖向共振现象,但由于动车组质量较小、编组较短,激励能量有限,因此实测桥梁竖向振幅仍然很小。其他测点均未发生共振现象。

表 7-4-17　梁体跨中竖向振幅汇总表(mm)

孔跨	梁型	试验货列	CRH2-010A 综合检测车
雁荡山特大桥第 31 孔	2-90 m 叠合拱 90 m 跨	1.170(110.3)	0.451(251.2)
雁荡山特大桥第 32 孔	2-90 m 叠合拱 90 m 跨	0.795(110.3)	0.344(251.2)
雁荡山特大桥第 35 孔	32 m 简支梁	0.199(121.2)	0.149(251.2)
雁荡山特大桥第 36 孔	32 m 简支梁	0.262(121.2)	0.093(251.2)
雁荡山特大桥第 39 孔	(32+48+32)m 连续梁 32 m 跨	0.180(119.4)	0.109(251.2)
雁荡山特大桥第 40 孔	(32+48+32)m 连续梁 48 m 跨	0.409(119.4)	0.129(251.2)
瓯江特大桥	(70+3-120+70)m 连续梁 70 m 跨	0.139(120.3)	0.075(251.2)
	(70+3-120+70)m 连续梁 120 m 跨	0.137(120.4)	0.216(254.1)
	(40+64+40)m 连续梁 40 m 跨	0.445(99.9)	0.246(229.8)
	(40+64+40)m 连续梁 64 m 跨	0.417(100.5)	0.570(229.8)
	32 m 简支梁	0.238(121.2)	0.129(229.8)
	(37+74+37)m 连续刚构桥 37 m 跨	0.152(119.4)	0.045(254.2)
	(37+74+37)m 连续刚构桥 74 m 跨	0.479(118.5)	0.096(254.2)

注:括号内为行车速度(km/h)。

7. 墩顶横向振幅

墩顶最大横向振幅汇总见表 7-4-18,实测试验货列、CRH2-010A 综合检测车作用下墩顶横向振幅均远小于《铁路桥梁检定规范》通常值。在试验车速范围内,均未发生共振现象。

表 7-4-18　墩顶横向振幅汇总表(mm)

测　点	试验货列	CRH2-010A 综合检测车	《铁路桥梁检定规范》通常值(v>60 km/h)
雁荡山特大桥 2-90m 叠合拱第 32 号墩	0.087(119.4)	0.016(220.4)	1.050
雁荡山特大桥 32 m 简支梁第 35 号墩	0.123(100.5)	0.041(248.3)	1.040
雁荡山特大桥 32 m 简支梁第 36 号墩	0.108(81.0)	0.038(251.2)	0.960
雁荡山特大桥(32+48+32)m 连续梁第 38 号墩	0.110(79.8)	0.022(251.2)	0.980
瓯江特大桥(70+3-120+70)m 连续梁第 102 号墩	0.090(120.3)	0.017(242.7)	1.414
瓯江特大桥(40+64+40)m 连续梁第 121 号墩	0.166(79.1)	0.030(229.8)	0.974
瓯江特大桥 32 m 简支梁第 122 号墩	0.174(99.9)	0.022(242.7)	0.974
瓯江特大桥(37+74+37)m 连续刚构桥第 132 号墩	0.143(111.1)	0.049(254.2)	1.280

注:括号内为行车速度(km/h)。

8. 梁体应变及动力系数

在试验货列、CRH2-010A 综合检测车作用下实测应变动力系数与运营动力系数均小于运营动力系数。

试验货列、CRH2-010A 综合检测车作用下的竖向动力作用与设计荷载的竖向动力作用比较分别见表 7-4-19,试验货列、CRH2-010A 综合检测车作用下竖向动力作用基本小于设计荷载的竖向动力作用。

表 7-4-19　试验列车、CRH2-010A 综合检测车作用下竖向动力作用与设计荷载下竖向动力作用比较

孔跨	梁型	试验列车	《新建时速 200 公里客货共线铁路设计暂行规定》	CRH2-010A 综合检测车	《新建时速 200~250 公里客运专线铁路设计暂行规定》
		$\mu_{实测}\times P_{运营}$	$\mu_{设计}\times P_{设计}$	$\mu_{实测}\times P_{运营}$	$\mu_{设计}\times P_{设计}$
雁荡山特大桥第 32 孔	2-90 m 叠合拱	$0.01P_{中活}$(99.9)	$0.22P_{中活}$	$0.01P_{ZK}$(251.2)	—
雁荡山特大桥第 36 孔	32 m 简支梁	$0.03P_{中活}$(121.2)	$0.19P_{中活}$	$0.03P_{ZK}$(251.2)	$0.12P_{ZK}$
雁荡山特大桥第 39 孔	(32+48+32)m 连续梁 32 m 跨	$0.06P_{中活}$(119.4)	$0.19P_{中活}$	$0.01P_{ZK}$(201.9)	$0.07P_{ZK}$
雁荡山特大桥第 40 孔	(32+48+32)m 连续梁 48 m 跨	$0.01P_{中活}$(119.4)	$0.15P_{中活}$	$0.04P_{ZK}$(250.9)	$0.07P_{ZK}$
瓯江特大桥	(70+3-120+70)m 连续梁 70 m 跨	$0.01P_{中活}$(120.3)	$0.12P_{中活}$	$0.01P_{ZK}$(254.1)	—
	(70+3-120+70)m 连续梁 120 m 跨	$0.03P_{中活}$(120.3)	$0.08P_{中活}$	$0.01P_{ZK}$(254.1)	—
	(40+64+40)m 连续梁 40 m 跨	$0.06P_{中活}$(121.2)	$0.17P_{中活}$	$0.04P_{ZK}$(254.1)	$0.04P_{ZK}$
	(40+64+40)m 连续梁 64 m 跨	$0.07P_{中活}$(121.2)	$0.13P_{中活}$	$0.03P_{ZK}$(254.1)	$0.04P_{ZK}$
	32 m 简支梁	$0.09P_{中活}$(120.3)	$0.19P_{中活}$	$0.05P_{ZK}$(251.2)	$0.12P_{ZK}$
	(37+74+37)m 连续刚构 37 m 跨	$0.05P_{中活}$(118.5)	$0.18P_{中活}$	$0.03P_{ZK}$(242.8)	$0.03P_{ZK}$
	(37+74+37)m 连续刚构 74 m 跨	$0.06P_{中活}$(121.2)	$0.12P_{中活}$	$0.02P_{ZK}$(254.2)	$0.03P_{ZK}$

注:括号内为行车速度(km/h)。

9. 活动支座横向位移

活动支座横向位移汇总见表 7-4-20，试验货列、CRH_2-010A 综合检测车作用下，实测活动支座的上、下摆最大相对横向位移均满足《新建时速 200 公里客货共线铁路设计暂行规定》±1 mm的要求。

表 7-4-20　活动支座横向位移汇总表　　单位：mm

孔跨	梁型	试验货列	CRH_2-010A 综合检测车	限值
瓯江特大桥	(40＋64＋40)m 连续梁	0.06	0.03	±1
	(37＋74＋37)m 连续刚构	0.05	0.03	±1

10. 梁体振动加速度

梁体竖向振动加速度汇总见表 7-4-21，试验货列、CRH_2-010A 综合检测车作用下，实测梁体跨中最大竖向加速度(20 Hz 低通数字滤波后)均满足《新建时速 200～250 公里客运专线铁路设计暂行规定》和《新建时速 200 公里客货共线铁路设计暂行规定》0.35g 的要求。

表 7-4-21　梁体竖向加速度汇总　　单位：m/s^2

孔跨	梁型	试验货列	CRH_2-010A 综合检测车	限值
雁荡山特大桥第 32 孔	2-90m 叠合拱 90 m 跨	0.411	0.172	0.35g
雁荡山特大桥第 36 孔	第 36 孔 32 m 简支梁	0.316	0.328	0.35g
雁荡山特大桥第 39 孔	(32＋48＋32)m 连续梁 32 m 跨	0.273	0.108	0.35g
雁荡山特大桥第 40 孔	(32＋48＋32)m 连续梁 48 m 跨	0.314	0.138	0.35g
瓯江特大桥	(70＋3-120＋70)m 连续梁 70 m 跨	0.376	0.047	0.35g
	(70＋3-120＋70)m 连续梁 120 m 跨	0.368	0.058	0.35g
	(40＋64＋40)m 连续梁 40 m 跨	0.363	0.119	0.35g
	(40＋64＋40)m 连续梁 64 m 跨	0.209	0.184	0.35g
	32 m 简支梁	0.256	0.119	0.35g
	(37＋74＋37)m 连续刚构 37 m 跨	0.170	0.032	0.35g
	(37＋74＋37)m 连续刚构 74 m 跨	0.258	0.049	0.35g

综上所述，沿海铁路试验桥梁横、竖向刚度较大，动力性能较好，能够满足 120 km/h 试验货物列车、250 km/h CRH_2-010A 综合检测车运行安全性的要求。

第八章

桥梁科研

第一节　混凝土结构耐久性技术研究

我国沿海铁路建设已经进入一个新阶段，海洋环境下，氯离子诱发的钢筋锈蚀及其引起的破坏作用对铁路桥梁、隧道等重要结构物的服役寿命和运营安全性存在严重的损害。因此，如何提高沿海铁路钢筋混凝土结构的耐久性是必须解决的重大工程技术问题，也是国内外混凝土与结构耐久性及其新技术研究与开发的前沿课题。

海洋及近海区域是由多种侵蚀因素构成的综合作用环境条件，对钢筋混凝土结构具有严重的侵蚀作用，常造成钢筋混凝土构筑物过早损坏，尤其是海洋浪溅和水位变动区对构筑物侵蚀作用严重，使得构筑物的服役寿命一般在20～30年，远达不到要求的服役寿命。为适应我国基础设施建设向海洋、西部等恶劣环境条件下发展的需要，开展海洋等恶劣环境下钢筋混凝土结构耐久性设计的相关研究非常必要。根据铁道部科技研究开发计划进行了《沿海客运专线桥梁结构设计与耐久性技术的研究——结构混凝土耐久性技术的研究》，主要结论和建议如下。

（一）海洋环境对钢筋混凝土结构的侵蚀作用机理

（1）海洋区域是由多种侵蚀性介质（氯盐、硫酸盐等）组成的综合腐蚀环境，且温、湿度环境多变，对其中的钢筋混凝土结构产生综合侵蚀作用。混凝土结构在海洋环境下受到的破坏作用主要有物理作用、化学作用等。物理作用包括冰冻、海浪和潮汐的冲击等；化学作用包括海水中氯离子对混凝土中钢筋的腐蚀、海水所含盐类对混凝土的腐蚀和混凝土碳化等。

（2）海洋环境下，钢筋混凝土结构的主要破坏机理有两大方面，其一是以氯离子为主导因素（还包括碳化作用）的钢筋腐蚀及其导致的破坏；其二是混凝土材料组成与结构的变化及其导致的性能劣化。钢筋混凝土结构的破坏以钢筋腐蚀为主；而混凝土材料的劣化又加剧了钢筋的腐蚀破坏。

（二）适用于海洋环境的混凝土配合比设计方法

（1）海洋环境下混凝土配合比设计的目标与原则包括以下几方面：

①满足混凝土施工工艺要求的工作性；

②满足结构设计要求的混凝土强度等级；

③满足服役环境要求的耐久性能，包括：抗氯离子渗透性，并具有较强的结合氯离子能力；高体积稳定性，抗裂、低收缩应变；高抗化学侵蚀性，特别是抗硫酸盐侵蚀性，抗蚀系数满足使用环境和不同结构部位的要求；高抗碳化性能，碳化速率低；无碱-骨料反应危害；其他可供选择的耐久性能，如抗冻性等。

（2）海洋环境下的混凝土组成材料和配合比设计方法是以混凝土体积稳定性、抗氯离子渗透性、增强水泥固化氯离子性能和减少混凝土易受腐蚀的成分为基本原则，进行相应原材料和配合比参数确定与选择。

(3)水胶比、矿物掺合料显著影响混凝土抗氯离子渗透性、氯离子在混凝土的沉积特性，选择合适的水胶比和矿物掺合料对于改善混凝土抗海洋环境侵蚀具有重要作用。

(4)适用于海洋环境的混凝土组成材料与配比为：粗细骨料含量为1 850～1 750 kg/m^3，水胶比不大于0.45，采用粉煤灰、矿渣以及硅灰的双掺或三掺，双掺或三掺时掺量宜不小于35%。

(三)海洋环境下钢筋混凝土结构耐久性改善技术措施

主要基于海洋环境下钢筋混凝土结构破坏特点以及混凝土保护层的重要性，并结合当前国内外提高海洋环境下钢筋混凝土结构耐久性的既有技术措施分析，研究重点通过提高保护层的性能来提出改善海洋环境下钢筋混凝土结构耐久性的技术措施，并以此来大幅延长构筑物的服役寿命，具有技术、经济综合效应。

(1)棉絮覆盖养护的混凝土强度发展最快，抗氯离子渗透性最高，收缩最小，最高中心温升最低；塑料薄膜养护的混凝土的最高中心温升最高，其较好的保温作用有利于寒冷条件下施工混凝土的保温养护；喷养护剂养护的混凝土强度最低，收缩发展较早较快，抗渗性最差，其养护效果较差。

(2)湿养护时间越长，混凝土的抗渗性越高。矿渣混凝土更依赖于较长的湿养护条件，为保证后期强度的发展，前7天的湿养护是非常必要的。为了保证混凝土抗渗性的发展，掺矿物掺合料的混凝土浇筑后应至少保证14 d的湿养护。

(3)由W(木胶合模板)和B(竹胶合模)板成型的混凝土表面外观相似，气泡较多，平整度差，表面粗糙；由S(钢模板)和P(塑料模板)成型的混凝土表面外观相似，气泡较少，孔洞较少，颜色均匀；由PC(透水模板)成型的混凝土表层密实，美观，颜色均匀，平整度好，表面光滑，无孔洞，没有气泡和裂缝产生。采用PC成型混凝土的表面强度和抗渗性明显高于其他4类模板类型。

(4)DPS涂层可硬化水泥石变得更加密实，有效提高混凝土的强度和抗渗性，降低表层混凝土的吸水性。DPS的合理喷涂剂量为200～300 g/m^2，最佳喷涂龄期为7～14 d，喷涂时混凝土饱和面干的效果稍好。

(5)聚丙烯纤维与硅灰双掺可以改善高性能粉煤灰混凝土的抗Cl^-渗透性，使Cl^-扩散系数减小50%以上；抗冻性和护筋性能优良。使用聚丙烯纤维增强硅灰高性能混凝土对浪溅、水位变动等受腐蚀破坏最严重区域的增强，可大幅提高构筑物耐久性，减少后期维修加固费用，经济效益显著。

(6)提出的改善混凝土保护层性能的壳坚隔联保护层结构(High Durable Separating－Coupling Cover Structure，简称SCCS)技术从耐久性、强度、体积稳定性、变形协调性、工作性、多功能性等角度出发，改善海洋环境下钢筋混凝土结构耐久性。SCCS采用性能优良的高性能混凝土材料突出提高保护层及保护层以内一定距离混凝土的高抗渗抗裂抗冻性能，构筑物上下层直接浇筑该高性能材料。该壳坚隔联结构使与构筑物耐久性关系最密切的外部，包括保护层的性能都得到显著提高，大幅度延长钢筋混凝土结构在恶劣环境下的服役寿命。

(四)海洋环境下钢筋混凝土结构耐久性设计参数

基于国内外相关最新成果，并在参照《混凝土结构耐久性设计规范》和《铁路混凝土结构耐久性设计规范》基础上，结合结构服役寿命与耐久性设计参数之间的相关影响关系分析，对海洋环境下钢筋混凝土结构耐久性参数进行了设计。

(1)对同类型构件的不同环境作用等级(如桥墩的大气区、潮汐区和浪溅区、水下区)分别进行耐久性设计。

(2)海洋环境下钢筋混凝土结构耐久性设计参数应根据设计服役寿命、服役环境进行设计。本研究建立的"三阶段"结构服役寿命预测模型可有效指导海洋环境下钢筋混凝土耐久性设计,确定具有技术经济综合效应的耐久性设计方案。

(3)对海洋环境下混凝土的原材料品质、配合比参数和耐久性技术指标进行了规定;并对相应的结构的型式、构造措施和钢筋的混凝土保护层厚度参数及附加措施参数进行了合理设计。

(4)服役于海洋环境下的钢筋混凝土结构,以优先改善混凝土性能和增加保护层厚度等措施来提高其结构耐久性,水位变化或浪溅区增加防腐涂层等附加措施,要求混凝土 28 d 氯离子渗透系数应小于 5×10^{-12} m^2/s,保护层厚度不小于 60 mm。

(五)结构耐久性技术措施在沿海铁路桥梁结构中的实践与分析

实践表明,施工后的沿海铁路桥梁构件混凝土具有良好的性能,若该工程结构在实际服役过程中能得到良好的维护和保养,实际结构能够满足 100 年设计服役寿命的要求。沿海铁路桥梁结构的耐久性设计参数及其技术措施具有可行性。

总之,混凝土材料的性能对于保障海洋环境下钢筋混凝土结构的耐久性起到关键作用,特别是保护层混凝土性能至关重要。因此,如何改善保护层混凝土的性能成为保证结构耐久性的关键。在其他条件一定时,加强养护、合理选择模板或采用合适的保护层结构与施工技术(如壳坚隔联保护层结构技术),应特别注意控制混凝土的拆模时间和拆模后混凝土表层的保护措施,避免结构混凝土表层过早直接暴露于海洋侵蚀环境中。保证海洋环境中的混凝土湿养护应维持 14 天以上。

第二节 主要特殊桥梁结构技术研究

沿海铁路特大复杂桥梁如主跨(99+198+99)m 连续钢桁梁柔性拱结构,主跨 2-90 m 结合桥面钢箱系杆叠合拱结构,主跨(64+136+64)m 预应力混凝土连续梁与钢管混凝土拱组合结构,主跨(80+3-145+80)m 预应力混凝土刚构连续梁结构,跨度均为国内铁路同类型桥梁之最,在我国铁路建设史上尚属首次,必须对这些新的桥式结构进行研究分析。

根据铁道部科技研究开发计划《沿海客运专线桥梁结构设计与耐久性技术的研究——沿海客运专线主要桥梁结构技术研究》,对 5 个关键课题进行了研究。

(1)道砟桥面连续钢桁梁柔性拱结构关键技术;

(2)钢箱叠合拱桥结构设计;

(3)连续梁拱组合结构设计;

(4)大跨刚构连续梁桥关键技术;

(5)大跨度桥梁支座防腐措施。

一、道砟桥面连续钢桁梁柔性拱结构关键技术研究

为深入研究大跨度钢桥道砟桥面受力特点,及确保吊杆的抗风安全性,对本桥进行槽形道砟梁空间受力特性分析、吊杆气动选型研究和车桥耦合动力响应分析。

1. 槽形道砟梁空间受力特性分析

主要研究结论如下：

(1)分析了槽形梁支座刚度对支座反力值和竖向挠度的影响，得出槽形梁采用弹性支座模型分析时，其受力性能有所改善，但竖向挠度值有所增大。

(2)针对槽形梁的特点提出空间梁格模型，并与平面梁格模型以及块体模型三者进行对比分析，通过各典型工况下支座反力值、梁体挠度和相关位置处的应力对比，验证了梁格模型的正确性和实用性。

(3)考虑主桥钢横梁下挠对槽型梁的影响，提出将中间支座垫高 3 mm 方案，有效地改善了梁体受力。

(4)全桥各槽型梁顺桥向应力均为压应力；对横桥向应力而言，靠近梁端中支座负弯矩区的拉应力约为 2.5 MPa，跨中下缘横向正弯矩区的拉应力约为 4 MPa，据此按普通钢筋混凝土结构进行横向配筋，以满足其强度及抗裂性要求。

(5)收缩徐变使槽型梁底板上的纵向压应力减小 1 MPa 以内。

2. 吊杆气动选型研究

主要研究结论如下。

(1)H 型吊杆的大振幅风致振动属于驰振，微幅振动则属于涡激振动。

(2)只在腹板做开孔处理能有效抑制横桥向来风造成的涡振，但不能防止顺桥向来风造成的驰振，开孔越大，效果越好。

(3)在相同开孔率下，腹板上的方形开孔要比圆形开孔更能有效抑制横桥向来风造成的涡振。

(4)在腹板开孔一定的条件下，翼板开孔也能有效地防止过大的涡激振动，并可有效抑制顺风向驰振的发生，且开孔越大，效果越好。

(5)不同翼板开孔模型在顺桥向来风时几乎观测不到涡激振动，但横桥向来风加大了结构的涡激振动。

(6)翼板上开孔时，必须保证孔眼不能小于一定的尺寸，太小不但不能减小涡激振动的振幅，还有发生驰振的可能。

表 8-2-1 为各类吊杆的最佳开孔尺寸，其中最短的 1 号吊杆可不做开孔处理，其他各吊杆均按照表中尺寸进行开孔处理，腹板开孔率 35%，翼板开孔率 28%。连接段长度是吊杆装配时其两端所预留的长度，从 2.7～3.1 m 不等，根据各个吊杆的实际情况而定。腹板和翼板上每个孔中心点之间的沿长度间距均为 0.8 m，翼板每个孔中心点沿宽度方向的间距为0.22 m，各个吊杆的开孔间距均保持一致。具体尺寸如图 8-2-1 所示。

表 8-2-1　各类吊杆的开孔尺寸

序号	截面类型	吊杆长度(m)	腹板开孔尺寸(mm)	翼板开孔尺寸(mm)	连接段长度(mm)	开孔段长度(mm)
1	D	10.8	不作开孔处理			
2	C	18.9	560×400	560×160	3 050×2	12 800
3	B	25.0	560×400	560×160	2 900×2	19 200
4	B	29.5	560×400	560×160	2 750×2	24 000
5	A	32.6	560×400	560×160	2 700×2	27 200
6	A	34.4	560×400	560×160	2 800×2	28 800
7	A	35.0	560×400	560×160	3 100×2	28 800

注：腹板开孔为单一开孔，沿腹板长度方向对称线布置，开孔中心在此线上；翼板开孔为双孔，沿翼板长度方向对称线两边对称布置。

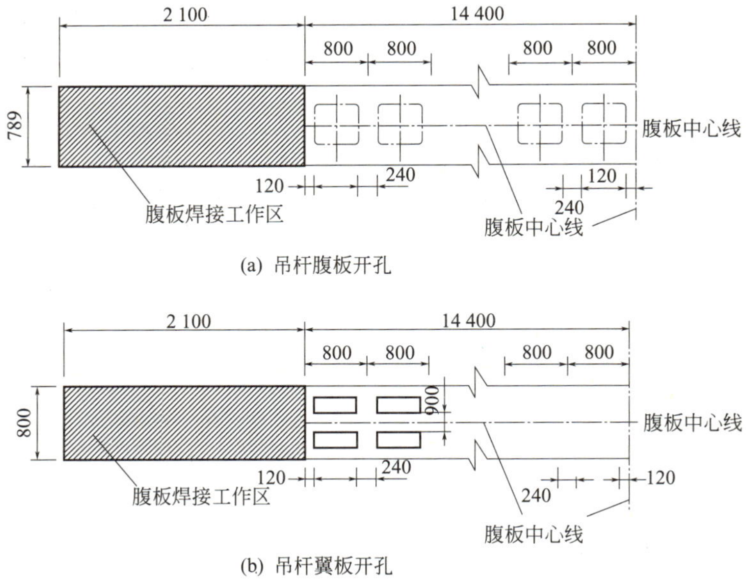

图 8-2-1　第 7 号吊杆开孔尺寸示意图(单位:mm)

二、钢箱系杆叠合拱桥结构设计研究

主要对钢箱系杆叠合拱结构体系选择、叠合拱结构的合理形式以及施工方案进行了研究，首先利用有限元软件 ANSYS 对全桥以及拱脚局部进行建模和分析计算，最后对钢箱梁施工顶拉过程进行仿真模拟，对各种顶拉方案进行了比较。

(一)全桥空间有限元分析

1. 计算模型

利用有限元通用软件 ANSYS 模拟，如图 8-2-2 所示。

对全桥有限元模型在主力和附加力作用下的受力状态进行了计算与分析，其中主力包括一期恒载、二期恒载、活载和横向摇摆力。附加力包括温度工况、风荷载和制动力。

(1)主力：一期恒载＋二期恒载＋双线全桥满布中-活载＋横向摇摆力；

(2)主力＋附加力：主力＋有车时风荷载＋温度工况。

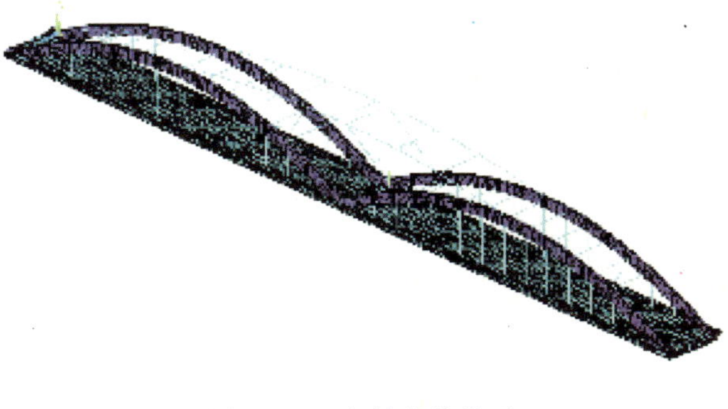

图 8-2-2　主桥整体模型

2. 计算结果

最不利荷载组合作用下各主要计算结果汇总见表 8-2-2。

3. 结论

(1)在双线全桥中-活载作用下，主梁的竖向挠度为 2.58 cm，挠跨比为 1/3 488，小于规范限值 1/1 000。大桥在有车时风荷载作用下，主梁的横桥向位移为 0.1 cm，挠跨比为 1/90 000。

(2)在主力和附加力各种组合作用下，主拱肋几乎都受压，最大压应力为－92.2 MPa，发生在主拱肋和辅助拱肋的交接处，局部区域受拉，拉应力最大不超过 50 MPa；辅助拱肋的最大拉

表 8-2-2　最不利荷载组合作用下各主要计算结果汇总

计算结果比较	结果	位置
钢箱梁的竖向位移(cm)	－6.3	
主拱肋的竖向位移(cm)	－5.1	
主拱肋顶板最大正应力(MPa)	－92.2	边支座的拱脚处
主拱肋底板最大正应力(MPa)	－80.2	中支座的拱脚处
钢箱梁顶板最大顺桥向正应力(MPa)	98.9	迎风侧中支座的拱脚处附近
横撑最大正应力(MPa)	92.6	斜腿横撑与斜腿交接处
吊杆最大正应力(MPa)	341.6	迎风侧吊杆 7
辅助拱肋最大正应力(MPa)	111	与辅助拱肋横撑 3 交接处
斜腿最大正应力(MPa)	－76.4	与辅助拱肋交接处

应力为 111.0 MPa，发生在辅助拱肋与其最外侧的横撑交接处，最大压应力为－100.0 MPa，发生在辅助拱肋与其最内侧的横撑交接处；斜腿的最大拉压应力不超过±80.0 MPa。

(3)在主力和附加力各种组合作用下，钢箱梁的最大拉压应力不超过±100.0 MPa。

(4)在主力和附加力各种组合作用下，吊杆都是受拉的，最大拉应力为 341.6 MPa，发生在由大桥端起向内第 7 根吊杆。最不利活载作用下，吊杆的最大疲劳应力幅 107.3 MPa。

(5)在主力和附加力各种组合作用下，横撑的最大拉压应力不超过±100.0 MPa。在主力和附加力各种组合作用下，大桥各处的应力均小于大桥所用钢材 Q345qD 的屈服应力。大桥强度满足要求。

(二)拱脚局部受力状态分析

1. 有限元模型

拱脚局部有限元网格划分如图 8-2-3 所示，子模型宽 4.1 m，长 10.5 m，拱肋宽 1.2 m，箱梁外边缘到拱肋外腹板的距离为 1.2 m，箱梁纵向切割边界到拱肋内腹板的距离为 1.7 m，箱梁横向切割边界到拱肋与箱梁交接处的最近距离为 3.5 m，拱肋切割边界到拱肋与箱梁交接处的最近距离为 3.2 m。拱肋与箱梁交接处的应力值得关注，子模型切割的边界远离该区域，根据圣维南原理，该区域的应力可不受切割边界的影响。

2. 主要计算结果

子模型各部位在不同工况组合作用下的最大 Mises 等效应力云图和最大等效应力的位置

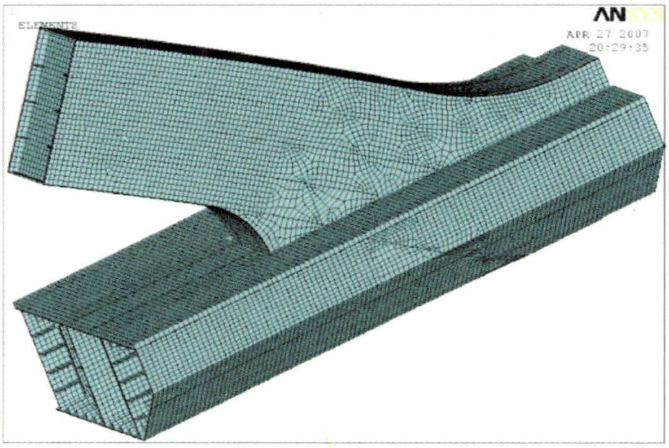

图 8-2-3　有限元网格划分视图

如图 8-2-4、图 8-2-5 所示。

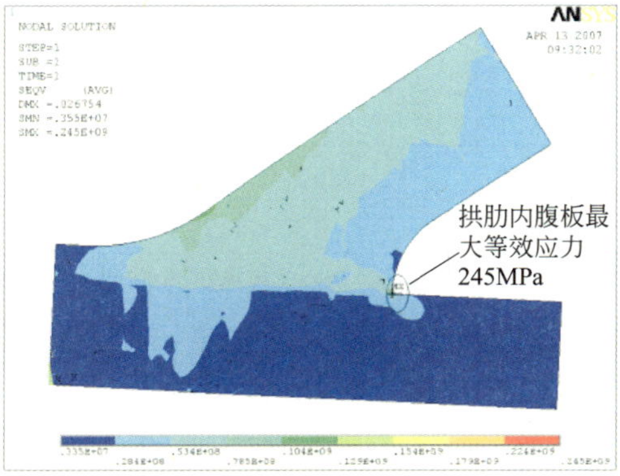

图 8-2-4 拱肋内腹板等效应力云图

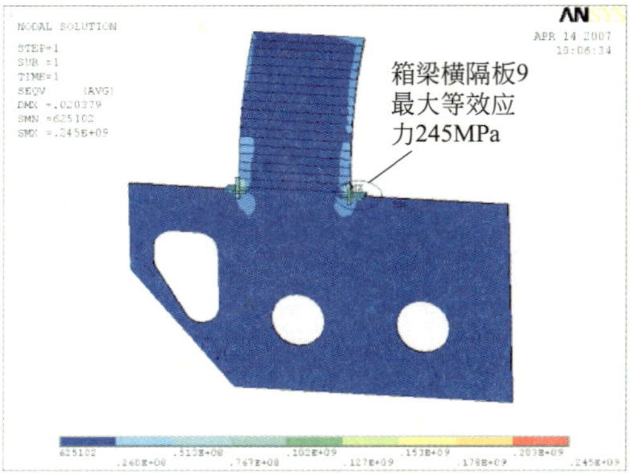

图 8-2-5 箱梁横隔板 9 等效应力云图

表 8-2-3 中列出了在不同工况组合作用下拱脚处各部位的最大 Mises 准则等效应力以及最大应力的发生位置。

表 8-2-3 边支座拱脚处各部位的最大 Mises 等效应力 单位：MPa

工况	L1＋D1＋D2	L2＋D1＋D2	L3＋D1＋D2	最大等效应力值的位置或范围
拱肋顶板	172.0	155.0	184.0	与拱肋横隔板 4 交接处
拱肋底板	74.1	99.0	112.0	与箱梁底板交接处
拱肋内腹板、箱梁横隔板 9 和箱梁顶板的交接处	229.0	203.0	245.0	超过容许应力的范围：拱肋内腹板为 10 mm×9 mm，箱梁顶板为 10 mm×10 mm
拱肋外腹板、箱梁横隔板 9 和箱梁顶板的交接处	200.0	191.0	214.0	超过容许应力的范围：拱肋内腹板为 6 mm×5 mm，箱梁顶板为 8 mm×8 mm
拱肋横隔板 1	44.1	40.5	47.1	与拱肋顶板和拱肋内腹板交接处
拱肋横隔板 2	38.3	34.9	40.8	与拱肋顶板和拱肋内腹板交接处
拱肋横隔板 3	36.2	32.9	38.7	与拱肋顶板和拱肋内腹板交接处
拱肋横隔板 4	37.1	33.6	36.9	与拱肋顶板和拱肋外腹板交接处
拱肋斜纵板	98.4	99.7	116.0	与拱肋横隔板 1 交接处
箱梁底板	90.4	86.8	96.1	与箱梁内侧腹板交接处
箱梁内侧腹板	61.4	57.8	65.4	与箱梁顶板交接处
箱梁外侧腹板	48.1	39.0	51.4	与箱梁底板交接处
箱梁横隔板 1	148.0	141.0	158.0	与箱梁底板和箱梁内侧腹板交接处
箱梁横隔板 2	122.0	114.0	130.0	圆孔边缘
箱梁横隔板 3	123.0	116.0	131.0	圆孔边缘
箱梁横隔板 4	151.0	142.0	161.0	圆孔边缘
箱梁横隔板 5	122.0	114.0	130.0	圆孔边缘
箱梁横隔板 6	112.0	107.0	121.0	圆孔边缘
箱梁横隔板 7	82.1	76.7	86.9	圆孔边缘
箱梁横隔板 8	68.2	61.8	72.7	与拱肋斜纵板交接处
箱梁横隔板 10	16.7	15.3	17.5	孔边缘
箱梁纵向加劲板	77.2	72.8	81.3	与箱梁横隔板 5 交接处

注：一期恒载(D1)、二期恒载(D2)、双线全桥均布 ZK 活载(L1)，单线全桥均布 ZK 活载(L2)，双线全桥均布中-活载(L3)。

3. 结论

(1)边支座拱脚处的大部分区域 Mises 等效应力在 200 MPa 以内。在拱肋顶板与拱肋横隔板 4 交接处应力较大,最大 Mises 等效应力为 184 MPa,小于钢材 Q345qD 的容许应力;在钢箱梁横隔板 2 至横隔板 7 的圆孔边缘处发生孔边应力集中,最大 Mises 等效应力为 161 MPa,小于钢材 Q345qD 的容许应力。

(2)边支座拱脚有两处的应力超过了钢材 Q345qD 容许应力。一处是在箱梁横隔板 9、拱肋内腹板和箱梁顶板三者连接处,该处最大等效应力为 245 MPa,超过了钢材 Q345qD 容许应力,但小于其屈服应力,拱肋内腹板和箱梁顶板上超过容许应力的范围均不大于 10 mm×10 mm;另一处是箱梁横隔板 9、拱肋外腹板和箱梁顶板连接处。该处最大等效应力为 214 MPa,超过了钢材 Q345qD 容许应力,但小于其屈服应力,拱肋外腹板和箱梁顶板上超过容许应力的范围均不大于 8 mm×8 mm,亦属于建模等原因导致应力尖点。边支座拱脚处的全部钢结构都处于弹性工作范围。设计中注意构造处理减少应力集中,施工中应采取措施消除残余应力。

(3)在混凝土板、横隔板 9 和拱肋外腹板三者交接处的混凝土桥面板的顺桥向拉应力比较大,应从构造上采取措施抑制裂缝的开展。

(三)钢箱梁顶拉研究

1. 钢箱梁的顶拉方案

钢箱梁的顶拉曾先后提出多个方案,对每个方案作了详细计算研究分析,最后决定采用在桥下增加临时支墩,无导梁顶拉钢箱系梁至桥位方案,使最大墩距减为 23 m。

该方案直接顶拉时在理想状态下应力状态较低,但当考虑了钢箱梁顶拉变形和临时支墩横盖梁的变形后,横桥向 4 个滑道受力不均匀,钢箱梁最大应力超过 300 MPa。为使 4 个滑道受力均匀,提出了对临时墩横盖梁远端及中间滑道适当抬高的措施,使顶拉过程中钢箱梁受力均匀。

2. 钢箱梁顶拉受力分析

考虑墩顶位置钢箱梁底板上下滑块纵向不平顺和横向不平顺。纵向不平顺主要由钢箱梁的预拱度和钢箱梁顶拉过程的受力变形引起,使得钢箱梁在顶拉过程中在滑道上方受力不均匀,且这种不均匀性随顶拉过程而改变。横向不平顺主要发生在临时墩上方,主要由横盖梁的变形使得 4 个滑道横向高低不一致。

3. 研究结论

(1)采用无导梁增设临时支墩顶拉系梁方案是可行的。

(2)改善钢箱梁顶拉过程受力状态的思路是减小 4 个滑道的高差使其受力均匀,可行的措施为抬高横盖梁远端支座,同时抬高中间滑道相对于横盖梁的高度,能够有效减小最大悬臂时钢箱梁的最大等效应力。

(3)各跨顶拉过程中,钢箱梁的最大等效应力随悬臂长度变化不断变化,钢箱梁的 Mises 等效应力在容许范围内。整个顶拉过程钢箱梁强度和应力满足要求。

三、连续梁拱组合结构设计研究

主跨(64+136+64)m 预应力混凝土连续梁与钢管混凝土拱组合结构的研究主要成果如下。

(一)边中腹板受力与变形差异分析

1. 计算模型

根据剪力柔性梁格理论,建立空间梁格模型,如图 8-2-6 所示,进行施工阶段模拟和活载效应分析，得出中腹板和边腹板受力情况差异。同时建立普通单梁模型与梁格模型进行对比。

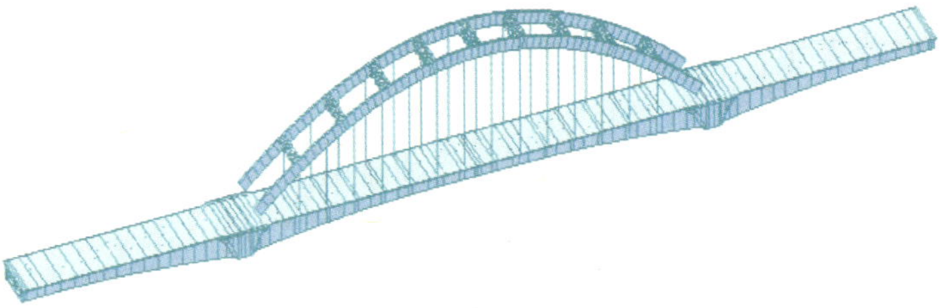

图 8-2-6 单梁单元结点划分

2. 各阶段应力和变形对比

将各阶段中、边腹板应力和变形汇总见表 8-2-4。

表 8-2-4 各阶段应力及变形汇总表

阶段	最大压应力差(MPa)			最大剪应力差		变形差	
	腹板上缘	腹板下缘	位置	MPa	位置	mm	位置
最大悬臂状态	2.0	0.75	1/4 中跨	0.7	中支点	0.23	1/4 中跨
梁部合龙阶段	1.8	1.0	1/4 中跨	0.8	中支点	0.23	1/4 中跨
吊杆力 150 kN	2.1	1.25	3/8 中跨	0.8	中支点	0.23	1/4 中跨
成桥阶段	1.7	1.25	3/8 中跨	1.3	3/8 中跨	0.92	跨中
活载作用	0.37	0.2	边支点	0.9	3/8 中跨	2.1	跨中
恒载+活载	1.7	1.3	1/4 中跨	2.1	3/8 中跨	3.0	跨中

3. 结论

(1)箱梁中、边腹板正应力分布规律基本一致。在成桥阶段，边、中梁上缘正应力最大相差 1.7 MPa，下缘正应力最大相差 1.25 MPa；在使用阶段，边、中梁上缘正应力最大相差 1.7 MPa，边、中梁下缘正应力最大相差 1.3 MPa。两阶段应力差值基本一致。

(2)箱梁中、边腹板剪应力分布规律基本一致。在成桥阶段恒载作用下，中、边腹板剪应力最大相差 1.3 MPa；在使用阶段恒活载共同作用下，中腹板剪应力大于边腹板剪应力，最大相差 2.1 MPa，差值比例较大，因此结构设计时应采取相应的措施提高中腹板的抗剪能力，如适当增大中腹板厚度、加大中腹板箍筋配筋率等。

(3)变形差异：中腹板变形大于边腹板，两者位移差最大发生在中跨跨中区域。在恒载作用下，中、边腹板位移差 0.92 mm，在活载作用下，达到了 2.1 mm，恒载与活载共同作用下在中跨跨中区域，边中腹板的位移差最大可达到 3.0 mm，位移差值较大。

(4)梁格模型与单梁模型的应力、变形计算结果都很接近。单梁模型应力计算结果介于梁格模型中、边梁应力之间，正应力最大相差 0.69 MPa，剪应力最大相差 1.06 MPa；单梁模型与梁格模型计算挠度相差较小仅占总效应的 6%左右，说明梁格与单梁模型在相同的荷载作用下具有相同的变形。这说明单梁模型的纵向计算结果是可信的，但应注意中、边腹板受力的差异。

(二)主梁横桥向内力分析及近似计算方法研究

1. 计算方法及模型建立

(1)刚性支承框架分析方法

刚性支承框架分析方法就是直接考虑在横向框架各腹板下缘加上刚性支撑进行横向内力求解计算。

(2)刚性支撑加位移差框架分析方法

与刚性支承框架分析方法的原理一样,唯一的区别就是对于单箱多室结构,各个腹板竖向存在相对变形。考虑由于此相对变形对框架结构内力的影响,在横向内力计算时给中腹板施加一个强迫位移。边、中腹板位移差通过全桥的 ANSYS 模型计算得出。

(3)腹板下缘弹性支撑框架分析方法

对于某一横截面位置在荷载作用下,框架本身的各个腹板会产生相对变形,在进行横向框架分析时,引入弹性支撑,也就是用不同刚度的弹簧来模拟边、中腹板下缘的支撑条件。

(4)以吊杆为支点的简支框架分析方法

对于中跨有吊杆的横梁,横向计算的另一种计算方法就是完全忽略中腹板下缘的支撑,采取以吊杆为支点的简支梁的支撑方式。因为成桥时吊杆力比较大,在此力学边界条件下,有吊杆区域的横向受力可能会比较接近采取以吊杆为支点的简支梁的情况。

(5)全桥模型空间分析方法

建立 ANSYS 全桥实体单元模型,主梁采用 Solid92 实体单元,主拱圈与横撑采用 Beam4 单元,吊杆及预应力筋采用 Link8 单元,如图 8-2-7 所示。同时考虑成桥有效预应力及吊杆索力的作用,并按照各截面横向受力的最不利工况进行加载并求解分析,得出横向真实受力状态。横向研究位置参数见表 8-2-5。

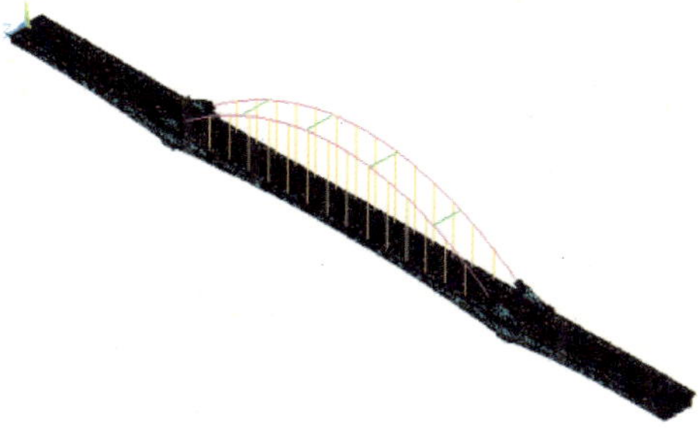

图 8-2-7　ANSYS 全桥实体模型示意图

表 8-2-5　横向研究位置参数一览表

位置序号	x 坐标	梁高	顶板厚	底板厚	腹板厚	备　注
1	4.85	3.500	0.4	0.350	0.350	边跨 1
2	25	3.906	0.4	0.402	0.500	边跨 2
3	44.25	5.133	0.4	0.559	0.600	边跨 3
4	80	5.465	0.4	0.602	0.600	中跨吊杆 1
5	104	3.860	0.4	0.396	0.500	中跨吊杆 4
6	128	3.500	0.4	0.35	0.350	中跨吊杆 7
7	83.75	5.133	0.4	0.559	0.600	中跨无吊杆区域 1
8	108	3.721	0.4	0.375	0.388	中跨无吊杆区域 2
9	131	3.500	0.4	0.350	0.350	中跨无吊杆区域 3

注:本报告中坐标,以小里程边支墩支座中心线处为 0。

2. 计算结果对比

边、中腹板之间顶板(横梁)下缘拉应力和中腹板处顶板上缘拉应力见表 8-2-6、表 8-2-7。

表 8-2-6　边、中腹板之间顶板(横梁)下缘拉应力表　　单位:MPa

截面	ANSYS 全桥模型	框架简化计算模型			
		刚性支撑	刚性支撑位移差	弹性支撑	吊杆简支
1	1.42	3.84	3.87	3.85	—
2	1.30	2.96	2.99	2.97	—
3	0.96	2.69	2.71	2.69	—
4	2.57	3.16	3.41	4.81	2.26
5	3.16	3.55	4.12	8.69	2.19
6	2.77	3.74	4.24	11.27	2.21
7	1.17	2.69	2.74	2.69	—
8	1.22	3.48	3.57	3.51	—
9	0.57	3.84	3.96	3.88	—

表 8-2-7　中腹板处顶板上缘拉应力表　　单位:MPa

截面	ANSYS 全桥模型	框架简化计算模型			
		刚性支撑	刚性支撑位移差	弹性支撑	吊杆简支
1	1.38	2.94	2.88	2.86	—
2	1.50	2.62	2.44	2.37	—
3	0.95	2.49	2.38	2.35	—
4	1.02	1.69	1.41	−0.90	1.77
5	0.64	1.99	1.44	−5.24	1.77
6	0.57	1.95	2.02	−7.30	1.74
7	0.76	2.49	2.30	2.34	—
8	1.13	2.75	2.69	2.43	—
9	0.24	2.94	2.83	2.59	—

由以上结果可以看出,对于无吊杆区域,几种框架计算的结果都约为全桥实体单元计算结果的 2 倍左右,这显然是由于全桥模型受荷载影响的桥面板宽度较大,取 1 m 板宽框架计算的方法偏于保守。对于有吊杆区域,几种方法的计算结果差异较大,吊杆简支梁法与全桥实体模型的结果基本接近。

由于受位移差取值的影响,计算结果可能相差较大,本桥位移差是通过全桥空间梁格模型分析求得的,最大位移差 0.30 mm,因此对于双线铁路桥梁三腹板箱梁结构,在设计中可以选取 3 mm 位移差计算。

(三)梁拱结合部局部应力分析

采用有限元分析软件 Ansys 中的 solid92 单元对桥梁拱脚节点进行离散,求出拱脚节点应力分布,分析拱脚节点的受力特点。

主要研究结论如下。

(1)拱脚处拱肋混凝土及梁拱结合面都出现了较大主拉应力,应针对拱脚及拱座与梁体结合处进行局部配筋设计,加强拱脚与梁体和拱肋的联结,以达到共同受力。

(2)拱座之间的顶板区域出现横向拉应力，应有针对性的局部配筋，降低混凝土的拉应力，限制裂缝的开展。

(3)横隔板、边中支座间的底板之间都存在不同程度的横向拉应力，应加强支座钢筋网的覆盖范围，同时在横隔板的顶、底部适当增加横向预应力束，改善横隔板与支座的受力状态。

四、大跨度刚构连续梁桥关键技术研究

针对白马河特大桥主跨(80＋3-145＋80)m 预应力混凝土刚构连续梁结构进行了关键技术研究。

(一)墩梁结合部局部应力分析

1. 建立模型

采用 ANSYS 软件进行建模，混凝土采用 Solid45 实体单元，预应力钢筋采用 Link8 梁单元，建立 0 号块和桥墩实体模型进行计算分析。

2. 计算结果

在主力作用下，0 号块上、下翼缘应力状态为压应力，其数值大小随着其位置的不同有些差异。上翼缘中部的最大压应力值为 14.4 MPa，底板靠腹板附近的最大压应力值为 18.8 MPa。如图 8-2-8 所示(图中应力单位为 Pa，以受拉为正，受压为负，以下同)。

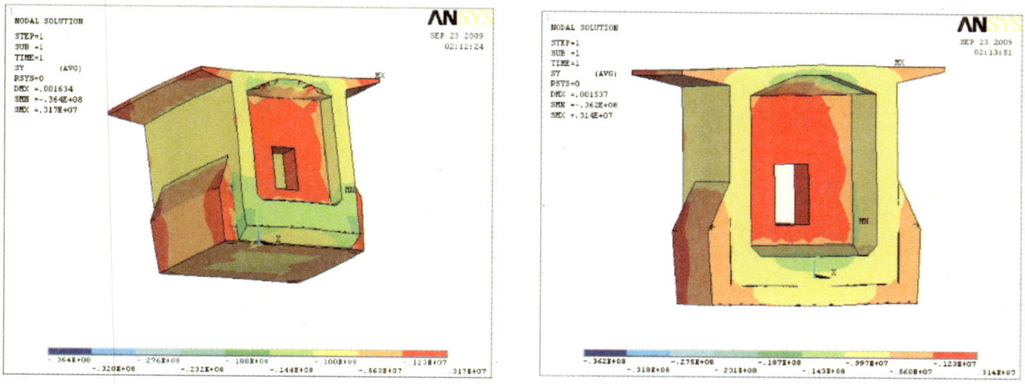

端部截面正应力　　　　中间剖面正应力

图 8-2-8　0 号块箱梁模型顺桥向正应力云图

桥墩竖向正应力全部为压应力，与梁体接触部位外侧产生最大 7.6 MPa 的局部压应力，桥墩竖向正应力云图如图 8-2-9 所示。

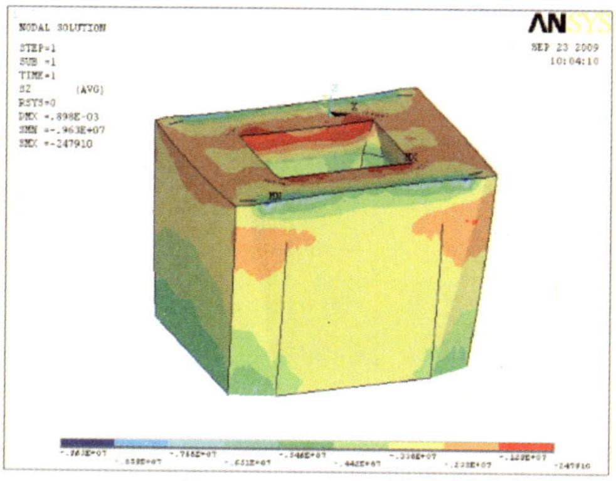

图 8-2-9　桥墩竖向正应力分布云图

上述计算结果表明墩梁结合部是梁体受力最为复杂的部位，一般墩高时，大跨连续刚构桥设计选用国内外常用的双薄壁墩支撑梁体，两墩壁上延伸入梁体内成为梁内两横隔板，此种结构形式的墩梁结合部主要表现为由两个双薄壁墩在竖向传递一对梁上的反力，传力路线明确，结合部混凝土应力分布清晰。而当墩高较高，地形或桥式布

置要求选取箱形空心墩时，在墩梁结合部位要进行局部应力分析，尽可能使单墩与梁过渡平顺，以使传力路径合理。

(二)悬臂施工中结构抗风及稳定性分析

经过对全桥各施工及运营阶段的计算分析表明：

(1)在设计风速(50.37 m/s)和台风风速 70 m/s 作用下，悬臂根部(横桥向和顺桥向)分别产生 0.9 MPa 和 2.11 MPa 的正应力；墩底(横桥向和顺桥向)分别产生 1.7 MPa 和4.08 MPa 的正应力；墩底最大扭转应力 1.734 MPa。

(2)最大悬臂状态抗风稳定安全系数为 6.3，在施工阶段，结构静力抗风稳定性是足够的。

(三)风-车-桥动力特性及列车走行性分析

1. 有限元分析模型

采用车辆(机车)空间振动分析模型，对于箱梁采用梁段有限元法建模，桥墩采用空间梁元建模。分析模型确定后，就可由动力学势能驻值原理及形成矩阵的"对号入座"法则，建立桥梁刚度、质量、阻尼等矩阵。

考虑脉动风作用的车桥系统振动响应分析方法，列车过桥时列车-桥梁系统是一个时变系统，而风对结构的作用以及风荷载的计算又是非常复杂的空气动力学问题，尤其对于大跨度桥梁，许多国家的规范多主张对其应另行处理，许多问题都需要进一步总结研究，所以对脉动风荷载作用下大跨度铁路桥梁与列车系统振动响应分析难度是相当大的。采用时域分析法用计算机模拟求解是个比较好的方法。首先根据风速谱函数，针对大跨度桥梁的特点，通过数字模拟的方法获得考虑了空间相关特性的风速时程曲线，以此再根据结构的空气力系数模拟产生脉动风荷载，在前述列车-桥梁时变系统分析模型的基础上，将它们加到车桥系统动力学方程中求解。采用这种计算机仿真模拟方法，基本能反映车桥系统振动的主要特征。

2. 结果与分析

分别按表 8-2-8 所示各工况，对本桥进行了详细的风-车-桥时变系统空间振动响应计算。

表 8-2-8 计算工况一览表

工况	计算车速(km/h)	附　注
C62 货车 单线	50、60、70、80	(1)对桥面平均风速 15 m/s、20 m/s、25 m/s、30 m/s、35 m/s 共 5 种风速分别进行计算； (2)对列车于迎风侧和背风侧运行共 2 种情形分别进行计算
SS8 客车 单线	70、100、130、160、200	
ICE 客车 单线	70、100、130、160、200、250、300、350	

在满足行车安全性及乘坐舒适性以及运行平稳性指标下，各工况对应列车运行状态，见表 8-2-9、表 8-2-10。

表 8-2-9 无挡风墙、列车迎风侧通过时最大车速

列车类型	平均风速(m/s)	满足安全性要求；舒适性或平稳性都达到"良好"的最大车速(km/h)	满足安全性要求；舒适性或平稳性都达到"合格"的最大车速(km/h)
C62 货车	15	80	80
	20	80	80
	25	80	80
	30	80	80
	35	80	80

续上表

列车类型	平均风速(m/s)	满足安全性要求;舒适性或平稳性都达到“良好”的最大车速(km/h)	满足安全性要求;舒适性或平稳性都达到“合格”的最大车速(km/h)
SS8 双层客车	15	160	160
	20	130	130
	25	100	100
	30		
	35		
ICE3 高速客车	15	160	250
	20		200
	25		130
	30		
	35		

表 8-2-10　无挡风墙、列车背风侧通过时最大车速

列车类型	平均风速(m/s)	满足安全性要求;舒适性或平稳性都达到“良好”的最大车速(km/h)	满足安全性要求;舒适性或平稳性都达到“合格”的最大车速(km/h)
C62 货车	15	80	80
	20	80	80
	25	80	80
	30	80	80
	35	80	80
SS8 双层客车	15	160	160
	20	130	130
	25	100	100
	30		
	35		
ICE3 高速客车	15	160	250
	20	100	200
	25		160
	30		100
	35		

3. 结论及建议

根据上述列车走行安全性、舒适性与平稳性的评估标准及车桥响应计算结果,得出白马河桥在强风作用下列车走行安全性与舒适性评估意见如下。

在强风作用下,列车的走行安全性与舒适性与线路上情况相比不会形成明显的瓶颈,建议强风时按照表 8-2-11 对列车运行实行管制。

表 8-2-11　列车运行状态表

瞬时风速(m/s)	运行状态
20～25	<160 km/h
25～30	<70 km/h
≥35	停止运行

五、大跨度桥梁支座防腐措施研究

随着沿海铁路建设的快速发展和设计速度的逐步提高，支座对桥梁动力性能产生较大影响。在沿海地区，空气潮湿而且还包含有大量盐分的盐雾，这无论是对金属制品还是非金属制品都是极其不利的。桥梁支座作为桥梁结构中一个重要组成部分，支座结构性能和防腐耐久性都异常重要。

东南沿海地区海水年平均温度 17 ℃～20 ℃，平均 pH 值 8.1～8.2，平均盐度 3%，线路受海洋气候影响显著，大部分桥梁位于沿海或海洋中，支座不仅要保证承重传力、实现位移和转动，还要保证其耐久性，确保桥梁的正常使用并延长使用寿命。因此，要求支座在材料的耐腐蚀性、密封性等方面都有较好的适应性。针对沿海铁路大跨度桥梁支座的使用要求，开展防腐措施研究并应用于工程。

本项目所研制的耐蚀球型支座与普通球型支座相比，在支座主体材料、摩擦副材料及结构、密封材料、表面涂装材料等都具有较好的防腐性能，在沿海大气使用环境中具有较好的耐久性。性能对比见表 8-2-12。

表 8-2-12　耐蚀球型支座与普通球型支座的技术性能比较

技术性能比较		耐蚀球型支座	普通球型支座
竖向承载力(kN)		1 000～100 000	1 000～100 000
转动角度(rad)		0.02/0.05	0.02/0.05
主体材料		耐蚀铸钢(ZG20Mn)	普通碳素铸钢(ZG270-500)
摩擦副材料	四氟滑板	填充聚四氟乙烯复合夹层板	纯聚四氟乙烯板
	不锈钢滑板	超低碳耐蚀不锈钢板(如 316L 不锈钢)	普通不锈钢板(如 304 不锈钢)
摩擦副结构		球冠衬板凸球面包覆不锈钢板	球冠衬板凸球面镀铬
密封保护		耐腐蚀、耐老化的分部全封闭密封装置	橡胶板等普通密封装置
表面涂装		基层：喷涂锌铝合金 表层：重防腐涂料	常规防腐涂料

第三节　客运专线长弯大跨连续梁桥设计研究

一、概　　述

以往在铁路定线时，都尽量让桥梁处于直线段中，特别是跨大江大河时，一般都是线路服从于桥位，采用大跨直线梁桥。但对于高速铁路、客运专线来说，对铁路的线形要求比较高，再加上近些年来，人们防洪、水利、交通、生态环保意识的增强，这就要求我们桥梁设计工作者在地理环境比较复杂的地方建桥时，要适应当地环境的要求，所以实际工程中设计了许多曲线桥和大跨曲线梁方案。

鉴于国内客运专线长大铁路曲线梁桥很少，长大曲线梁在列车荷载和温度等影响下的受力和变形复杂，很有必要对其进行深入研究。以(64＋7-80＋64)m 预应力混凝土连续梁为工程背景，采用 midas civil 软件建立有限元模型进行结构的空间分析计算，研究长大跨度曲线连续梁的受力和变形特性。

二、曲线梁结构受力特性研究

1. 曲线梁结构受力特点

曲线梁由于曲率的影响，垂直荷载作用在曲线梁上时，将产生弯矩和扭矩，并且相互影响，因此在曲线梁桥上的竖向挠度为弯曲与扭转两者的叠加，其值要比一般直线桥要大。

对于曲线桥梁除竖向荷载产生扭矩外，离心力也会引起扭矩，荷载作用下外梁超载、内梁卸载，尤其宽桥当活载偏置时，内梁有可能产生负反力。

曲线预应力混凝土连续梁，张拉的预应力筋会对腹板产生径向力，当曲线半径较小而腹板厚度又比较薄时，腹板很容易产生裂缝，严重的时候甚至出现预应力筋崩出，腹板沿着预应力钢束管道被撕裂。

2. 曲线梁结构空间受力分析

(1)腹板剪力

如图 8-3-1 所示，随着半径的减小，各个工况内、外腹板剪力差值(%)均呈现出增大的趋势。

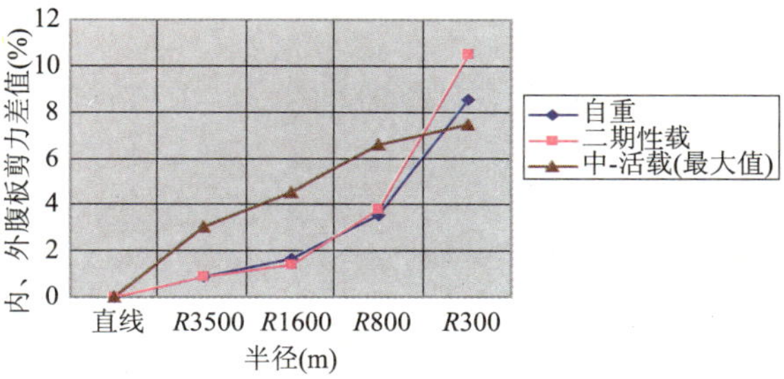

图 8-3-1　中墩左支点内、外腹板剪力差值(%)

对比可知，R=4 500 m 时，恒载、二期恒载、中-活载等工况下，内、外侧腹板剪力最大差值分别为 0.9%、1%、3.4%，工况组合最大差值亦小于 4%。在工程设计中，可以按直线梁来计算，曲线效应带来的内、外侧腹板受力差异可以通过构造措施进行加强。

(2)支座竖向反力

在不同曲率半径下，研究支座竖向反力的变化规律，如图 8-3-2 所示。

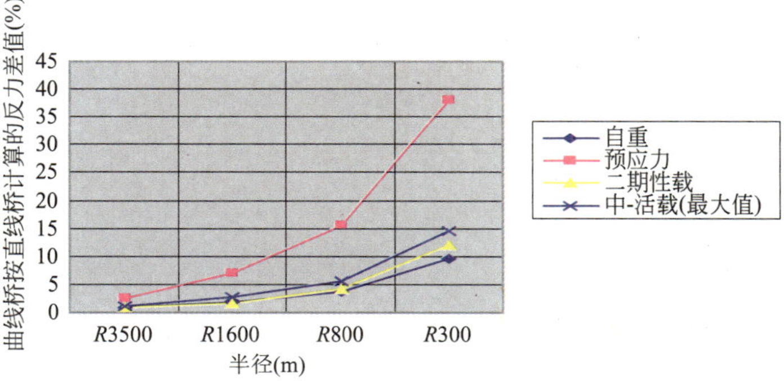

图 8-3-2　8 号墩外侧支点支座竖向反力差值(%)

可以看出，R=4 500 m 时，恒载、二期恒载、中-活载工况下支座竖向反力与按直线计算的差值分别为 0.9%、0.9%、1.7%，工况组合最大差值在 3.2%以下。

(3)支座横向水平力

横向固定支座设在曲线内侧,横向活动支座设在外侧。如图 8-3-3 所示,可以看出,随着半径的减小,离心力产生的横向水平力均呈现出增大的趋势;而预应力、徐变、收缩、温度产生的横向水平力未呈现出明显的变化趋势。

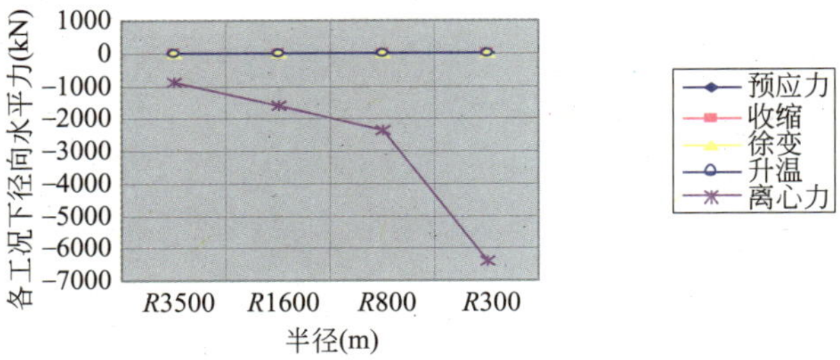

图 8-3-3 横向水平力

客运专线跨度 80 m 曲线梁的横向水平力主要影响因素为离心力。其他如预应力、徐变、收缩、温度都会产生横向力,其值与离心力相比差别较大,可以忽略不计。

3. 曲线梁变形分析

曲线梁桥的平面变形包括:(1)轴向方向的纵向变形;(2)轴向垂直方向的横向变形。引起梁体平面变形的荷载主要包括:温度变化、混凝土收缩、徐变、预应力、离心力等。

由温度变化和混凝土收缩所引起在平面内的位移属于弧段膨胀或缩短性质的位移,引起弧段的曲线半径变化,即 $r>r_1$,而 $\theta_1=\theta$,如图 8-3-4(a)所示。由预应力和混凝土徐变影响所引起的位移主要涉及到力作用方向(切线)的位移,即 $r_1=r$,而 $\theta_1>\theta$,如图 8-3-4(b)所示,可以得出:

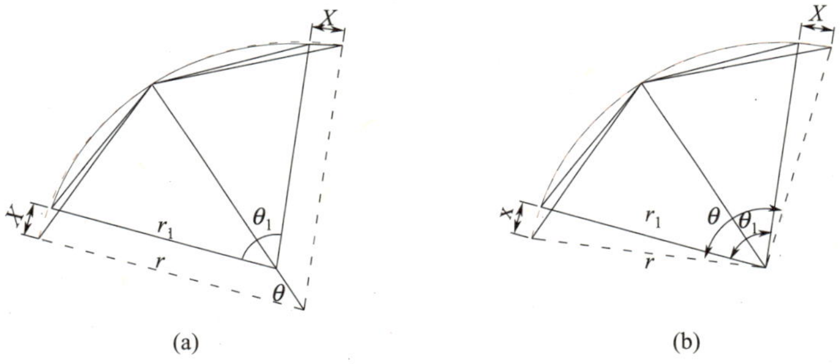

图 8-3-4 弧段的曲线半径变化

工况(a):

$$r_1=r\times(1-\varepsilon) \qquad \varepsilon=\alpha\Delta t+\varepsilon_{cs}$$

$$x=(r-r_1)\sin(\theta/2)$$

工况(b):

$$\theta_1=\theta\times(1-\varepsilon) \qquad \varepsilon=\varepsilon_{(p)}$$

$$x=r(\theta-\theta_1)$$

式中 ε_{cs}——混凝土的收缩应变;

$\varepsilon_{(p)}$——预应力和混凝土徐变引起的应变。

可见,由温度变化和混凝土收缩将引起梁端垂直于轴向的位移分量,即横向位移。预应力和混凝土徐变则沿轴向发生位移变化。因此对于曲线桥梁会发生两个位移：(1)沿桥轴线方向的纵向分量；(2)沿桥轴线垂直方向的横向分量。如图 8-3-5 所示。

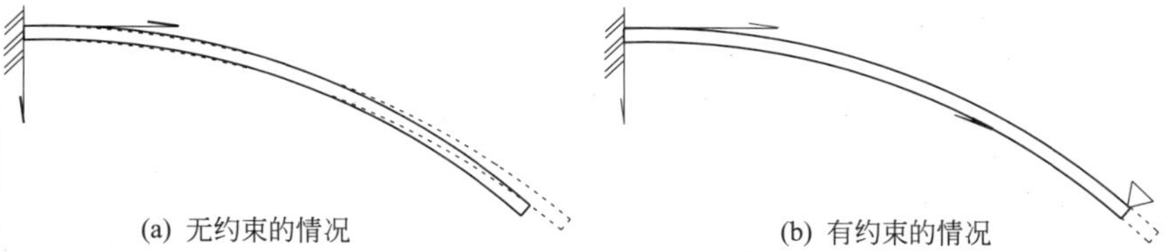

图 8-3-5　桥梁位移图

设计时通常在梁端设置纵向活动支座，容许梁端发生切向位移，在各支点上设置横向活动和固定支座，限制梁端整体横向位移又容许梁部自身结构局部横向变形。但梁体的位移无论哪种荷载作用下均与下部结构刚度密切相关。

从以上分析可以看出，轴向位移主要是温度引起的；横向位移主要是离心力引起的。对于曲线半径 R=3 500 m、跨度为 80 m 的曲线连续梁，横向位移均小于 1 mm，梁体横向变位是非常小的。

三、不同跨径曲线连续梁的对比研究

研究 3 种不同跨度曲线连续梁的受力特点和变形，采用相同的荷载边界条件，对比曲线计算和直线计算的差异，分析跨度对曲线梁的影响。

(一)(48＋7-80＋48)m 曲线连续梁

主要参数：曲线半径 R=4 500 m，箱梁腹板曲线内外侧温差 10 ℃。

主要结论：

(1)本桥平面和空间的计算结果基本一致，对于客运专线长大跨曲线梁，采用平面计算结果进行结构分析，完全满足设计要求。

(2)客运专线长大跨曲线桥梁受力比较复杂，设计时应考虑曲线效应的影响，主要体现在内外腹板受力和内外侧支座受力的差异上，虽然梁体的横向变形很小，也应引起重视。

(3)竖向最大位移在中跨跨中为－3.39 cm，梁端纵向最大位移为－7.9 cm，横向最大位移在中跨跨中为 0.074 cm。

(二)(64＋108＋64)m 曲线连续梁结构分析

主要参数：曲线半径 R=4 500 m，箱梁腹板曲线内外侧温差 10 ℃。

主要结论：对于客运专线曲线半径 R=4 500 m，主跨跨度 100 m 的大跨梁来说，曲线梁和直线梁差异较小，曲线梁产生的扭矩略大于直线梁，横向弯矩相差 10％，支座反力内外相差 5％，横向变形最大 3.03 mm，梁体横向水平刚度 $L/35643$。

(三)(72＋130＋72)m 曲线连续梁结构分析

主要参数：曲线半径 R=4 500 m，箱梁腹板曲线内外侧温差 10 ℃。

主要结论：对于客运专线曲线半径 R=4 500 m，主跨跨度 130 m 的大跨梁来说，曲线梁和直线梁差异较小，曲线梁产生的扭矩大于直线梁，横向弯矩相差 10％，支座反力内外相差 5％，横向变形最大 4.61 mm，梁体横向水平刚度 $L/28200$。

(四)变形计算

变形计算结果汇总见表 8-3-1。

表 8-3-1　变形计算结果

孔跨(m)	竖向位移(mm)	纵向位移(mm)	横向位移(mm)	梁部水平刚度
48+7-80+48	−33.9	79.0	−0.74	L/114286
64+108+64	−63.8	39.6	−3.0	L/35643
70+130+70	−86.7	49.7	−4.6	L/28200

梁部横向位移主要由活载(离心力+摇摆力)和温度力产生,主要表现为跨中水平位移。3个曲线梁水平最大转角 0.007%,梁部横向变形值均在规范容许范围内。曲线梁和直线梁竖向位移和纵向位移基本一致,横向位移与直线梁有一定差异。

四、曲线梁支座布置及限位措施研究

通过研究认为:

(1)对客运专线曲线连续梁(最小半径为 3 500 m)而言,支座布置可以采用直线连续梁支座布置形式,固定支座设在曲线内侧。

(2)设计支座竖向反力宜提高 5%,横向设置的单向固定支座应计算横向水平力。

(3)在梁体支座两侧设置限位措施。

五、曲线半径对桥梁动力特性及列车走行性影响

结合(48+7-80+48)m 预应力混凝土连续梁,研究曲线半径对桥梁动力特性及列车走行性的影响。针对主梁半径的不同,分析了直梁、R=3 500 m 曲梁、R=1 600 m 曲梁 3 种方案;为便于分析比较,计算车速统一为 100～200 km/h,轨道超高按 140 km/h 进行设置,计算公式为 $11.8\ v^2/R$ 且不超过 150 mm。该桥各方案超高值见表 8-3-2。

表 8-3-2　各方案超高表

序号	计算方案	桥上超高设置(mm)
1	直梁	0
2	R=3 500 m 曲梁	66
3	R=1 600 m 曲梁	145

将动车与拖车的乘坐舒适性随列车速度及曲线半径的变化汇总于表 8-3-3、表 8-3-4。

表 8-3-3　动车乘坐舒适性评价结果汇总表

列车速度(km/h)	动车					
	竖向			横向		
	直梁	R=3 500 m 曲梁	R=1 600 m 曲梁	直梁	R=3 500 m 曲梁	R=1 600 m 曲梁
100	优秀	优秀	优秀	优秀	优秀	优秀
120	优秀	优秀	优秀	优秀	优秀	优秀
140	优秀	优秀	优秀	优秀	优秀	优秀
160	优秀	优秀	良好	良好	良好	良好
180	良好	良好	良好	良好	良好	良好
200	良好	良好	良好	良好	良好	合格 *

表 8-3-4　拖车乘坐舒适性评价结果汇总表

列车速度(km/h)	拖车					
	竖向			横向		
	直梁	R=3 500 m 曲梁	R=1 600 m 曲梁	直梁	R=3 500 m 曲梁	R=1 600 m 曲梁
100	优秀	优秀	优秀	优秀	优秀	优秀
120	优秀	优秀	优秀	优秀	优秀	优秀
140	优秀	优秀	优秀	良好	优秀	良好
160	良好	良好	良好	良好	良好	良好
180	良好	良好	合格 *	良好	良好	合格 *
200	良好	合格 *	合格 *	良好	合格 *	合格 *

主要研究讨论：

(1)曲线半径(R=1 600 m、3 500 m)对桥梁的自振特性影响不大。

(2)对车辆的动力响应而言，当列车速度在平衡超高所对应的速度附近，列车通过曲梁的动力响应要小于通过直梁的动力响应，这是由于列车离心力抑制车辆蛇行运动的因素起了主导作用。

六、结　论

客运专线长大曲线连续梁，R 大于 3 500 m，主跨 130 m 及以下跨度，设计可以按直线梁计算，对曲线梁可适当增强腹板构造和预应力防崩钢筋。

目前客运专线支座设计及布置方式可以满足工程要求。

第九章

经验与教训

沿海铁路是我国开工最早的时速 250 km 高标准铁路之一，从 1998 年启动工程预可行性研究，至 2009 年 9 月正式通车，前后历时 10 多年。在建设过程中难免出现各种各样的问题，通过不断的修改完善，取得了许多经验和教训。在此，将一些特别体会作为前车之鉴予以介绍，以飨读者。

一、海相沉积软土地质结构的设计

海相沉积的地质条件由于海洋的演变，其地基工程指标较内陆地区软土有质的区别。沿海铁路的地层上部一般分布有淤泥、细圆砾土、粗圆砾土、黏土；下部伏有侏罗系熔结凝灰岩基岩，如图 9-1-1 所示。在工程的实施过程中发现海相沉积的淤泥力学指标很低，细、粗圆砾土中含有大量的淤泥，工程力学指标相比降低。跨海及海滩处的淤泥层分布广，厚度大，遇水软化，冲止流速小，物理力学指标很低，设计对此必须引起足够的重视。

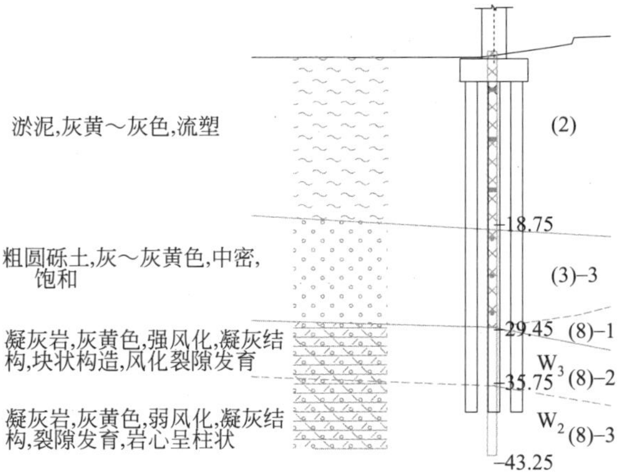

图 9-1-1　典型地质剖面图(单位：mm)

1. 基础设计

在沿海桥涵结构基础的设计中，采用了钻孔桩和沉入管桩，在设计局部冲刷线以下的桩基础时，对于软土层厚、性能软的流塑土，可考虑桩侧土地基系数的比例系数为 500 kPa/m²。

对于小桥涵的基础设计应采用预应力混凝土管桩或钻孔桩，不应采用其他诸如混凝土搅拌桩、高压旋喷桩或排水加固地基等方式，以便有效地控制沉降变形及位移，同时也便于工程质量的检验和运营维护。

2. 控制结构的滑移变位

在填土等工程的水平外力作用下，软土地基中结构的基础不仅要满足沉降要求，同时必须要有足够的抗倾覆和滑移能力，以及必要的工程构造措施。尤其是桥台锥体、小桥涵出入口基础的处理，应引起高度重视。基础设计采用沉桩或钻孔桩的同时，还应对台后的路堤基础予以处理，以免填土造成过大的水平推力。如图 9-1-2 所示，采用了打入桩基础对桥台锥体和台后路基进行了地基处理。对小桥涵翼墙基础间可设水平撑杆，框架桥涵底板采用凸榫结构或出入口涵节采用整体基础的构造，以防止结构工程的滑移，图 9-1-3 为框架桥涵出入口底板凸榫和顶撑结构图。

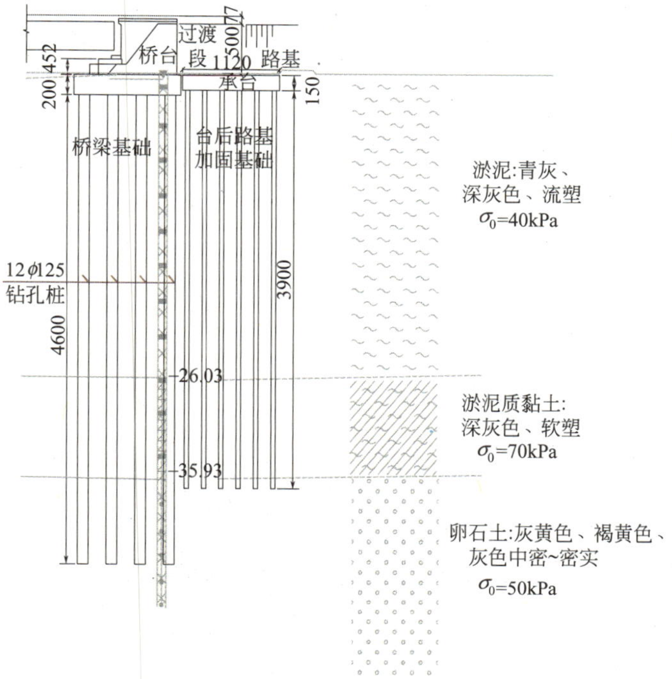

图 9-1-2　台后路堤打入桩基础(单位:cm)

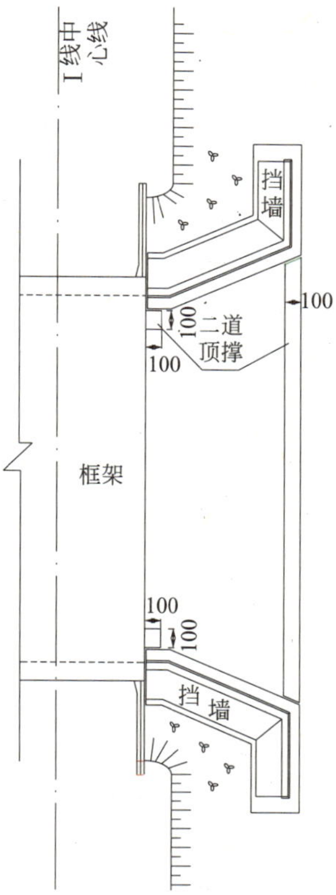

图 9-1-3　框架桥涵出入口顶撑结构图(单位:cm)

3. 桥涵基础施工措施要有足够的强度和刚度

(1)栈桥+平台施工桩基础大临工程

海岸边及滩涂地带地基软弱,施工桥梁墩台桩基础应采用栈桥+平台的措施,不仅方便施工机械的到位和工程材料的运输,同时也便于工程质量的控制,如图 9-1-4 所示。若采用筑路便道和筑岛方法施工,由于下伏软土层厚,不仅会对环境影响大,同时也可能会由于车辆来往对墩台侧土产生的不对称水平力,引起桩基结构病害。

(a)　　(b)

图 9-1-4　施工栈桥及平台图

(2)钢护筒的应用

对于深厚软土的钻孔桩钢护筒长度按内陆及一般地基土上 2 m 长是不足的,如 ϕ125 cm 钻孔桩长 88 m,其中淤泥层中桩有 40 m 深,在施工时间及地面外力等因素作用下,采用的钢护筒最大长度达 15 m，才使施工得以顺利完成。

此外对于受潮汐影响大的大江大河水中大直径钻孔桩的钢护筒施工，一般宜沉入到黏土层施工期间局部冲刷线以下 2 m，针对卵石粗砂等强透水层的埋深，根据情况确定是否需要钻孔时跟进，避免孔内外形成水头差与塌孔状况。钢护筒也应结合钻孔平台，做为平台基础保证有足够的长度及刚度，以便完成钻孔桩的实施。

(3)基坑防护工程

随着人们对环境保护和工程安全意识的不断提高，当桥涵墩台基础位于软土中时，对于基础承台的基坑开挖应采用有挡板形式。当坑深大于 2.0 m 时，应采用打入钢板桩支护，必要时需对其进行支撑，如图 9-1-5 所示。避免由于基坑无挡开挖，大面积流滩导致施工机械难以靠近也可较好地处理淤泥运输、堆放困难的情况，防止基坑的坍塌引起邻近地面的下沉、房屋的开裂及相关工程由于地基条件的变化产生的破坏。

(a)

(b)

图 9-1-5　基坑防护现场施工图

二、施工过程必须按章有序

对于海相沉积的软土，其流塑性大，建设过程中尤其是对基础的施工必须谨慎，按规定依设计程序进行实施。

1. 混凝土管桩沉桩控制

混凝土空心管桩轴向强度高，但桩身在水平力作用下强度较弱，所以在管桩的打入过程中必须制定合理的沉桩方式、方法、次序，避免后打入的桩将先沉好的桩挤断破坏，导致结构工程的失效。同时也要注意基坑开挖导致的水平土压力不平衡将基坑内或坑外的管桩身剪断破坏，如图 9-1-6 所示，桩基向基坑方向倾斜。

(a)

(b)

图 9-1-6　打入桩倾斜破坏示例

2. 桥路过渡段的施工

桥路过渡段的路堤基础和填土摊铺、碾压的施工必须对称、有序、均匀地以章实施，否则不仅会造成已成结构的基础破坏，严重时还将导致结构的倾斜变形，如图 9-1-7 所示。

(a)

(b)

图 9-1-7　基础变形和框架倾斜破坏示例

3. 沿线弃土及临时工程的管理

对于软土地基的铁路建设必须要关注取弃土的问题，施工不仅要保证基坑开挖不影响附近结构物的安全，同时也必须保证弃土以及便道等临时工程远离铁路建筑，避免由于地基土的附加水平力对铁路建筑的破坏。如图 9-1-8 所示，挤土相应引起基础变形破坏。

(a)

(b)

图 9-1-8　弃土引起基础变形破坏

综上所述，海相沉积软土是沿海铁路建设必须予以特别关注的事件，同时也要避免无缝线路选线在长大跨度多孔连续梁上设置较小的曲线半径，保证轨道升温不影响列车运行。铁路建设的安全管理也必须常态规范化，如造桥机在桥位的压重试验和混凝土浇筑前按技术规则的再核查；制梁移动模架走行前、后机械零部件的紧固与检查；现浇梁满堂支架与地基加固的可靠性判断；悬臂施工连续梁节段过程中挂篮移动和混凝土灌注的稳定；桥上防火等工作的安全性评估是决不容忽视地，这些也都有着深刻的失事教训。

参考文献

[1]中华人民共和国铁道部. TB 10621—2009 高速铁路设计规范(试行)[S]. 北京:中国铁道出版社,2009.

[2]中华人民共和国铁道部. TB 10002.1—2005 铁路桥涵设计基本规范[S]. 北京:中国铁道出版社,2005.

[3]中华人民共和国铁道部. TB 10002.3—2005 铁路桥涵钢筋混凝土和预应力混凝土结构设计规范[S]. 北京:中国铁道出版社,2005.

[4]中华人民共和国铁道部. TB 10002.4—2005 铁路桥涵混凝土和砌体结构设计规范[S]. 北京:中国铁道出版社,2005.

[5]中华人民共和国铁道部. TB 10002.5—2005 铁路桥涵地基和基础设计规范[S]. 北京:中国铁道出版社,2005.

[6]中华人民共和国铁道部. 铁建设函〔2007〕47 号 新建时速 300～350 公里客运专线铁路设计暂行规定[S]. 北京:中国铁道出版社,2007.

[7]中华人民共和国铁道部. 铁建设函〔2005〕140 号 新建时速 200～250 公里客运专线铁路设计暂行规定[S]. 北京:中国铁道出版社,2005.

[8]中华人民共和国铁道部. 铁建设函〔2005〕285 号 新建时速 200 公里客货共线铁路设计暂行规定[S]. 北京:中国铁道出版社,2005.

[9]中华人民共和国铁道部. GB 50111—2006 铁路工程抗震设计规范[S]. 北京:中国铁道出版社,2006.

[10]中华人民共和国铁道部. 铁建设函〔2003〕205 号 新建铁路桥上无缝线路设计暂行规定[S]. 北京:中国铁道出版社,2003.

[11]中华人民共和国铁道部. TB 10005—2010 铁路混凝土结构耐久性设计规范[S]. 北京:中国铁道出版社,2005.

[12]中华人民共和国铁道部. 铁建设函〔2010〕241 号 高速铁路桥涵施工技术指南[S]. 北京:中国铁道出版社,2011.

[13]中华人民共和国铁道部. 铁建设函〔2010〕241 号 铁路混凝土工程施工技术指南[S]. 北京:中国铁道出版社,2011.

[14]中华人民共和国铁道部. 客运专线铁路桥涵施工质量验收暂行标准技术[S]. 北京:中国铁道出版社,2005.

[15]中华人民共和国铁道部. 铁建设〔2008〕189 号 铁路大型临时工程和过渡工程设计暂行规定[S]. 北京:中国铁道出版社,2008.

[16]郑建. 中国高速铁路桥梁[M]. 北京:高等教育出版社,2008.

[17]陈良江. 京沪高速铁路常用跨度桥梁的技术特征及选型探讨[J]. 铁道标准设计,2003(10).

[18]乔建,张红旭,陈良江. 中国高速铁路桥梁的技术路线和标准[C]. 高速铁路桥梁技术国际交流会论文集(上册). 北京:中国铁道出版社,2008.

[19]罗世东. 铁路桥梁大跨度组合桥式结构的应用研究[J]. 铁道标准设计,2005(1).

[20]何义斌. 大跨度无砟轨道连续梁后期徐变变形研究[J]. 铁道学报,2008(8).

[21]乔建,陈良江. 铁路预应力混凝土桥梁收缩徐变控制技术探索[J]. 铁道标准设计,2007(6).

[22]王德志. 沿海铁路温福线桥梁设计综述[J]. 铁道标准设计,2005(11).

[23]王德志,陈顺平. 温福铁路桥梁结构耐久性设计[J]. 铁道标准设计,2005(11).

[24]陈顺平,王德志. 深厚软土地区桥台稳定性设计探讨[J]. 铁道标准设计,2005(11).

[25]寇延春. 温福铁路田螺大桥设计[J]. 铁道标准设计,2005(11).

[26]王德志,等. 客运专线大跨度曲线连续梁设计研究[J]. 铁道标准设计,2009(1).

[27]王德志. 沿海铁路桥梁动力性能分析[J]. 铁道工程学报,2010(4).

[28]薛照钧. 下承式尼尔森体系钢管混凝土提篮式系杆拱桥在铁路客运专线上的应用设计[J]. 桥梁建设,

2006(5).
[29]任征.雁荡山 2×90 m 钢箱叠合拱设计研究[J].铁道标准设计,2005(11).
[30]黄纳新等.温福铁路昆阳特大桥主桥连续梁拱施工设计[J].铁道标准设计,2005(11).
[31]中铁第四勘察设计院集团有限公司. 沿海客运专线桥梁结构设计与耐久性技术的研究[R].
[32]中铁第四勘察设计院集团有限公司. 甬台温铁路桥梁技术总结[R].
[33]中铁第四勘察设计院集团有限公司. 温福铁路桥梁技术总结[R].
[34]吴克俭.铁路客运专线工程技术的发展与创新[J].铁道工程学报,2008(增刊).
[35]吴明友,米隆.客运专线技术标准的发展与创新[J].铁道工程学报,2008(增刊).
[36]江忠贵,盛黎明. 铁路客运专线桥梁工程技术及建议[J].铁道工程学报,2008(增刊).
[37]吴彩兰.客运专线总体设计有关问题探讨[J].铁道标准设计,2005(7).
[38]陈良江.京沪高速铁路常用跨度桥梁的技术特征和选型探[J].铁道标准设计,2003(10).
[39]孙贵江.高速铁路(客运专线)的施工组织探讨[J].中国工程咨询,2004(12).
[40]通桥(2006)8388,客运专线铁路常用跨度桥面附属设施.
[41]张军.客运专线桥面附属设施研究[J].铁道标准设计,2007(2).
[42]通桥(2007)8360,客运专线铁路常用跨度简支梁盆式橡胶支座安装图 .
[43]科技基〔2007〕56 号,客运专线桥梁混凝土桥面防水层技术条件(修订稿).
[44]科技基〔2005〕101 号,客运专线桥梁伸缩缝装置暂行技术条件.
[45]工管〔2006〕18 号,客运专线综合接地系统设计原则(暂行).
[46]铁集成〔2006〕220 号,客运专线综合接地技术实施办法(暂行).
[47]甄津津.客运专线常用跨度桥梁桥墩设计[J].铁道标准设计,2007(2).
[48]刘伟,李正祥,何庭国,郭建勋.客运专线铁路桥台设计[J].铁道工程学报,2007.2.
[49]张艳军.客运专线建设技术交流会论文集.高等级铁路双线空心桥台的研究[Z].2004.
[50]张艳军.高速铁路双线空心桥台运架梁的探讨[J].中国水运,2005(8).
[51]李敬增.客运专线铁路承台板设计若干问题的探讨[J].铁道标准设计,2007(2).
[52]周友权,赵会东.客运专线铁路桩基承台受力分析[C].高速铁路桥梁技术国际交流会(上册).北京:中国铁道出版社,2008.
[53]龙昌龙,刘彬,孙宏林.客运专线路基沉降问题探讨[J].铁道标准设计,2006(7).
[54]徐升桥,邓运清.客运专线常用跨度桥梁的设计和发展[C].高速铁路桥梁技术国际交流会论文集(上册).北京:中国铁道出版社,2008.
[55]王俊杰.客运专线斜交刚构连续梁设计中的关键问题[J].铁道标准设计,2007(2).
[56]田万俊.客运专线桥梁和相关专业的接口及处理办法[J].铁道标准设计,2007(2).
[57]邓运清.高速铁路简支箱梁设计研究[J].铁道标准设计,2004(7).
[58]邓运清.客运专线简支箱梁综述[J].铁道工程学报,2004(1).
[59]徐升桥,邓运清,张华.铁路客运专线桥梁的动力性能研究[J].铁道标准设计,2005(7).
[60]程翔云.悬臂施工中的预拱度设置.公路,1995 (7).
[61]马保林.高墩大跨连续刚构桥[M].北京:人民交通出版社,2001.
[62]刘正华.高墩大跨预应力混凝土连续刚构桥的施工控制[D].北京:铁道科学研究院,2005.
[63]项海帆.高等桥梁桥梁结构理论[M].北京:人民交通出版社,2002.
[64]中国铁道科学研究院. 甬台温铁路动态检测报告[R].北京,2009.
[65]中国铁道科学研究院. 温福(浙江段、福建段)铁路动态检测报告[R].北京,2009.
[66]中国中铁四局集团有限公司. 甬台温铁路雁荡山特大叠合拱桥施工技术研究[R].合肥,2008.
[67]中铁第四勘察设计院集团有限公司. 客运专线长大跨度曲线连续梁结构研究[R].武汉,2008.
[68]中铁第四勘察设计院集团有限公司.甬台温铁路 2-90 m 叠合拱设计研究[R].武汉,2008.
[69]中铁大桥局. 瓯江特大桥施工技术总结[R].武汉,2008.

[70]中铁大桥局.甬台温铁路工程施工技术文章汇篇[R].武汉,2008.
[71]中铁大桥局.温福铁路工程施工技术文章汇篇[R].武汉,2008.
[72]中铁大桥局集团武汉桥梁科学研究院有限公司.桥梁桩基承载力验证试验报告[R].武汉,2007.
[73]北京交通大学.温福铁路白马河特大桥施工监控报告[R].北京,2008.
[74]中南大学.甬台温铁路雁荡山特大桥施工监控报告[R].长沙,2008.
[75]中铁大桥局集团武汉桥梁科学研究院有限公司.甬台温铁路桩基试验验证报告[R].武汉,2007.